Thomas Dräger

Egbert Rumpf-Rometsch

Die Fälle

Strafrecht BT 1

Nichtvermögensdelikte

11. Auflage

49 Fälle mit Lösungsskizzen und Formulierungsvorschlägen

der fall fallag

!!!!!!!!!!

Für O.J. !

Credits

Barbara und Markus haben eifrig Korrektur gelesen. Dafür ein dickes Dankeschön!

Unser Dank gilt auch Prof. Dr. Thomas Weigend (ehemals Universität zu Köln), der uns eine seiner Klausuren zur Verfügung gestellt hat.

Verlag

Der Fall-Fallag • Egbert Rumpf-Rometsch
Gluckstr. 5, 51375 Leverkusen
www.fall-fallag.de

Druck

CPI Clausen & Bosse GmbH
Birkstr. 10, 25917 Leck

Umschlag

Marion Volkmer visuelle kommunikation, Düsseldorf

Bezug (leider nur) für den Buchhandel

SIGLOCH Distribution, Blaufelden

ISBN 978-3-932944-88-8
Dräger / Rumpf-Rometsch • Die Fälle – Strafrecht BT 1 • 11. Auflage • 2024

Vorwort zur 1. Auflage

Einfach in die nächste Buchhandlung rennen und sich irgendwelche Standardschinken für viel Geld kaufen? Das kann doch jeder! Es gibt aber auch preiswerte Bücher, die euch nicht nur Fachwissen vermitteln, sondern vor allem die elementar wichtige Fallbearbeitungstechnik nahebringen. Und wer hält solche Bücher bereit? Der Fall-Fallag!!!

In diesem Werk geht es inhaltlich um sehr unterschiedliche Straftatbestände, die mit dem Sammelbegriff „Nichtvermögensdelikte“ bezeichnet werden. Zusammen mit unserem Buch „Die Fälle – Strafrecht BT 2 – Vermögensdelikte“ ist damit der Besondere Teil des StGB abgedeckt. Gerade im Bereich der Nichtvermögensdelikte hat sich in der jüngeren Vergangenheit vonseiten der Gesetzgebung und der Rechtsprechung überdurchschnittlich viel getan. Wir sind selbstverständlich immer aktuell am Ball, ihr haltet ein topaktuelles Buch in Händen.

Dem Konzept liegen unsere Erfahrungen als Leiter diverser Arbeitsgemeinschaften und als Korrektoren ungezählter Klausuren und Hausarbeiten zugrunde. Immer wieder bestätigt sich dabei, dass die größten Schwierigkeiten der Bearbeiter – verständlicherweise – in Darstellung und Schwerpunktsetzung liegen. Mit der theoretischen Beherrschung von Rechtsproblemen ist es eben noch lange nicht getan, die Umsetzung ist ein entscheidender Faktor.

Genau dieser Faktor wird in vielen Büchern ignoriert oder jedenfalls vernachlässigt. Bei uns steht er im Vordergrund!

Konstruktive Kritik ist jederzeit willkommen und erwünscht. Es müssen nicht immer schriftliche Streicheleinheiten sein, obwohl wir uns darüber natürlich besonders freuen.

Köln, im atombombentestgeschüttelten Herbst 1995

Thomas Dräger
Egbert Rumpf-Rometsch

Aus dem Vorwort zur 10. Auflage

Was gibt es Neues?

Nun, die mit Abstand wichtigsten Ergänzungen für diese Auflage betreffen Fragen rund um den Tötungsvorsatz und bestimmte Mordmerkmale.

Sie gehen vor allem auf die Entwicklung in der Rechtsprechung zu den sog. Raser-Fällen zurück. Der BGH hatte sich insbesondere gleich zweimal mit dem tragisch verlaufenen „Autorennen“ auf dem Berliner Kurfürstendamm zu befassen (zunächst BGH NJW 2018, 1621 ff, dann in der zweiten Runde BGH NJW 2020, 2900 ff).

Daneben gibt es wie üblich viele weitere Verbesserungen und Anpassungen in Details. So war zum Beispiel eine BGH-Entscheidung zur Frage nach dem Geburtsbeginn beim sog. Kaiserschnitt zu beachten (BeckRS 2020, 36484). …

Cottbus und Leverkusen, im von der Covid-19-Impfstoff-Diskussion geprägten Frühjahr 2021

Thomas Dräger
Egbert Rumpf-Rometsch

Vorwort zur 11. Auflage

Wer hätte seinerzeit gedacht, dass wir mit unseren Büchern jetzt schon über ungefähr 30 Jahre hinweg vielen Generationen von Studentinnen und Studenten Unterstützung bieten?

Wieder einmal haben wir wichtige Entwicklungen in Gesetzgebung, Rechtsprechung und Literatur eingearbeitet.

Beispielhaft seien hier nur zwei neue Phänomene genannt, die wir aufgegriffen haben:

Das sog. Klima-Kleben ist unweigerlich ins Visier der Strafverfolgung gerückt.

Auch die Fälschung von Impfausweisen hat vor dem Hintergrund der Corona-Pandemie die Gerichte in erheblichem Umfang beschäftigt.

Wir haben uns entschlossen, auch dieses Buch einer gendergerechten Sprache anzupassen. Das geschieht moderat. An den passenden Stellen bilden wir sogenannte Geschlechterpaare. Es heißt dann beispielsweise *„Leserinnen und Leser"*, *„Studentinnen und Studenten"* usw. Allerdings verwenden wir immer dann das sogenannte generische Maskulinum weiter, wenn es um rechtstechnische Begriffe geht. Das gilt insbesondere für gesetzliche Merkmale. Deshalb schreiben wir beispielsweise unverändert *„Unfallbeteiligter"* oder *„Amtsträger"*. Das gilt natürlich dann nicht, wenn der jeweilige Begriff konkret an eine nicht männliche Person geknüpft ist. Gendermarkierungen wie *„Student_innen"*, *„Student:innen"* oder *„Student*innen"* benutzen wir bis auf Weiteres nicht. Diese Varianten werden von vielen Leserinnen und Lesern als störend empfunden.

Auf Seite 107 verweisen wir wegen eines weiterführenden Formulierungsvorschlags auf ***„Das Recht – Ein Basisbuch"***. Dieses Grundlagen-Werk ist nicht nur zu Beginn des Studiums hilfreich. Es steht ***kostenfrei*** als ***Download*** unter www.fall-fallag.de zur Verfügung.

Für Lob und/oder Kritik könnt ihr wie üblich die unten angegebene E-Mail-Adresse nutzen.

Cottbus und Leverkusen, im wieder von Bahnstreiks betroffenen Frühjahr 2024

Thomas Dräger
Egbert Rumpf-Rometsch

Kontakt: lobundtadel@fall-fallag.de

www.fall-fallag.de

Inhaltsverzeichnis

Körperverletzungsdelikte

Delikte gegen die persönliche Freiheit

Beleidigungsdelikte

Brandstiftungsdelikte

Verkehrsdelikte

Einführung in die Handhabung des Buches

Es hat sich hoffentlich herumgesprochen, dass nur das sogenannte aktive Lernen effektives Lernen ist. Konkret bedeutet das vor allem: Ihr müsst die natürliche Trägheit überwinden und die zitierten ***Vorschriften lesen!!!***

Wir bedienen uns einer einfachen ***Zitierweise:*** Wenn es bei uns etwa „§ 194 I 1" heißt, bedeutet das Folgendes: Es handelt sich um § 194 StGB, weil keine Gesetzesbezeichnung genannt ist. Nur wenn Normen außerhalb des StGB zitiert werden, folgen Bezeichnungen wie „BGB" oder „StPO". Mit der römischen Ziffer 1 („I") wird auf Absatz 1 der Vorschrift verwiesen. Die dann folgende arabische Ziffer 1 („1") verweist auf Satz 1 des ersten Absatzes. In unserem Beispiel ist somit § 194 Absatz 1 Satz 1 StGB gemeint: „Die Beleidigung wird nur auf Antrag verfolgt."

Wenn ein Absatz (oder Satz) mehrere Varianten enthält, verwendet man am besten die Abkürzung „Var." bei Nummern entsprechend „Nr." Es wird also zum Beispiel „§ 267 I Var. 2" oder „§ 11 I Nr. 5" zitiert. Vorsicht ist mit der Bezeichnung „Alternative" (abgekürzt „Alt.") geboten: Genau genommen ist dieses Wort nur dann zutreffend, wenn das Gesetz nicht mehr als zwei Modalitäten vorsieht. Denn es kann begrifflich immer nur eine Alternative geben. Mit „Var." könnt ihr jedenfalls nichts falsch machen.

Ab und an verwenden wir den allgemein üblichen Zusatz „a.F.". Damit ist die alte Fassung einer Vorschrift gemeint.

Zunächst solltet ihr euch intensiv mit unserer allgemeinen ***Einführung in die Fallbearbeitungstechnik*** beschäftigen. Die meisten der darin enthaltenen Ratschläge werden euch auch außerhalb des Strafrechts zugute kommen.

Unter der Bezeichnung ***Alle Fälle auf einmal*** folgt eine Zusammenstellung sämtlicher Sachverhalte. Dadurch könnt ihr der Versuchung besser widerstehen, übereilt in die jeweilige Lösungsskizze und/oder den Formulierungsvorschlag zu schauen. Macht euch immer zuerst eigene Gedanken! Im Idealfall solltet ihr nicht nur eine Lösungsskizze entwerfen, sondern auch eine eigene Formulierung zu Papier bringen.

Im Anschluss an die Sachverhalte folgt der Hauptteil. Dort findet ihr die bewährte Struktur vor:

Fall – Lösungsskizze – Formulierungsvorschlag – Fazit

Zunächst erscheint der jeweilige ***Sachverhalt*** noch einmal, damit ihr nicht immer wieder zum Anfang des Buches zurückblättern müsst.

Bereits in der ***Lösungsskizze*** findet eine Schwerpunktsetzung statt. Wir führen jeweils alle Prüfungspunkte auf, die problematischen Merkmale werden aber schon in der Skizze umfangreicher behandelt. Häufig werdet ihr auf den Hinweis „a.A. vertretbar" stoßen. Das ist immer dann der Fall, wenn man auch zu einem von unserer Lösung abweichenden Ergebnis kommen kann. Gerade im Strafrecht spielt das Ergebnis oft eine untergeordnete Rolle, solange man im vertretbaren Bereich bleibt. Die Bewertung hängt dann maßgeblich von euren rhetorischen Fähigkeiten ab.

Der ***Formulierungsvorschlag*** ist – wie schon die Bezeichnung verrät – ein Vorschlag. Nehmt den Begriff wörtlich: Unsere Formulierung ist ein Vorschlag, nicht mehr und nicht weniger. Wir möchten euch vermitteln, wie eine gelungene Formulierung aussehen kann. Im Gegensatz zu anderen Autorinnen und Autoren mischen wir aber keine lehrbuchartigen Ausführungen in den Formulierungsvorschlag, weil die in einer Klausur oder Hausarbeit nichts zu suchen haben.

Im jeweiligen ***Fazit*** greifen wir die Schwerpunkte des betreffenden Falles noch einmal auf. Hier finden sich Erläuterungen zu Aufbaufragen und juristischen Finessen. Kurzum: Im Fazit werden wissenswerte Aspekte erläutert, die sich nicht schon erschöpfend aus der Lösungsskizze und/oder dem Formulierungsvorschlag ergeben. Die klare Trennung zwischen Formulierungsvorschlag und Fazit hat natürlich auch für den jeweiligen Sprachstil Folgen. Im Fazit werdet ihr des Öfteren eine etwas saloppere Ausdrucksweise antreffen, die im Rahmen einer Klausur oder Hausarbeit als „unwissenschaftlich" verpönt ist.

Die Fälle 1 bis 45 sind ***nach*** den schon aus dem Inhaltsverzeichnis ersichtlichen ***Deliktsgruppen eingeteilt***. Jeweils gruppenfremde Delikte können zwar gelegentlich auftauchen, spielen aber immer nur eine untergeordnete Rolle. Der Prüfungsschwerpunkt liegt stets im Kernbereich der Deliktsgruppe.

Die Fälle 46 bis 48 sind dagegen sogenannte ***Kombinationsfälle***. Es handelt sich dabei um drei typische Klausur- bzw. Hausarbeitskonstellationen aus dem Bereich der Nichtvermögensdelikte, die sich einer konsequenten Einordnung in die Deliktsgruppen entziehen. Wer systematisch vorgehen will, sollte sich nicht gerade zuerst auf die Kombinationsfälle stürzen.

Fall 49 ist eine ***Originalklausur***. Anhand dieses Sachverhalts könnt ihr euch eine realistische Vorstellung vom Ernstfall machen.

Im Anschluss an die Fälle folgen wichtige Hinweise auf ***vermeidbare Sünden in Klausuren und Hausarbeiten***. In Ergänzung zu der am Anfang des Buches präsentierten „Einführung in die Fallbearbeitungstechnik" enthält dieser Abschnitt Warnungen vor erfahrungsgemäß häufig auftauchenden Schnitzern. Wir empfehlen, diese komprimierte Übersicht unmittelbar vor Klausuren aufmerksam zu lesen. Bei der Formulierung von Hausarbeiten solltet ihr die „Sünden" immer im Auge behalten.

Auf die wichtigsten Nichtvermögensdelikte kommen wir dann noch einmal in Form von übersichtlichen ***Aufbauschemata*** zurück.

Das ***Gesetzesverzeichnis*** dient wie auch das ***Sachverzeichnis*** dem zügigen Zugriff auf Vorschriften und Details. Übrigens tauchen im Gesetzesverzeichnis nur die aktuellen Paragrafen auf. Auf die Nennung der Vorschriften alter Fassung haben wir an dieser Stelle verzichtet. Sie hätte mehr Verwirrung gestiftet als Nutzen gebracht.

Auf geht's!!!

Einführung in die Fallbearbeitungstechnik

- hilfreich und gut

Mit der Fallbearbeitungstechnik kann man sich nicht intensiv genug beschäftigen. Eine gute Arbeit lebt von der ***Schwerpunktsetzung***, vom ***Stil*** und der ***Argumentation***.

Die Darstellung macht's!!

Was ihr in dieser Hinsicht beherrscht, kommt euch in jeder Klausur oder Hausarbeit zugute. Dagegen begegnet euch ein mühevoll auswendig gelernter Meinungsstreit unter Umständen nie wieder. In der immer weiter steigenden Flut der juristischen Einzelprobleme kann man sich letztlich nur durch eine fundierte Fallbearbeitungstechnik über Wasser halten.

Worum geht es ?

In der Klausur oder Hausarbeit soll ein Fall gutachterlich gelöst werden. Das klingt völlig banal, wird aber oft genug nicht beachtet. Es geht nicht darum, möglichst viel Wissen in Form von Meinungsstreitigkeiten abzuladen. Wer auf die „Ich weiß was"-Tour kommt, fängt sich Randbemerkungen wie „Fallbezug?" oder „überflüssige Lehrbuchausführungen" ein.

Auf Streitfragen darf nur eingegangen werden, wenn es für die Fall-Lösung darauf ankommt.

Häufig liegt der Schwerpunkt der Arbeit auf der Auswertung der im Sachverhalt enthaltenen Angaben, nicht auf dem leidigen Abspulen von Meinungsstreitigkeiten.

Wie gehe ich an die Sache heran ?

- Die Erfassung des Sachverhalts

Zunächst einmal muss der Sachverhalt gründlich erfasst werden. Das gelingt nur bei sehr kurzen und übersichtlichen Klausuren durch einmaliges Lesen. In aller Regel solltet ihr den ***Text*** mindestens zweimal oder besser dreimal ***aufmerksam lesen***. Viele bearbeiten das Aufgabenblatt schon in diesem Stadium mit allen möglichen ***Markierungen***, ***Einteilungen*** und ***Randbemerkungen***.

Das ist nicht unbedenklich:

In der Regel enthält der Sachverhalt keine überflüssigen Passagen. Es besteht die Gefahr, dass vor lauter Konzentration auf die hervorgehobenen Teile Wichtiges unter den Tisch fällt. Vor allem aber könnt ihr zum Zeitpunkt der Erst- oder Zweitlektüre eines unbekannten Falls noch gar nicht zielsicher entscheiden, was nun besonders wichtig ist. Die Fehlerquote kann ziemlich hoch liegen.

Außerdem darf bezweifelt werden, dass die Angelegenheit durch – womöglich vielfarbige – Markierungen wirklich übersichtlicher wird.

Wer es partout nicht lassen kann, sollte sich jedenfalls der genannten Nachteile bewusst sein.

Besonders zu beachten sind natürlich ***Fallfragen*** und ***Bearbeitungshinweise***.

Häufig ist nur die Strafbarkeit bestimmter Personen zu prüfen! Bestimmte Delikte sind oft ausdrücklich nicht zu prüfen! Regelmäßig werden beispielsweise waffenrechtliche Vorschriften von der Prüfung ausgenommen. Die Fallfrage beschränkt den Prüfungsumfang oft auf Vorschriften des StGB! Bearbeitungshinweise werden sich häufig auf gestellte Strafanträge beziehen.

Die – gar nicht so seltene – ***Missachtung*** solcher Hinweise erregt den Unmut von Korrekturppersonen, ***sollte*** also ***tunlichst vermieden werden***. Achtet darauf!

- Die Suche nach den Tatbeständen

Nichts ist ärgerlicher, als einen einschlägigen Tatbestand zu übersehen! Deshalb sollte nicht vorschnell mit der gedanklichen Prüfung der auf den ersten Blick infrage kommenden Normen begonnen werden.

Damit euch nichts durch die Lappen geht, solltet ihr ***zunächst das Inhaltsverzeichnis des StGB durchkämmen:***

Wenn ein ***Abschnitt des BT*** seiner Überschrift nach verdächtig erscheint, liest man die ***Paragrafenüberschriften***.

Jeder auch nur entfernt in Betracht kommende Paragraf wird notiert. Anschließend liest man den ***Text der*** auf diese Weise ***herausgefilterten Vorschrift***.

Ergibt sich nicht auf Anhieb, dass die Vorschrift ausscheidet, wird sie in der Lösungsskizze geprüft.

Ob der Tatbestand so naheliegt, dass er ins ausformulierte Gutachten gehört, ist eine ganz andere Frage. Das kann erst im Gesamtüberblick beurteilt werden.

Die hier vorgeschlagene Technik wenden erfahrungsgemäß nur relativ wenige Bearbeiter und Bearbeiterinnen konsequent an. Sie mag lächerlich erscheinen, wenn auf den ersten Blick nur bekannte Tatbestände einschlägig sind. Es geht aber ja gerade darum, die unbekannten und versteckten Normen aufzuspüren!

Ein kleines Beispiel zum Mitmachen: Lest den Fall und überlegt kurz, welche Delikte euch dazu einfallen. Geht dann nach der oben beschriebenen Methode vor.

> T gelingt es, aus dem im Hausflur befindlichen verschlossenen Briefkasten des O einen Brief durch den Einwurfschlitz herauszuziehen. In der Hoffnung, darin Geld zu finden, reißt er den Brief auf. Inhalt ist ein Schreiben, auf dem O von seinem Geschäftspartner C über ein neues Passwort informiert wird. T setzt sich daraufhin an den PC und dringt in das System des Speditionsunternehmens C ein. Aus Ärger

über den aus seiner Sicht wertlosen Inhalt des Briefs, schleust er noch schnell ein Zerstörervirus ein, das binnen kürzester Zeit alle Daten lahm legt.

Wie hat sich T strafbar gemacht ?

§ 242 I dürfte auf Anhieb jedem in den Sinn kommen. ***§ 243 I 1, 2 Nr. 2*** als Strafzumessungsvorschrift liegt auch noch recht nahe. Wer spontan auf ***§ 303 I*** hinsichtlich des Briefs gekommen ist, hat schon einigen Überblick. § 303 I wird aber von ***§ 202 I Nr. 1*** verdrängt. Die Verletzung des Briefgeheimnisses haben sicher die allerwenigsten im Kopf gehabt. Jede Wette!!

Im zweiten Teil wird es noch etwas exotischer:

§ 202a I, § 303a I, § 303b I und § 263a kommen infrage. Das sind nun wahrlich Tatbestände, die euch im Studium nicht jeden Tag über den Weg laufen. Trotzdem können sie in Klausuren vorkommen. Keine Angst: Detailkenntnisse werden nicht erwartet, wenn die „Exoten" nicht gerade in der Vorlesung umfassend besprochen wurden. Die Leistung besteht nicht zuletzt im bewussten Aufspüren der Vorschriften.

Macht euch die oben beschriebene Auswahlmethode deshalb frühzeitig zur Gewohnheit. Sie kostet nicht viel Zeit, kann aber peinliche Lücken vermeiden.

Die Lösungsskizze / Zeiteinteilung

Das Erstellen einer sauberen ***Lösungsskizze*** wird oft vernachlässigt. Sie ist die Basis der späteren Klausur und muss ***möglichst detailliert, vor allem aber vollständig*** sein.

Erst wenn der Fall von vorne bis hinten skizziert ist, kann in der Reinschrift eine vernünftige Schwerpunktsetzung erfolgen. Deswegen ist von der ***Unsitte des „Drauflosschreibens"*** klar abzuraten. Hinter diesem stark verbreiteten Verhalten steht wohl der auf den ersten Blick beruhigende Gedanke, schon mal etwas zu Papier gebracht zu haben.

Das ist deshalb gefährlich, weil im noch nicht durchdachten Teil der Arbeit die Hauptschwerpunkte liegen können. „Frühschreiber" merken das dann zu spät. Das Ergebnis ist eine Arbeit, die zum Ende hin bestenfalls immer dünner wird, schlimmstenfalls ganze Teile der Prüfung gar nicht mehr enthält.

Lasst euch also nicht von Nachbarn oder Nachbarinnen verunsichern, die schon mehrere Seiten geschrieben haben, während ihr noch mit der Lösungsskizze beschäftigt seid. ***Abgerechnet wird zum Schluss!!***

Wann spätestens mit dem Schreiben der Klausur begonnen werden sollte, kann nicht pauschal beantwortet werden. Hier zählen individuelle Erfahrungswerte.

Als ***Faustformel*** mag die sogenannte ***Drittelregel*** dienen:

Auf jeden Fall mindestens das erste Drittel der Bearbeitungszeit für die Skizze verwenden. Andererseits spätestens nach Ablauf von zwei Dritteln der Bearbeitungszeit mit dem Schreiben beginnen, sonst werdet ihr nicht fertig (Oh Ärger).

Bei den Überlegungen zur Lösungsskizze muss der ***Sachverhalt genau im Auge behalten*** werden. Bei einem gut gestellten Fall hat jeder Teil seine Bedeutung. Überflüssige Füllpassagen sind wie gesagt recht selten.

Deshalb ist es sehr hilfreich, folgende ***Kontrollüberlegung*** anzustellen:

Habe ich den gesamten Sachverhalt in die Lösungsskizze einbezogen? Wenn ja, spricht einiges für die Vollständigkeit der Lösung (nicht notwendig für die Richtigkeit).

Oder umgekehrt: Kann eine bestimmte Textpassage ersatzlos gestrichen werden, ohne dass es sich auf meine Lösung auswirkt? Wenn ja, muss die Lösung im Hinblick auf den betreffenden Teil überdacht werden.

Der Gesamtaufbau

Bereits beim Erstellen der Lösungsskizze solltet ihr euch über den Aufbau klar werden. Oft spielen in einem Fall eine ganze Reihe von Personen mit. Dann ist genau darauf zu achten, ***wessen Strafbarkeit hinsichtlich welcher Delikte*** zu prüfen ist. Das ergibt sich aus der Fallfrage und – wie gesagt – aus eventuellen Bearbeitungshinweisen. Wie nun der Gesamtaufbau aussehen sollte, hängt individuell von der Klausur ab. Häufig ist nach der Strafbarkeit mehrerer Personen gefragt.

Dann kann man daran denken, ***nach Personen*** zu ***gliedern***:

„1. Strafbarkeit des A; 2. Strafbarkeit des B“

Das funktioniert aber nur, wenn man diesen Aufbau sinnvoll durchhalten kann. Dem kann zum Beispiel entgegenstehen, dass jeweils eine Teilnahme (also Anstiftung oder Beihilfe) an der Haupttat des anderen infrage kommt. Dann ist die eiserne Aufbauregel ***„Täter vor Teilnehmer“*** zu berücksichtigen. Ein konsequenter Aufbau nach Personen ist nicht möglich. Ein weiteres Beispiel taucht im Bereich der Mittäterschaft auf. Und zwar dann, wenn für sich genommen niemand den Tatbestand erfüllt hat: „A schlägt auf das Opfer ein, während B ihm die Brieftasche entwendet.“ Hier müssen die Mittäter des Raubes zwangsläufig gemeinsam geprüft werden, weil keiner der Täter alleine den gesamten Tatbestand erfüllt, sondern erst beide gemeinsam (vgl. § 25 II).

Aus diesen oder ähnlichen Gründen bietet sich in vielen Klausuren ein ***Aufbau nach Handlungsabschnitten*** an:

„1. Das Geschehen in der Bank; 2. Die Vorgänge auf der Flucht“

Natürlich kann innerhalb der jeweiligen Handlungsabschnitte wiederum nach Personen gegliedert werden, wenn denn mehrere in Betracht kommen.

Die Darstellung im Allgemeinen

- Die äußere Form

Hierzu gibt es nicht so furchtbar viel zu sagen. Dass die ***Schrift*** in der Klausur ***möglichst leserlich*** sein sollte, kann sich jeder denken. Wer also eine Sauklaue hat, sollte nach Möglichkeit daran arbeiten. Schreibt ***nicht mit Bleistift***, damit werden üblicherweise die Korrekturbemerkungen gemacht. Lasst ***genügend Rand***, sonst gilt das Motto „Kein Rand – keine Randbemerkungen". Beschreibt die ***Blätter*** nur ***einseitig und nummeriert*** sie. Wenn ihr die Seiten in der Hektik der letzten Sekunden vor Abgabe in der falschen Reihenfolge zusammengeheftet habt, fällt dem Korrektor und der Korrektorin so die Zuordnung leichter. An einer fehlenden Unterschrift ist wohl noch keine Klausur oder Hausarbeit gescheitert. Versucht trotzdem daran zu denken. Für die erste juristische Prüfung (Examen) müsst ihr euch die Unterschrift im Übrigen wieder abgewöhnen. Dort werden die Arbeiten anonym unter einer Kennziffer geschrieben.

- Gutachtenstil

Von euch wird in der Klausur – wie auch in Hausarbeiten – der anfänglich stark gewöhnungsbedürftige ***Gutachtenstil*** erwartet. Er besteht aus vier Schritten, die anhand eines bewusst einfachen Beispiels verdeutlicht werden sollen:

1. Schritt: Tatbestandsmerkmal aufwerfen

„Das Fahrrad müsste eine Sache sein."

2. Schritt: Definition

„Sache ist jeder körperliche Gegenstand."

3. Schritt: Subsumtion

„Das Fahrrad ist ein körperlicher Gegenstand."

4. Schritt: Ergebnis

„Damit ist das Fahrrad eine Sache."

Um Missverständnissen vorzubeugen: In einem solch unproblematischen Normalfall wirkt es albern, den umständlichen Gutachtenstil anzuwenden. Wenn also das Tatbestandsmerkmal völlig eindeutig gegeben ist, beschränkt man sich auf eine ***kurze Feststellung***: „Das Fahrrad ist eine Sache." Das ist vom Fallsteller oder der Fallstellerin durchaus vorgesehen. Die Bearbeitungszeit ist so bemessen, dass ihr unmöglich die ganze Klausur konsequent im Gutachtenstil schreiben könnt. Je nach Gesamtumfang eines Falls kann es sogar angebracht sein, einen konkurrenzmäßig untergeordneten oder völlig eindeutig gegebenen Tatbestand in einem Satz festzustellen: „T hat sich durch das Einsteigen in die Wohnung der O gemäß § 123 I Var. 1 strafbar gemacht."

Also:

Unproblematisches kurz feststellen!

Problematisches im Gutachtenstil darstellen!

Wenn ihr euch bei einem bestimmten Tatbestandsmerkmal für den ***Gutachtenstil*** entschieden habt, ***dann*** muss er ***sauber und vollständig*** sein!

Also nicht: „T müsste vorsätzlich gehandelt haben. Vorsatz ist Wissen und Wollen der Tatbestandsverwirklichung. Dies ist hier der Fall."

In diesem – so oder ähnlich leider sehr oft anzutreffenden – Negativbeispiel fehlt der Subsumtionsschritt und damit der Fallbezug. Das ist nichts Halbes und nichts Ganzes!

Noch mal zur Klarstellung:

Wenn der Vorsatz (wie in aller Regel) unproblematisch ist, reicht eine kurze Feststellung: „T handelte vorsätzlich."

Wenn er (ausnahmsweise) problematisch ist: Saubere (vollständige) Darstellung im Gutachtenstil.

Der Gutachtenstil kann nicht immer in der vierschrittigen Reinform gebracht werden. ***Vielfach muss geschachtelt geprüft werden:***

> „T müsste die Vase weggenommen haben. Wegnahme ist Bruch fremden und Begründung neuen Gewahrsams. Unter Gewahrsamsbruch versteht man die Aufhebung des ursprünglichen Gewahrsams gegen den Willen des Berechtigten. Gewahrsam ist die von einem Herrschaftswillen getragene tatsächliche Sachherrschaft."

Hier müssen einzelne Begriffe der Wegnahmedefinition ihrerseits wieder definiert werden. Im weiteren Verlauf müsst ihr genau ***darauf achten, dass ihr euch sauber zurückhangelt:***

> „Die Vase befand sich zunächst im Herrschaftsbereich des O, der seine Sachherrschaft auch bewusst ausgeübt hat. Damit stand die Vase ursprünglich im Gewahrsam des O. Durch das Mitnehmen hat T diesen Gewahrsam gegen den Willen des O aufgehoben. Er hat somit dessen Gewahrsam gebrochen. Gleichzeitig hat er eigenen und damit neuen Gewahrsam begründet. Folglich hat T die Vase weggenommen."

Auch bei diesem Beispiel geht es nur um die Verdeutlichung der Gutachtentechnik. ***Im Ernstfall*** solltet ihr in solch eindeutigen Fällen die Wegnahme ***in einem Satz*** feststellen.

Vernachlässigt die Schwerpunktsetzung nicht!! Klausuren und Hausarbeiten, in denen alles etwa gleich breit geprüft wird, nerven die Korrektorin und den Korrektor ohne Ende. Versetzt euch einmal in die Lage einer Korrekturassistentin, die einen Stapel mit über 50 Arbeiten vor sich liegen hat. Stellt euch ihre Erleichterung vor, wenn sie in der 47. Klausur oder Hausarbeit endlich einmal den geradezu erlösend knappen Satz „Das Auto der O ist eine für T fremde bewegliche Sache" liest. Das gibt einen dicken Haken am Rand, Sympathiepunkte werden eingefahren. ***Wenn die Schwerpunktsetzung stimmt, wird euch die ein oder andere inhaltliche Schwäche locker verziehen!***

Die Schwierigkeit bei der ganzen Angelegenheit liegt natürlich darin, die ***Spreu vom Weizen*** zu ***trennen***, also herauszufinden, was problematisch und was unproblematisch ist.

Das ist immer eine ***unvermeidliche Gratwanderung:*** Wer aus Sicht des Korrektors oder der Korrektorin Unproblematisches im Gutachtenstil prüft, langweilt ihn oder sie. Wer andererseits Problematisches nur kurz feststellt, muss sich den Vorwurf des fehlenden Problembewusstseins gefallen lassen.

Es lohnt sich also, ein Fingerspitzengefühl für die richtige Schwerpunktsetzung zu entwickeln. Das Buch soll euch dabei auf die Sprünge helfen.

Wenn euch ein Merkmal nicht wirklich problematisch erscheint, ihr aber die Definition in die Darstellung einbringen wollt, gibt es einen weitgehend anerkannten ***Kompromiss:***

> „T handelte mit Wissen und Wollen der Tatbestandsverwirklichung, also vorsätzlich."

Damit setzt man sozusagen die Definitionskenntnis des Lesers und der Leserin voraus. Ganz sauber ist diese Variante streng genommen nicht. Sie sollte nur bei gängigen Prüfungspunkten angewandt werden.

Im Gutachten spielt die ***Wortwahl*** eine entscheidende Rolle. ***Warnzeichen für unangebrachten Urteilsstil*** sind Wörter wie ***„da“, „weil“ oder „denn“***. Sobald über die bloße Feststellung hinaus etwas erklärt werden muss, ist der Urteilsstil tabu!

Der reine ***Gutachtenstil*** zeichnet sich wie gezeigt ***im 1. Schritt*** durch Wendungen wie ***„müsste“, „könnte“, „möglicherweise hat“ oder „in Betracht kommt“*** aus. ***Im Ergebnis*** (4. Schritt) heißt es dann typischerweise ***„also“, „demnach“, „somit“, „damit“ oder „folglich“***.

Um ganz sauber zu bleiben, solltet ihr mit dem Wort ***„müsste“*** vorsichtig umgehen. Es ist immer dann unangebracht, wenn strukturell noch eine andere Variante in Betracht kommt.

Also nicht: „T könnte sich gemäß § 223 I strafbar gemacht haben. Dazu müsste er O an der Gesundheit geschädigt haben ...“

Das ist unzutreffend, weil auch eine körperliche Misshandlung genügt. Es hätte also zurückhaltender „Er könnte ...“, „In Betracht kommt ...“ oder ähnlich heißen müssen. Klar geworden?

Vorsicht ist geboten, wenn der Satz ***mit*** den Wörtern ***„Es“*** oder ***„Bevor“*** beginnt. In aller Regel folgen dann überflüssige Ausführungen. Auch die beliebte Einleitung ***„Fraglich ist, ob ...“*** sollte man jedenfalls nicht zu häufig verwenden. Meist bietet es sich stattdessen an, unmittelbar in die konkrete Prüfung des jeweiligen Merkmals einzusteigen. Das wirkt prägnanter.

Die Prüfung des einzelnen Tatbestands

Wir orientieren uns hier am mit Abstand häufigsten Fall, nämlich dem vollendeten vorsätzlichen Begehungsdelikt. Aufbautechnisch sind insbesondere beim Versuch Abweichungen in der Prüfungsreihenfolge zu berücksichtigen. Dazu später mehr.

- Der Obersatz

Jede Prüfung muss mit einem Obersatz beginnen. Der Obersatz sollte immer die Person, die Tathandlung und den Tatbestand enthalten:

> „T könnte sich durch die Ohrfeige gemäß § 223 I strafbar gemacht haben."

Also: ***Wer*** könnte sich ***durch welche Handlung nach welchem Tatbestand*** strafbar gemacht haben?

In vielen Arbeiten wird die Tathandlung nicht im Obersatz benannt. Das ist dann nicht so tragisch, wenn dem Sachverhalt nach eindeutig nur eine Handlung für den jeweiligen Tatbestand in Betracht kommt. Spätestens im gar nicht so seltenen Fall mehrerer möglicher Tathandlungen springt die Korrekturperson im Dreieck. Sie weiß nämlich zunächst einmal gar nicht, worauf abgestellt wird.

Gewöhnt euch also an, ***immer einen vollständigen Obersatz*** zu ***formulieren***.

Die häufig anzutreffende Umschreibung „T könnte sich durch ... gemäß § 242 I ***wegen Diebstahls*** strafbar gemacht haben" ist o.k., wenn auch doppelt gemoppelt. Vermeidet unbedingt falsche Formulierungen wie „T könnte sich des Totschlags strafbar gemacht haben ...". Dieser sprachliche Lapsus ist für manche Korrektoren und Korrektorinnen – nicht ganz zu Unrecht – ein rotes Tuch. Eine Person kann sich nur ***wegen Totschlags strafbar*** gemacht haben oder ***eines Totschlags schuldig*** sein. Der Genitiv hat im Zusammenhang mit dem Wort „Strafbarkeit" nichts zu suchen.

Und noch etwas: ***Keine rechtstechnischen Begriffe und Tatbestandsmerkmale*** als Beschreibung der Handlung ***im Obersatz!***

Also nicht: „T könnte sich durch ***die Körperverletzung*** gemäß § 223 I strafbar gemacht haben" oder „Möglicherweise hat sich T durch ***die Wegnahme der Sache*** gemäß § 242 I strafbar gemacht."

Ob eine Körperverletzung, eine Sache oder eine Wegnahme vorliegt, soll ja gerade geprüft werden!

Das Tatbestandsmerkmal muss – selbst wenn es später lediglich kurz festgestellt wird – ***im Obersatz untechnisch umschrieben werden:***

> „Möglicherweise hat sich T durch das Mitnehmen der Uhr gemäß § 242 I strafbar gemacht."

- Der objektive Tatbestand

Nach dem Einstieg (Obersatz) macht man sich über ***die einzelnen Merkmale des objektiven Tatbestands*** her. Ein einleitender Zwischensatz „Dazu müsste er eine fremde bewegliche Sache weggenommen haben" ist überflüssig. Dabei wird nur der Gesetzeswortlaut wiedergegeben. Ihr könnt also nach dem Obersatz direkt in die Prüfung der einzelnen Tatbestandsmerkmale einsteigen. Wie das darstellungstechnisch geht, müsste inzwischen klar sein. Wenn nicht, zieht euch den Teil „Gutachtenstil" noch mal rein.

- Der subjektive Tatbestand

Vorsatz

Der subjektive Tatbestand enthält immer den Vorsatz, es sei denn, im Gesetz ist ausdrücklich von Fahrlässigkeit die Rede (vgl. § 15). Die wichtigsten Fahrlässigkeitsdelikte sind § 222 und § 229.

In aller Regel ist der Vorsatz unproblematisch. Wenn der Sachverhalt zur möglichen Vorstellung des Täters nichts enthält, könnt und sollt ihr getrost vom Vorsatz ausgehen, sofern das lebensnah erscheint.

Will der Aufgabensteller oder die Aufgabenstellerin auf die Diskussion des Vorsatzes hinaus, wird der Sachverhalt ***Anhaltspunkte*** geben, die eine bestimmte Einstellung des Täters nahelegen. Die häufige Umschreibung, der Täter habe Tatumstände ***„billigend in Kauf genommen"***, deutet ***unmissverständlich*** auf ***Eventualvorsatz*** hin. Von einer theorienlastigen Abgrenzung zur bewussten Fahrlässigkeit wollen der Korrektor und die Korrektorin in diesen Fällen nichts lesen.

Absichten

Gerade im Eigentums- und Vermögensbereich erfordern viele Tatbestände bestimmte Absichten. Dabei ist oft das Wort ***„Absicht"*** erwähnt (vgl. §§ 242 I, 263 I). Beliebt sind aber auch die Formulierungen ***„um ... zu"*** (vgl. § 253 I) oder ***„zur / zum ..."*** (vgl. § 267 I), die „Absicht" umschreiben.

Absicht bedeutet „Wollen" (dolus directus 1. Grades). Der Täter muss den zu beabsichtigenden Umstand ***als End- oder Zwischenziel erstreben***.

Das Verzwickte ist nun aber, dass – jedenfalls nach ganz h.M. – nicht immer Absicht drin ist, wo Absicht drauf steht! Dahinter steckt folgender Gedanke: Tatbestände mit Schädigungsabsicht liefen leer, wenn man „Wollen" verlangte. Der Täter handelt in der Regel in erster Linie eigennützig, nicht um anderen zu schaden. Deshalb lässt die h.M. etwa bei § 274 I sicheres Wissen (dolus directus 2. Grades) genügen. Das ist wegen des Analogieverbots (Art. 103 II GG) an sich äußerst bedenklich. Der Zweck heiligt – aus Sicht der h.M. – die Mittel.

Grobe Faustformel also: Bei Schädigungsabsichten genügt dolus directus 2. Grades.

Achtung: Oft erstrebt der Täter den Nachteil des Opfers als notwendiges Zwischenziel des gewünschten Vorteils. Dann liegt ohnehin Absicht im technischen Sinne (dolus directus 1. Grades) vor, sodass sich das Problem nicht stellt.

In einigen Tatbeständen (etwa § 258, § 187, § 164, § 145, § 145d) verlangt das Gesetz ausdrücklich dolus directus 2. Grades. Die Formulierungen lauten dann ***„wissentlich"*** oder ***„wider besseres Wissen"***.

- Qualifikations- und Privilegierungstatbestände

Immer wieder sind wir in Arbeitsgemeinschaften mit der Frage konfrontiert worden, wie eine Qualifikation (seltener eine Privilegierung) „richtig" in die Prüfung eingebaut wird.

Zunächst einmal gehört der jeweilige ***Tatbestand*** mit ***in den Obersatz***. Man zitiert also z.B. §§ 223 I, 224 I, §§ 212 I, 216 I oder §§ 242 I, 244 I.

Das sagt aber noch nichts über den ***Aufbau innerhalb der Prüfung*** aus. Dazu Folgendes: Unüblich ist es, die Tatbestände miteinander zu vermengen.

Damit bleiben nur noch ***zwei Möglichkeiten*** übrig: Man kann den Qualifikationstatbestand ***unmittelbar hinter dem vollständigen*** (also objektiven und subjektiven) ***Grundtatbestand*** prüfen. Dieser Aufbau hat den Vorteil, dass man sich nach Bejahung der Qualifikation sozusagen zusammenfassend nur einmal zu Rechtswidrigkeit und Schuld äußern muss. Die Alternative besteht in der vollständigen Trennung. Dann bringt man die Qualifikation ***erst hinter Rechtswidrigkeit und Schuld*** des Grunddelikts. Wer so vorgeht, muss aber konsequenterweise auch bei der Qualifikation (bzw. Privilegierung) nochmals auf Rechtswidrigkeit und Schuld eingehen. Ist allerdings schon der Grundtatbestand gerechtfertigt, muss man sich bei dieser Aufbauvariante gar nicht erst mit der Qualifikation auseinandersetzen.

Ihr seht also, dass ***je nach Fallgestaltung*** die Vorteile der einen oder der anderen Möglichkeit überwiegen. Überhaupt sollten Aufbaufragen nicht starr gehandhabt werden. Der Aufbau sollte sich immer an der Zweckmäßigkeit im Einzelfall orientieren.

- Rechtswidrigkeit

Auf den beliebten Satz „Die Rechtswidrigkeit ist indiziert", reagieren viele Korrektorinnen und Korrektoren allergisch.

Was bedeutet er überhaupt? Straftatbestände verkörpern typisches Unrecht. Wenn nicht ***ausnahmsweise Rechtfertigungsgründe*** (= Erlaubnistatbestände) vorliegen, ist die Rechtswidrigkeit gegeben. Genauer müsste es also heißen: „Die Rechtswidrigkeit ist durch die Tatbestandsmäßigkeit indiziert." Auch diese Binsenweisheit solltet ihr euch aber verkneifen: Entweder es kommen Rechtfertigungsgründe in Betracht, dann müsst ihr sie prüfen. Oder aber Rechtfertigungsgründe sind weit und breit nicht ersichtlich, dann genügt die kurze Feststellung der Rechtswidrigkeit: ***„Die Tat geschah rechtswidrig."***

Eine ***Ausnahme*** bilden übrigens ***§ 240 und § 253***. Bei diesen sogenannten ***offenen Tatbeständen*** wird die Rechtswidrigkeit nicht durch die Tatbestandsmäßigkeit indiziert, sondern muss positiv festgestellt werden.

- Schuld

In der Schuld fällt der Blick auf die ***persönliche Vorwerfbarkeit***. Hier geht es um den Täter, nicht mehr um die Tat. Auf dieser Ebene können ***Entschuldigungsgründe*** relevant werden. Völlig daneben ist die immer wieder anzutreffende Behauptung, die Schuld sei indiziert. Das ist schlicht falsch!

Ein weiterer beliebter Fehler ist die Diskussion der Schuldfähigkeit, wenn der Täter vor der Tat einige Gläser Bier getrunken hat. An den klausurrelevanten § 20 ist erst ab etwa drei Promille zu denken. Diesen Wert erreichen selbst professionelle Kampftrinker nur in Höchstform! Ein guter Fallsteller oder eine gute Fallstellerin wird deshalb konkrete Angaben machen, wenn die Schuldfähigkeit infrage gestellt werden soll.

In wirklich unproblematischen Fällen könnt ihr Rechtswidrigkeit und Schuld auch zusammenfassen: „T handelte rechtswidrig und schuldhaft."

- Besonderheiten

Beim Versuch ist an ***Rücktritt nach § 24*** zu denken. Er ist als persönlicher Strafaufhebungsgrund (ganz h.M.) zwingend hinter der Schuld zu prüfen!

Strafzumessungsregeln – allen voran der häufige § 243 I – gehören ebenfalls hierher. Sie sind ***keine Tatbestände***! Anders als bei Qualifikations- oder Privilegierungstatbeständen ist eine Prüfung vor der Schuld ist ein grober Aufbaufehler.

Ihr erkennt Strafzumessungsregeln immer an der Formulierung ***„besonders schwerer Fall ..."*** (etwa § 243 I) oder ***„minder schwerer Fall ..."*** (etwa § 213). Leider geht das nicht immer aus der Überschrift hervor. Es gibt auch eher versteckte Strafzumessungsregeln (etwa § 113 II). Klausurrelevant sind in dieser Kategorie aber nur Vorschriften, unter die man tatsächlich subsumieren kann. Ihr braucht deshalb – jedenfalls bis zum ersten Examen einschließlich – nicht darüber zu spekulieren, ob etwa § 249 II oder § 177 V gegeben ist. Das ist doch auch schon was!

- Ergebnis / Zwischenergebnisse

Vor lauter Begeisterung, die Probleme bewältigt zu haben, werden nicht selten (Zwischen-)Ergebnisse vergessen. Im Gutachtenstil müsst ihr am Ende einer jeden Teilprüfung die eingangs gestellte Frage beantworten:

> „Damit handelt es sich bei der Uhr um eine für T fremde bewegliche Sache." (mögliches Zwischenergebnis im Rahmen des § 242 I)

oder:

> „Somit hat sich T durch die Ohrfeige gemäß § 223 I strafbar gemacht." (mögliches Endergebnis bei § 223 I)

oder:

> „Damit hat T die Uhr nicht weggenommen. Er hat sich demnach nicht gemäß § 242 I strafbar gemacht." (mögliches Zwischenergebnis und daraus folgendes Endergebnis bei § 242 I)

Überprüft nach Möglichkeit immer, ob das Ergebnis mit der auf der jeweiligen Ebene gestellten Frage übereinstimmt. Vor allem im Klausurstress ist niemand gegen gedankliche Brüche gefeit. ***Der Vergleich von Frage und Ergebnis ist immer eine effektive Kontrollmethode.***

- *Prozessvoraussetzung / Strafantrag*

Im soeben erläuterten Ergebnis wurde die Frage beantwortet, ob sich der Täter nach einer bestimmten Vorschrift (materiell) strafbar gemacht hat.

Wenn ihr diese Frage bejaht, ist noch lange nicht gesagt, dass tatsächlich die Bestrafung auf den Fuß folgt, wie es immer so vollmundig von Politikern gefordert wird.

Für eine Anklage oder gar eine spätere Verurteilung darf ***kein Verfolgungshindernis*** vorliegen.

Eigentlich habt ihr in euren Arbeiten mit solcherlei Prozessvoraussetzungen bis zum ersten Examen einschließlich nichts am Hut, ihr sollt nur die materiellen Voraussetzungen prüfen. Schließlich lautet die Frage regelmäßig „Wie hat sich T strafbar gemacht?“ und nicht „Wird T verurteilt werden?“

Auch in diesem Punkt gibt es aber eine Ausnahme, wie sollte es anders sein?

Die Ausnahme hat einen Namen: ***Der Strafantrag***

Von euch wird allgemein erwartet, dass ihr bei den sogenannten Antragsdelikten (vgl. etwa § 123 II, § 194, § 230, § 247, § 248a, § 257 IV, § 259 II, § 263 IV, § 263a II) auf den Strafantrag eingeht.

Diese Erwartungshaltung mag damit zusammenhängen, dass der Strafantrag – an sich systemwidrig – im StGB (§§ 77 ff) geregelt ist. Wie auch immer, ihr müsst euch gegebenenfalls mit dem Strafantrag herumschlagen.

Wo sage ich etwas zum Strafantrag ?

Damit drängt sich die Frage nach dem Prüfungsstandort auf. Im Normalfall (sogenannte Offizialdelikte) wird eine Tat von Amts wegen, also ohne Antrag verfolgt. Das Antragserfordernis bildet eine Ausnahme, es ist eine Besonderheit. Warum also nicht zwischen Schuld und Ergebnis unter dem gedanklichen Punkt „Besonderheiten“ dazu Stellung nehmen?

Zum einen hat der Strafantrag als Prozessvoraussetzung wie gesehen mit der im Obersatz gestellten Frage nach der Strafbarkeit eigentlich nichts zu tun.

Zum anderen wirkt es gezwungen, kurz vor dem Ergebnis das Antragserfordernis festzustellen, um dann der Vollständigkeit halber diesen Satz im Anschluss an das eigentliche Ergebnis noch mal zu wiederholen.

Damit steht der sinnvollste Prüfungsstandort fest: ***Geht auf Antragserfordernisse nach dem Ergebnis zur Strafbarkeit ein!***

Auf diese Weise wird in einer Art Anhang erst- und einmalig etwas zum Strafantrag gesagt.

Beispiel:

> „T hat sich durch das Betreten der Wohnung gemäß § 123 I Var. 1 strafbar gemacht. Der nach § 123 II erforderliche Strafantrag ist gestellt.“

Was sage ich zum Strafantrag ?

Oft findet sich der ***Bearbeitungshinweis, etwa erforderliche Strafanträge seien gestellt***. Ein solcher Satz wird von vielen Professoren sozusagen vorbeugend standardmäßig unter den Sachverhalt gesetzt. Es besteht deshalb kein Grund zur Besorgnis, wenn ihr keine Antragsdelikte geprüft habt. Das muss nicht fehlerhaft sein. Wenn es aber auf den Antrag ankommt, solltet ihr wie im oben genannten Beispiel kurz schreiben:

> „Der gemäß § XY erforderliche Strafantrag ist gestellt."

Enthält der Text ***keinen Hinweis*** auf gestellte Strafanträge, könnte man auf die Idee kommen, wegen des fehlenden Strafantrags läge eine Strafbarkeit nicht vor. Das ist genau genommen falsch, denn die Strafbarkeit ist ja gegeben, es besteht nur ein Verfolgungshindernis. Schreibt also:

> „T hat sich durch ... gemäß § XY strafbar gemacht. Die Tat wird gemäß § YZ nur auf Antrag verfolgt."

Die dritte denkbare Variante ist der ausdrückliche Hinweis, dass Strafanträge nicht gestellt seien. Das wäre aber wenig pointenreich und kommt deshalb in der Klausur- und Hausarbeitspraxis auch nicht vor.

Auf keinen Fall solltet ihr unter Hinweis auf (mutmaßlich) nicht gestellte Anträge Strafbarkeitsprüfungen weglassen!

Das Konkurrenzverhältnis mehrerer verwirklichter Tatbestände

Die ***Konkurrenzen*** werden von vielen als unangenehmes Thema empfunden. Wir können euch vielleicht damit beruhigen, dass das Ergebnis im Einzelfall meist entweder klar auf der Hand liegt oder heillos umstritten ist. Im letzteren Fall kann man dann so ziemlich alles vertreten, was auch nur halbwegs sachgerecht erscheint.

In die Angelegenheit ist Bewegung gekommen, als der BGH im Jahre 1994 den zuvor als gesichert angesehenen Fortsetzungszusammenhang – vereinfacht gesagt – gekippt hat. Wenn also jemand im Laufe der Zeit hundert Autoradios geklaut hat, kann man (jedenfalls nach BGH) nicht unter dem Gesichtspunkt des Fortsetzungszusammenhangs von Tateinheit (§ 52) ausgehen. Vielmehr ist im Grundsatz jeder „Einzelakt" als selbstständige Tat zu behandeln. Es ließen sich nun umfangreiche Ausführungen darüber machen, in welchen Ausnahmefällen man vielleicht auch im Einklang mit der besagten BGH-Entscheidung nach wie vor Fortsetzungszusammenhang annehmen könnte und inwieweit nach wie vor anerkannte Formen der Tateinheit an die Stelle des ehemaligen Fortsetzungszusammenhangs getreten sind. Das führte aber hier zu weit.

Bedenkt immer: So praxisrelevant Konkurrenzfragen auch sind, bilden sie doch bis zum ersten Examen einschließlich so gut wie nie Prüfungsschwerpunkte.

Vom Ansatz her gibt es ***zwei Möglichkeiten***, mit den Konkurrenzen gedanklich umzugehen:

Man kann ***zuerst*** die Frage nach ***Handlungseinheit oder Handlungsmehrheit*** stellen, um dann in einem zweiten Schritt darüber nachzudenken, ob ein Tatbestand im Wege der Gesetzeskonkurrenz (Spezialität, Subsidiarität oder Konsumtion) verdrängt wird.

Die Alternative besteht darin, ***zuerst*** eventuell im Wege der ***Gesetzeskonkurrenz*** wegfallende Vorschriften rauszuschmeißen. Der verbleibende Rest wird weiter untersucht. Wenn keine Handlungseinheit (dann Idealkonkurrenz / § 52) vorliegt, bleibt nur noch Handlungsmehrheit (dann Realkonkurrenz / § 53) übrig.

Für diese zweite Möglichkeit spricht die sachlogische Vorrangigkeit der Gesetzeskonkurrenz. Wenn ein Tatbestand vom anderen verdrängt wird, fällt er eben schon im Ansatz unter den Tisch.

In der Klausur bringt ihr schon aus Zeitgründen ohnehin meist nur kurz euer Ergebnis zu Papier. Allzu viel Begründungsaufwand sollte jedenfalls nicht betrieben werden. Die ***Schwerpunkte*** liegen bei Universitätsübungen ***so gut wie nie auf*** den in erster Linie praxisrelevanten ***Konkurrenzfragen***. Gegebenenfalls wird euch die Dozentin oder der Dozent hoffentlich darauf vorbereiten.

Der Prüfungsstandort ist dem Fingerspitzengefühl überlassen. Klar verdrängte Tatbestände sollten im Anschluss an den verdrängenden Tatbestand – wenn überhaupt – kurz geprüft werden. Ihr stellt dann mit einem Satz die betreffende Form der Gesetzeskonkurrenz fest.

Wenn nicht allzu viele Delikte zu prüfen sind, kann man die Konkurrenzen en bloc am Ende der Klausur bringen. Wird es aber unübersichtlicher, bietet es sich an, zwischendurch abzuschichten.

Dass ihr die ***Konkurrenzen jeweils nur auf eine Person bezogen*** prüfen müsst, versteht sich wohl von selbst. So gibt es etwa kein Konkurrenzverhältnis zwischen dem Betrug des A und der Urkundenfälschung des B.

Wie auch immer ihr es im Einzelfall macht, lasst die Konkurrenzen wenn es irgend geht nicht ganz weg. Das bricht zwar für sich genommen sicher keiner Arbeit das Genick, hinterlässt aber immer einen lückenhaften Eindruck.

Wie stelle ich einen Meinungsstreit vorteilhaft dar ?

Zu dieser Frage geben euch die Formulierungsvorschläge bei den einzelnen Fällen reichlich Anschauungsmaterial. Vorab schon einmal einige ***grundlegende Hinweise:***

Auf allen genannten Aufbauebenen können Problemschwerpunkte auftauchen. Dabei muss es sich wie bereits erwähnt keineswegs immer um Meinungsstreitigkeiten handeln. Wenn aber ein Meinungsstreit einschlägig ist, heißt das noch lange nicht, dass er auch entschieden werden muss! An dieser Stelle werden regelmäßig grobe logische Fehler gemacht.

Immer wieder liest man seitenweise von „Theorien" und ihren Vorzügen oder Nachteilen, ohne dass der Fallbezug auch nur ansatzweise hergestellt worden ist.

Ganz wichtig: Die Argumente für oder gegen eine Meinung dürfen erst ins Spiel gebracht werden, wenn die ***fallbezogene Subsumtion*** ergeben hat, dass die dargestellten Standpunkte zu verschiedenen Ergebnissen führen. Nicht selten besteht die Leistung gerade darin, einer Streitentscheidung aus dem Weg zu gehen. Auch dafür bringen wir viele Fallbeispiele.

Bei einer Vielzahl differenzierender Ansichten genügt oft die Auseinandersetzung mit einer bestimmten Meinung, weil die anderen im konkreten Fall auf ein übereinstimmendes Ergebnis hinauslaufen.

Kurz gesagt: ***Niemals mehr entscheiden als unbedingt nötig!***

Wenn es auf eine ***Streitentscheidung*** ankommt, müsst ihr sie ***abstrakt***, also losgelöst vom konkreten Fall treffen.

Von euch wird nicht das entscheidende, noch nie da gewesene Argument erwartet. Erst recht müsst ihr keine neuartigen Lösungswege aus dem Boden stampfen. Verlangt wird lediglich eine fundierte und ***nachvollziehbare Auseinandersetzung mit den vorhandenen Argumenten***. Das gilt übrigens grundsätzlich auch für Hausarbeiten.

Bei umfangreicher Argumentation kann es sich anbieten, in einer Art ***Ping-Pong-Verfahren*** die Argumente einander gegenüberzustellen:

> „Für die enge Auslegung spricht ...
> Dagegen lässt sich anführen, dass ...
> Andererseits ...
> Der Gegeneinwand … überzeugt wegen ... nicht.“

Mit einem solchen „Schlagabtausch“ setzt man sich mit den Argumenten der letztlich abgelehnten Auffassung lebendig auseinander.

Je nach Geschmack kann man aber auch die Argumente der einzelnen Auffassungen en bloc bringen, wobei sich anbietet, die später abgelehnte Argumentation zuerst darzustellen. Das wirkt überzeugender.

Setzt euch immer konkret mit den jeweiligen Meinungen auseinander und vermengt die Diskussion nicht zu einem Einheitsbrei. Vor allem in Hausarbeiten findet sich häufig folgende Struktur: 1. „Meinung A“, 2. „Meinung B“, 3. „Meinung C“, 4. „Kritik und eigene Ansicht“. Diese Art der Darstellung ist in Aufsätzen und Büchern beliebt, aber erfahrungsgemäß für Hausarbeiten oder gar Klausuren ungeeignet. Die Kandidatinnen und Kandidaten („Das ganze Leben ist ein Quiz ...“) verirren sich dabei regelmäßig im Dschungel eigener und fremder Gedankengänge.

Im Grundsatz halten wir es ***nicht*** für ***empfehlenswert***, die ***Meinungen beim Namen zu nennen***.

Also nicht:

> „Der BGH vertritt die Auffassung ... / Der herrschenden Lehre zufolge ... / Die XY-Theorie besagt ...“

Eine solche Form der Darstellung ist nicht falsch, hat aber einen entscheidenden Nachteil: ***Der Streit wirkt abgespult!***

Aus Sicht des Korrektors und der Korrektorin werden nur auswendig gelernte Erkenntnisse gebetsmühlenartig zu Papier gebracht, die in der Klausur ohnehin nicht belegbar sind.

Mit der Einordnung der Meinungen in Literatur und Rechtsprechung gewinnt ihr keinen Blumentopf.

Eine Berufung auf die h.L. oder den BGH ist keine ***Prüfungsleistung***, die Leistung ***besteht in der ansprechenden Argumentation***.

Wesentlich überzeugender ist demgegenüber die ***Darstellung vom Problem her:***

> „Der Gesetzestext legt eine weite Interpretation des Merkmals XY nahe."
>
> „Aus dem Sinn und Zweck der Norm lässt sich aber ableiten, dass ..."

Derartige Formulierungen suggerieren eine ***eigenständige und lebendige Herleitung*** der Ansichten. Die Lösung stellt sich auf diese Weise als echte Leistung der Bearbeiterin und des Bearbeiters dar, sie wird im Idealfall zum Leseerlebnis für die Korrektorin und den Korrektor. Diese Vorgehensweise bietet sich übrigens ***auch in Hausarbeiten*** an, wobei sich dann die Vertreter oder Vertreterinnen der jeweiligen Auffassung zwanglos aus den Fußnoten ergeben.

Einige Streitstände sind aber so klassisch, dass die Darstellung vom Problem her eher gezwungen wirkt.

Beispielhaft seien aus dieser Kategorie genannt: Die Streitfrage nach dem Erfordernis einer Vermögensverfügung bei § 253 und die „Theorien" zum Erlaubnistatbestandsirrtum. Auch das Verhältnis von § 211 und § 212 zueinander ist jedenfalls auf Basis der bisherigen BGH-Rechtsprechung traditionell streitig.

Die selbstständige Problementwicklung kauft euch in diesen ausgelutschten Bereichen ohnehin kein Mensch ab, weshalb es sich ***ausnahmsweise*** anbietet, die ***Meinungen ohne Umschweife beim Namen*** zu ***nennen***.

Jetzt aber auf in den Kampf! Mit den vorangegangenen Hinweisen gerüstet, könnt ihr euch guten Mutes an die Lösung der Fälle begeben.

Nun erwarten euch erst einmal die Sachverhalte in geballter Form.

Widersteht – wenn es irgend geht – der Verlockung, nach dem Lesen eines Sachverhalts direkt in den Lösungsvorschlag zu schauen. Ihr solltet vielmehr ernsthaft versuchen, eigenständig Lösungen zu erarbeiten.

Frohes Schaffen!!!

Tötungsdelikte

Fall 1

F ist ungewollt schwanger geworden, hat das aber erst recht spät gemerkt. In ihrer Verzweiflung bittet sie den Medizinstudenten M, einen Eingriff vorzunehmen, der zum Schwangerschaftsabbruch führen soll. Nach anfänglichem Zögern kommt M dem Wunsch der F nach. Angesichts des fortgeschrittenen Stadiums der Schwangerschaft verläuft der Abbruch nicht wie vorgesehen. Nach einigen Tagen kommt es aufgrund des Eingriffs zu einer Frühgeburt. Das Kind stirbt kurz nach der Geburt.

Frage: Hat sich M gemäß § 212 strafbar gemacht ?

Fall 2

Profikillerin P soll den unliebsamen O erledigen und dafür von ihrem Auftraggeber 20.000 € erhalten. An einem düsteren Winterabend lauert P ihrem Opfer beim Ausführen seines Hundes im Stadtpark auf und streckt ihn aus dem Hinterhalt mit einem gezielten Schuss nieder. P hat ganze Arbeit geleistet, O ist sofort tot.

Frage: Wie hat sich P strafbar gemacht ?

Fall 3

F ist seit zehn Jahren verheiratet. Im Laufe einer beruflich bedingten und lange andauernden Abwesenheit des Ehemanns lässt sich F zu einem Seitensprung hinreißen. Zum Entsetzen der F bleibt das nicht ohne Folgen. Sie bringt ein nichteheliches Kind zur Welt. F kann einerseits nicht auf Verständnis des Ehemanns hoffen, will andererseits aber nicht zuletzt wegen der beiden ehelichen Kinder unbedingt ihre Ehe retten. Deshalb beschließt die verzweifelte F, das inzwischen einen Monat alte Kind mit einer kräftigen Dosis Schlaftabletten umzubringen. F löst das bitter schmeckende Medikament in süßer Flaschennahrung auf, damit das Kind die Tabletten nicht sofort wieder ausspuckt. Das Kind trinkt den Inhalt der Flasche tatsächlich und stirbt kurz darauf.

Frage: Wie hat sich F strafbar gemacht ?

Fall 4

S hat sich zur Finanzierung seines neuen Geländewagens von G 40.000 € geliehen. Als der Betrag zur Rückzahlung fällig wird, hat S eigentlich keine Lust, seiner Verpflichtung nachzukommen. Er vermeidet die Durchsetzung der Forderung dadurch, dass er G – der ihm ohnehin schon immer unsympathisch war – ums Leben bringt.

Frage: Wie hat sich S strafbar gemacht ?

Fall 5

A spaziert in einem Münchener Villenviertel herum. Plötzlich hört er, wie in einem der Häuser ein Schuss fällt. A dreht sich um und erkennt durch ein Fenster seinen alten Knastfreund F mit einer Pistole in der Hand. Vor F steht eine alte Dame, die sich den Bauch hält und langsam in sich zusammensinkt. Rentner R hat das Geschehen wie immer genau beobachtet. A will den lästigen Zeugen aus dem Weg räumen. Er läuft mit einem großen Stein auf den entsetzten R zu und schlägt dem Rentner damit heftig auf den Kopf. Wie von A erhofft, erliegt R noch am Tatort seinen Verletzungen. Zur großen Verwunderung des A verlässt Horst Tappert die Villa mit den legendären Worten „Komm' Harry, lass' uns gehen!" Es stellt sich heraus, dass gerade die tausendste Folge von „Derrick" mit dem vielsagenden Titel „Ein Toter kommt selten allein" gedreht wird, in der F als Darsteller des Mörders engagiert wurde.

Frage: Wie hat sich A strafbar gemacht ?

Fall 6

Auftragskiller A hat sich wieder einmal anheuern lassen. Nach den Wünschen seines Auftraggebers soll er das Opfer O im offenen Duell niederstrecken, dafür soll es dann aber auch eine besondere Gefahrenzulage geben. A ist allerdings etwas besorgt, weil seine Lieblingspistole in letzter Zeit häufiger im entscheidenden Moment versagt hatte. In der Kneipe schildert A seinem Freund und Kollegen B die außergewöhnliche Situation. B bietet A spontan seine Präzisionspistole an, die ihm immer gute Dienste geleistet hat. A nimmt das Angebot begeistert an, zumal B keine finanziellen Interessen hat. Dank der geliehenen Waffe kann A den Auftrag reibungslos erledigen, O hat nicht den Hauch einer Chance.

Frage: Wie haben sich A und B strafbar gemacht ?

Fall 7

O möchte seinem Leben ein Ende setzen, sieht sich dazu aber selbst nicht in der Lage. Deshalb bittet er seine Tochter T, ihm mit einer Spritze eine tödliche Giftdosis zu verabreichen. T kann O auch in einem längeren Gespräch nicht umstimmen und kommt dessen wiederholter Bitte schließlich nach. O stirbt alsbald.

Frage: Wie hat sich T strafbar gemacht ?

Fall 8

Die Studentin S wohnt noch bei ihren Eltern. Sie hat sich während einer langweiligen Vorlesung in L verliebt, der seinerseits von S absolut begeistert ist. In der Folgezeit verbringen die beiden so gut wie jede Minute miteinander. Die konservativen Eltern der S sind davon wenig begeistert. Sie sind der Meinung, S solle sich ganz auf ihre Ausbildung konzentrieren. Weil sie L im Übrigen ohnehin für einen „unmoralischen Chaoten“ halten, verbieten die Eltern S jeglichen Umgang mit ihm. Diese Situation wird von S und L als so ausweglos empfunden, dass sie nach längerem Überlegen gemeinsam den Schritt ins Jenseits gehen wollen. Sie fahren mit dem Auto des L auf einen Parkplatz, wo sie mit einem Schlauch die Abgase ins Wageninnere leiten wollen. L gibt so lange Gas, bis er das Bewusstsein verliert. Dank des von einem Passanten alarmierten Notarztes kann L gerettet werden, während S stirbt.

Frage: Hat sich L gemäß §§ 212, 216 strafbar gemacht ?

Fall 9

Die lebenslustige E hat noch nie besonders viel von der in unserem Kulturkreis verbreiteten seriellen Monogamie gehalten und führt ein sehr turbulentes Liebesleben. Mit Ehemann M läuft im Bett allerdings bereits seit geraumer Zeit kaum noch etwas. Da M zudem nach einem Autounfall dauerhaft gehbehindert ist, entschließt sich E, mit den Kindern zu einem Liebhaber zu ziehen. M, der schon lange unter dem seiner Ansicht nach unmoralischen Verhalten der E gelitten hatte, versucht sie verzweifelt umzustimmen. E verleiht ihrer Entschlossenheit mit dem Satz „Das kannst du vergessen, bei einem erbärmlichen Krüppel und sexuellen Versager bleibe ich keine Minute länger!“ Nachdruck. Angesichts dieser Äußerung ist M dermaßen aufgebracht, dass er E spontan ersticht. Dazu wäre es nicht gekommen, wenn E in der Auseinandersetzung sachlich geblieben wäre.

Frage: Wie hat sich M strafbar gemacht ?

Körperverletzungsdelikte

Fall 10

A gehört zum radikalen Flügel der Initiative „Parke nicht auf unseren Wegen“. Eines Tages sieht er, wie der unbelehrbare U von der ADAC-Unterabteilung „Parkraum ist Lebensraum“ seinen E-Klasse-Mercedes mitten auf dem Radweg abstellt. Als der schmächtige U seinem Wagen entsteigt, läuft A wütend auf ihn zu und schleudert den Übeltäter gezielt so zu Boden, dass U mit dem Kopf auf die Bordsteinkante schlägt. Dadurch erleidet er eine schwere Gehirnerschütterung sowie eine Platzwunde am Hinterkopf, die im Krankenhaus mit drei Stichen genäht werden muss.

Frage: Wie hat sich A strafbar gemacht ?

Fall 11

Berufsgeigerin G hat sich auf der Pferderennbahn als Expertin aufgespielt und ihrem Kollegen K einen „absolut heißen Tipp“ gegeben. Leider kommt „Weinbergschnecke“ aber als letztes Pferd ins Ziel, sodass K seine gesamten Ersparnisse verliert. Unter lautem Krachen zerquetscht der erboste K daraufhin den kleinen Finger der linken Hand der G. Der Finger ist so kompliziert gebrochen, dass er für immer steif bleibt, was K billigend in Kauf genommen hatte. G kann dadurch ihren Beruf nicht mehr ausüben.

Frage: Wie hat sich K strafbar gemacht ?

Fall 12

Der ehemalige Profiboxer P versteht wenig Spaß. Sein bestes Argument ist immer noch die rechte Faust. Während eines Aufenthalts in seinem Stammlokal „Knock-out“ fühlt er sich durch die Anwesenheit des pseudointellektuell daherschwafelnden Philosophiestudenten S belästigt. P schlägt S mit einem kräftigen Fausthieb sämtliche Vorderzähne aus. Dies hatte P, der seine Schlagkraft nur begrenzt dosieren kann, billigend in Kauf genommen.

Frage: Wie hat sich P strafbar gemacht ?

Fall 13

Chemielaborantin C und ihre Mitbewohnerin O liefern sich regelmäßig filmreife Auseinandersetzungen. Eines Tages ergreift C eine Flasche mit hoch konzentrierter Salzsäure und schüttet O die Flüssigkeit mit den Worten „Werd' blind, du Schlampe!" voller Wut ins Gesicht. Geistesgegenwärtig hält O ihren Kopf sofort unter fließendes Wasser. Dank ärztlicher Behandlung können bleibende Schäden vermieden werden, obschon die Säure ohne Weiteres zur Erblindung hätte führen können.

Frage: Wie hat sich C strafbar gemacht ?
Die Strafbarkeit gemäß § 185 ist nicht zu prüfen.

Delikte gegen die persönliche Freiheit

Fall 14

E lebt mit seiner Freundin F zusammen und ist extrem eifersüchtig. An einem lauen Sommermorgen begibt er sich auf leisen Sohlen aus der Wohnung, um einzukaufen. Beim Hinausgehen schließt E die Tür mit dem einzig vorhandenen Schlüssel ab, damit F keine Dummheiten macht. F bemerkt davon nichts und sieht im Bett noch etwas fern. Als E nach einer halben Stunde mit Lebensmitteln bepackt nach Hause kommt, sitzt F immer noch da. In der Zwischenzeit hat sie das Bett nicht verlassen.

Frage: Wie hat sich E strafbar gemacht ?

Fall 15

Der chronisch unter Geldnot leidende A ist sauer auf seinen Bekannten B, der ihm die Freundin ausgespannt hat. Deshalb beschließt A, sich zumindest ein angemessenes „Schmerzensgeld" zu verschaffen. A hält B eine geladene Pistole an die Schläfe und sagt: „Wenn du mir nicht sofort einen Scheck über 5.000 € ausstellst, lege ich dich ohne mit der Wimper zu zucken um!" Da dem B sein Leben lieb ist, stellt er wie gewünscht den Scheck aus.

Frage: Hat sich A gemäß § 239a strafbar gemacht ?

Fall 16

Guru G ist wohlhabender Chef der „Ramses-Revival-Church“ und muss bei seinen Anhängern in letzter Zeit immer wieder Nachlässigkeiten beobachten. Besonders A macht ihm Sorgen, legt er doch zunehmend kritische Gedanken und eigenständige Verhaltensweisen an den Tag. G bestellt A zu sich und sagt: „Wenn du dich künftig nicht an unsere Regeln der heiligen Pyramide hältst, werde ich den Geist des Pharaos rufen, der dich ins Jenseits ziehen wird.“ A ist davon schwer beeindruckt und entwickelt sich in der Folgezeit zum hörigsten Untertanen des G.

Frage: Wie hat sich G strafbar gemacht ?

Fall 17

Die wackere Atomkraftgegnerin A sieht es vor dem Hintergrund verschiedener technischer Pannen in der Vergangenheit als besonders unverantwortlich an, dass immer wieder verbrauchte Brennstäbe aus dem gesamten Bundesgebiet zu einem sogenannten Endlager transportiert werden. Zusammen mit einigen gleich gesinnten Personen setzt sie sich gezielt vor die Zufahrt des Bestimmungsortes. Der Fahrer des Nukleartransporters hält daraufhin – wie von den Belagerern gewünscht – an. Als nach über einer Stunde mehrere Hundertschaften Polizei mit Wasserwerfern anrücken, räumt A zusammen mit den anderen das Feld, sodass der Transport schließlich doch noch den Abladeplatz erreicht.

Frage: Hat sich A gemäß § 240 strafbar gemacht ?

Fall 18

Vermieter V hat Mieterin M wirksam gekündigt. M weigert sich dennoch beharrlich, die Wohnung zu räumen. Weil die Mühlen der Justiz aus Sicht des V entschieden zu langsam mahlen, fackelt er nicht lange. V hängt Anfang Januar vor den Augen der entsetzten M sämtliche Fenster aus und transportiert sie ab. Angesichts der klirrenden Kälte zieht M wohl oder übel entnervt aus.

Frage: Wie hat sich V strafbar gemacht ?

Fall 19

M ist Chefredakteur des modernen Nachrichtenmagazins „Locus“. Er ist wie häufig zügig mit seinem BMW unterwegs. Leider wird M jedoch im Rahmen einer allgemeinen Verkehrskontrolle von Polizist P angehalten. Um die Sache möglichst kurz zu machen und vor allem um die Kontrolle seiner abgefahrenen Reifen zu verhindern, sagt M genervt: „Ich habe es eilig, lassen Sie mich bitte in Ruhe, sonst werde ich Sie und Ihre Familie in meinem Magazin fertig machen!" P ist schwer beeindruckt und lässt M sofort weiterfahren.

Frage: Wie hat sich M strafbar gemacht ?

Beleidigungsdelikte

Fall 20

A und B sind bodenständige Menschen und Freunde solider deutscher Küche. Eines Tages lassen sie sich von ihren Ehefrauen erstmalig zu einem Gang in das Feinschmecker-Restaurant des C hinreißen. Das Essen sagt A und B leider in keiner Weise zu. B lässt C an den Tisch kommen und sagt: „So fürchterliches Geglibber ist mir noch nie auf den Teller gekommen. Für diesen Furz von Fraß verlangst du Schwein auch noch Geld!" Auch A bleibt nicht untätig. Er erzählt in seiner Stammkneipe „Zum Absturz" dem Thekennachbarn T bewusst wahrheitswidrig, C fange in der Nachbarschaft Hunde ein, um sie dann seinen ahnungslosen Gästen in kleinen Häppchen als Delikatesse zu verabreichen. C stellt hinsichtlich beider Vorgänge Strafantrag.

Frage: Wie haben sich A und B strafbar gemacht ?

Fall 21

Nach der Wiedervereinigung ist O beim Versuch einer Existenzgründung von G, einer Geschäftsfrau aus dem Westen, über den Tisch gezogen worden. Auf dem Zivilrechtsweg verlangt er nun sein Geld zurück. G hat ihre Machenschaften aber so geschickt eingefädelt, dass O die anspruchsbegründenden Tatsachen nicht beweisen kann. Deshalb wird die Klage auf Kosten des O abgewiesen. Der aufgebrachte O sagt daraufhin am Stammtisch: „Die West-Juristen sind doch alle charakterlose Rechtsverdreher und stecken mit den Abzockern unter einer Decke!"

Frage: Wie hat sich O strafbar gemacht ?

Hausfriedensbruch

Fall 22

Motorsportfanatikerin M will mit einer Designerkappe Modell „Mick Schumacher“ ihren gleich gesinnten Freundinnen imponieren. Ärgerlicherweise kann M den horrenden Preis des guten Stücks zurzeit nicht aufbringen. Deshalb begibt sie sich in ein Kaufhaus, um die begehrte Kappe dort möglichst unauffällig mitgehen zu lassen.

Frage: Hat sich M gemäß § 123 strafbar gemacht ?

Fall 23

R ist als Leadsänger der mittelmäßig erfolgreichen Rockgruppe „The Invaders“ auf Deutschlandtournee. Nach dem Soundcheck kehrt R ins Hotel zurück, wo er das Zimmer mit der Nummer 6 gemietet hat. Er betritt aber versehentlich das fremde Zimmer mit der Nummer 9. Dort ist Wirtschaftsboss W abgestiegen, der allerdings gerade geschäftlich unterwegs ist. R erkennt die Verwechslung der Zimmer erst daran, dass sich im Bad eine Wanne befindet, während in seinem Zimmer nur eine Dusche vorhanden ist. Nach kurzem Überlegen beschließt R, die Gunst der Stunde zu einem ausgiebigen Vollbad zu nutzen. Zwei Stunden später verlässt er das fremde Zimmer nach wie vor unbemerkt.

Frage: Hat sich R gemäß § 123 strafbar gemacht ?

Delikte gegen die Rechtspflege

Fall 24

Der unmotivierte A wird als Zeuge vor Gericht über den Hergang eines Verkehrsunfalls vernommen. Ohne lange Überlegung sagt er, B habe an einem Stoppschild gehalten. Dem war auch tatsächlich so, während A der oberflächlichen Überzeugung ist, B sei mit nur leicht verminderter Geschwindigkeit in den Kreuzungsbereich gefahren.

Frage: Wie hat sich A strafbar gemacht ?

Fall 25

Zeugin Z schätzt die Justiz nicht besonders und lügt daher vor Gericht, dass sich die Balken biegen. Nach Beendigung ihrer Aussage soll sie vereidigt werden. Beim Sprechen der Eidesformel erinnert sie sich an die mahnenden Worte der Richterin, insbesondere an die plastisch beschriebenen Folgen eines Meineids. Z bricht die Eidesformel aus Reue ab und stellt ihre Aussage sofort richtig.

Frage: Wie hat sich Z strafbar gemacht ?

Fall 26

A war als Autofahrer in einen Verkehrsunfall verwickelt, während sich sein Bekannter B auf dem Beifahrersitz befand. A kennt B als gutmütigen Menschen, dessen Erinnerungsvermögen ausgeprägt schwach ist. Er stachelt B an, als Zeuge vor Gericht auszusagen, die Ampel habe Grün gezeigt. A ist sich darüber bewusst, dass die Ampel in Wahrheit schon auf Rot gesprungen war. Er denkt aber, B werde gutgläubig vor Gericht falsch aussagen. In Wirklichkeit hat B einen seiner seltenen Geistesblitze und erinnert sich an das wahre Geschehen. Trotzdem sagt er so aus, wie es A gewünscht hatte und beschwört seine Aussage anschließend.

Frage: Wie haben sich A und B strafbar gemacht ?

Fall 27

Die einschlägig vorbestrafte T will aufgrund negativer Erfahrungen Konflikte mit den Strafverfolgungsbehörden nach Kräften vermeiden. Zu diesem Zweck ist ihr jedes Mittel recht. Wie T aus gewöhnlich gut informierten Kreisen weiß, hat die Polizei unter anderem ihren alten Freund O wegen eines bestimmten Einbruchsdiebstahls in Verdacht. Dabei sind die Beamten allerdings auf dem Holzweg. In Wahrheit war allein T die Einbrecherin. Bei einem Besuch kann T Teile des Diebesguts unter dem Bett des O verstecken. Die Polizeibeamten sind mächtig stolz auf ihren guten Riecher, als sie die Beutestücke in der Wohnung des ahnungslosen O finden. Genau so hatte sich T den Lauf der Dinge vorgestellt.

Frage: Wie hat sich T durch das Verstecken des Diebesguts strafbar gemacht ?
Die Strafbarkeit gemäß §§ 185 ff ist nicht zu prüfen.

Fall 28

Der dreiste Dieb T sieht sich nach einem seiner Beutezüge unangenehmen Befragungen der Polizei ausgesetzt. Zügig verhökert er die Diebesbeute an H, um einer erfolgreichen Wohnungsdurchsuchung vorzubeugen. B – ein alter Freund des T – hat zwar mit der ganzen Sache nichts zu tun, schuldet T aber noch aus vergangenen Tagen einen Gefallen. B wird von der Polizei als Zeuge vernommen und teilt dort mit, er habe mit T am Tatabend durchgehend Schach gespielt. Dabei weiß B sehr wohl, dass T – der im Übrigen gar nicht Schach spielen kann – in Wahrheit „beruflich" unterwegs war. B will mit seiner Aussage den Verdacht von T ablenken und ihn vor Beschlagnahme der Beute schützen. Er wähnt das Diebesgut irrtümlich noch in der Wohnung des T. Das Ermittlungsverfahren gegen T, der sich gegenüber der Polizei nicht zur Sache geäußert hatte, wird nach einiger Zeit eingestellt.

Frage: Wie hat sich B strafbar gemacht ?

Fall 29

Staatsanwältin S ist in Frankfurt für die Aufklärung der Bandenkriminalität zuständig. Sie trifft sich wöchentlich mit Freunden in einer Kneipe zum Skatspielen. Im Laufe eines solchen Abends erzählt Skatbruder B von seiner Freundin F, die seit geraumer Zeit im Team mit mehreren anderen in Frankfurt Autos aufbricht und anschließend ausräumt. B klopft seiner Mitspielerin S auf die Schulter und sagt unter schallendem Gelächter: „Die F kann sich inzwischen ein richtiges Leben leisten, nicht so wie du mit deinem Beamtengehalt." S macht sich daraufhin seine Gedanken, leitet aber keine rechtlichen Schritte gegen F ein.

Frage: Wie hat sich S strafbar gemacht ?

Fall 30

Reisebusfahrerin B hatte eines Tages wieder einmal die zulässigen Fahrzeiten überschritten und infolge ihrer Übermüdung den vollbesetzten Bus in den Graben befördert. Dabei hatten sich mehrere Insassen verletzt. B wurde daraufhin wegen fahrlässiger Körperverletzung und fahrlässiger Gefährdung des Straßenverkehrs zu einer Geldstrafe von 60 Tagessätzen in Höhe von je 20 € verurteilt. Ihre Arbeitgeberin A war immer mit dem Einsatz der B zufrieden. Sie lässt sich nicht lumpen und zahlt die 1.200 € für B.

Frage: Wie hat sich A strafbar gemacht ?

Urkundendelikte

Fall 31

Schlitzohr T hat einen schon älteren Führerschein für Fahrzeuge der ehemaligen Klasse 4. Mit der entsprechenden Fahrerlaubnis darf er nach §§ 6 VI FeV, 5 I, 18 II Nr. 4 StVZO a.F. nur Kleinkrafträder und Mofas fahren. Das Dokument befindet sich in einem sehr abgenutzten Zustand, weil T den Führerschein seit Jahren ohne Schutzhülle in der Hosentasche herumschleppt. Nun wächst auch in ihm der Wunsch, endlich vierrädrige Fahrzeuge im Straßenverkehr zu bewegen. Da ihm das Geld für die nötige Ausbildung fehlt, beseitigt T mit einer Rasierklinge die X-Zeichen, mit denen das Wort „drei“ der Klasseneinteilung durchkreuzt war.

Frage: Wie hat sich T strafbar gemacht ?

Fall 32

Jurastudent J will sich statusgerecht fortbewegen und braucht daher dringend Geld für ein neues Golf-Cabrio. Leider rückt sein Vater keine Kohle mehr heraus. J hat aus besseren Zeiten noch einen von der Kommilitonin K ausgestellten Schuldschein über eine Forderung in Höhe von 2.000 €. Um bei seiner Bank einen möglichst kreditwürdigen Eindruck zu hinterlassen, erstellt J eine Fotokopie des Schuldscheins, in die er durch geschicktes Anhängen einer Null eine Summe von 20.000 € einträgt.

Frage: Hat sich J gemäß §§ 267 ff strafbar gemacht ?

Fall 33

Die stets unter Geldmangel leidende M hat die ewigen Wasserpreiserhöhungen satt. Um Geld zu sparen, manipuliert sie den Wasserzähler so, dass am Ende des Abrechnungszeitraums eine im Vergleich zum tatsächlichen Verbrauch deutlich geringere Durchflussmenge angezeigt wird.

Frage: Hat sich M gemäß § 268 strafbar gemacht ?

Fall 34

K begibt sich in ein Kaufhaus, um Hosen zu kaufen. Nachdem er das Angebot gesichtet hat, entscheidet er sich zur Anprobe einer gelben und einer grünen Hose. Die gelbe Hose soll laut Auszeichnungsetikett 70 € kosten, während die grüne Hose mit 100 € ausgezeichnet ist. Die Preise befinden sich auf kleinen Pappschildern, die das Signet des Kaufhauses zeigen und die jeweils durch ein am Ende verknebeltes Plastikband mit der dazugehörigen Hose verbunden sind. Nach der Anprobe entschließt sich K, die Auszeichnungsschilder zu vertauschen, da er gerne die grüne Hose für 70 € erstehen will. Unter erheblichen Schwierigkeiten gelingt es K in der Umkleidekabine, beide Plastikbänder zu lösen und die Etiketten mit der jeweils anderen Hose zu verbinden. Anschließend hängt er die nunmehr mit einem Preis von 100 € ausgezeichnete gelbe Hose an den Verkaufsständer zurück. Mit der grünen Hose begibt sich K in Richtung Kasse. Auf dem Weg dorthin wird er von Detektiv D gestellt, der aufgrund des langen Aufenthalts des K in der Umkleidekabine Verdacht geschöpft hatte.

Frage: Hat sich K gemäß § 267 strafbar gemacht ?

Fall 35

E ist mit Filmdiva F verheiratet. Am Rande der Dreharbeiten zu ihrem neuen Streifen „Aufgetakelt“ kann F der Versuchung nicht widerstehen und steigt mit ihrem knackigen Filmpartner K ins Bett. Sie teilt E das Geschehen in einem Brief mit, in dem sie um Verständnis für den Seitensprung bittet, weil es im Filmgeschäft nun einmal so zugehe. E ist allerdings von Natur aus eifersüchtig und betreibt daher unter Berufung auf das Verhalten der F die Scheidung (§ 1565 II BGB). Zum Beweis für die „Fehltritte“ beruft sich E im Scheidungsprozess auf den Brief seiner Frau. F will ihrerseits E gründlich auflaufen lassen. Nach längerer Suche entdeckt sie den Brief und verbrennt ihn sofort.

Frage: Hat sich F gemäß § 274 strafbar gemacht ?

Fall 36

Politiker P ist dafür bekannt, dass er kein Fettnäpfchen auslässt. Ein Hamburger Nachrichtenmagazin ist ihm seit geraumer Zeit auf den Fersen, um unter der Überschrift „Pleiten, Pech und Pannen“ weiter am Stuhl des P sägen zu können. Vollkommen entnervt tritt P zu Beginn der Sommerpause seinen Urlaub an. Er steigt im Hotel „Zum röhrenden Hirsch“ ab. Damit er wenigstens dort von den lästigen Journalisten verschont bleibt, trägt er an der Rezeption nicht seinen Namen in das Anmeldeformular ein, sondern gibt stattdessen „Paul Pinkel“ an.

Frage: Hat sich P gemäß § 267 strafbar gemacht ?

Fall 37

Fleischerin F steht in ständigen Geschäftsbeziehungen zu Schlachter S. In Erwartung der nächsten Lieferung Kängurufleisch sendet sie S einen bereits unterschriebenen Blankoscheck zu. S soll den aktuellen Tagespreis für das Fleisch selbst als Schecksumme eintragen. Dieser steckt derzeit in einer argen Finanzkrise, sodass er den Scheck als willkommene Gelegenheit zur Teilsanierung ansieht. S missachtet die getroffene Vereinbarung und trägt mit 30.000 € einen Betrag ein, die den Preis für die Lieferung bei Weitem übersteigt. Den so ausgefüllten Scheck löst er bei der Bank ein.

Frage: Hat sich S gemäß § 267 strafbar gemacht ?

Fall 38

S studiert Jura im vierzehnten Semester, braucht aber für die Anmeldung zum Examen unbedingt noch den Leistungsnachweis im Öffentlichen Recht. Speziell in diesem Fach sind die Karten für S dummerweise traditionsgemäß schlecht gemischt. In der entscheidenden Klausur gerät er wieder einmal arg in Zeitnot. Zum Abgabezeitpunkt kommt auch S nicht daran vorbei, das mit seinem Namen versehene unvollständige Ergebnis seiner Bemühungen der Aufsichtsperson A zu übergeben. Im allgemeinen Getümmel wird der überforderte A jedoch in Gespräche verwickelt und dadurch stark abgelenkt. Dies nutzt S geschickt aus, indem er seine Klausur unbemerkt noch einmal vom Stapel herunternimmt und flugs vervollständigt.

Frage: Wie hat sich S strafbar gemacht ?

Fall 39

T hat die Fahrschulausbildung und die anschließende Prüfung schon immer für viel zu aufwendig und kostspielig gehalten. Weil sie aber bald mit dem Auto nach Rimini fahren will, bietet ihr ihre stets hilfsbereite Kollegin K an, ihr ihren Führerschein der Klasse B für die Reise zur Verfügung zu stellen. T geht gerne auf den Vorschlag ein. Unglücklicherweise wird sie noch auf deutschem Boden bei einer Routinekontrolle angehalten. Bei der Überprüfung fällt der aufmerksamen Polizistin P auf, dass T nicht Inhaberin des Führerscheins ist.

Frage: Wie hat sich T strafbar gemacht ?
Die Strafbarkeit nach § 21 StVG ist nicht zu prüfen.

Fall 40

Dauerstudent D lebt nach dem Motto „Das Genie beherrscht das Chaos!“ Dennoch hat er seinen Führerschein verloren. Er beantragt daraufhin beim Straßenverkehrsamt einen Ersatzführerschein und sieht das als günstige Gelegenheit an, sein Image als geistiger Überflieger zu pflegen. Wahrheitswidrig gibt er der Behörde an, in der Zwischenzeit einen Doktortitel erworben zu haben. Dementsprechend wird der Titel dann auch von der Sachbearbeiterin in den Ersatzführerschein eingetragen.

Frage: Wie hat sich D strafbar gemacht ?

Brandstiftungsdelikte

Fall 41

Seit dem Tod des Ehemanns wohnt B allein und vereinsamt in ihrem Eigenheim. Dieser Zustand bedrückt sie zunehmend. Sie beschließt deshalb, die Gegend zu verlassen und alle Erinnerungen an ihren verstorbenen Mann auszulöschen. Zu diesem Zweck zündet B ihr Haus an, das vollständig abbrennt.

Frage: Hat sich B gemäß §§ 306 ff strafbar gemacht ?

Fall 42

E hängt sehr an seinem kleinen Sommerhäuschen, das zwar nur aus zwei Räumen besteht, aber sehr idyllisch an der Küste liegt. Ende Juli ist sein Erzrivale N auf einem seiner Rachezüge unterwegs. Er hat sich vorgenommen, das Ferienhaus niederzubrennen, ohne dass dabei Menschen verletzt werden sollen. N weiß zwar, dass E den gesamten Hochsommer über im Ferienhaus wohnt, vermutet ihn jedoch gerade am Strand. Sicherheitshalber macht er noch einen Rundgang durch das gut überschaubare Gebäude und vergewissert sich, dass sich tatsächlich niemand im Haus aufhält. Anschließend schreitet N zur Tat. Das Holzhaus steht innerhalb weniger Minuten lichterloh in Flammen.

Frage: Hat sich N gemäß §§ 306 ff strafbar gemacht ?

Verkehrsdelikte

Fall 43

Bauarbeiter B hat während des langen und heißen Arbeitstages eine gehörige Menge Bier zu sich genommen und so einen Pegel von 1,5 ‰ (Promille) Blutalkoholkonzentration (BAK) erreicht. B will die Heimfahrt mit seinem Auto antreten, obwohl er seinen Zustand zutreffend einschätzt und sich darüber im Klaren ist, dass er den Wagen nicht mehr beherrschen können wird. Trotzdem bietet er seinem Kollegen K an, ihn nach Hause zu fahren. K ist ebenfalls über den Alkoholkonsum des B im Bilde, geht aber trotz anfänglicher Bedenken auf das freundliche Angebot ein. Im Laufe der sehr langsamen Fahrt kommt B mehr und mehr von der Spur ab und steuert auf einen Brückenpfeiler zu. Von K zur Besinnung gerufen, kann B aber im letzten Moment noch ausweichen.

Frage: Wie hat sich B strafbar gemacht ?

Fall 44

Die etwas eigenwillige E war schon immer von der großen Verfolgungsjagd in ihrem Lieblingsfilm „Blues Brothers“ fasziniert. Sie entschließt sich, die Szene möglichst originalgetreu nachzuspielen. E rast so lange mit extremer Geschwindigkeit durch München, bis tatsächlich einige Streifenwagen die Verfolgung aufgenommen haben. Zum Höhepunkt der Show gelingt es E, eines der Polizeifahrzeuge mit ihrem Cadillac heftig zu rammen. Der Streifenwagen überschlägt sich daraufhin mehrfach und bleibt auf dem Dach im Graben liegen. E setzt ihre Fahrt voller Begeisterung fort und wird erst am anderen Ende der Stadt gefasst.

Frage: Hat sich E gemäß § 142 strafbar gemacht ?

Fall 45

Automechanikerin A will ein fahruntüchtiges Kundenfahrzeug zur Reparatur in ihre Werkstatt befördern. Wie zu diesem Zweck üblich, ist sie mit einem Autoanhänger unterwegs. In einer Kurve unterschätzt A die Breite des Anhängers und streift damit einen dort geparkten pinkfarbenen Opel Manta, der arg lädiert zurückbleibt. A hat zwar ein leichtes Scheppern gehört, dies aber auf das gewohnte Schlagen der nur lose auf dem Anhänger befestigten Auffahrplanken zurückgeführt. Der hinter A fahrende Rentner R, der alles genau gesehen hat, nimmt sofort die Verfolgung auf. An der rund 500 Meter vom Ort des Geschehens entfernten nächsten roten Ampel steigt R aus und weist A auf den Zusammenstoß hin. A bedankt sich herzlich für die Aufklärung, setzt aber dann ihre Fahrt unbeeindruckt fort. R schreibt sich das Kennzeichen des Anhängers natürlich sofort auf. Empört über die Kaltschnäuzigkeit der A zeigt er sie bei der nächstgelegenen Polizeidienststelle an.

Frage: Hat sich A gemäß § 142 strafbar gemacht ?

Kombinationsfälle

Fall 46

Ganove A hat im Kaufhaus mehrere wertvolle Uhren mitgehen lassen, ist dabei aber ärgerlicherweise von Hausdetektiv H beobachtet worden. Nachdem A mit einem zuvor geliehenen Sportwagen entkommen war, hat H die Polizei informiert. Die Beamten haben daraufhin die Fahrt des A verfolgt und eine Straßensperre errichtet. Als A herannaht, stellt sich der unerschrockene Polizist P auf die Straße und gibt mit der Polizeikelle Haltezeichen. A zeigt sich davon wenig beeindruckt. Er fährt mit Vollgas auf den immer hektischer winkenden P zu, um ihn zum Beiseitespringen zu zwingen. A weiß allerdings nicht, ob P rechtzeitig reagieren kann und nimmt dessen Tod billigend in Kauf. P gelingt es, sich im letzten Moment mit einem gewagten Hechtsprung in den Straßengraben zu retten. A hatte in zahlreichen Actionfilmen gesehen, wie man eine Straßensperre durchbricht und gehofft, der Polizei entwischen zu können. Die Realität bleibt jedoch hinter seinen Erwartungen zurück. Das Fahrzeug des A wird durch die aufgestellten Fangnetze jäh zum Stillstand gebracht.

Frage: Wie hat sich A durch sein Verhalten auf der Flucht strafbar gemacht ?

Fall 47

Die B ist im Streit aus der Wohnung der F ausgezogen, in der die beiden über einige Jahre hinweg gemeinsam gelebt hatten. B will sich an F mit einem nächtlichen „Brandanschlag" rächen. Sie entfernt zunächst die Batterie aus einem Rauchmelder im Hausflur, um später unentdeckt den Tatort verlassen zu können. Anschließend baut B einen Holzstapel vor der Wohnungstür der F auf, unterfüttert diesen mit zerknülltem Zeitungspapier und zündet das Ganze an. Das Feuer greift auf die Tür über, auch die Schwelle und das Türblatt brennen schließlich selbstständig weiter, was B billigend in Kauf genommen hatte. B hat nicht die Absicht, dass Menschen verletzt werden oder gar zu Tode kommen. Sie kann das allerdings nach ihrer Vorstellung auch nicht ausschließen. B ist aber insofern zuversichtlich, als sie aus ihrer Zeit als Mitbewohnerin der F weiß, dass sich im Wohnungsflur ein weiterer Rauchmelder befindet. Wie von B erwartet, wird F durch den Alarm dieses weiteren Rauchmelders wach. Es gelingt ihr schnell, das Feuer mit Wasser zu löschen.

Frage: Wie hat sich B strafbar gemacht ?
Die Strafbarkeit gemäß §§ 123, 211, 223, 303 und 306 ist nicht zu prüfen.

Fall 48

Skatbruder S hat in seiner Lieblingskneipe „Zum Teufel“ wieder einmal ordentlich getankt. Aus einschlägiger Erfahrung weiß er, dass er in diesem Zustand nicht mehr in der Lage ist, seinen Wagen im Straßenverkehr sicher zu beherrschen. Dennoch setzt sich S spät in der Nacht ans Steuer und tritt die Heimfahrt an. Trotz einer Blutalkoholkonzentration (BAK) von 1,8 ‰ (Promille) schafft er es tatsächlich fast bis nach Hause. Wenige Meter vor seinem Ziel verliert S jedoch in einer Kurve die Kontrolle über sein Auto und kann einen heftigen Zusammenstoß mit dem abgestellten neuen Porsche des P nicht vermeiden. Zum Glück hat S immer sein Handy dabei, mit dem er umgehend seine Ehefrau E informiert. Noch vor der Polizei trifft E an der Unfallstelle ein. Wie zuvor abgesprochen behauptet S auf Befragen der Polizeibeamten, E sei gefahren. Obwohl E dies ausdrücklich bestätigt, fliegt der Schwindel wegen der penetranten Schnapsfahne des S auf.

Frage: Wie hat sich S strafbar gemacht ?

Eine Originalklausur

Fall 49

In der Firma Friede und Eierkuchen (F & E) hat die dort beschäftigte Sekretärin Klauer (K) verschiedenen Kolleginnen größere Geldbeträge aus den Handtaschen gestohlen. Die Diebstähle führen zu polizeilichen Ermittlungen, die zunächst nichts erbringen.

Die bei F & E angestellte Sachbearbeiterin Anschwarz (A) weiß zwar auch nicht, wer der Dieb ist, möchte aber der mit ihr verfeindeten K schaden. Sie schreibt deshalb einen Brief an die Polizei, in dem es unter anderem (wahrheitswidrig) heißt: „Ich habe Frau Klauer zweimal dabei beobachtet, wie sie sich an den Handtaschen von Kolleginnen zu schaffen gemacht hat.“ Von diesem Brief fertigt A für ihre Unterlagen eine Fotokopie an, die sie aber nicht unterschreibt. Das Original des Briefes unterzeichnet A und schickt es an die Polizei.

Als K wenig später auf der Suche nach neuer Beute durch die Büros streift, findet sie die Fotokopie des Briefes, die A achtlos auf ihrem Schreibtisch liegen gelassen hat. K glaubt, dies sei das von A noch nicht abgesandte Original. Sie spannt den Bogen in die Schreibmaschine, löscht mit Korrekturband den Namen „Klauer“ und setzt dafür „Lämmle“ (so heißt eine weitere Mitarbeiterin von F & E) ein. Dann ahmt K auf dem Blatt geschickt die Unterschrift „Anschwarz“ nach und sendet es an die Polizei.

Die Polizei hält beide Schreiben für echt und verdächtigt aufgrund des seltsamen Anzeigeverhaltens die A selbst als Täterin der Diebstähle. In dem gegen A eingeleiteten Strafverfahren kommt es schließlich zur Anberaumung eines Termins zur Hauptverhandlung. A nimmt sich als Verteidiger Rechtsanwalt R, der von ihrer Unschuld hinsichtlich der Diebstähle überzeugt ist. Da R dennoch eine Verurteilung seiner Mandantin befürchtet, bittet er ohne Wissen der A die K, als Zeugin im Strafverfahren die Schuld an den Diebstählen auf sich zu nehmen. (R glaubt allerdings nicht, dass K wirklich die Täterin ist.) K weist dieses Ansinnen empört zurück.

In der Hauptverhandlung wird K (ohne Belehrung nach § 55 StPO) uneidlich als Zeugin vernommen. K behauptet, sie habe mit den Diebstählen nichts zu tun und wisse auch sonst nichts über die angeklagten Vorfälle. A wird schließlich vom Vorwurf des Diebstahls freigesprochen.

Wie haben sich A, K und R strafbar gemacht ?

(Die Strafbarkeit hinsichtlich der Diebstähle ist nicht zu prüfen, ebenso wenig eine Strafbarkeit nach §§ 185–200, § 239 und § 263 StGB.)

Tötungsdelikte

Fall 1

F ist ungewollt schwanger geworden, hat das aber erst recht spät gemerkt. In ihrer Verzweiflung bittet sie den Medizinstudenten M, einen Eingriff vorzunehmen, der zum Schwangerschaftsabbruch führen soll. Nach anfänglichem Zögern kommt M dem Wunsch der F nach. Angesichts des fortgeschrittenen Stadiums der Schwangerschaft verläuft der Abbruch nicht wie vorgesehen. Nach einigen Tagen kommt es aufgrund des Eingriffs zu einer Frühgeburt. Das Kind stirbt kurz nach der Geburt.

Frage: Hat sich M gemäß § 212 strafbar gemacht ?

Lösungsskizze Fall 1

- Strafbarkeit des M gemäß § 212 I ?

I. Tatbestand

1. Objektiver Tatbestand

a. ein anderer Mensch ?

HIER (–) → zu Beginn der schädigenden Auswirkung des Eingriffs war das Tatobjekt noch eine sogenannte Leibesfrucht; die Geburt hatte noch nicht eingesetzt; auf diesen Zeitpunkt kommt es an, nicht etwa auf den aus Sicht des Täters zufälligen Zeitpunkt des Todeseintritts; das Tatobjekt (hier der Mensch) muss bei Zustandsdelikten von vornherein existieren; der Fall wird deshalb von § 218 – nicht von § 212 – erfasst

***b. also: objektiver Tatbestand* (–)**

***2. also: Tatbestand* (–)**

II. Ergebnis:

Strafbarkeit des M gemäß § 212 I (–)

Formulierungsvorschlag Fall 1

- Strafbarkeit des M gemäß § 212 I

Möglicherweise hat sich M durch den Eingriff gemäß § 212 I strafbar gemacht.

I. Dazu müsste er einen Menschen getötet haben. Das betroffene Lebewesen war vor dem Beginn der Geburt noch kein Mensch, sondern eine Leibesfrucht, die ausschließlich vom Schutz der §§ 218 ff erfasst war. Dagegen handelte es sich ab Beginn der Geburt um einen lebendigen Menschen. Der Tod des Kindes ist erst nach der Geburt eingetreten, während sich der dazu führende schädigende Eingriff zu einem von § 212 I nicht erfassten vorherigen Zeitpunkt auszuwirken begann. Damit kommt der Frage entscheidende Bedeutung zu, auf welchen der beiden Zeitpunkte abzustellen ist.

Das Rechtsgut – in diesem Fall der Mensch – muss nach allgemeinen Regeln bei Zustandsdelikten bereits im Zeitpunkt der Einwirkung auf das Tatobjekt vorhanden sein. Schon das spricht deutlich gegen eine Anknüpfung an den Zeitpunkt des Todeseintritts. Vor allem aber darf es nicht von dem aus Sicht des Täters zufälligen Zeitpunkt des Todeseintritts abhängen, ob er wegen Totschlags oder wegen Schwangerschaftsabbruchs strafbar ist.

Demnach muss es sich bei dem Lebewesen schon zu Beginn der Auswirkung des schädigenden Eingriffs um einen Menschen handeln.

Somit hat M keinen Menschen getötet.

II. Er hat sich nicht gemäß § 212 I strafbar gemacht.

Fazit

1. Der strafrechtliche Lebensschutz fällt bekanntermaßen sehr differenziert aus. Das ungeborene Leben in Form der sogenannten ***Leibesfrucht*** (was für ein Wort!) wird ***durch*** die lange Zeit politisch umstrittenen ***§§ 218 ff geschützt***. Als ***Mensch im strafrechtlichen Sinne*** wird das Lebewesen schon ***ab Beginn des Geburtsakts*** angesehen. Bei der natürlichen Geburt wird für deren Beginn auf die Eröffnungswehen abgestellt. Beim sog. Kaiserschnitt soll die Geburt nach einer vielbeachteten BGH-Entscheidung (erst) mit dem Eröffnen des Uterus beginnen (BGH BeckRS 2020, 36848).

Im Unterschied zur strafrechtlichen Betrachtung beginnt die zivilrechtliche Rechtsfähigkeit erst mit „Vollendung der Geburt“ (§ 1 BGB). Praktisch wichtig ist die zeitliche Abgrenzung vor allem im Bereich der Fahrlässigkeit. Nur der Mensch wird von §§ 222, 229 (lesen!) geschützt, die fahrlässige Schädigung der Leibesfrucht ist straflos.

2. Selbstverständlich kommt es für das „Menschsein“ nicht etwa auf Überlebensfähigkeit an. ***Das menschliche Leben ist absolut geschützt***. Wenn also der

Täter in Abwandlung des Ausgangsfalls das ohnehin nicht dauerhaft lebensfähige Kind etwa durch Ersticken getötet hätte, hätte er ohne Weiteres § 212 I erfüllt. In einem solchen Fall dürfte neben dem Totschlag allerdings nur eine versuchte Abtreibung (vgl. § 218 IV) gegeben sein, weil der reale Todeserfolg erst durch eine vom vorangegangenen Eingriff unabhängige Handlung verursacht wurde und somit nur für die Vollendung des § 212 I herangezogen werden kann. Die Gegenmeinung nimmt unter Berufung auf die Kausalität auch hier Vollendung (§ 218 I) an.

Achtet auch bei diesem Themenkreis genau auf die Details und prüft die Fallrelevanz der Streitfrage: Wenn das lebensunfähige Kind – wie im Ausgangsfall – ohne weitere Einwirkung stirbt, liegt nach allgemeiner Auffassung ein vollendeter Schwangerschaftsabbruch („Abtreibung") vor, der hier nur nicht zu prüfen war. Wenn umgekehrt ein lebensfähiges Kind das Licht der Welt erblickt, handelt es sich so gut wie unstreitig um einen (fehlgeschlagenen) Versuch des § 218.

3. Getreu der alten Binsenweisheit „Der Tod bringt uns alle um!" gibt es unweigerlich auch ein ***Ende des strafrechtlichen Lebensschutzes***. Nach heutigem Erkenntnisstand ist das ***mit dem Erlöschen der Gehirnfunktionen*** der Fall. Nach diesem Zeitpunkt scheiden sämtliche Tötungsdelikte naturgemäß aus, im Einzelfall ist dann vor allem an § 168 zu denken (siehe dazu näher: Die Fälle – Strafrecht BT 2, Fall 3).

Fall 2

Profikillerin P soll den unliebsamen O erledigen und dafür von ihrem Auftraggeber 20.000 € erhalten. An einem düsteren Winterabend lauert P ihrem Opfer beim Ausführen seines Hundes im Stadtpark auf und streckt ihn aus dem Hinterhalt mit einem gezielten Schuss nieder. P hat ganze Arbeit geleistet, O ist sofort tot.

Frage: Wie hat sich P strafbar gemacht ?

Lösungsskizze Fall 2

- Strafbarkeit der P gemäß §§ 212 I, 211 ?

I. Tatbestand

1. Tatbestand § 212 I

a. Objektiver Tatbestand

aa. ein anderer Mensch ? (+)

bb. Töten ? (+)

cc. <u>also</u>: objektiver Tatbestand (+)

b. Subjektiver Tatbestand

- Vorsatz ? (+)

c. <u>also</u>: Tatbestand § 212 I (+)

2. Tatbestand § 211 II

a. Objektiver Tatbestand

aa. Heimtücke, § 211 II Var. 5 ?
= Ausnutzen der Arg- und Wehrlosigkeit des Opfers

HIER (+) → O war arglos, er versah sich im Park keines Angriffs; darauf beruhte die Einschränkung seiner Abwehrbereitschaft (= Wehrlosigkeit); P nutzte dies in feindlicher Willensrichtung aus; es handelt sich unter Gesamtwürdigung der Tatausführung und der Motivation der P auch um eine besonders verwerfliche Tötung; ein verwerflicher Vertrauensbruch lag zwar nicht vor, ist aber auch nicht erforderlich (a.A. gut vertretbar)

bb. <u>also</u>: objektiver Tatbestand, § 211 II Var. 5 (+)

b. Subjektiver Tatbestand

aa. Vorsatz ? (+)

bb. Habgier, § 211 II Var. 3 ?
= ungezügeltes und rücksichtsloses Gewinnstreben um jeden Preis

HIER (+) → der Tod eines Menschen wird von P als Mittel zur Erlangung materieller Vorteile eingesetzt

cc. also: subjektiver Tatbestand, § 211 II Var. 3 (+)

c. also: Tatbestand § 211 II Var. 5 und 3 (+)

3. also: Tatbestand § 212 I und Tatbestand § 211 II Var. 5 und 3 (+)

II. Rechtswidrigkeit (+)

III. Schuld (+)

IV. Ergebnis:
Strafbarkeit der P gemäß §§ 212 I, 211 I, II Var. 5 und 3 (+)

Formulierungsvorschlag Fall 2

- Strafbarkeit der P gemäß §§ 212 I, 211

Durch den Schuss auf O könnte sich P gemäß §§ 212 I, 211 strafbar gemacht haben.

I. Sie hat einen anderen Menschen, nämlich O, vorsätzlich getötet. Der Tatbestand des § 212 I ist damit erfüllt.

Möglicherweise hat P dabei heimtückisch im Sinne des § 211 II Var. 5 gehandelt. Heimtücke setzt zunächst das Ausnutzen der Arg- und Wehrlosigkeit des Opfers voraus. Arglos ist, wer sich zum Tatzeitpunkt keines Angriffs versieht. O ahnte bei seinem Gang durch den Park nichts von irgendeiner Bedrohung. Er versah sich keines Angriffs und war mithin arglos. Darauf beruhte die Einschränkung der natürlichen Abwehrbereitschaft des O, also seine Wehrlosigkeit. P konnte den Schuss unter Ausnutzung dieser Umstände in aller Ruhe abgeben.

Überwiegend wird angesichts der anerkanntermaßen gebotenen restriktiven Auslegung für das Merkmal der Heimtücke zusätzlich verlangt, dass der Täter gegenüber seinem Opfer in feindseliger Willensrichtung handelt. Danach liegt Heimtücke trotz Ausnutzens der Arg- und Wehrlosigkeit nicht vor, wenn der Täter zum vermeintlich Besten des Opfers handelt. P verhielt sich gegenüber O feindselig, tötete also nicht zum vermeintlich Besten des Opfers. Damit führt diese Einschränkung nicht zum Ausschluss der Heimtücke.

Es handelt sich ferner unter Gesamtwürdigung der hinterhältigen Tatausführung und der egoistischen Motivation der P um eine besonders verwerfliche Tötung. Selbst wenn man das als generelle Voraussetzung für § 211 II ansieht, scheitert der Mord damit nicht am Gesichtspunkt fehlender Verwerflichkeit der Tat.

Weitergehend wird allerdings teilweise speziell für das Merkmal der Heimtücke ein besonders verwerflicher Vertrauensbruch für erforderlich gehalten. O hat dem ihr unbekannten P keinerlei Vertrauen entgegengebracht, sodass P folgerichtig auch kein Vertrauen brechen konnte. Unter der Prämisse dieses Kriteriums wäre § 211 II Var. 5 demnach zu verneinen.

Das Erfordernis eines verwerflichen Vertrauensbruchs mag in der Tat zu einer weitgehenden Beschränkung des Mordtatbestands auf besonders tückische Verhaltensweisen führen. Der Begriff „Vertrauen" ist aber kaum präzisierbar, er weist keine festen Konturen auf. Vor allem aber führt diese Art der Einschränkung zu unsachgerechten Ergebnissen. Die Tötung fremder Menschen könnte in Ermangelung eines Vertrauensverhältnisses zwischen Täter und Opfer nie § 211 II Var. 5 erfüllen. Damit wäre gerade der „klassische Meuchelmörder" ausgenommen, was auch vor dem Hintergrund des Gebots einer engen Interpretation nicht überzeugen kann.

Demnach setzt Heimtücke keinen Vertrauensbruch voraus. P hat O mithin heimtückisch getötet.

P nutzte die Arg- und Wehrlosigkeit bewusst aus, handelte also auch insoweit vorsätzlich.

Zudem könnte sie aus Habgier gehandelt haben, § 211 II Var. 3. Habgier ist das ungezügelte und rücksichtslose Gewinnstreben um jeden Preis. Als Profikillerin setzte P den Tod des O gezielt zur Erlangung des materiellen Vorteils in Form der 20.000 € ein. Darin liegt ein über eine bloße Bereicherungsabsicht hinausgehendes und maßlos eigennütziges Gewinnstreben. P handelte somit habgierig. Auch das Mordmerkmal nach § 211 II Var. 3 ist damit erfüllt.

II. Die Tat geschah rechtswidrig.

III. P handelte schuldhaft.

IV. Sie hat sich durch den Schuss auf O gemäß §§ 212 I, 211 I, II Var. 5 und 3 strafbar gemacht.

Fazit

1. Bei § 211 stellt sich zunächst immer die Frage, wie die Vorschrift im Obersatz zitiert wird, nämlich mit oder ohne § 212. Das Problem hängt mit dem uralten ***Streit um die Systematik der Tötungsdelikte*** zusammen. Der ***BGH hat § 211*** in seiner bisherigen Rechtsprechung ***als einen gegenüber § 212 völlig eigenständigen Tatbestand betrachtet*** (Delikt „sui generis"). Dagegen wird der ***Mord in der Literatur*** fast einhellig und mit überzeugender Argumentation ***als Qualifikation des § 212 angesehen***.

   Wollte man der traditionellen Linie des BGH folgen, müsste man § 211 in Abweichung von unserem Formulierungsvorschlag isoliert prüfen und im Obersatz aufführen. ***Ihr müsst euch also schon im Obersatz zwangsläufig festlegen, ohne Gelegenheit zur Erörterung der Streitfrage zu haben. Anders***

geht es nicht! Erläuterungen zur Zitierweise und zum Aufbau (z.B. „Vor dem Einstieg in die Prüfung ist der seit jeher wütende Streit zu klären ...“) bringen die Fall-Lösung nicht voran und sind ein absolutes Tabu! Ausführungen zum Verhältnis der Vorschriften zueinander dürfen nur auftauchen, wenn es ausnahmsweise inhaltlich darauf ankommt. Wann das der Fall ist, zeigen wir später. Ihr könnt schon jetzt darauf gespannt sein.

2. Die einzelnen ***Mordmerkmale*** sind im Gesetzestext relativ übersichtlich in ***drei Gruppen*** aufgeteilt. Die ***erste Gruppe*** ist rein subjektiv (täterbezogen) und erfasst besonders üble ***Beweggründe*** für die Tötung. In der ***zweite***n ***Gruppe*** geht es um die ***Art der Tatausführung***, also um objektive (tatbezogene) Merkmale, auf die sich wie üblich subjektiv der Vorsatz beziehen muss. In der ***dritte***n ***Gruppe*** schließlich wird – wiederum rein subjektiv (täterbezogen) – das ***Ziel der Tötung*** ins Visier genommen. Die Prüfungsrelevanz der einzelnen Merkmale ist sehr unterschiedlich, wir haben das selbstverständlich bei der Auswahl der Fälle berücksichtigt. Herausragende Bedeutung kommt der Heimtücke (§ 211 II Var. 5) zu. Hier wird sich der berühmte Mut zur Lücke bestimmt nicht auszahlen.

Schaut euch bereits jetzt unbedingt das Aufbauschema zu § 211 II an. Ihr findet es auf den Seiten 280 und 281. Selbstverständlich prüft ihr im Einzelfall nur die Mordmerkmale, die ernsthaft in Betracht kommen.

3. Natürlich reicht bereits die Erfüllung eines Mordmerkmals für eine Bestrafung nach § 211 I aus. Ihr als Klausurschreiber dürft aber nicht bei der Bejahung eines Merkmals stehen bleiben, sondern müsst wie gezeigt bei entsprechenden Anhaltspunkten noch weitere Merkmale prüfen. Im Ausgangsfall war das die Habgier (§ 211 II Var. 3). Je nach Geschmack konntet ihr auch noch sonstige niedrige Beweggründe (§ 211 II Var. 4) prüfen. Das lag allerdings so nahe auch wieder nicht, weil das verachtenswerte geschäftsmäßige Vorgehen voll durch § 211 II Var. 3 abgedeckt war.

4. Das eigentliche Problem spielte sich bei der ***Heimtücke*** ab. Die konntet ihr mit einem Teil der Lehre ablehnen. Dazu hätte man die für das Erfordernis eines besonders verwerflichen Vertrauensbruchs sprechenden Argumente stärker hervorheben müssen.

Die ***feindliche Willensrichtung*** bereitete hier keine Probleme. An einer solchen feindseligen Haltung kann es etwa bei Tötungen aus echtem Mitleid fehlen.

Hintergrund der ***unterschiedliche***n ***Ansätze zur Einschränkung*** des Heimtücke-Merkmals ist vor allem die ***berühmte Entscheidung des BVerfG*** zur Verfassungsmäßigkeit der lebenslangen Freiheitsstrafe (BVerfGE 45, 187). Das Bundesverfassungsgericht mahnte zu einschränkendem Umgang mit dem Mordtatbestand, ließ den konkreten Weg aber offen. Auch unabhängig von dieser Entscheidung ist man sich einig, dass der Wortlaut des § 211 nach heutigen Maßstäben nicht das Gelbe vom Ei ist. Nun ja, gerade bei der Heimtücke ist daher vieles sehr streitig. Die ganze Thematik verleitet die Bearbeiter und Bearbeiterinnen erfahrungsgemäß zu einer sehr „theorienlastigen“ Darstellung. Bleibt immer so dicht wie möglich am Fall und stellt zunächst klar, ob und gegebenenfalls warum es auf die Streitentscheidung ankommt (siehe dazu Seiten

27, 28). Es macht sicher Sinn, unsere Heimtückeprüfung im Formulierungsvorschlag vor diesem Hintergrund noch einmal genau zu lesen.

Am Rande bemerkt: Die Arglosigkeit wird insofern faktisch (nicht etwa wertend) interpretiert, als das Opfer auch dann arglos ist, wenn es eine Drohung nicht ernst nimmt, selbst wenn es die Gefahr vernünftigerweise hätte erkennen müssen. In einer solchen Situation kann es allerdings je nach Einzelfall an dem erforderlichen Bewusstsein des Täters fehlen.

Der Heimtückebegriff wird für einzelne typische Ausnahmefälle modifiziert. So kommt es beispielsweise auf die Arglosigkeit bei Tötungsbeginn ausnahmsweise dann nicht an, wenn der Täter sein Opfer arglistig in eine unentrinnbare Falle gelockt hat.

5. ***Körperverletzungsdelikte*** (§§ 223 ff) treten hinter ***vollendete***n ***Tötungsdelikte***n als ***subsidiär*** zurück. Der Unwertgehalt der Körperverletzung ist in dem der Tötung bereits enthalten. Im Anschluss an die Bejahung eines vollendeten Tötungsdelikts solltet ihr deshalb zu diesen Delikten – wie wir meinen – in der Regel gar nichts sagen. Eine knappe Feststellung der Subsidiarität ist das Höchste der Gefühle. Fasst euch kurz und walzt ***auf keinen Fall*** die Vorzüge der ***„Einheitstheorie“*** gegenüber der veralteten ***„Gegensatztheorie“*** breit aus.

Ist das Tötungsdelikt allerdings nur versucht, also der Tod des Opfers nicht eingetreten, steht dazu eine vollendete Körperverletzung in Idealkonkurrenz (§ 52). Das entspricht jedenfalls der sich immer mehr durchsetzenden h.M. in Rechtsprechung und Literatur (nach anderer Ansicht auch hier Subsidiarität der Körperverletzung).

Der Vollständigkeit halber: Sonderprobleme bestehen beim Verhältnis von privilegierten Tötungen (vgl. § 216) zu qualifizierten Körperverletzungen (vgl. §§ 224, 226, 227). Wenn nämlich der Strafrahmen des Körperverletzungsdelikts über den des Tötungsdelikts hinausgeht, stellt sich die Frage nach der sogenannten ***Sperrwirkung der Privilegierung*** (siehe auch Fall 7, Fazit 3.). Regelmäßig wird der Rückgriff auf strengere Körperverletzungsdelikte ausgeschlossen sein.

Fall 3

F ist seit zehn Jahren verheiratet. Im Laufe einer beruflich bedingten und lange andauernden Abwesenheit des Ehemanns lässt sich F zu einem Seitensprung hinreißen. Zum Entsetzen der F bleibt das nicht ohne Folgen. Sie bringt ein nichteheliches Kind zur Welt. F kann einerseits nicht auf Verständnis des Ehemanns hoffen, will andererseits aber nicht zuletzt wegen der beiden ehelichen Kinder unbedingt ihre Ehe retten. Deshalb beschließt die verzweifelte F, das inzwischen einen Monat alte Kind mit einer kräftigen Dosis Schlaftabletten umzubringen. F löst das bitter schmeckende Medikament in süßer Flaschennahrung auf, damit das Kind die Tabletten nicht sofort wieder ausspuckt. Das Kind trinkt den Inhalt der Flasche tatsächlich und stirbt kurz darauf.

Frage: Wie hat sich F strafbar gemacht ?

Lösungsskizze Fall 3

- Strafbarkeit der F gemäß §§ 212 I, 211 ?

I. Tatbestand

1. Tatbestand § 212 I

a. Objektiver Tatbestand

aa. ein anderer Mensch ? (+)

bb. Töten ? (+)

cc. <u>also</u>: objektiver Tatbestand (+)

b. Subjektiver Tatbestand

- Vorsatz ? (+)

c. <u>also</u>: Tatbestand § 212 I (+)

2. Tatbestand § 211 II

a. Objektiver Tatbestand

aa. Heimtücke, § 211 II Var. 5 ?
= Ausnutzen der Arg- und Wehrlosigkeit des Opfers

HIER (–) → die Wehrlosigkeit des Kindes beruht nur auf der sogenannten natürlichen Arglosigkeit; es versah sich zwar keines Angriffs, war aber von seinem Entwicklungsstadium her gar nicht erst in der Lage, Argwohn zu entwickeln; durch Verabreichen der Giftsubstanz mit der Flaschennahrung hat F lediglich den Abwehrinstinkt des Kindes überwunden; das aber hat nichts mit der an ein positives Bewusstsein anknüpfenden Arglosigkeit zu tun (a.A. vertretbar)

bb. <u>also</u>: objektiver Tatbestand (–)

b. Subjektiver Tatbestand

aa. (sonstiger) niedriger Beweggrund ?
= nach allgemeiner sittlicher Wertung auf tiefster Stufe stehendes und daher besonders verachtenswertes Motiv

HIER (–) → die Rettung der eigenen Ehe auch im Interesse der ehelichen Kinder ist kein zutiefst verachtenswertes Motiv

bb. <u>also</u>: subjektiver Tatbestand (–)

c. <u>also</u>: Tatbestand § 211 II (–)

3. <u>also</u>: (nur) Tatbestand § 212 I (+)

II. Rechtswidrigkeit (+)

III. Schuld (+)

IV. Ergebnis:
Strafbarkeit der F (nur) gemäß § 212 (+)

Formulierungsvorschlag Fall 3

- Strafbarkeit der F gemäß §§ 212 I, 211

Womöglich hat sich F durch das Verabreichen der mit der Flaschennahrung vermischten Tabletten gemäß §§ 212 I, 211 strafbar gemacht.

I. Sie hat einen anderen Menschen, nämlich ihr Kind, vorsätzlich getötet. Damit hat sie den Tatbestand des § 212 I erfüllt.

Dies könnte heimtückisch im Sinne des § 211 II Var. 5 geschehen sein. Heimtücke setzt das Ausnutzen der Arg- und Wehrlosigkeit des Opfers voraus. Arglos ist, wer sich keines Angriffs versieht. Das erst einen Monat alte Kind versah sich keines Angriffs, war allerdings auch von seinem Entwicklungsstand her gar nicht in der Lage, etwaigen Angreifern Misstrauen entgegenzubringen.

Von heimtückischem Verhalten kann nur die Rede sein, wenn das Opfer grundsätzlich Argwohn entwickeln kann. Die Überwindung eines solchen potenziellen Argwohns könnte allenfalls in der Tatsache gesehen werden, dass das Kind die Tabletten wegen ihres bitteren Geschmacks ausgespuckt hätte, wären sie nicht von F in der Flaschennahrung aufgelöst verabreicht worden. F hat durch ihr Verhalten den Abwehrinstinkt des Kindes ausgeschaltet. Ein solcher Instinkt hat aber nichts mit dem Bewusstsein zu tun, an das die Begriffe „Arglosigkeit“ und „Argwohn“ anknüpfen. Die natürliche und nicht bewusstseinsgetragene „Arglosigkeit“ und die darauf beruhende Wehrlosigkeit muss für § 211 II Var. 5 außer Betracht bleiben.

Das Kind versah sich nicht aufgrund eines positiven Bewusstseins eines Angriffs. Weil es keinen Argwohn entwickeln konnte, war es nicht arglos im maßgeblichen Sinne. F konnte folglich auch keine Arglosigkeit ausnutzen. Sie hat mithin nicht heimtückisch gehandelt.

Möglicherweise hat F das Kind aber aus niedrigen Beweggründen getötet. Damit sind Motive gemeint, die nach allgemeiner sittlicher Wertung auf tiefster Stufe stehen und daher besonders verachtenswert sind. Das Mittel der Tötung des Kindes steht in einem deutlichen Missverhältnis zur beabsichtigten Rettung der Ehe. F hat aber nicht nur eigennützig gehandelt, sondern zumindest auch das Wohlergehen der ehelichen Kinder im Auge gehabt. Wegen dieses altruistischen Aspekts kann man das Motiv der F jedenfalls nicht als zutiefst verachtenswert einstufen. Damit hat sie nicht aus niedrigen Beweggründen getötet.

Weitere Mordmerkmale kommen nicht in Betracht, sodass F nur den Tatbestand des § 212 I erfüllt hat.

II. Die Tat geschah rechtswidrig.

III. F handelte schuldhaft.

IV. Sie hat sich durch das Verabreichen der mit der Flaschennahrung vermischten Tabletten lediglich gemäß § 212 I strafbar gemacht.

Fazit

1. Vielleicht habt ihr euch gefragt, warum wir trotz „offener Fallfrage“ die gefährliche Körperverletzung in Form der Vergiftung nicht angesprochen haben (§ 224 I Nr. 1). Werft dazu gegebenenfalls noch einmal einen Blick in Ziffer 5. des Fazits zum unmittelbar vorhergehenden Fall 2.

2. Die Musik spielte abermals beim Merkmal der Heimtücke (§ 211 II Var. 5). ***Kleinstkinder*** sind ***von Natur aus (konstitutionell) arglos***. Also scheidet ihnen gegenüber § 211 II Var. 5 grundsätzlich aus. So sieht es auch der BGH. Allerdings kommt im Einzelfall Heimtücke in Betracht, wenn die Arglosigkeit eines schutzbereiten Dritten ausgenutzt wird. Diese dritte Person muss dann allerdings zumindest in der Nähe des Tatorts sein, um das Kleinstkind überhaupt wirksam schützen zu können (BGH BeckRS 2023, 18485).

   Auch ***bei Schlafenden und Bewusstlosen*** sind Besonderheiten zu beachten. Nach der in diesem Punkt überwiegend befürworteten Rechtsprechung kann man arglos einschlafen und die ***Arglosigkeit „mit in den Schlaf nehmen“***, während die Wehrlosigkeit nicht auf Arglosigkeit beruhen kann, wenn einen der Zustand der Bewusstlosigkeit sozusagen überkommt.

   Bei bewusstlosen Opfern ist allerdings wiederum an ***Arglosigkeit schutzbereiter Dritter*** zu denken, deren Ausnutzung die Heimtücke begründen kann.

   Man muss sich übrigens nicht eines konkreten Angriffs versehen, um Argwohn zu hegen. Auch bei im Tatzeitpunkt ***„offen feindseliger Haltung“*** des Täters ist das Opfer nicht mehr arglos, wenn und solange es mit einem wie auch immer gearteten Angriff auf die körperliche Unversehrtheit rechnet. Wenn der Streit allerdings beendet war, kann ein anschließender „Überraschungsangriff" trotz latenter Angst des Opfers wieder heimtückisch sein. Auch kann das Opfer arglos sein, wenn es die Gefahr erst zu so kurz vor dem Angriff erkennt, dass es keine Chance hat, dem Angriff irgendwie zu begegnen. Der Einzelfall macht's!

3. In der Lösungsskizze kam es zu der etwas merkwürdigen Situation, dass trotz Verneinung des objektiven Tatbestands des § 211 II weiter der subjektive Tatbestand in Form der niedrigen Beweggründe (§ 211 II Var. 4) geprüft wurde. Das ist die logische Konsequenz daraus, dass die Merkmale der ersten und dritten Gruppe wie schon erwähnt rein subjektiven Charakter haben.

Niedrige Beweggründe solltet ihr nicht vorschnell annehmen. Weil natürlich jede Tötung zu einem gewissen Grad moralisch verwerflich ist, wird die gängige Definition superlativ ausgestaltet. Salopp gesagt muss es sich um die ***allerunterste Schublade*** handeln. Ein typischer niedriger Beweggrund ist z.B. Rassenhass, während bei eigensüchtigen Motiven wie Eifersucht oder Rache individuell zu prüfen ist, ob ein ***besonders krasses Missverhältnis zwischen*** dem ***Anlass und*** der ***Tötung*** vorliegt.

4. Sollte euch etwa bei diesem Fall in der Lösungsskizze der Klammerzusatz „a.A. vertretbar" irritiert haben, empfehlen wir die (wiederholte) Lektüre des ersten Absatzes auf Seite 12.

Fall 4

S hat sich zur Finanzierung seines neuen Geländewagens von G 40.000 € geliehen. Als der Betrag zur Rückzahlung fällig wird, hat S eigentlich keine Lust, seiner Verpflichtung nachzukommen. Er vermeidet die Durchsetzung der Forderung dadurch, dass er G – der ihm ohnehin schon immer unsympathisch war – ums Leben bringt.

Frage: Wie hat sich S strafbar gemacht ?

Lösungsskizze Fall 4

- Strafbarkeit des S gemäß §§ 212 I, 211 ?

I. Tatbestand

1. Tatbestand § 212 I

a. Objektiver Tatbestand

aa. ein anderer Mensch ? (+)

bb. Töten ? (+)

cc. also: objektiver Tatbestand (+)

b. Subjektiver Tatbestand

- Vorsatz ? (+)

c. also: Tatbestand § 212 I (+)

2. Tatbestand § 211 II

a. Subjektiver Tatbestand

aa. Habgier, § 211 II Var. 3 ?
= ungezügeltes und rücksichtsloses Gewinnstreben um jeden Preis

HIER (+) → die persönliche Abneigung gegen G spielt im Motivbündel des S eine untergeordnete Rolle, vorherrschend und damit maßgeblich ging es um die Befreiung von der finanziellen Belastung; das genügt, weil sich das Gewinnstreben nicht unbedingt auf die Beschaffung neuer Güter beziehen muss (a.A. gut vertretbar); auch bei der beabsichtigten Vermeidung von Aufwendungen wird die Vermögenslage rücksichts- und gewissenlos verbessert

bb. also: subjektiver Tatbestand, § 211 II Var. 3 (+)

b. also: Tatbestand § 211 II Var. 3 (+)

3. also: Tatbestand §§ 212 I, 211 II Var. 3 (+)

II. Rechtswidrigkeit (+)

III. Schuld (+)

IV. Ergebnis:
Strafbarkeit des S gemäß §§ 212 I, 211 I, II Var. 3 (+)

Formulierungsvorschlag Fall 4

- Strafbarkeit des S gemäß §§ 212 I, 211

Möglicherweise hat sich S dadurch, dass er G umgebracht hat, gemäß §§ 212 I, 211 strafbar gemacht.

I. S hat einen anderen Menschen vorsätzlich getötet, sodass der Tatbestand des § 212 I erfüllt ist.

Als Mordmerkmal kommt § 211 II Var. 3 in Betracht. Habgier ist das ungezügelte und rücksichtslose Gewinnstreben um jeden Preis. S wollte sich nicht länger einem berechtigten Zahlungsverlangen ausgesetzt sehen. Daneben spielte allerdings als Motiv auch eine gewisse Rolle, dass S seinen Gläubiger G persönlich nicht leiden konnte. Bei einem solchen Zusammentreffen mehrerer Beweggründe, einem sogenannten Motivbündel, kommt es darauf an, dass der vorherrschende Grund die Voraussetzungen des fraglichen Merkmals erfüllt.

Die persönliche Abneigung stand aus Sicht des S deutlich im Hintergrund, vorherrschend ging es um die Befreiung von finanziellen Belastungen. Das ist indes kein Gewinnstreben im klassischen Sinne, weil nicht die Beschaffung neuer Güter ins Auge gefasst worden war. Bei einer Tötung zur Vermeidung von Aufwendungen geht es dem Täter aber ebenfalls in rücksichts- und gewissenloser Weise um die Verbesserung seines Vermögens. Der verwerfliche Charakter des Vorgehens ändert sich gegenüber dem Normalfall nicht, wenn es auf das Haben im Sinne eines Behaltens ankommt. Damit ist auch die Tötung im Streben nach wirtschaftlicher Entlastung ein Motiv, das unter § 211 II Var. 3 zu fassen ist. S legte über bloße Bereicherungsabsicht hinaus ein maßloses und rücksichtsloses Gewinnstreben an den Tag. Er tötete damit aus Habgier.

II. Die Tat geschah rechtswidrig.

III. S handelte auch schuldhaft.

IV. Er hat sich durch die Tötung des G gemäß §§ 212 I, 211 I, II Var. 3 strafbar gemacht.

Fazit

1. Vielleicht hat sich die oder der eine oder andere arg darüber gewundert, dass bei § 211 II kein objektiver Tatbestand auftauchte. Hier kam eben kein objektives Mordmerkmal in Betracht. Lest noch einmal Fazit 2. zu Fall 2.

2. ***Habgier*** ist nach fast unbestrittener Auffassung mehr als nur Bereicherungsabsicht, wie ihr an der ziemlich drastisch formulierten Standarddefinition erkennen könnt. Es kommt auf ***besondere Maßlosigkeit*** an. Die Profikillerin aus Fall 2 war – wenn man so will – der Prototyp des Habgiermörders. Dagegen hattet ihr es hier mit zwei Abweichungen vom Normalfall zu tun:

   Erstens gab es noch ein Begleitmotiv (persönliche Abneigung), das mit der Habgier nichts zu tun hatte. So etwas wird mit dem Stichwort ***„Motivbündel“*** bezeichnet. Es kommt dabei wie gezeigt auf den vorherrschenden Beweggrund an. Das gilt natürlich nicht nur für die Habgier, sondern auch für sämtliche anderen Merkmale der ersten Gruppe.

   Zweitens stellte sich ein spezifisches Problem der Habgier, ob nämlich auch das ***Streben nach wirtschaftlicher Entlastung*** genügen kann. Wir haben das mit dem BGH bejaht. Ein beachtlicher Teil des Schrifttums nimmt hingegen den Standpunkt ein, im Vergleich zum Normalfall der Habgier liege ein tendenziell weniger verwerfliches Verhalten vor, das allenfalls § 211 II Var. 4 (sonstiger niedriger Beweggrund) erfüllen könne. Nach Bejahung der spezielleren Habgier mussten wir folgerichtig nicht mehr auf § 211 II Var. 4 eingehen.

   Im Einzelfall kann ein Habgiermord nach Würdigung der Gesamtumstände verneint werden. Dabei ist vor allem an akute wirtschaftliche Notlagen zu denken, für die es in unserem Ausgangsfall keinerlei Anhaltspunkte gab.

3. ***Mordlust*** (§ 211 II Var. 1) ist die Freude am Töten. Die Täter haben nicht selten dermaßen einen an der Waffel, dass ernsthaft an § 20 oder jedenfalls an § 21 (lesen!) gedacht werden muss. Das Merkmal taucht in Klausuren und Hausarbeiten selten auf.

4. Die Fälle einer Tötung zur ***Befriedigung des Geschlechtstriebs*** (§ 211 II Var. 2) sind naturgemäß nicht minder widerwärtig. Erfasst ist in erster Linie der ***Lustmord***, bei dem sich der Täter durch die Tötung als solche befriedigen will. Darüber hinaus kommt aber auch der Wunsch nach ***Befriedigung an der Leiche*** in Betracht. Schließlich ist nach heute einhelliger Auffassung auch der Fall erfasst, in dem der ***Tod als Folge einer Vergewaltigung*** eintritt. Voraussetzung ist dabei selbstverständlich ein Tötungsvorsatz, der Täter muss den Tod des Opfers zumindest billigend in Kauf genommen haben.

Fall 5

A spaziert in einem Münchener Villenviertel herum. Plötzlich hört er, wie in einem der Häuser ein Schuss fällt. A dreht sich um und erkennt durch ein Fenster seinen alten Knastfreund F mit einer Pistole in der Hand. Vor F steht eine alte Dame, die sich den Bauch hält und langsam in sich zusammensinkt. Rentner R hat das Geschehen wie immer genau beobachtet. A will den lästigen Zeugen aus dem Weg räumen. Er läuft mit einem großen Stein auf den entsetzten R zu und schlägt dem Rentner damit heftig auf den Kopf. Wie von A erhofft, erliegt R noch am Tatort seinen Verletzungen. Zur großen Verwunderung des A verlässt Horst Tappert die Villa mit den legendären Worten „Komm' Harry, lass' uns gehen!" Es stellt sich heraus, dass gerade die tausendste Folge von „Derrick" mit dem vielsagenden Titel „Ein Toter kommt selten allein" gedreht wird, in der F als Darsteller des Mörders engagiert wurde.

Frage: Wie hat sich A strafbar gemacht ?

Lösungsskizze Fall 5

- Strafbarkeit des A gemäß §§ 212 I, 211 ?

I. Tatbestand

1. Tatbestand § 212 I

a. Objektiver Tatbestand

***aa. ein anderer Mensch ?* (+)**

***bb. Töten ?* (+)**

***cc. <u>also</u>: objektiver Tatbestand* (+)**

b. Subjektiver Tatbestand

***- Vorsatz ?* (+)**

***c. <u>also</u>: Tatbestand § 212 I* (+)**

2. Tatbestand § 211 II

a. Objektiver Tatbestand

aa. Heimtücke, § 211 II Var. 5 ?
= Ausnutzen der Arg- und Wehrlosigkeit des Opfers

HIER (–) → R war nicht arglos; er sah A mit dem erhobenen Stein auf sich zulaufen, versah sich also des offenen Angriffs auf die körperliche Unversehrtheit

***bb. <u>also</u>: objektiver Tatbestand* (–)**

b. Subjektiver Tatbestand

aa. Verdeckungsabsicht, § 211 II Var. 9 ?

= eine andere Straftat (i.S.d. § 11 I Nr. 5) soll zielgerichtet verdeckt werden

HIER (+) → A stellte sich vor, dass F sich zumindest nach §§ 223 I, 224 I strafbar gemacht hat; die Tat muss für § 211 II Var. 9 nicht wirklich begangen worden sein, für die Absicht genügt die entsprechende Vorstellung des Täters; auch die (hier nur imaginäre) Tat eines Dritten ist eine „andere Straftat", von Wortlaut und Sinn der Vorschrift her ist nicht etwa nur die eigene Straftat des Täters gemeint

***bb. <u>also</u>: subjektiver Tatbestand, § 211 II Var. 9* (+)**

***c. <u>also</u>: Tatbestand § 211 II Var. 9* (+)**

***3. <u>also</u>: Tatbestand § 212 I, 211 II Var. 9* (+)**

***II. Rechtswidrigkeit* (+)**

***III. Schuld* (+)**

IV. Ergebnis:

Strafbarkeit des A gemäß §§ 212 I, 211 I, II Var. 9 (+)

Formulierungsvorschlag Fall 5

- Strafbarkeit des A gemäß §§ 212 I, 211

A könnte sich gemäß §§ 212 I, 211 strafbar gemacht haben, indem er R mit dem Stein auf den Kopf geschlagen hat.

I. Er hat durch diese Handlung R, also einen anderen Menschen, vorsätzlich getötet. Damit ist der Tatbestand des § 212 I erfüllt.

A könnte § 211 II Var. 5 verwirklicht haben. Heimtückisch tötet, wer die Arg- und Wehrlosigkeit des Opfers ausnutzt. R müsste arglos gewesen sein, er dürfte sich also keines Angriffs versehen haben. R sah indes dem tätlichen Angriff des A mit Entsetzen entgegen, als dieser mit dem erhobenen Stein auf ihn zulief. Damit versah sich R als Opfer eines Angriffs und war mithin nicht arglos. Heimtücke gemäß § 211 II Var. 5 scheidet damit als Mordmerkmal aus.

Möglicherweise hat A jedoch getötet, um eine andere Straftat zu verdecken, § 211 II Var. 9.

Objektiv ist keine Straftat begangen worden, A ist lediglich irrig davon ausgegangen, dass F eine gefährliche Körperverletzung oder gar ein Tötungsdelikt begangen hat. Bei § 211 II Var. 9 geht es um die Verdeckungsabsicht, ein rein subjektives Merkmal. Deshalb ist allein die Vorstellung des Täters maßgeblich, die zu verdeckende Tat muss nicht objektiv begangen worden sein.

In der Vorstellung des A handelt es sich freilich nicht um eine eigene Tat, sondern um die des F. Daher muss untersucht werden, ob sich das Merkmal „eine andere Straftat" im Sinne des § 211 II Var. 9 auch auf eine zu verdeckende fremde Tat bezieht. Der natürliche Wortsinn legt dies nahe. Gerade die fremde Tat ist aus Sicht des tötenden Täters eine „andere Straftat". Vom Sinn und Zweck der Norm her kann sich nichts anderes ergeben. Die Tötung zur Verdeckung einer eigenen Straftat wird allgemein als der Normalfall des § 211 II Var. 9 angesehen, obwohl ein solches Handeln in Selbstbegünstigungstendenz ansonsten in aller Regel zur Strafausschließung oder zumindest zur Milderung führt, wie sich etwa in § 157 I und § 258 V zeigt. Dann aber muss die auf eine fremde Tat bezogene Verdeckungsabsicht sozusagen erst recht erfasst sein. Im Ergebnis ist daher auch die aus Tätersicht fremde Tat eine „andere" im Sinne des § 211 II Var. 9.

Durch die Beseitigung des Zeugen R wollte A die – in seiner Vorstellung existierende – andere Straftat des F verdecken. Er handelte mithin in der für § 211 II Var. 9 erforderlichen Absicht.

II. Die Tat geschah rechtswidrig.

III. A handelte schuldhaft.

IV. Durch die Schläge mit dem Stein auf den Kopf des R hat er sich gemäß §§ 212 I, 211 I, II Var. 9 strafbar gemacht.

Fazit

1. Die ***Heimtücke*** sollte zügig abgelehnt werden. Es war unserer Ansicht nach auch gut vertretbar, die Prüfung des § 211 II Var. 5 ganz wegzulassen. Etwas anders sieht es aus, wenn der Tat nur eine rein verbale Auseinandersetzung vorausging und ein Angriff auf die körperliche Unversehrtheit für das Opfer nicht absehbar war. In einem solchen Fall kann man Arglosigkeit und damit auch die Heimtücke gut begründen (vgl. Fall 3, Fazit 2.). Die Fortsetzung der Prüfung im subjektiven Tatbestand trotz Verneinung des objektiven Merkmals müsste für euch inzwischen schon ein alter Hut sein (vgl. Fall 3, Fazit 3.).

2. Die ***Verdeckungsabsicht*** (§ 211 II Var. 9) nimmt neben der Heimtücke und der Habgier einen der vorderen Plätze in der ewigen Klausurrangliste ein. Bei diesem Merkmal wird übrigens die Reformbedürftigkeit des § 211 besonders deutlich. Wieso hier ausgerechnet die sonst stets entlastend wirkende Selbstbegünstigungstendenz zur Höchststrafe führt, lässt sich nicht mehr überzeugend begründen. Auf die beiden kleinen Probleme im Rahmen des § 211 II Var. 9 konntet ihr auch ohne Detailkenntnisse kommen. Zwei Abweichungen vom Normalfall waren zu untersuchen.

   Die ***Straftat*** (nicht lediglich Ordnungswidrigkeit!) ***muss nicht unbedingt objektiv begangen worden sein***. Das ergibt sich zwanglos aus dem Charakter der Verdeckungsabsicht, die ja ein rein subjektives Merkmal ist. Ähnlich wie im Ausgangsfall sieht es aus, wenn die Tat gerechtfertigt ist, der Täter sie aber fälschlich für strafbar hält. Wie liegt es im umgekehrten Fall, wenn nämlich der Täter irrig davon ausgeht, die Tat sei nicht strafbar? Richtig, dann fehlt es an der Absicht, § 211 II Var. 9 muss konsequenterweise ausscheiden. Zu denken bleibt allerdings an § 211 II Var. 4.

Die zweite Besonderheit bestand darin, dass es um eine ***aus Sicht des Täters fremde Vortat*** ging. Auch das ist aber wie gesehen eine „andere Straftat“.

3. Früher gab es unterschiedliche BGH-Rechtsprechung zu Fällen, in denen eine Körperverletzung als Vortat mehr oder weniger nahtlos in die Tötung übergeht. Der Ansatz, wegen des engen zeitlichen und sachlichen Zusammentreffens von Vortat und Verdeckungstat das Merkmal „andere Straftat“ zu verneinen, hat sich nicht durchgesetzt.

4. Nach heute kaum noch bestrittener Auffassung schließen sich Verdeckungsabsicht und Eventualvorsatz (bedingter Vorsatz, siehe Seite 22) bezüglich der Tötung nicht unbedingt aus. Schulbeispiel: Der Täter fährt im Straßenverkehr fahrlässig einen Fußgänger an und setzt die Fahrt aus Angst vor Bestrafung fort. Dabei nimmt er den eintretenden Tod des Opfers billigend in Kauf. Es kommt auf die ***Verdeckungshandlung*** an. Zum einen muss die Entdeckungsgefahr nicht notwendigerweise vom Opfer ausgehen. Zum anderen kann ***Tötungs-Eventualvorsatz*** eben durchaus genügen. Im genannten Beispiel wäre damit § 211 II Var. 9 zu bejahen (anders allerdings noch frühere, inzwischen als überholt anzusehende Rechtsprechung).

Es soll übrigens nach BGH genügen, wenn es dem Täter bei der Tötung um die Vermeidung außerstrafrechtlicher Konsequenzen geht. Gemeint sind beispielsweise Fälle, in denen jemand durch die Tötungshandlung im Besitz der Beute aus der vorangegangenen Straftat bleiben will, ohne dabei mit Strafverfolgung auch nur zu rechnen.

5. Die ***Ermöglichungsabsicht*** (§ 211 II Var. 8) kommt seltener in Klausuren vor. Das Merkmal hat den Täter im Auge, der für die Verwirklichung seiner kriminellen Ziele über Leichen geht. Bei der „anderen Straftat“ könnt ihr euch aus dem Baukasten bedienen und die zu § 211 II Var. 9 aufgestellten Grundsätze heranziehen.

6. Zur Abrundung hier kurz ein paar Anhaltspunkte zu den beiden bisher noch nicht angesprochenen Mordmerkmalen:

Grausam tötet (§ 211 II Var. 6), wer dem Opfer als Bestandteil der Tötungstat in unbarmherziger Gesinnung körperliche oder seelische Qualen zufügt, die über das für eine Tötung erforderliche Maß hinausgehen. Es muss also typischerweise schon ein waschechter Sadist am Werk sein!

Gemeingefährlich (§ 211 II Var. 7) ist ein Mittel, das der Täter nicht sicher beherrschen kann und das eine Gefahr für eine unbestimmte Anzahl anderer Personen mit sich bringt. Als Normalfall kann man sich den Einsatz einer Bombe als Tötungsmittel merken. An das Merkmal „mit gemeingefährlichen Mitteln“ ist aber beispielsweise auch zu denken, wenn jemand sein Auto zügig in die vollbesetzte Außenterrasse eines Straßencafés lenkt. Auch wenn im Einzelfall ***bei illegalen Autorennen*** Tötungsvorsatz bejaht wird (siehe Seite 245), kommt § 211 II Var. 7 in Betracht (neben Heimtücke und niedrigen Beweggründen). Es wird aber regelmäßig am Vorsatz bezogen auf eine unkontrollierte Ausdehnung des Unfallgeschehens fehlen (vgl. BGH NJW 2020, 2900).

Fall 6

Auftragskiller A hat sich wieder einmal anheuern lassen. Nach den Wünschen seines Auftraggebers soll er das Opfer O im offenen Duell niederstrecken, dafür soll es dann aber auch eine besondere Gefahrenzulage geben. A ist allerdings etwas besorgt, weil seine Lieblingspistole in letzter Zeit häufiger im entscheidenden Moment versagt hatte. In der Kneipe schildert A seinem Freund und Kollegen B die außergewöhnliche Situation. B bietet A spontan seine Präzisionspistole an, die ihm immer gute Dienste geleistet hat. A nimmt das Angebot begeistert an, zumal B keine finanziellen Interessen hat. Dank der geliehenen Waffe kann A den Auftrag reibungslos erledigen, O hat nicht den Hauch einer Chance.

Frage: Wie haben sich A und B strafbar gemacht ?

Lösungsskizze Fall 6

- Strafbarkeit des A gemäß §§ 212 I, 211 ?

I. Tatbestand

1. Tatbestand § 212 I

a. Objektiver Tatbestand

aa. ein anderer Mensch ? (+)

bb. Töten ? (+)

cc. <u>also</u>: objektiver Tatbestand (+)

b. Subjektiver Tatbestand

- Vorsatz ? (+)

c. <u>also</u>: Tatbestand § 212 I (+)

2. Tatbestand § 211 II

a. Subjektiver Tatbestand

aa. Habgier ?
= ungezügeltes und rücksichtsloses Gewinnstreben um jeden Preis

HIER (+) → der Tod eines Menschen wird von A als Mittel zur Erlangung materieller Vorteile eingesetzt

bb. <u>also</u>: subjektiver Tatbestand § 211 II Var. 3 (+)

b. <u>also</u>: Tatbestand § 211 II Var. 3 (+)

3. <u>also</u>: Tatbestand §§ 212 I, 211 II Var. 3 (+)

II. Rechtswidrigkeit (+)

III. Schuld **(+)**

IV. Ergebnis:

Strafbarkeit des A gemäß §§ 212 I, 211 I, II Var. 3 (+)

- Strafbarkeit des B gemäß §§ 212 I, 211 I, II Var. 3, 27 I ?

I. Tatbestand

1. Objektiver Tatbestand

a. vorsätzliche rechtswidrige Haupttat ? **(+)**

b. Hilfe leisten ? **(+)**

c. also: objektiver Tatbestand **(+)**

2. Subjektiver Tatbestand

a. Vorsatz bezüglich der Vollendung der Haupttat ? **(+)**

b. Vorsatz bezüglich der Gehilfenhandlung ? **(+)**

c. also: subjektiver Tatbestand **(+)**

3. also: Tatbestand **(+)**

II. Rechtswidrigkeit **(+)**

III. Schuld **(+)**

IV. Tatbestandsverschiebung gemäß § 28 II

HIER (+) → § 28 II ist anwendbar; Habgier (§ 211 II Var. 3) ist ein besonderes persönliches Merkmal (täter-, nicht tatbezogen); es ist auch strafschärfend (nicht strafbegründend i.S.d. § 28 I), weil § 211 eine Qualifikation des § 212 ist und nicht etwa ein selbstständiger Tatbestand (h.L.); es ist dasselbe Rechtsgut (Leben) gegen dieselbe Beeinträchtigung (Vernichtung) geschützt; zudem stimmt die psychische Grundeinstellung (Vorsatz) überein; auch führt die Gegenansicht (bisherige BGH-Rechtsprechung) über § 28 I zu unsachgerechten oder jedenfalls zwangsläufig in sich widersprüchlichen Ergebnissen beim Teilnehmer; der Wortlaut „Mörder“ bzw. „Totschläger“ beruht auf der metaphysisch ausgerichteten und überholten „Lehre vom Tätertyp“; daraus lässt sich kein überzeugendes Gegenargument herleiten; nicht von ungefähr hat der BGH selbst im Jahr 2006 – wenn auch jenseits einer konkreten Entscheidungsrelevanz – mit näheren Ausführungen angemerkt, dass seiner bisherigen Rechtsprechung „gewichtige Argumente entgegengehalten“ würden; B war selbst nicht habgierig, sodass ihm § 28 II konkret zugutekommt

V. Ergebnis:

Strafbarkeit des B gemäß §§ 212 I, 27 I, 28 II (+)

- Gesamtergebnis

Strafbarkeit des A gemäß §§ 212 I, 211 I, II Var. 3 (+); Strafbarkeit des B gemäß §§ 212 I, 27 I, 28 II (+)

Formulierungsvorschlag Fall 6

- Strafbarkeit des A gemäß §§ 212 I, 211

A könnte sich dadurch, dass er O umgebracht hat, gemäß §§ 212 I, 211 strafbar gemacht haben.

I. Er hat einen anderen Menschen vorsätzlich getötet. Der Tatbestand des § 212 I ist erfüllt.

A könnte aus Habgier gehandelt haben, § 211 II Var. 3. Habgier ist das ungezügelte und rücksichtslose Gewinnstreben um jeden Preis. Als Profikiller setzte A den Tod des O gezielt zur Erlangung eines materiellen Vorteils ein. Darin liegt ein über eine bloße Bereicherungsabsicht hinausgehendes und maßlos eigennütziges Gewinnstreben. A handelte somit habgierig. Das Mordmerkmal nach § 211 II Var. 3 ist damit erfüllt.

II. Die Tat geschah rechtswidrig.

III. A handelte schließlich schuldhaft.

IV. Er hat sich gemäß §§ 212 I, 211 I, II Var. 3 strafbar gemacht.

- Strafbarkeit des B gemäß §§ 212 I, 211 I, II, Var. 3, 27 I

Möglicherweise hat sich B dadurch, dass er A seine Pistole überlassen hat, gemäß §§ 212 I, 211 I, II Var. 3, 27 I strafbar gemacht.

I. Eine vorsätzliche rechtswidrige Haupttat liegt mit dem von A begangenen Mord vor.

Indem B seine Waffe zur Verfügung gestellt hat, hat er A die Durchführung seiner Tat erleichtert, also zur Haupttat Hilfe geleistet.

B war von A über das gesamte Vorhaben einschließlich der Tatmotivation informiert worden, er handelte folglich vorsätzlich sowohl hinsichtlich der gesamten Haupttat als auch bezüglich seines eigenen Tatbeitrags.

II. Die Tat geschah rechtswidrig.

III. B handelte schuldhaft.

IV. Möglicherweise findet jedoch zugunsten des B eine Tatbestandsverschiebung gemäß § 28 II statt. Bei B selbst liegt mangels finanzieller Interessen das Merkmal der Habgier nicht vor.

Die Tatbestandsverschiebung setzt die Anwendbarkeit des § 28 II voraus. Konkret müsste es sich bei der Habgier um ein besonderes persönliches Merkmal handeln, das strafschärfend wirkt. Die Merkmale der ersten Gruppe des § 211 II sind sämtlich niedrige Beweggründe. Solche Beweggründe knüpfen naturgemäß täterbezogen an die individuelle Motivation an. Mithin handelt es sich um besondere persönliche Merkmale. Es bleibt damit zu untersuchen, ob das besondere persönliche Merkmal der Habgier strafschärfenden Charakter hat.

Dazu müsste man in § 211 eine Qualifikation des § 212 sehen. Von diesem systematischen Verhältnis der beiden Tatbestände zueinander geht die Lehre fast geschlossen aus, während die Rechtsprechung § 212 und § 211 durchweg als zwei voneinander unabhängige selbstständige Tatbestände betrachtet.

Für diese Ansicht führt namentlich der BGH in seiner bisherigen Rechtsprechung die systematische Stellung der beiden Vorschriften an. In der Tat erscheint es etwas ungewöhnlich, dass die Qualifikation in der Reihenfolge vor dem milderen Grundtatbestand erscheint. Allein darin lässt sich aber sicher keine eindeutige Stellungnahme des Gesetzgebers zu der maßgeblichen Streitfrage erblicken.

Weiter bezieht sich die Rechtsprechung auf den jeweiligen Wortlaut, nämlich „Mörder" in § 211 und „Totschläger" in § 212. Darin komme eine grundsätzliche Andersartigkeit der beiden Delikte zum Ausdruck. Dem lässt sich entgegenhalten, dass diese Begriffsunterscheidung vor dem Hintergrund der schon seit längerer Zeit zu Recht abgelehnten „Lehre vom Tätertyp" entstanden ist. Man glaubte seinerzeit, den gesetzlichen Tatbeständen das Leitbild eines bestimmten Tätertyps zuordnen zu können. Damit beruht der vom BGH in seiner bisherigen Rechtsprechung herangezogene Wortlaut der Vorschriften auf einer überkommenen metaphysischen Vorstellung von der besonderen Schwere des Mordes. Demnach können diese Begriffe „Mörder" und „Totschläger" nicht der entscheidende Anhaltspunkt sein. Vielmehr muss es nach zeitgemäßem Verständnis maßgeblich darauf ankommen, dass beide Delikte menschliches Leben gegen dessen vorsätzliche Vernichtung schützen. Damit stimmen Rechtsgut, Art der Beeinträchtigung und psychische Grundeinstellung des Täters überein.

Zudem führt die bisherige Auffassung des BGH im Einzelfall zu ungerechten oder zumindest zwangsläufig in sich widersprüchlichen Ergebnissen im Bereich der Teilnahme. Die Rechtsprechung sieht die Mordmerkmale als strafbegründend an und kommt damit beim Teilnehmer gegebenenfalls zur Anwendbarkeit des § 28 I. Das aber führt zu diversen Ungereimtheiten. Wenn beispielsweise der Täter in Verdeckungsabsicht handelt und der Teilnehmer einen niedrigen Beweggrund hat, müsste der BGH konsequenterweise gleichwohl zur Strafmilderung nach §§ 28 I, 49 I kommen. Das nur beim Teilnehmer vorliegende Mordmerkmal lässt sich über § 28 I nicht zurechnen. In einer solchen Konstellation „gekreuzter" Mordmerkmale soll indes § 28 I nach der Rechtsprechung aus dogmatisch unerfindlichen Gründen nicht anwendbar sein. Zum sachgerechten Ergebnis kommt man nur mit der herrschenden Lehre über die Anwendung des § 28 II.

Abgesehen davon sind auf dem Boden der bisherigen Rechtsprechungsansicht auch Fälle nicht sauber zu lösen, in denen es dem Teilnehmer schlicht am Vorsatz hinsichtlich der Mordmerkmale fehlt. Dem BGH müsste dann eigentlich der Rückgriff auf § 212 I als Haupttat verwehrt sein, weil es sich ja um ein eigenständiges Delikt handeln soll.

Der BGH selbst hat im Jahr 2006 – wenn auch jenseits einer konkreten Entscheidungsrelevanz – seine bisherige Rechtsprechung zu diesem Punkt als problematisch angesehen und mit näheren Ausführungen angemerkt, dass dieser Rechtsprechung „gewichtige Argumente entgegengehalten" würden.

Nach alledem ist es aus den gezeigten Gründen einzig sinnvoll, § 211 mit der Rechtslehre als Qualifikation des § 212 anzusehen. Habgier ist damit ein strafschärfendes besonderes persönliches Merkmal. § 28 II ist anwendbar.

B selbst erfüllt § 211 II Var. 3 wie eingangs gezeigt nicht, sodass ihm über § 28 II eine Tatbestandsverschiebung zugutekommt.

V. Damit hat sich B gemäß §§ 212 I, 27 I, 28 II strafbar gemacht.

- Gesamtergebnis

A hat sich gemäß §§ 212 I, 211 I, II Var. 3 strafbar gemacht. B ist gemäß §§ 212 I, 27 I, 28 II zu bestrafen.

Fazit

1. In Ziffer 1. des Fazits zu Fall 2 hatten wir euch versprochen, auf den klassischen Streit zum Verhältnis der Tötungsdelikte zueinander zurückzukommen. Siehe da, hier ist der entsprechende Fall!

Die ***Schlüsselnorm*** ist ***§ 28***, der in Klausuren besonders gerne im Zusammenhang mit §§ 211, 212 auftaucht. Auch sonst solltet ihr aber bei Teilnahme (also Anstiftung oder Beihilfe) immer an § 28 denken (vgl. auch Die Fälle – Strafrecht AT, Fall 34). Besondere persönliche (= täterbezogene) Merkmale lauern hinter jeder Ecke. § 28 ist neben § 29 (lesen!) ***Ausdruck der sogenannten limitierten Akzessorietät der Teilnahme***. Gemeint ist damit, dass die Anstiftung oder Beihilfe nur im Grundsatz – aber eben nicht durchgehend – an der Haupttat hängt. Das wird besonders an § 28 II deutlich. Die Vorschrift funktioniert nicht nur zugunsten des Teilnehmers, sondern sozusagen in beide Richtungen. Jeder wird nach seinen eigenen Merkmalen bedient. Wäre in Umkehrung des Ausgangsfalls allein B habgierig gewesen, so wäre er über § 28 II wegen Beihilfe zum Mord zu bestrafen gewesen, auch wenn als Haupttat nur ein Totschlag vorhanden war. Die bisherige Rechtsprechung kommt hingegen über § 28 I in diesem Fall nicht weiter. So weit klar?

Wenn oben immer von „bisheriger" Rechtsprechung des BGH die Rede war, hängt dies mit einem möglicherweise wegweisenden Beschluss des 5. Strafsenats des BGH vom 10.01.2006 zusammen (BGH NJW 2006, 1008 ff, 1012 f). Dieser Strafsenat hat die aufgezeigte Streitfrage dort zwar mangels Entscheidungsrelevanz offengelassen, zeigt aber immerhin eine deutliche Tendenz zur Abkehr von der bisherigen Rechtsprechung. Bei dieser Andeutung eines Richtungswechsels ist es allerdings bisher geblieben.

2. Gerade in den fast schon klassischen Konstellationen der Teilnahme an Tötungsdelikten müsst ihr immer auf den nötigen Überblick achten. Wenn dem Teilnehmer schon die Kenntnis vom jeweiligen Mordmerkmal des Haupttäters fehlt, ist bezüglich dieses Merkmals mangels Vorsatzes (§ 16 I 1) schon im subjektiven Tatbestand das Ende der Fahnenstange erreicht. Wenn dieser Vorsatz aber – wie im Ausgangsfall – gegeben ist, müsst ihr streng zwischen den einzelnen Gruppen der Mordmerkmale unterscheiden. Nach ganz h.M. enthalten die ***erste und*** die ***dritte Gruppe des § 211 II ausschließlich besondere persönliche Merkmale i.S.d. § 28***, während die ***Merkmale der zweiten Gruppe tatbezogen*** sind (siehe schon Fall 2, Fazit 2.). Von dieser Prämisse solltet ihr jedenfalls in der Klausur ohne Weiteres ausgehen, sonst wird die Prüfung noch komplizierter als sie ohnehin schon ist. Merkt euch also: ***Nur bei Mordmerkmalen der ersten und dritten Gruppe geht die Tür zu § 28 auf!***

Zum Hintergrundverständnis: Es gibt einige Autorinnen und Autoren, die diese Merkmale (erste und dritte Gruppe) als besondere Schuldmerkmale ansehen. In den Auswirkungen macht das gegenüber der h.L. keinen Unterschied, die Mindermeinung kommt nur über § 29 statt über § 28 II zum selben Ergebnis.

3. Wenn man es nun mit besonderen persönlichen Merkmalen (also nicht die der zweiten Gruppe) zu tun hat, muss man den Weg zur ***Anwendbarkeit speziell des § 28 II*** finden. Der führt dann endlich über den berühmten Streitklassiker.

Ihr habt sicher bemerkt, dass wir ausnahmsweise die beiden Standpunkte im Formulierungsvorschlag von Anfang an der bisherigen Rechtsprechung bzw. der Lehre zugeordnet haben. Bei diesem ausgelutschten Streit wirkt die sonst von uns bevorzugte Darstellung vom Problem her etwas gequält (vgl. Seiten 28, 29).

Euch dürfte im Übrigen hoffentlich klar geworden sein, dass das Ergebnis der Diskussion eigentlich schon mit dem Obersatz feststeht. Das wirkt merkwürdig, geht aber nicht anders (vgl. Fall 2, Fazit 1.). Wer unbedingt dem BGH in seiner traditionellen Linie folgen will, müsste konsequenterweise auf § 212 I im Obersatz verzichten. Wir können nur dringend zur aufgezeigten Lösung der Rechtslehre raten! Auch der vom Obersatz abweichende Schlusssatz gehört zu den Eigenarten des § 28 II. Das liegt bei einer Tatbestandsverschiebung in der Natur der Sache.

4. Besonders kompliziert wird es im Fall der im Formulierungsvorschlag angesprochenen ***„gekreuzten" Mordmerkmale***. Die h.L. erlässt dem Teilnehmer über § 28 II das täterbezogene Merkmal des Haupttäters, schmiert ihm dann aber in einer zweiten Anwendung des § 28 II sein eigenes Merkmal aufs Butterbrot. Der BGH kommt traditionell durch schlichte Nichtanwendung des § 28 I ebenfalls zu einer Bestrafung wegen Mordes ohne Strafmilderung. Das führt zu einem übereinstimmenden Ergebnis, das es bei konsequenter Befolgung der bisherigen BGH-Ansicht gar nicht geben dürfte. Auf welchen Wegen auch immer, der BGH bekommt das sachgerechte Ergebnis bei den „gekreuzten" Merkmalen irgendwie hin, weshalb der Streit in diesem Sonderfall streng genommen nicht entschieden zu werden braucht. Trotzdem kann man natürlich unter dem Obersatz „Anwendbarkeit des § 28 II" zu einer Entscheidung kommen, zumal es hier ausnahmsweise fast schon komplizierter erscheint, die fehlende Relevanz der Streitentscheidung herauszuarbeiten.

5. Stellt euch bei der Fallbearbeitung immer folgende ***Ausgangsfragen: Welches Mordmerkmal erfüllt der Haupttäter? Weiß der Teilnehmer davon? Welches Mordmerkmal erfüllt der Teilnehmer selbst?***

Fall 7

O möchte seinem Leben ein Ende setzen, sieht sich dazu aber selbst nicht in der Lage. Deshalb bittet er seine Tochter T, ihm mit einer Spritze eine tödliche Giftdosis zu verabreichen. T kann O auch in einem längeren Gespräch nicht umstimmen und kommt dessen wiederholter Bitte schließlich nach. O stirbt alsbald.

Frage: Wie hat sich T strafbar gemacht ?

Lösungsskizze Fall 7

- Strafbarkeit der T gemäß §§ 212 I, 216 I ?

I. Tatbestand

1. Tatbestand § 212 I

a. Objektiver Tatbestand

***aa. ein anderer Mensch ?* (+)**

***bb. Töten ?* (+)**

***cc. <u>also</u>: objektiver Tatbestand* (+)**

b. Subjektiver Tatbestand

***- Vorsatz ?* (+)**

***c. <u>also</u>: Tatbestand § 212 I* (+)**

2. Tatbestand § 216 I

a. Objektiver Tatbestand

aa. ausdrückliches und ernstliches Verlangen des Getöteten ?
= unmissverständlicher Wunsch des Opfers, der von dessen freiem Willen getragen ist

HIER (+) → O hat aufgrund fehlerfreier Willensbildung die Tötung wiederholt und eindeutig gewünscht

bb. dadurch verursachte Bestimmung des Täters zur Tat ?
= Anlass zur Tatausführung muss gerade das Verlangen des Opfers gewesen sein

HIER (+) → ohne den von O geäußerten Wunsch hätte T den Tatentschluss nicht gefasst

***cc. <u>also</u>: objektiver Tatbestand* (+)**

b. Subjektiver Tatbestand

***- Vorsatz ?* (+)**

c. <u>also</u>: Tatbestand § 216 I (+)

3. <u>also</u>: Tatbestand (+)

II. Rechtswidrigkeit (+)

III. Schuld (+)

IV. Ergebnis:
Strafbarkeit der T gemäß §§ 212 I, 216 I (+)

Formulierungsvorschlag Fall 7

- Strafbarkeit der T gemäß §§ 212 I, 216 I

Durch die Injektion könnte sich T gemäß §§ 212 I, 216 I strafbar gemacht haben.

I. Sie hat einen anderen Menschen, nämlich O, vorsätzlich getötet, sodass der Tatbestand des § 212 I erfüllt ist.

Möglicherweise kommt T § 216 I zugute. Ein ausdrückliches und ernstliches Tötungsverlangen besteht in einer unmissverständlichen Kundgabe des Begehrens, das auf einer fehlerfreien Willensbildung beruhen muss. O war angesichts des Gesprächs mit T bei klarem Verstand und hat seine auf Tötung gerichtete Bitte sogar wiederholt deutlich geäußert. Es bestand also ein ausdrückliches und ernsthaftes Tötungsverlangen des O.

Gerade dieses Verlangen müsste T zur Tat bestimmt haben, es müsste Anlass zur Tatausführung gewesen sein. T wollte die Tat nicht etwa bereits vor dem Verlangen des O begehen, sie hat den Tatentschluss nach anfänglichem Zögern erst aufgrund des wiederholten Tötungsverlangens gefasst. Das Verlangen hat T zur Tat bestimmt.

Diese objektiven Voraussetzungen des § 216 I waren auch vom Vorsatz der T erfasst.

Damit ist auch der Tatbestand des § 216 I erfüllt.

II. Die Tat geschah rechtswidrig.

III. T handelte schuldhaft.

IV. Sie hat sich durch die Injektion gemäß §§ 212 I, 216 I strafbar gemacht.

Fazit

1. Nach allgemeinen Grundsätzen hattet ihr es hier mit einer klassischen Einwilligung zu tun (vgl. Die Fälle – Strafrecht AT, Fall 13). Die wirkt üblicherweise rechtfertigend. ***§ 216 I*** zeigt aber, dass man speziell in die vorsätzliche Tötung nicht mit rechtfertigender Wirkung einwilligen kann. Das ***Rechtsgut Leben*** wird so hoch eingestuft, dass es ***nicht verfügbar*** ist. In einer einschlägigen Prüfungsarbeit erspart man sich wie gesehen jedes Wort zur Einwilligung.

2. Die Lösung warf keine wirklichen Probleme auf. Es ging vor allem darum, die Anhaltspunkte im Sachverhalt sauber unter § 216 I zu subsumieren. Bei einem derart eindeutigen Ergebnis kann man sich auch kürzer fassen, wenn es die Schwerpunktsetzung in der Klausur erfordert. Das ***Verlangen des Opfers*** kann im Einzelfall auch in ***Frageform*** artikuliert werden, selbst ***eindeutige Gesten*** kommen in Betracht. Wenn der Wunsch des Opfers erst auf Anregung des Täters erfolgt, muss man genau prüfen, ob der Tatentschluss nicht von Anfang an feststand. Gelegentlich deuten Anhaltspunkte im Sachverhalt auf einen Mangel an ***Freiverantwortlichkeit*** des Opfers hin. Dann ist das Verlangen nicht ernstlich, es ist aber immer an § 16 II (lesen!) zu denken.

3. ***§ 216*** wird von der ***h.L.*** als ***Privilegierung des § 212 I*** angesehen (siehe schon unseren Obersatz). Auf dieser Grundlage kann man den Teilnehmer gegebenenfalls über § 28 II gemäß § 211 oder 212 bestrafen. Anders wiederum die ***bisherige Rechtsprechung***: Sie ***sieht auch in § 216 einen selbstständigen Sondertatbestand*** und kommt bei Teilnehmern dogmatisch mächtig ins Schleudern (ausführlich zum Systemverständnis und zu den Folgen Fall 6).

   Wichtig ist die sogenannte ***Sperrwirkung der Privilegierung***: Der Täter kann Mordmerkmale ohne Ende erfüllen, im Falle des § 216 ist § 211 für ihn nicht anwendbar. In der Klausur oder Hausarbeit ist daher nach Bejahung des § 216 allenfalls ein kurzer Hinweis auf § 211 fällig. Erinnert ihr euch? Wir haben die Sperrwirkung der Privilegierung oben schon einmal im Zusammenhang mit dem Konkurrenzverhältnis von Tötungs- und Körperverletzungsdelikten angesprochen (Fall 2, Fazit 5. a.E.).

4. Im Bereich der sogenannten ***Sterbehilfe*** (Euthanasie) hat sich nach langjähriger Diskussion durch ein Grundsatzurteil des BGH sehr Wesentliches getan (NJW 2010, 2963). Zusammengefasst hat der BGH in diesem Urteil den (tatsächlichen oder mutmaßlichen) ***Patientenwille***n als den entscheidenden Schlüssel zur Rechtfertigung und damit zur Straflosigkeit des Behandlungsabbruchs angesehen. Diese Rechtsprechung hat sich im Anschluss an die Einführung der §§ 1901a ff BGB entwickelt (Patientenverfügung / vgl. näher Die Fälle – Strafrecht AT Fall 13 Fazit 4.). Zugleich hat der BGH die vormals oft als entscheidend angesehene Frage nach aktivem ***Tun oder Unterlassen*** als ***für die strafrechtliche Wertung nicht mehr ausschlaggebend*** betrachtet.

5. §§ 211 ff setzen einen anderen Menschen voraus, die ***Selbsttötung ist nicht strafbar***. Wenn also in Abwandlung des Ausgangsfalls T das Gift nur für O besorgt hätte, wäre sie nicht zu bestrafen gewesen. Für §§ 212 I, 216 I fehlt es an der Tatherrschaft, für Beihilfe (§ 27 I) an der Haupttat. § 217 I scheitert am Merkmal „geschäftsmäßig".

Fall 8

Die Studentin S wohnt noch bei ihren Eltern. Sie hat sich während einer langweiligen Vorlesung in L verliebt, der seinerseits von S absolut begeistert ist. In der Folgezeit verbringen die beiden so gut wie jede Minute miteinander. Die konservativen Eltern der S sind davon wenig begeistert. Sie sind der Meinung, S solle sich ganz auf ihre Ausbildung konzentrieren. Weil sie L im Übrigen ohnehin für einen „unmoralischen Chaoten" halten, verbieten die Eltern S jeglichen Umgang mit ihm. Diese Situation wird von S und L als so ausweglos empfunden, dass sie nach längerem Überlegen gemeinsam den Schritt ins Jenseits gehen wollen. Sie fahren mit dem Auto des L auf einen Parkplatz, wo sie mit einem Schlauch die Abgase ins Wageninnere leiten wollen. L gibt so lange Gas, bis er das Bewusstsein verliert. Dank des von einem Passanten alarmierten Notarztes kann L gerettet werden, während S stirbt.

Frage: Hat sich L gemäß §§ 212, 216 strafbar gemacht ?

Lösungsskizze Fall 8

- Strafbarkeit des L gemäß §§ 212 I, 216 I ?

I. Tatbestand

1. Tatbestand § 212 I

a. Objektiver Tatbestand

aa. ein anderer Mensch ? **(+)** → ***S***

bb. Töten ?

HIER (–) → L ist mangels Tatherrschaft nicht Täter, er hat lediglich straflose Beihilfe zur Selbsttötung der S geleistet (a.A. gut vertretbar); auf die Beherrschung des Gesamtgeschehens (Niederdrücken des Gaspedals) kommt es nicht an; S hätte sich freiverantwortlich der Situation entziehen können; sie hat die entscheidende Schwelle selbst überschritten und sich durch das Einatmen der Abgase selbst getötet

cc. also: objektiver Tatbestand **(–)**

b. also: Tatbestand § 212 I **(–)**

2. also: Tatbestand **(–)**

II. Ergebnis:

Strafbarkeit des L gemäß §§ 212 I, 216 I (–)

Formulierungsvorschlag Fall 8

- Strafbarkeit des L gemäß §§ 212 I, 216 I

Womöglich hat sich L durch das Treten des Gaspedals gemäß §§ 212 I, 216 I strafbar gemacht.

I. Dazu müsste er den Tod der S täterschaftlich herbeigeführt haben. Die Einleitung der Abgase und damit des tödlichen Kohlenmonoxyds ist von L mit dem Durchtreten des Gaspedals beherrscht worden. Andererseits hat sich S freiverantwortlich zum Einatmen der Abgase entschlossen. Vor diesem Hintergrund ist zu prüfen, nach welchen Kriterien die täterschaftliche Tötung auf Verlangen von der straflosen Beihilfe zur Selbsttötung abzugrenzen ist. Einigkeit besteht heutzutage jedenfalls insoweit, als es dafür entscheidend auf Tatherrschaftskriterien ankommt.

Die Tatherrschaft könnte bereits darin gesehen werden, dass sich das Opfer in die Hand des Täters begibt, um gleichsam duldend dem Tod entgegenzusehen. Danach läge im Niedertreten des Gaspedals der Anknüpfungspunkt für die Täterschaft. Dies erscheint schon deshalb fragwürdig, weil das Gaspedal ebenso gut mit einem Stein hätte beschwert werden können. Eine solche Betrachtung stößt aber auch aus anderen Gründen auf erhebliche Bedenken. Sie verkennt, dass S aufgrund eines freiverantwortlichen Entschlusses das Auto hätte verlassen können. Damit hatte sie die Entscheidung über ihr Leben selbst in der Hand. S tötete sich selbst durch das Einatmen der Abgase. Somit kann die Beherrschung des Gesamtgeschehens in Form des Niedertretens des Gaspedals nicht der entscheidende Gesichtspunkt sein. Vielmehr hat L lediglich straflose Beihilfe zur eigenverantwortlichen Selbsttötung der S geleistet. Er hat S nicht getötet.

II. Damit hat sich L nicht gemäß §§ 212 I, 216 I strafbar gemacht.

Fazit

1. Ein am sogenannten „Gisela-Fall" (BGHSt 19, 135) orientierter Sachverhalt darf natürlich auch bei uns nicht fehlen. Die Angelegenheit firmiert unter der Bezeichnung ***„einseitig fehlgeschlagener Doppelselbstmord"***. Die Grundsituation haben wir schon am Ende des vorangegangenen Fazits erläutert.

2. Die ***Grenzziehung zwischen Täterschaft und Teilnahme*** gehört zu den Problemen, die erfahrungsgemäß immer wieder ohne Fallbezug anhand zahlloser „Theorien" dargestellt werden. Die heute noch vertretenen Auffassungen haben sich in den Ergebnissen mehr und mehr einander angenähert. Gerade in der unserem Ausgangsfall zugrunde liegenden Entscheidung hat sich der BGH ausdrücklich von subjektiven Kriterien abgewandt und die (objektive) Tatherrschaft herangezogen (vgl. auch Die Fälle – Strafrecht AT, Fall 22, Fazit 2.).

Das Problem beschränkt sich also darauf, ob im Einzelfall ***Tatherrschaft*** vorliegt oder nicht.

Natürlich gibt es auch hier wieder abweichende „Exotentheorien", die man aber – jedenfalls in der Klausur – im Sinne einer stringenten Fall-Lösung getrost am Wegesrand liegen lassen kann. Wir haben uns der besseren Argumente wegen mit der h.L. für die straflose Beihilfe zur Selbsttötung entschieden, während der BGH Tatherrschaft und damit § 216 I angenommen hat.

Ein weiterer Grenzfall liegt beispielsweise vor, wenn der Täter dem Opfer den Becher mit Gift an die Lippen setzt. Hier kann man je nach gewünschtem Ergebnis Argumentationsschwerpunkte auf den eigenverantwortlichen Schluckvorgang oder aber auf den nicht bewusst gesteuerten Schluckreflex legen. Auch in diesem Fall ist die Überzeugungskraft in erster Linie eine Frage der Rhetorik.

3. Manchmal kommt es auch auf die Abgrenzung der (straflosen) ***Anstiftung zur Selbsttötung*** von der ***Tötung in mittelbarer Täterschaft*** an. Täter ist jedenfalls, wer das Opfer durch Täuschung – etwa durch Vorspiegeln einer tödlichen Krankheit – dazu treibt, dass es sich selbst in die ewigen Jagdgründe befördert. In diese Schublade gehört auch der legendäre „Sirius-Fall" (BGHSt 32, 38), der seines skurrilen Sachverhalts wegen lesenswert ist.

4. Schließlich ranken sich im Zusammenhang mit der Selbsttötung Probleme darum, wann für den Garanten (§ 13 I) ***Tötung durch Unterlassen*** (= Geschehenlassen) in Betracht kommt. Das ist jedenfalls dann der Fall, wenn der Selbsttötungswille – etwa bei Geisteskranken oder Kindern – nicht freiverantwortlich ist.

Schwierig wird es dagegen bei freiverantwortlicher und bis zum tödlichen Ende ernst gemeinter Entscheidung zur Selbsttötung. Dann nimmt die h.L. Straflosigkeit an, weil die Garantenpflicht sich nicht auf den Schutz des (autonomen) Opfers vor sich selbst erstreckt. Die Rechtsprechung nimmt dagegen grundsätzlich eine Hilfeleistungspflicht an, sobald der „Selbstmörder" nicht mehr handlungsfähig ist. Diese Ansicht führt zu dem absurd anmutenden Ergebnis, dass man zwar den Strick überreichen darf (straflose Beihilfe zur Selbsttötung), den armen Kerl aber zur Vermeidung einer Bestrafung (aus §§ 212 I, 13 I oder §§ 216 I, 13 I) sofort wieder abschneiden muss, sobald er an der Decke baumelt. Nicht dumm ist eine vermittelnde Ansicht, die im Grundsatz der h.L. folgt, Freiverantwortlichkeit aber nur bei einem freien und ernstlichen Verlangen i.S.d. § 216 I annimmt. Dieser Ansicht nach kann speziell § 216 also nicht durch Unterlassen begangen werden.

Auch bei Nichtgaranten stellt sich das geschilderte Problem: Wann ist ein Selbsttötungsversuch als Unglücksfall i.S.d. § 323c I anzusehen? Beachte auch den im Jahr 2017 eingeführten § 323c II (jeweils lesen!).

Fall 9

Die lebenslustige E hat noch nie besonders viel von der in unserem Kulturkreis verbreiteten seriellen Monogamie gehalten und führt ein sehr turbulentes Liebesleben. Mit Ehemann M läuft im Bett allerdings bereits seit geraumer Zeit kaum noch etwas. Da M zudem nach einem Autounfall dauerhaft gehbehindert ist, entschließt sich E, mit den Kindern zu einem Liebhaber zu ziehen. M, der schon lange unter dem seiner Ansicht nach unmoralischen Verhalten der E gelitten hatte, versucht sie verzweifelt umzustimmen. E verleiht ihrer Entschlossenheit mit dem Satz „Das kannst du vergessen, bei einem erbärmlichen Krüppel und sexuellen Versager bleibe ich keine Minute länger!“ Nachdruck. Angesichts dieser Äußerung ist M dermaßen aufgebracht, dass er E spontan ersticht. Dazu wäre es nicht gekommen, wenn E in der Auseinandersetzung sachlich geblieben wäre.

Frage: Wie hat sich M strafbar gemacht ?

Lösungsskizze Fall 9

- Strafbarkeit des M gemäß §§ 212 I, 213 ?

I. Tatbestand

1. Objektiver Tatbestand

a. ein anderer Mensch ? **(+)**

b. Töten ? **(+)**

c. <u>also</u>: objektiver Tatbestand **(+)**

2. Subjektiver Tatbestand

- Vorsatz ? **(+)**

3. <u>also</u>: Tatbestand **(+)**

II. Rechtswidrigkeit **(+)**

III. Schuld **(+)**

IV. Strafzumessungsvorschrift § 213

1. (hier) schwere Beleidigung durch den (später) getöteten Menschen ?
= erhebliche Kränkung, die über das Maß der im jeweiligen Lebenskreis üblichen Provokation hinausgeht

HIER (+) → E hat drastisch und grob ehrverletzend die Behinderung und die fehlende sexuelle Leistungsfähigkeit des M hervorgehoben

2. (hier) gegenüber dem Täter ? **(+)**

3. ohne eigene Schuld ?
= Provokation nicht vom Täter herausgefordert

HIER (+) → M hat durch sein Verhalten keinen Anlass für die schwere Beleidigung gegeben

4. durch (hier) die schwere Beleidigung zum Zorn gereizt ? **(+)**

5. dadurch auf der Stelle zur Tat hingerissen ?
= Andauern der psychischen Ausnahmesituation zum Zeitpunkt der Tat, die auf dieser Gemütsbewegung beruht

HIER (+) → M hat die Tat spontan im Zorn gerade aufgrund der Gemütsbewegung begangen

6. <u>also</u>: Strafzumessungsvorschrift § 213 **(+)**

V. Ergebnis:
Strafbarkeit des M gemäß §§ 212 I, 213 (+)

Formulierungsvorschlag Fall 9

- Strafbarkeit des M gemäß §§ 212 I, 213

Durch das Erstechen der E könnte sich M gemäß §§ 212 I, 213 strafbar gemacht haben.

I. Er hat einen anderen Menschen, nämlich E, vorsätzlich getötet. Damit hat M den Tatbestand des § 212 I erfüllt.

II. Die Tat geschah rechtswidrig.

III. M handelte schuldhaft.

IV. Möglicherweise handelt es sich aber gemäß § 213 um einen minder schweren Fall des Totschlags.

In Betracht kommt die erste Alternative des § 213. M könnte ohne eigene Schuld von der später getöteten E durch eine ihm zugefügte schwere Beleidigung zum Zorn gereizt und hierdurch auf der Stelle zur Tat hingerissen worden sein.

Als schwere Beleidigungen im Sinne des § 213 sind erhebliche Kränkungen zu verstehen, die über die im jeweiligen Lebenskreis üblichen Provokationen hinausgehen. E hat mit ihrer Äußerung in drastischer und grob ehrverletzender Weise die Behinderung und die fehlende sexuelle Leistungsfähigkeit des M hervorgehoben. Darin liegt eine außergewöhnlich schwere Kränkung, die den Rahmen der im Ehealltag mitunter üblichen Provokationen übersteigt. M wurde somit vom späteren Tötungsopfer E eine schwere Beleidigung zugefügt.

Die Provokation darf nicht auf eigener Schuld des Täters beruhen, er darf sie nicht herausgefordert haben. M hat keine Veranlassung für die schwere Beleidigung gegeben. Es war vielmehr E, die von sich aus den ohnehin vorhandenen und durchaus verständlichen Unmut des M weiter gesteigert hat. M hat die schwere Beleidigung nicht herausgefordert, sie beruhte nicht auf seiner eigenen Schuld.

M war gerade durch die kränkende Äußerung seiner Ehefrau sehr aufgebracht und damit zum Zorn gereizt.

Dadurch wiederum müsste M auf der Stelle zur Tat hingerissen worden sein. Der als Zorn beschriebene durch die Provokation hervorgerufene psychische Zustand müsste zum Tatzeitpunkt noch angedauert haben. Die Tötungshandlung folgte spontan unmittelbar auf die schwere Beleidigung und beruhte gerade auf der andauernden Gemütsbewegung. M war durch den Zorn auf der Stelle zur Tat hingerissen worden.

Mithin liegen die Voraussetzungen für einen minder schweren Fall des Totschlags nach § 213 Var. 1 vor.

V. M hat sich durch das Erstechen der E gemäß §§ 212 I, 213 strafbar gemacht.

Fazit

1. ***§ 213*** ist systematisch wie ein dritter Absatz des § 212 zu lesen. Gesetzestechnisch handelt es sich um eine reine ***Strafzumessungsvorschrift*** (kein Tatbestand). § 213 muss also unbedingt hinter der Schuld des § 212 I geprüft werden und sollte im Obersatz auch sinnvollerweise zusammen mit dem Totschlag zitiert werden (siehe Seite 24). Inhaltlich geht es bei der ersten Alternative um besondere Gemütswallungen des provozierten Täters. Der Gesetzgeber bedient sich hier – anders als beispielsweise bei § 243 – nicht der Regelbeispiel-Technik. Wenn die Voraussetzungen des § 213 vorliegen, ist dessen Strafrahmen zwingend, Ausnahmen gibt es nicht.

§ 213 ist wie gesagt kein Tatbestand, deshalb entfaltet er – im Gegensatz zu § 216 – auch ***keine Sperrwirkung***. Der Weg zu § 211 ist also auch in der Konstellation des § 213 offen (h.M.). Anders ausgedrückt: § 213 ist nach h.M. nur auf § 212, nicht aber auf § 211 anwendbar. Dafür spricht in erster Linie der unmissverständliche Wortlaut „der Totschläger". Der Ausgangsfall gab für Mordmerkmale nichts her (vgl. auch Fall 3, Fazit 3.). Wenn aber sowohl § 211 als auch § 213 ernsthaft in Betracht kommt, solltet ihr zuerst §§ 212 I, 211 prüfen. Nur wenn der Mordtatbestand nicht greift, es also bei § 212 I bleibt, ist auf dem Boden der h.M. für eine anschließende Prüfung des § 213 als Strafzumessungsvorschrift Raum. Allerdings muss berücksichtigt werden, dass § 211 in solchen Situationen häufig am Fehlen besonderer Verwerflichkeit scheitern wird (vgl. Fall 2).

2. Es ging um den sogenannten ***Affekttotschlag*** (***§ 213 Var. 1***). Der mildere Strafrahmen folgt daraus, dass der Totschlag des provozierten Täters gewissermaßen „verständlicher" ist. Wertungsgesichtspunkte spielen daher bei § 213 eine große Rolle. Etwas angestaubt spricht man vom ***„gerechten Zorn"*** des Täters. Ihr könnt diese Wertungsaspekte – wie wir es getan haben – in die Auslegung der Merkmale „Misshandlung" und „schwere Beleidigung" einfließen lassen oder aber die Verhältnismäßigkeit von Anlass und Tötung gesondert prüfen. Der Sache nach macht das keinen Unterschied. Und was ist zu tun, wenn nicht der spätere Täter selbst, sondern eine andere Person provoziert wird? § 213 passt nur, wenn es sich dabei um einen Angehörigen handelt. § 11 I Nr. 1 beantwortet die Frage, wer Angehöriger ist.

3. Mit ***§ 213 Var. 2*** („sonst ein minder schwerer Fall") werdet ihr es in der Prüfung kaum zu tun bekommen (siehe Seite 24). In der Praxis können dafür vor allem verständliche, Mitleid erregende Tatantriebe, die nicht schon unter § 213 Var. 1 fallen, relevant werden.

4. Zum Ende des Abschnitts nun noch einige Hinweise auf weitere Normen:

§ 221 ist ein ***konkretes Gefährdungsdelikt***. § 221 I wird so interpretiert, dass das Versetzen in eine hilflose Lage (§ 221 I Nr. 1) keine Veränderung des Aufenthaltsortes des Opfers voraussetzt (ganz h.M.), wie auch das Imstichlassen (§ 221 I Nr. 2) keine räumliche Trennung erfordert. § 221 II enthält eine Qualifikation, § 221 III eine Erfolgsqualifikation.

Die ***fahrlässige Tötung*** (§ 222) ist ein in der Praxis sehr bedeutsames Delikt, man denke nur an den Straßenverkehr. In Klausuren bildet die Prüfung des ***§ 222*** dagegen selten einen Schwerpunkt (vgl. zum Fahrlässigkeitsdelikt Die Fälle – Strafrecht AT, Fall 41).

§ 251 (lesen!) ist eine ***Erfolgsqualifikation***. Für diese Deliktsform gilt zunächst einmal grundsätzlich ***§ 18*** (lesen!). Danach genügt für die an das Grunddelikt geknüpfte Folge (bei § 251 der Tod eines anderen Menschen) Fahrlässigkeit. Durch die in § 18 verwandte Formulierung „wenigstens Fahrlässigkeit" kommt aber zum Ausdruck, dass Vorsatz hinsichtlich der Folge auch nicht schadet.

Abweichend von § 18 verlangt § 251 aber (wie §§ 176d, 178, 239a III, 306c und 316a III) „wenigstens ***Leichtfertigkeit***". Damit ist ein erhöhter Grad von Fahrlässigkeit gemeint, der in etwa der groben Fahrlässigkeit im Zivilrecht entspricht (vgl. Die Fälle – Strafrecht AT, Fall 41, Fazit 2.).

Mit der Formulierung „wenigstens leichtfertig" ist klargestellt, dass auch die vorsätzliche Verursachung des Todes erfasst ist.

Die Angelegenheit wird euch typischerweise in Form der sogenannten ***versuchten***n ***Erfolgsqualifikation*** über den Weg laufen. Beispiel: „Bankräuber T schießt in einer Bank wild um sich und nimmt dabei billigend in Kauf, dass Bankangestellte oder anwesende Kunden durch Querschläger getötet werden. Es wird aber niemand getroffen. T nimmt Geld aus dem Tresor und verschwindet." Hier steht §§ 249 I, 251, 22, 23 I nichts im Wege, weil auch der Tötungsvorsatz (bedingter Vorsatz, siehe Seite 22) unter den Tatbestand des Raubes mit Todesfolge fällt.

Streng von der versuchten Erfolgsqualifikation ist die für § 251 auch früher schon unproblematische Konstellation des sogenannten ***erfolgsqualifizierten Versuchs*** zu unterscheiden. Dabei wird das Grunddelikt (bei § 251 der Raub) nur versucht, die Folge (bei § 251 der Tod) tritt aber trotzdem ein. Wir kommen auf eine solche Situation an anderer Stelle zurück (vgl. zum Ganzen Die Fälle – Strafrecht AT, Fall 38, Fazit 6.).

Körperverletzungsdelikte

Fall 10

A gehört zum radikalen Flügel der Initiative „Parke nicht auf unseren Wegen". Eines Tages sieht er, wie der unbelehrbare U von der ADAC-Unterabteilung „Parkraum ist Lebensraum" seinen E-Klasse-Mercedes mitten auf dem Radweg abstellt. Als der schmächtige U seinem Wagen entsteigt, läuft A wütend auf ihn zu und schleudert den Übeltäter gezielt so zu Boden, dass U mit dem Kopf auf die Bordsteinkante schlägt. Dadurch erleidet er eine schwere Gehirnerschütterung sowie eine Platzwunde am Hinterkopf, die im Krankenhaus mit drei Stichen genäht werden muss.

Frage: Wie hat sich A strafbar gemacht ?

Lösungsskizze Fall 10

- Strafbarkeit des A gemäß §§ 223 I, 224 I ?

I. Tatbestand

1. Tatbestand § 223 I

a. Objektiver Tatbestand

aa. eine andere Person ? **(+)**

bb. Gesundheitsschädigung, § 223 I Var. 2 ?
= Hervorrufen oder Steigern eines krankhaften Zustands

HIER (+) → U musste ärztlich behandelt werden; diesen krankhaften Zustand hat A hervorgerufen

cc. körperliche Misshandlung, § 223 I Var. 1 ? **(+)**

dd. <u>also</u>: objektiver Tatbestand **(+)**

b. Subjektiver Tatbestand

- Vorsatz ? **(+)**

c. <u>also</u>: Tatbestand § 223 I **(+)**

2. Tatbestand § 224 I

a. Objektiver Tatbestand

aa. mittels eines gefährlichen Werkzeugs, § 224 I Nr. 2 ?
= Gegenstand, der nach der konkreten Art seiner Benutzung geeignet ist, erhebliche Verletzungen hervorzurufen

HIER (–) → der Bordstein ist unbeweglich, es können aber nur bewegliche Sachen gefährliche Werkzeuge sein (a.A. vertretbar); unbewegliche Sachen wie Felswände oder den Straßenbelag als Werkzeug zu verstehen, überschreitet die Grenze erlaubter Gesetzesauslegung; nach allgemeinem Sprachgebrauch umfasst der mögliche Wortsinn des Begriffs „Werkzeug" nur Gegenstände, die gegen den Körper eines anderen geführt werden können, also beweglich sind; die Einbeziehung unbeweglicher Gegenstände verstößt damit gegen das Analogieverbot aus Art. 103 II GG; abgesehen davon besteht für die weite Interpretation kein Bedürfnis, weil in gravierenden Fällen ohnehin eine das Leben gefährdende Behandlung i.S.d. § 224 I Nr. 5 vorliegt

bb. mittels einer das Leben gefährdenden Behandlung, § 224 I Nr. 5 ?
= aus den konkreten Umständen folgende Eignung der Verletzungshandlung, das Leben des Opfers in Gefahr zu bringen

HIER (+) → der Schlag des Hinterkopfs auf die Bordsteinkante war heftig genug, eine schwere Gehirnerschütterung hervorzurufen; es hätte auch eine lebensgefährliche Folge in Form eines Schädelbruchs oder eines Blutgerinnsels eintreten können; für eine konkrete Lebensgefährdung gibt es keine Anhaltspunkte, sie ist aber auch nicht erforderlich (a.A. vertretbar); im Gegensatz zu §§ 113 II Nr. 2, 125a Nr. 3, 250 I Nr. 1c) spricht das Gesetz ausdrücklich davon, dass schon die Behandlung selbst das Leben gefährden muss; daher kann es nur auf die Eignung der Verletzungshandlung und nicht auf den durch sie verursachten Erfolg ankommen

cc. also: objektiver Tatbestand, § 224 I Nr. 5 (+)

b. Subjektiver Tatbestand

- Vorsatz ? (+)

c. also: Tatbestand § 224 I Nr. 5 (+)

3. also: Tatbestand §§ 223 I, 224 I Nr. 5 (+)

II. Rechtswidrigkeit (+)

III. Schuld (+)

IV. Ergebnis:
Strafbarkeit des A gemäß §§ 223 I, 224 I Nr. 5 (+)

Formulierungsvorschlag Fall 10

- Strafbarkeit des A gemäß §§ 223 I, 224 I

A könnte sich durch den Stoß gemäß §§ 223 I, 224 I strafbar gemacht haben.

I. Möglicherweise hat er U an der Gesundheit geschädigt, § 223 I Var. 2. Gesundheitsschädigung ist das Hervorrufen oder Steigern eines krankhaften Zustands. U musste wegen der durch den Sturz verursachten Platzwunde und der Gehirnerschütterung ärztlich behandelt werden. Er wurde von A in einen krankhaften Zustand versetzt, also an der Gesundheit geschädigt. Im Verhalten des A liegt gleichzeitig eine körperliche Misshandlung des U, § 223 I Var. 1.

A handelte vorsätzlich.

Womöglich hat A die Körperverletzung im Sinne des § 224 I Nr. 2 mittels eines gefährlichen Werkzeugs begangen. Als solches kommt der Bordstein in Betracht. Er müsste ein Gegenstand sein, der nach Art der konkreten Benutzung geeignet ist, erhebliche Verletzungen hervorzurufen. Ob man indes den Bordstein als unbeweglichen Gegenstand als Werkzeug begreifen kann, erscheint fraglich. Beispielhaft ist in § 224 I Nr. 2 die Waffe aufgeführt. Waffen sind Gegenstände, die vom Menschen gegen den Körper eines anderen geführt werden können, also beweglich sind.

Das allgemeine Sprachempfinden wehrt sich dagegen, etwa eine Felswand oder den Belag einer Straße als Werkzeug zu bezeichnen. Eine solche Interpretation wäre vom möglichen Wortsinn nicht mehr gedeckt, sodass eine Einbeziehung unbeweglicher Gegenstände gegen das Analogieverbot aus Art. 103 II GG verstieße. In der Tat kann auch ein unbeweglicher Gegenstand im Einzelfall geeignet sein, erhebliche Verletzungen hervorzurufen. Dem kann aber dadurch Rechnung getragen werden, dass in gravierenden Fällen ohnehin eine das Leben gefährdende Behandlung im Sinne des § 224 I Nr. 5 vorliegt. Nennenswerte Strafbarkeitslücken sind also nicht zu befürchten.

Demnach können nur bewegliche Gegenstände (gefährliche) Werkzeuge im Sinne des § 224 I Nr. 2 sein. Der unbewegliche Bordstein ist kein gefährliches Werkzeug. § 224 I Nr. 2 scheidet folglich aus.

In Betracht kommt aber weiter § 224 I Nr. 5. Eine das Leben gefährdende Behandlung ist gegeben, wenn die Verletzungshandlung den konkreten Umständen nach geeignet war, das Leben des Opfers in Gefahr zu bringen. Der Aufprall des Hinterkopfs auf die Bordsteinkante hat neben der Platzwunde eine schwere Gehirnerschütterung hervorgerufen. Daher muss der Stoß des A so heftig gewesen sein, dass auch eine lebensgefährliche Folge etwa in Form eines Schädelbruchs oder eines Blutgerinnsels im Gehirn hätte eintreten können. Für eine konkrete Lebensgefährdung des U gibt es allerdings keine Anhaltspunkte. Anders als in §§ 113 II Nr. 2, 125a Nr. 3, 250 I Nr. 1c) spricht das Gesetz in § 224 I Nr. 5 ausdrücklich davon, dass schon die Behandlung selbst das Leben gefährden muss. Danach ist allein die Verletzungshandlung Anknüpfungspunkt für die Bewertung der Gefährlichkeit, der durch sie verursachte Erfolg muss außer Betracht bleiben. Demnach kommt es für § 224 I Nr. 5

nicht auf eine konkrete Lebensgefährdung des Opfers an, schon die objektive Eignung der Behandlung zur Lebensgefährdung genügt. Nach den Umständen war der Stoß des A im genannten Sinne geeignet, das Leben des Opfers in Gefahr zu bringen.

A hat die Körperverletzung mittels einer das Leben gefährdenden Behandlung begangen.

Auch darauf bezog sich sein Vorsatz.

II. Die Tat geschah rechtswidrig.

III. A handelte schuldhaft.

IV. Er hat sich durch den Stoß gemäß §§ 223 I, 224 I Nr. 5 strafbar gemacht.

Fazit

1. Der ***Grundtatbestand § 223 I*** bereitet für sich genommen vergleichsweise selten Schwierigkeiten. Vor allem die ***Qualifikationen § 224*** und ***§ 226*** (jeweils lesen!) können dagegen die reinsten Spielwiesen für merkmalbezogene Subsumtion und Argumentation sein.

   Auch §§ 223 ff setzen als Tatobjekt einen anderen Menschen voraus. Die Ausführungen zu Fall 1 gelten entsprechend.

2. Bei § 223 I sollte man die gängigen Definitionen der beiden Tatmodalitäten kennen und bringen, auch wenn sie wegen ihrer Schwammigkeit die Lösung meist kaum voranbringen.

   Als ***Gesundheitsschädigung*** (Var. 2) wird das Hervorrufen oder Steigern eines krankhaften (pathologischen) Zustands verstanden. Klassischer Anhaltspunkt dafür ist die ***Notwendigkeit ärztlicher Behandlung***. Im Ausgangsfall lagen die Voraussetzungen für eine Gesundheitsschädigung klar vor, sodass ihr euch auch auf eine kurze Feststellung hättet beschränken können.

   Für eine ***körperliche Misshandlung*** (Var. 1) genügt jede üble, unangemessene Behandlung, durch die das Opfer in seinem körperlichen Wohlbefinden nicht nur unerheblich beeinträchtigt wird. Ihr seht: Gummibegriffe so weit das Auge reicht. ***Schmerzzufügung*** ist nach h.M. ***nicht erforderlich***. Seelische Beeinträchtigungen (Schulbeispiel: Telefonterror) lässt die h.M. allerdings nur dann genügen, wenn sie sich – etwa durch Angstschweiß oder Herzklopfen – körperlich auswirken. Unterhalb dieser Schwelle setzt der im Jahr 2007 eingefügte Tatbestand der Nachstellung an. § 238 soll das sogenannte ***Stalking*** erfassen. Dazu später mehr.

   Im Ausgangsfall konnten wir nach der Bejahung der „schwereren" Gesundheitsschädigung die körperliche Misshandlung in einem Satz feststellen.

3. Wie sieht es aus, wenn ein Arzt – sei es auch nur durch das Setzen einer Spritze – einen körperlichen Eingriff vornimmt? Die h.L. hält bei ***ärztliche***n ***Heileingriffe***n schon den Tatbestand des § 223 I nicht für erfüllt, wenn der Eingriff

zum einen aus ärztlicher Sicht geboten (indiziert) war und zum anderen kunstgerecht (lege artis) ausgeführt wurde. Die Rechtsprechung macht zum Ärger der Ärzteschaft hinsichtlich der Tatbestandsmäßigkeit keine Ausnahme. Sie kommt im Einzelfall über eine – u.U. nur mutmaßliche – Einwilligung zur Rechtfertigung (vgl. allgemein zur rechtfertigenden Einwilligung Die Fälle – Strafrecht AT, Fälle 13, 14). Zivilrechtlich ist das Ganze seit dem Jahr 2013 geregelt, nämlich in § 630d BGB.

In diesem Zusammenhang ist allerdings speziell für die Körperverletzung ***§ 228*** (lesen!) zu beachten. Hier müsst ihr sehr genau arbeiten. Häufiger Fehler ist, dass die Sittenwidrigkeit der Einwilligung geprüft wird. Es kommt allein auf die ***Sittenwidrigkeit der Tat*** an!

Ihr solltet den Streit um die ärztlichen Heileingriffe in seinen praktischen Auswirkungen nicht überschätzen. Das Thema wird seit geraumer Zeit vor allem in rechtspolitischer Hinsicht heiß diskutiert, ist aber für die Klausur im Allgemeinen nicht sonderlich hitverdächtig.

4. Bei der ***Qualifikation des § 224 I*** tauchte dagegen im Ausgangsfall eine geradezu klausurtypische Fallgestaltung auf. Auch bei Bejahung einer Variante dürft ihr die Prüfung nicht abbrechen, im Gutachten müssen immer sämtliche ernsthaft in Betracht kommenden Modalitäten abgearbeitet werden.

Zum Systemverständnis des ***§ 224 I Nr. 2: Das „gefährliche Werkzeug" ist das eigentliche Merkmal***, die „Waffe" wird nur als Beispiel für den Oberbegriff genannt. Deshalb kommt es auch im Einzelfall nicht auf eine genaue Abgrenzung zwischen Waffe (hier gemeint im technischen Sinne) und anderem gefährlichen Werkzeug an.

Nach einer Mindermeinung können auch ***unbewegliche Gegenstände*** gefährliche Werkzeuge sein. Es kommt übrigens unstreitig nicht darauf an, ob das Werkzeug zum Opfer hin bewegt wird oder umgekehrt das Opfer zum Werkzeug gestoßen wird. Es muss sich eben nur überhaupt um ein Werkzeug handeln, was wir in der Fall-Lösung mit der h.M. bei von vornherein unbeweglichen Gegenständen ablehnt haben. Wir werden auf das klausurwichtige Merkmal „gefährliches Werkzeug" an anderer Stelle noch einmal zurückkommen.

Für eine ***„das Leben gefährdende Behandlung"*** ist nach Auffassung einiger Autorinnen und Autoren eine konkrete Lebensgefährdung des Opfers erforderlich. Dafür gab der Sachverhalt nichts her, sodass man auf dem Boden dieser Mindermeinung zur Verneinung des ***§ 224 I Nr. 5*** hätte kommen müssen. Die ***h.M.*** stellt dagegen ***allein*** auf die ***Eignung der Handlung zur Lebensgefährdung*** ab. Die musste wie gesehen aus den konkreten Umständen des Sachverhalts abgeleitet werden.

Ein ***„hinterlistiger Überfall"*** (***§ 224 I Nr. 3***) ist ein unvorhergesehener Angriff, bei dem der Täter seine wahre Absicht planmäßig verdeckt. Den Normalfall bildet das Auflauern aus einem Versteck heraus. Das bloße Ausnutzen eines Überraschungseffekts genügt noch nicht. Im Ausgangsfall war § 224 I Nr. 3 daher fernliegend.

„Mit einem anderen Beteiligten gemeinschaftlich" (***§ 224 I Nr. 4***) setzt mindestens zwei bei der Tatausführung zusammenwirkende Personen voraus. Beteiligte sind Täter und Teilnehmer (vgl. § 28 II). Folglich wird es sich bei den zusammenwirkenden Personen nicht notwendig um Mittäter (§ 25 II) handeln müssen. Ganz eindeutig ist das aber nicht, weil der Begriff „gemeinschaftlich" jedenfalls typischerweise die Mittäterschaft charakterisiert (vgl. § 25 II / einführend zu Täterschaft und Teilnahme Die Fälle – Strafrecht AT, Fall 22, Fazit 1.). Es gibt aber auch Fälle, in denen der andere am Tatort Anwesende zwar nicht oder zumindest noch nicht Mittäter ist, aus Sicht des Opfers aber einen zusätzlichen Bedrohungsfaktor darstellt. Auch das ist dann nach h.M. „gemeinschaftlich" im Sinne des § 224 I Nr. 4.

Andererseits soll in bestimmten Konstellationen eine Körperverletzung selbst dann „mit einem anderen Beteiligten gemeinschaftlich" begangen werden können, wenn das Opfer von der Beteiligung einer zweiten Person nichts weiß (wiederum streitig). Beispiel: A informiert den in einiger Entfernung „auf Abruf" im Gebüsch wartenden B per Mobiltelefon, wann genau das Opfer mit seinem Motorrad um die Ecke kommen wird, damit B rechtzeitig und gezielt zu einem Steinwurf ansetzen kann.

§ 224 I Nr. 1 erfasst schließlich die Körperverletzung ***„durch Beibringung von Gift oder anderen gesundheitsschädlichen Stoffen"*** (Vergiftung). Wir werden darauf zurückkommen.

Fall 11

Berufsgeigerin G hat sich auf der Pferderennbahn als Expertin aufgespielt und ihrem Kollegen K einen „absolut heißen Tipp“ gegeben. Leider kommt „Weinbergschnecke“ aber als letztes Pferd ins Ziel, sodass K seine gesamten Ersparnisse verliert. Unter lautem Krachen zerquetscht der erboste K daraufhin den kleinen Finger der linken Hand der G. Der Finger ist so kompliziert gebrochen, dass er für immer steif bleibt, was K billigend in Kauf genommen hatte. G kann dadurch ihren Beruf nicht mehr ausüben.

Frage: Wie hat sich K strafbar gemacht ?

Lösungsskizze Fall 11

- Strafbarkeit des K gemäß §§ 223 I, 226 I ?

I. Tatbestand

1. Tatbestand § 223 I

a. Objektiver Tatbestand

aa. eine andere Person ? **(+)**

bb. Gesundheitsschädigung, § 223 I Var. 2 ? **(+)**

cc. körperliche Misshandlung, § 223 I Var. 1 ? **(+)**

dd. <u>also</u>: objektiver Tatbestand **(+)**

b. Subjektiver Tatbestand

- Vorsatz ? **(+)**

c. <u>also</u>: Tatbestand § 223 I **(+)**

2. Tatbestand § 226 I

a. Objektiver Tatbestand

aa. (hier) dauernde Gebrauchsunfähigkeit eines wichtigen Körperglieds, § 226 I Nr. 2 ?

= Funktionseinbuße eines für den gesamten Organismus bedeutenden in sich abgeschlossenen Körperteils

HIER (+) → der Finger ist ein Körperglied; Wichtigkeit ist gegeben, weil die individuellen Verhältnisse des Opfers (hier der Beruf) zu berücksichtigen sind (a.A. gut vertretbar); speziell berufsbeeinträchtigende Gliederverluste bzw. deren Funktionseinbuße treffen das Opfer bezüglich seiner Lebensqualität besonders schwer

bb. <u>also</u>: objektiver Tatbestand **(+)**

b. Subjektiver Tatbestand

- wenigstens Fahrlässigkeit, § 18 ?

HIER (+) → K handelte hinsichtlich der Folge mit bedingtem Vorsatz

c. <u>also</u>: Tatbestand § 226 I Nr. 2 (+)

3. <u>also</u>: Tatbestand §§ 223 I, 226 I Nr. 2 (+)

II. Rechtswidrigkeit (+)

III. Schuld (+)

IV. Ergebnis:
Strafbarkeit des K gemäß §§ 223 I, 226 I Nr. 2 (+)

Formulierungsvorschlag Fall 11

- Strafbarkeit des K gemäß §§ 223 I, 226 I

Durch das Zerquetschen des Fingers könnte sich K gemäß §§ 223 I, 226 I strafbar gemacht haben.

I. Er hat G durch sein Verhalten vorsätzlich an der Gesundheit geschädigt und körperlich misshandelt. Der Tatbestand des § 223 I ist somit erfüllt.

Möglicherweise hat K darüber hinaus eine der in § 226 I bezeichneten Folgen verursacht. In Betracht kommt im Hinblick auf die Steifheit des Fingers die dauernde Gebrauchsunfähigkeit eines wichtigen Körperglieds nach § 226 I Nr. 2. Als Körperglied wird ein in sich abgeschlossener Körperteil jedenfalls dann betrachtet, wenn er durch ein Gelenk mit dem Rumpf oder einem anderen Körperteil verbunden ist. Der Finger ist in eben dieser Weise mit der Hand verbunden. Er ist ein Körperglied.

Der kleine Finger der linken Hand müsste ein wichtiges Glied des Körpers sein. Das wäre jedenfalls dann der Fall, wenn sein Verlust für jeden normalen Menschen eine wesentliche Beeinträchtigung des gesamten Körpers in seinen regelmäßigen Verrichtungen bedeutete. Der kleine Finger ist allerdings für das tägliche Leben des Durchschnittsmenschen nicht von herausragender Bedeutung. Beim Greifen spielt er nur eine untergeordnete Rolle. Seine Funktion kann auch durch die verbleibenden Finger mit ausgeübt werden. Mit Blick auf die generelle Bedeutung kann der kleine Finger der linken Hand daher nicht als wichtiges Glied angesehen werden.

Etwas anderes ergäbe sich unter Berücksichtigung der individuellen Verhältnisse der G. Der kleine Finger speziell der linken Hand ist für eine professionelle Geigerin zur Ausübung ihres Berufs unerlässlich. Gegen die Einbeziehung individueller außerkörperlicher Gesichtspunkte scheint zu sprechen, dass den Körperverletzungsvorschriften jedenfalls grundsätzlich nicht die Aufgabe zukommt, spezifische soziale Funktionen wie die Berufsfähigkeit zu erhalten. Eine solche Betrachtung wird dem Zweck des § 226 aber nicht gerecht. Grund für die in dieser Vorschrift angeordnete Strafschärfung ist nämlich, dass der Verletzte in seiner Lebensqualität durch die schwere Folge dauernd empfindlich beeinträchtigt wird. Gerade berufsbeeinträchtigende Gliederverluste treffen das Opfer in diesem Sinne aber besonders schwer. Dem Strafzweck nach ist es nicht sachgerecht, die Wichtigkeit ohne Rücksicht auf die gerade für den Verletzten herbeigeführten Folgen zu beurteilen.

Vor dem Hintergrund der gebotenen individuellen Betrachtungsweise ist der kleine Finger der linken Hand der G ein wichtiges Körperglied.

Dieses Körperglied kann G dauernd nicht mehr gebrauchen.

Mit der Steifheit des Fingers ist nach alledem eine in § 226 I Nr. 2 bezeichnete Folge eingetreten.

Gemäß § 18 müsste K hinsichtlich dieser Folge wenigstens Fahrlässigkeit zur Last fallen. K nahm den Eintritt der Folge billigend in Kauf, handelte in dieser Hinsicht also mit bedingtem Vorsatz. Mithin ist auch die Voraussetzung des § 18 erfüllt.

II. Die Tat geschah rechtswidrig.

III. K handelte schuldhaft.

IV. Er hat sich durch das Zerquetschen des Fingers gemäß §§ 223 I, 226 I Nr. 2 strafbar gemacht.

Fazit

1. Die ***schwere Körperverletzung (§ 226)*** ist eine ***Erfolgsqualifikation***. Wie schon im Fazit 4. zu Fall 9 hervorgehoben, ist für diese Deliktsform grundsätzlich § 18 zu beachten. Nach der aktuellen Gesetzesfassung muss je nach Vorstellung des Täters zur Herbeiführung der Folge (§ 226 I Nr. 1-3) so unterschieden werden:

   Bei Wissen oder Absicht (also bei beiden Formen des direkten Vorsatzes) ist ***§ 226 II*** einschlägig (Qualifikation). Liegt dagegen ***Eventualvorsatz*** (so im Ausgangsfall, siehe Seite 22) ***oder Fahrlässigkeit*** vor, bleibt es bei ***§ 226 I***.

2. Kompliziert kann es bei einer bestimmten Versuchskonstellation werden.

   Unstreitig möglich ist der Versuch in der Form, dass die Körperverletzung vollendet wurde und die (objektiv nicht eingetretene) Folge in den Vorsatz des Täters aufgenommen war (sogenannte ***versuchte Erfolgsqualifikation*** / siehe Fall 9, Fazit 4.).

   Wirklich interessant wird es im Zusammenhang mit § 226 I dagegen beim sogenannten ***erfolgsqualifizierten Versuch***, wenn nämlich die Folge aufgrund der nur versuchten Körperverletzung eintritt. Beispiel: „T holt zum Schlag gegen O aus. Der weicht zurück und stürzt so, dass eine der in § 226 I genannten Folgen eintritt." Ein solcher erfolgsqualifizierter Versuch ist bei der schweren Körperverletzung nach inzwischen deutlich überwiegender Auffassung jedenfalls grundsätzlich möglich, wobei in den Details vieles streitig ist. Die früher weitverbreitete Literaturmeinung, dass § 226 I die Folge speziell an den Erfolg der Körperverletzung (und damit an die Vollendung) knüpfe und daher die bloße Verletzungshandlung als Ansatzpunkt von vornherein ungeeignet sei, wird heute nur noch vereinzelt vertreten.

Das geschilderte Problem kann sich ebenso bei ***§ 227 I*** stellen (lesen!). Die zu dieser Norm gefällte grundlegende BGH-Entscheidung aus dem Jahr 2002 (NJW 2003, 150 ff, 153 / Tod des Opfers infolge panikartigen Fluchtverhaltens) kann man als zu weitgehend ansehen, auch wenn man mit der h.M. prinzipiell den erfolgsqualifizierten Versuch in diesem Bereich für möglich hält. Einzelheiten hierzu sprengten den Rahmen dieses Buches (vgl. zum Ganzen auch Die Fälle – Strafrecht AT, Fall 38, Fazit 6.).

3. Zurück zum Ausgangsfall: Auch wenn bei der schweren Körperverletzung inzwischen nicht mehr nur der ***Verlust eines wichtigen Körperglieds*** sondern auch dessen ***dauernde Gebrauchsunfähigkeit*** als Folge ausdrücklich genügt (***§ 226 I Nr. 2***) ist nach wie vor vieles umstritten.

Es geht schon mit der Frage los, was im Einzelnen ein ***„Körperglied“*** ist. Nach h.A., die sich auf das Analogieverbot stützt, muss das Körperteil ***per Gelenk*** mit dem Rest des Körpers ***verbunden*** sein. Damit scheiden innere Organe (Niere etc.) von vornherein aus. Für diese Auffassung spricht auch, dass in § 226 I Nr. 1 die Fälle der Funktionsstörung einzelner Organe abschließend aufgezählt sind. Die Regelung – ob sinnvoll oder nicht – darf nicht durch die systemwidrige Einbeziehung weiterer Organe mit Hilfe von § 226 I Nr. 2 unterlaufen werden. Nun ja, der Finger ist ohnehin durch Gelenk mit dem Rest des Körpers verbunden. Deshalb war die Streitfrage im Ausgangsfall unter Rückgriff auf die „jedenfalls-Definition“ elegant zu umgehen.

Unausweichlich hattet ihr euch allerdings beim Merkmal ***„Wichtigkeit“*** mit der uralten Frage nach der ***Berücksichtigung individueller Verhältnisse*** des Betroffenen zu beschäftigen. Gerade der Beruf des Musikers kommt an dieser Stelle immer wieder gern ins Spiel. Eine ganz ähnliche Diskussion kann sich aber auch aufgrund individueller körperlicher Eigenarten wie etwa Linkshändigkeit des Opfers ergeben. Der BGH hat sich in Abkehr von älterer Rechtsprechung für die Berücksichtigung individueller Körpereigenschaften ausgesprochen, was noch nicht zwangsläufig die Beachtung (auch) beruflicher Funktionen beinhaltet.

4. Bei ***§ 226 I Nr. 1*** ist „Fortpflanzungsfähigkeit“ geschlechtsneutral zu verstehen (Klarstellung gegenüber früher „Zeugungsfähigkeit“).

5. Für das ***Verfallen in Siechtum, Lähmung oder geistige Krankheit oder Behinderung*** (***§ 226 I Nr. 3***) ist ein ***chronischer Krankheitszustand*** charakteristisch. Es genügt, dass sich die Heilung nicht absehen lässt. Wegen des Wortlauts (doppelte Oder-Verknüpfung) wird unter ***Behinderung*** i.S.d. § 226 I Nr. 3 nur die geistige Behinderung verstanden. In unserem Ausgangsfall haben wir auf die Prüfung einer ***„Lähmung“*** verzichtet, weil dieses Merkmal ziemlich fernliegend war. Es muss die ***Bewegungsfähigkeit des ganzen Körpers beeinträchtigt*** sein, wie sich nicht zuletzt aus dem Vergleich mit § 226 I Nr. 2 ergibt. Das mag etwa bei der Versteifung eines Arms oder des Kniegelenks angenommen werden, auf keinen Fall aber beim kleinen Finger. Eine kurze (!) Prüfung wäre sicher o.k. gewesen. Auf die ***„dauernde Entstellung“*** werden wir noch eingehen.

Fall 12

Der ehemalige Profiboxer P versteht wenig Spaß. Sein bestes Argument ist immer noch die rechte Faust. Während eines Aufenthalts in seinem Stammlokal „Knock-out" fühlt er sich durch die Anwesenheit des pseudointellektuell daherschwafelnden Philosophiestudenten S belästigt. P schlägt S mit einem kräftigen Fausthieb sämtliche Vorderzähne aus. Dies hatte P, der seine Schlagkraft nur begrenzt dosieren kann, billigend in Kauf genommen.

Frage: Wie hat sich P strafbar gemacht ?

Lösungsskizze Fall 12

- Strafbarkeit des P gemäß §§ 223 I, 226 I ?

I. Tatbestand

1. Tatbestand § 223 I

a. Objektiver Tatbestand

aa. eine andere Person ? (+)

bb. Gesundheitsschädigung, § 223 I Var. 2 ? (+)

cc. körperliche Misshandlung, § 223 I Var. 1 ? (+)

dd. <u>also</u>: objektiver Tatbestand (+)

b. Subjektiver Tatbestand

- Vorsatz ? (+)

c. <u>also</u>: Tatbestand § 223 I (+)

2. Tatbestand § 226 I

a. Objektiver Tatbestand

aa. (hier) in erheblicher Weise dauernd entstellt, § 226 I Nr. 3 ?

= Veränderung der äußeren Erscheinung, sodass der Betroffene auf Dauer starke psychische Nachteile zu erleiden hat

HIER (–) → die Entstellung ist jedenfalls nicht dauernd; eine Beseitigung des von P hervorgerufenen Zustands ist mittels einer festen Zahnprothese oder mittels Implantaten ohne Weiteres möglich und zumutbar; diese Möglichkeit kann mit einem natürlichen Heilungsprozess gleichgestellt werden (a.A. vertretbar); es kommt für § 226 I nur auf das objektive Ergebnis an; künstliche Zähne sehen häufig sogar besser aus als natürliche Zähne; ihre möglicherweise eingeschränkte Funktionsfähigkeit ist für § 226 I Nr. 3 nicht maßgeblich *bb. <u>also</u>: objektiver Tatbestand* (–)

b. <u>also</u>: Tatbestand § 226 I (–)

3. <u>also</u>: (nur) Tatbestand § 223 I (+)

II. Rechtswidrigkeit (+)

III. Schuld (+)

IV. Ergebnis:

Strafbarkeit des P (nur) gemäß § 223 I (+); Verfolgung aber gemäß § 230 I 1 nur auf Antrag, wenn nicht die Staatsanwaltschaft ein besonderes öffentliches Interesse bejaht

Formulierungsvorschlag Fall 12

- Strafbarkeit des P gemäß §§ 223 I, 226 I

Möglicherweise hat sich P durch den Faustschlag gemäß § 223 I, 226 I strafbar gemacht.

I. Er hat S vorsätzlich an der Gesundheit geschädigt und körperlich misshandelt. Damit ist der Tatbestand des § 223 I erfüllt.

Womöglich hat P eine der in § 226 I bezeichneten Folgen verursacht. Namentlich könnte S durch die Körperverletzung in erheblicher Weise dauernd entstellt sein, § 226 I Nr. 3. Dauernde Entstellung ist die Veränderung der äußeren Erscheinung, sodass der Betroffene auf Dauer starke psychische Nachteile zu erleiden hat. Ob im Verlust sämtlicher Vorderzähne eine erhebliche Entstellung zu sehen ist, kann dahinstehen, wenn die Entstellung jedenfalls nicht dauerhaft ist. Heutzutage ist es zahnmedizinisch kein Problem mehr, die verlorenen Zähne durch eine fest mit den angrenzenden Zähnen verbundene Prothese oder durch Implantate zu ersetzen. Vor dem Hintergrund dieser ohne Weiteres möglichen und auch zumutbaren Beseitigung der Entstellung erscheint es naheliegend, ähnlich wie bei einem natürlichen Heilungsprozess eine dauerhafte Entstellung zu verneinen. Allerdings ist die Frage zu klären, ob dem verantwortlichen Täter medizinischer Fortschritt in Form künstlichen Ersatzes zugutekommen darf.

Eine Unterscheidung zwischen natürlichem Heilungsprozess und künstlichen Hilfsmitteln ist sachlich unbegründet, kommt es doch bei § 226 I nur auf das objektive Ergebnis an. Vor allem aber darf man die Frage der dauernden Entstellung nicht mit der Frage der Funktionsfähigkeit verwechseln. Für die Entstellung ist einzig das äußere Erscheinungsbild maßgeblich. Beim heutigen Stand der Zahntechnik sehen künstliche Zähne vielfach sogar besser aus als natürliche Zähne, mögen sie auch in ihrer Funktionsfähigkeit den natürlichen nachstehen. Das zeigt sich daran, dass sich viele Patienten ihre schlecht aussehenden Zähne durch künstliche ersetzen lassen. Aus diesen Gründen ist der Verlust der Vorderzähne, mag die psychische Beeinträchtigung auch erheblich sein, jedenfalls keine dauernde Entstellung.

S ist durch die Körperverletzung nicht im Sinne des § 226 I Nr. 3 in erheblicher Weise dauernd entstellt.

P hat keine der in § 226 I bezeichneten Folgen verursacht.

II. Die Tat geschah rechtswidrig.

III. P handelte schuldhaft.

IV. Er hat sich durch den Schlag gemäß § 223 I strafbar gemacht. Die Tat wird allerdings gemäß § 230 I 1 nur auf Antrag verfolgt, wenn nicht die Staatsanwaltschaft ein besonderes öffentliches Interesse bejaht.

Fazit

1. Das klausur- und hausarbeitstypische Problem des Ausgangsfalls ist ein gutes Beispiel für eine sinnvolle Anwendung der „kann-dahinstehen-wenn“-Technik. Ein solches Vorgehen ist nicht nur erlaubt, sondern durchaus erwünscht. Jedenfalls der ***dauerhafte Charakter der Entstellung*** wird heute im Falle des Zahnverlustes fast einhellig verneint.

Die ***Erheblichkeitsschwelle*** des § 226 I Nr. 3 ist recht hoch anzusiedeln, wie sich im Vergleich mit den übrigen in § 226 I genannten Folgen zeigt. Die Rechtsprechung hat etwa zahlreiche lange Narben an den Beinen nicht genügen lassen. Selbst im Gesicht muss eine „deutliche Verzerrung der Proportionen“ festzustellen sein.

2. ***§ 224 I Nr. 2*** war im Ausgangsfall fernliegend. Bloße Körperteile wie die Faust des Angreifers können nie gefährliche Werkzeuge sein. Anders sieht es beim berüchtigten „beschuhten Fuß“ aus, wobei immer auf den Einzelfall zu achten ist: Für Springerstiefel gilt etwas anderes als für Jesuslatschen!

§ 224 I Nr. 5 war ebenfalls nicht zu prüfen. Zwar können schwere Schläge gegen den Kopf im Einzelfall eine das Leben gefährdende Behandlung sein, dafür gab es aber im Sachverhalt keine Anhaltspunkte.

Fall 13

Chemielaborantin C und ihre Mitbewohnerin O liefern sich regelmäßig filmreife Auseinandersetzungen. Eines Tages ergreift C eine Flasche mit hoch konzentrierter Salzsäure und schüttet O die Flüssigkeit mit den Worten „Werd' blind, du Schlampe!“ voller Wut ins Gesicht. Geistesgegenwärtig hält O ihren Kopf sofort unter fließendes Wasser. Dank ärztlicher Behandlung können bleibende Schäden vermieden werden, obschon die Säure ohne Weiteres zur Erblindung hätte führen können.

Frage: Wie hat sich C strafbar gemacht ?
Die Strafbarkeit gemäß § 185 ist nicht zu prüfen.

Lösungsskizze Fall 13

- Strafbarkeit der C gemäß §§ 223 I, 224 I ?

I. Tatbestand

1. Tatbestand § 223 I

a. Objektiver Tatbestand

aa. eine andere Person ? (+)

bb. Gesundheitsschädigung, § 223 I Var. 2 ? (+)

cc. körperliche Misshandlung, § 223 I Var. 1 ? (+)

dd. <u>also</u>: objektiver Tatbestand (+)

b. Subjektiver Tatbestand

- Vorsatz ? (+)

c. <u>also</u>: Tatbestand § 223 I (+)

2. Tatbestand § 224 I

a. Objektiver Tatbestand

aa. durch Beibringung (hier) von Gift, § 224 I Nr. 1 ?

- Gift ?

= Substanz, die unter bestimmten Bedingungen chemisch oder chemisch-physikalisch gesundheitsbeeinträchtigend wirkt und nach den Umständen des Falls geeignet ist, erhebliche Verletzungen hervorzurufen

HIER (+) → Salzsäure kann sich auf die beschriebene Weise auswirken; sie war von ihrer Konzentration und der Art ihrer Anwendung her sogar geeignet, dem Opfer i.S.d. § 226 I Nr. 1 das Sehvermögen zu nehmen

- Beibringung ?

= Herstellen einer Verbindung zwischen Gift und Körper, sodass sich die gesundheitszerstörende Wirkung entfalten kann

HIER (–) → das Merkmal setzt eine Wirkung des Gifts im Körperinneren voraus, die bloße Einwirkung auf die Körperoberfläche genügt nicht (a.A. gut vertretbar); auch wenn der natürliche Wortsinn diese Interpretation nicht unbedingt nahelegt, ist eine einschränkende Auslegung geboten; gerade in der inneren Wirkungsweise liegt die für § 224 I Nr. 1 charakteristische besondere Gefahr; rein äußerliche Verletzungen sind im Vergleich leichter zu beherrschen; es mag im Einzelfall schwierig sein, die Grenze zwischen äußerer und innerer Wirkung zu ziehen; die Unterscheidung ist aber unerlässlich, weil sonst § 224 I Nr. 1 gegenüber § 224 I Nr. 2 keinerlei eigenständige Bedeutung hätte; das Gift ist zugleich ein gefährliches Werkzeug i.S.d. § 224 I Nr. 2; nur eine Beschränkung des § 224 I Nr. 1 auf zumindest auch eine Wirkung der Substanz im Körperinneren wird der Tatsache gerecht, dass die Beibringung von Gift oder anderen gesundheitsschädlichen Stoffen eine eigenständige Tatbestandsvariante bildet

***- also: durch Beibringung (hier) von Gift, § 224 I Nr. 1* (–)**

bb. mittels eines gefährlichen Werkzeugs, § 224 I Nr. 2 ?

= Gegenstand, der nach der konkreten Art seiner Benutzung geeignet ist, erhebliche Verletzungen hervorzurufen

HIER (+) → Gegenstand kann auch eine Flüssigkeit sein; Einwirkung auf chemischem Weg genügt, mechanische Wirkung ist nicht erforderlich; die Salzsäure hätte – so wie sie von C eingesetzt wurde – eine Erblindung hervorrufen können

***cc. also: objektiver Tatbestand, § 224 I Nr. 2* (+)**

b. Subjektiver Tatbestand

***- Vorsatz ?* (+)**

***c. also: Tatbestand § 224 I Nr. 2* (+)**

***3. also: Tatbestand §§ 223 I, 224 I Nr. 2* (+)**

II. Rechtswidrigkeit (+)

III. Schuld (+)

IV. Ergebnis:

Strafbarkeit der C gemäß §§ 223 I, 224 I Nr. 2 (+)

- Strafbarkeit der C gemäß §§ 223 I, 226 I, II, 22, 23 I ?

(- Vorprüfung)

1. Nichtvollendung der Tat ? (+)

2. Strafbarkeit des Versuchs ? (+) → *§§ 226 I, II, 23 I, 12 I*

I. Tatbestand

1. Tatbestand §§ 223 I, 22

a. Subjektiver Tatbestand = Tatentschluss (+)

b. Objektiver Tatbestand = unmittelbares Ansetzen (+)

c. also: Tatbestand §§ 223 I, 22 (+)

2. Tatbestand §§ 226 I, II, 22

a. Subjektiver Tatbestand = Tatentschluss
= direkter Vorsatz (§ 226 II) bezüglich der objektiven Merkmale

HIER (+) → C wollte mit dem Verlust des Sehvermögens eine in § 226 I Nr. 1 bezeichnete Folge herbeiführen

b. Objektiver Tatbestand = unmittelbares Ansetzen (+)

c. also: Tatbestand §§ 226 I Nr. 1, II, 22 (+)

3. also: Tatbestand §§ 223 I, 226 I Nr. 1, II, 22 (+)

II. Rechtswidrigkeit (+)

III. Schuld (+)

IV. Ergebnis:

Strafbarkeit der C gemäß §§ 223 I, 226 I Nr. 1, II, 22, 23 I (+)

- Gesamtergebnis und Konkurrenzen

Strafbarkeit der C gemäß §§ 223 I, 224 I Nr. 2 (+); Strafbarkeit der C gemäß §§ 223 I, 226 I Nr. 1, II, 22, 23 I (+); die Taten stehen zueinander in Idealkonkurrenz, § 52 (a.A. vertretbar: Gesetzeskonkurrenz); der Unrechtsgehalt wäre nicht erschöpfend wiedergegeben, wenn der vollendete einfachere Tatbestand nicht im Schuldspruch zum Ausdruck käme

Formulierungsvorschlag Fall 13

- Strafbarkeit der C gemäß §§ 223 I, 224 I

Als C die Salzsäure ins Gesicht der O schüttete, hat sie möglicherweise §§ 223 I, 224 I verwirklicht.

I. C hat gezielt durch diese üble und unangemessene Behandlung einen krankhaften Zustand der O hervorgerufen, sie also vorsätzlich an der Gesundheit geschädigt und körperlich misshandelt. Damit ist der Tatbestand des § 223 I erfüllt.

Möglicherweise liegen zusätzlich die Voraussetzungen des § 224 I Nr. 1 vor.

Die Säure könnte ein Gift im Sinne des § 224 I Nr. 1 gewesen sein. Als Gift wird eine Substanz bezeichnet, die unter bestimmten Bedingungen chemisch oder chemisch-physikalisch die Gesundheit zu beeinträchtigen vermag. Das Gift muss darüber hinaus für § 224 I Nr. 1 nach den konkreten Umständen des Falls geeignet sein, erhebliche Verletzungen hervorzurufen. Salzsäure wirkt stark ätzend und kann sich durch diese chemische Eigenschaft vielfältig negativ auf die Gesundheit auswirken. Die Säure war von ihrer Konzentration und der Art der Anwendung her sogar geeignet, dem Opfer in der von § 226 I Nr. 1 vorausgesetzten Weise das Sehvermögen zu nehmen. Demnach ist die Säure ein Gift im Sinne des § 224 I Nr. 1.

C müsste O das Gift beigebracht haben. Das Beibringen liegt in der Herstellung einer Verbindung zwischen Gift und Körper, sodass sich die gesundheitszerstörende Wirkung entfalten kann. Aufgrund des Verhaltens der C hat die Säure die Haut der O berührt. Damit hat C eine Verbindung zwischen dem Gift und dem Körper der O hergestellt. Im Normalfall des § 224 I Nr. 1 wird sich die Wirkung allerdings im Körperinneren abspielen, weil das Opfer die Substanz zu sich genommen hat. Abweichend davon hat die Säure ausschließlich auf die Körperoberfläche der O eingewirkt.

Vom natürlichen Wortsinn des Begriffs „Beibringung“ her bestehen keine Bedenken, auch einen solchen Fall unter § 224 I Nr. 1 zu fassen. Mit Blick auf einen Vergleich von § 224 I Nr. 1 und § 224 I Nr. 2 erscheint jedoch eine einschränkende Auslegung geboten. § 224 I Nr. 1 zielt als eigenständige Tatbestandsvariante auf die besondere Gefahr ab, die gerade in der inneren Wirkungsweise des Gifts liegt, während rein äußerliche Verletzungen im Vergleich wesentlich leichter zu beherrschen sind. Es mag im Einzelfall schwierig sein, die Grenze zwischen bloß äußerer und schon innerer Wirkung anhand biologischer Kriterien zu ziehen. Solche Schwierigkeiten ergeben sich aber allenthalben, ohne dass man deshalb auf sinnvolle Unterscheidungen verzichtet. Das Gift wird immer zugleich ein gefährliches Werkzeug im Sinne des § 224 I Nr. 2 sein. Ließe man für die Beibringung bei § 224 I Nr. 1 auch die rein äußere Einwirkung genügen, hätte diese Variante gegenüber § 224 I Nr. 2 keine eigenständige Bedeutung.

Nach alledem liegt eine Beibringung im Sinne des § 224 I Nr. 1 nur vor, wenn das Gift seine Wirkung im Körperinneren entfaltet. Wegen der bloß äußeren Einwirkung hat C damit das Gift nicht beigebracht.

Die Körperverletzung könnte aber nach § 224 I Nr. 2 mittels eines gefährlichen Werkzeugs begangen worden sein. Gefährliches Werkzeug ist ein Gegenstand, der nach der konkreten Art seiner Benutzung geeignet ist, erhebliche Verletzungen hervorzurufen. Auch eine Flüssigkeit kann ein solcher Gegenstand sein. Eine mechanische Wirkung des Werkzeugs wird nicht notwendig vorausgesetzt, sodass auch Gegenstände mit chemischer Einwirkungsweise erfasst sind. Die Salzsäure hätte – so wie sie von C eingesetzt wurde – auf chemischem Wege eine erhebliche Verletzung in Form einer Erblindung hervorrufen können. Damit handelte es sich bei der Säure um ein gefährliches Werkzeug.

Die genannten Eigenschaften der Salzsäure waren C bewusst, sie handelte auch diesbezüglich zielgerichtet und somit vorsätzlich.

II. Die Tat geschah rechtswidrig.

III. C handelte schuldhaft.

IV. Mithin hat sie sich durch den Einsatz der Säure gemäß §§ 223 I, 224 I Nr. 2 strafbar gemacht.

- Strafbarkeit der C gemäß §§ 223 I, 226 I, II, 22, 23 I

Durch dieselbe Handlung könnte sich C weiter gemäß §§ 223 I, 226 I, II, 22, 23 I strafbar gemacht haben.

Es ist keine der in § 226 I bezeichneten Folgen eingetreten, die Tat ist also nicht vollendet.

Der Versuch ist gemäß §§ 226 I, II, 23 I, 12 I strafbar.

I. C hatte den für § 223 I erforderlichen Tatentschluss. Sie hat diesen Tatbestand objektiv erfüllt, also unmittelbar zur Tatbestandsverwirklichung angesetzt.

Weiterhin müsste sie nach § 226 II mit direktem Vorsatz bezüglich des Eintritts einer der in § 226 I genannten Folgen gehandelt haben. Nach dem Willen der C sollte O erblinden. C bezweckte den Verlust des Sehvermögens und damit die in § 226 I Nr. 1 bezeichnete Folge.

Auch zur Herbeiführung dieser Folge hat sie unmittelbar angesetzt.

II. Die Tat geschah rechtswidrig.

III. C handelte schuldhaft.

IV. Sie hat sich gemäß §§ 223 I, 226 I Nr. 1, II, 22, 23 I strafbar gemacht.

- Gesamtergebnis und Konkurrenzen

Die Strafbarkeit der C ergibt sich aus §§ 223 I, 226 I Nr. 1, II, 22, 23 I und aus §§ 223 I, 224 I Nr. 2. Die Taten stehen zueinander in Idealkonkurrenz, § 52. Auch die gefährliche Körperverletzung als vollendeter einfacherer Tatbestand muss im Schuldspruch zum Ausdruck kommen. § 224 I Nr. 2 wird nicht von der versuchten schweren Körperverletzung verdrängt. Der Unrechtsgehalt wäre bei Annahme von Gesetzeskonkurrenz nicht erschöpfend wiedergegeben.

Fazit

1. Die ***Beibringung von Gift oder anderen gesundheitsschädlichen Stoffen*** ist mit ***§ 224 I Nr. 1*** eine Variante der gefährlichen Körperverletzung.

2. Fangen wir vorne an. Was ein ***Gift*** ist, habt ihr im Ausgangsfall gesehen. ***Andere gesundheitsschädliche Stoffe*** sind solche, die mechanisch (z.B. zerhacktes Glas), thermisch (z.B. kochendes Wasser) oder biologisch (z.B. Viren) wirken. Auch ***Substanzen des alltäglichen Gebrauchs*** – wie etwa Kochsalz – können gesundheitsschädliche Stoffe sein, wenn ihre Beibringung insbesondere von der Menge und der Konzentration her im Einzelfall mit der konkreten Gefahr einer erheblichen Schädigung verbunden ist.

   Überhaupt wird man – wie beim gefährlichen Werkzeug (§ 224 I Nr. 2) – die Qualifikation nur annehmen können, wenn das ***Tatmittel*** nach der konkreten Art der Anwendung ***geeignet*** ist, ***erhebliche Verletzungen hervorzurufen*** (inzwischen fast einhellige Auffassung). Im Ausgangsfall war das nicht kompliziert, weil sogar eine in § 226 I Nr. 1 beschriebene Folge drohte.

3. Problematisch wurde es erst beim Merkmal „***Beibringung***“. Hier kam die für die Vergiftung klassische Streitfrage zum Tragen. Vor allem der BGH lässt (schon immer gut vertretbar) auch die ***allein äußere Wirkung des Stoffes*** genügen. Wir haben uns dagegen der einschränkenden Ansicht angeschlossen, die ***zumindest auch eine innere Wirkung*** verlangt. Ihr müsst an dieser Stelle sehr genau arbeiten! Die nötige Verbindung kann unstreitig äußerlich hergestellt werden, der Streit dreht sich nur um den ***Ort der Auswirkung***. So können beispielsweise Viren innerlich wirken, obwohl sie äußerlich „aufgetragen“ werden.

   Die einschränkende Auffassung wird durch die in Lösungsskizze und Formulierungsvorschlag hervorgehobene Argumentation gestützt. Wie sonst will man § 224 I Nr. 1 gegenüber § 224 I Nr. 2 eine eigenständige Bedeutung geben? Irgendeine Besonderheit muss § 224 I Nr. 1 doch haben. Wenn es nur darum ginge, die Beibringung von Gift als beliebigen Unterfall des § 224 I Nr. 2 einzustufen, hätte der Gesetzgeber auf eine eigenständige Tatbestandsvariante getrost verzichten können. Die rein praktische Bedeutung der Streitfrage geht gegen Null, was sich aber bekanntlich nicht etwa zwangsläufig auf die Klausurrelevanz auswirken muss.

4. Für § 224 I Nr. 1 ist keine Gesundheitsschädigungsabsicht erforderlich. Damit kommt diese Variante der gefährlichen Körperverletzung auch für die ***Fälle ungeschützten Geschlechtsverkehrs durch HIV-Infizierte*** in Betracht. Wie oben angedeutet kann man auch die AIDS-Viren als „anderen gesundheitsschädlichen Stoff" im Sinne des § 224 I Nr. 1 ansehen. Die HIV-Infektion ist eine Gesundheitsschädigung (§ 223 I Var. 2) und wird übrigens auch als eine das Leben gefährdende Behandlung (§ 224 I Nr. 5) eingestuft. Im Einzelfall ist häufig problematisch, ob der Täter mit Eventualvorsatz (§§ 223 I, 224 I) oder nur bewusst fahrlässig (§ 229) gehandelt hat. Natürlich ist auch an Tötungsdelikte zu denken (vgl. Die Fälle – Strafrecht AT, Fall 2, insbesondere Fazit 3. und 2.). Ein weites Feld ...

5. Wenden wir uns wieder dem Ausgangsfall zu: Dem üblichen Sprachgebrauch nach sträubt man sich etwas, die ***Säure als gefährliches Werkzeug*** einzustufen. Im Ergebnis ist ***§ 224 I Nr. 2*** aber unstreitig gegeben.

Schon der Definition nach können im Übrigen auch im Alltag völlig harmlose Gegenstände nach der Art ihrer Anwendung gefährliche Werkzeuge sein (siehe schon oben 2.). Ekelhaftes aber plastisches Schulbeispiel dafür ist der spitze Bleistift, der dem Opfer ins Auge gestoßen wird.

Die unmissverständliche Äußerung der C führte dazu, dass ihr die ***versuchte schwere Körperverletzung*** (hier ***§ 226 I Nr. 1, II***) schnell bejahen konntet. Es handelt sich um die unproblematische Konstellation der versuchten Erfolgsqualifikation (vgl. Fall 11, Fazit 2.).

Bis in die Details hinein streitig ist das ***Konkurrenzverhältnis des § 224 I zu den §§ 226, 227***. Nach h.M. wird die gefährliche Körperverletzung jedenfalls grundsätzlich im Wege der Gesetzeskonkurrenz verdrängt, wobei teils von Konsumtion, teils von Spezialität die Rede ist. Nach anderer Ansicht liegt wegen des jeweils eigenständigen Unwerts immer Idealkonkurrenz vor. Der BGH steuert auf Basis der h.M. einen vermittelnden Kurs, indem er speziell in der Konstellation des Ausgangsfalls zur Idealkonkurrenz kommt. Dadurch wird der Unterschied zwischen Versuch einerseits und Vollendung andererseits im Schuldspruch zum Ausdruck gebracht. ***Allgemein zum Hintergrundverständnis:*** Vom Strafrahmen her unterscheiden sich Gesetzeskonkurrenz und Idealkonkurrenz nicht (lest dazu § 52 II 1). Die Juristen streiten sich hier in erster Linie über den Inhalt des gerichtlichen Schuldspruchs, der dem Täter in der Regel herzlich egal sein wird.

6. Auch im Bereich der §§ 223 ff gibt es weniger prüfungsrelevante Vorschriften, von denen ihr aber zumindest etwas gehört haben solltet:

Mit dem recht komplizierten abstrakten Gefährdungsdelikt ***§ 231*** (lesen!) werdet ihr es in Klausuren nicht sehr häufig zu tun haben. Eine ***Schlägerei*** ist der tätliche Streit mindestens dreier aktiv beteiligter Personen, für einen Angriff reichen zwei Personen. ***Beteiligung*** ist jede aktive Mitwirkung, sei es auch nur durch anfeuernde Rufe. Der Eintritt einer der genannten ***schwere***n ***Folge***n ist eine sogenannte ***objektive Strafbarkeitsbedingung*** (Vorsatz oder auch nur Vorhersehbarkeit ist nicht erforderlich), die ihr am sinnvollsten nach dem subjektiven Tatbestand prüft. Der Tod des Menschen oder die schwere Körperverletzung braucht nicht durch eine strafbare Handlung herbeigeführt worden zu sein. Eine Rechtfertigung etwa durch Notwehr gegen den Angreifer schadet nicht. Nach ganz h.M. ist auch der dran, der sich schon vor der Verursachung der schweren Folge aus der Schlägerei verabschiedet hat. Selbst wer erst nach Eintritt der Folge hinzukommt, bleibt nach h.M. von § 231 nicht verschont. Beachtet aber § 231 II.

Die ***Misshandlung von Schutzbefohlenen*** nach ***§ 225*** (lesen!) führt üblicherweise in Klausuren ein Schattendasein, spezifische Kenntnisse werden im Allgemeinen nicht erwartet.

Die praktisch sehr bedeutsame Strafbarkeit der ***fahrlässige***n ***Körperverletzung*** nach ***§ 229*** solltet ihr im Hinterkopf haben. Genau wie die einfache vorsätzliche Körperverletzung nach § 223 wird § 229 allerdings gemäß ***§ 230 I 1*** nur auf ***Antrag*** verfolgt, wenn nicht die Staatsanwaltschaft ein besonderes öffentliches Interesse bejaht.

Mit dem im September 2013 eingeführten ***§ 226a*** soll speziell die ***Genitalverstümmelung an weiblichen Personen*** bestraft werden. Auf der anderen Seite gestattet seit Ende des Jahres 2012 § 1631d BGB den Eltern eines Jungen die Einwilligung in eine „medizinisch nicht erforderliche“ Beschneidung. Das ist eine geschlechtsbezogene Ungleichbehandlung, die mit Blick auf Art. 3 GG zumindest problematisch ist.

Bei allem Respekt für den „guten Willen“ des Gesetzgebers gilt § 226a als weiteres Paradebeispiel für symbolische Gesetzgebung. Diese Einschätzung hängt vor allem damit zusammen, dass die meist im Ausland begangenen Taten kaum jemals unter das deutsche Strafrecht fallen werden (vgl. §§ 3, 7).

7. Falls euch der spezielle Aufbau bei der Versuchsprüfung (noch) nicht vertraut sein sollte, empfehlen wir dazu unsere Ausführungen in Die Fälle – Strafrecht AT, Fall 35, insbesondere das Fazit zu diesem Fall.

Delikte gegen die persönliche Freiheit

Fall 14

E lebt mit seiner Freundin F zusammen und ist extrem eifersüchtig. An einem lauen Sommermorgen begibt er sich auf leisen Sohlen aus der Wohnung, um einzukaufen. Beim Hinausgehen schließt E die Tür mit dem einzig vorhandenen Schlüssel ab, damit F keine Dummheiten macht. F bemerkt davon nichts und sieht im Bett noch etwas fern. Als E nach einer halben Stunde mit Lebensmitteln bepackt nach Hause kommt, sitzt F immer noch da. In der Zwischenzeit hat sie das Bett nicht verlassen.

Frage: Wie hat sich E strafbar gemacht ?

Lösungsskizze Fall 14

- Strafbarkeit des E gemäß § 239 I ?

I. Tatbestand

1. Objektiver Tatbestand

a. Freiheitsberaubung ?
= Hinderung eines Menschen, seinen Aufenthaltsort frei zu verlassen

HIER (+) → F wollte die Wohnung zwar nicht verlassen, ein tatsächlicher Fortbewegungswille ist aber auch nicht erforderlich (a.A. gut vertretbar); der potenzielle Fortbewegungswille reicht jedenfalls dann aus, wenn er (wie hier) aktualisierbar ist

b. also: objektiver Tatbestand (+)

2. Subjektiver Tatbestand

- Vorsatz ? (+)

3. also: Tatbestand (+)

II. Rechtswidrigkeit (+)

III. Schuld (+)

IV. Ergebnis:
Strafbarkeit des E gemäß § 239 I (+)

Formulierungsvorschlag Fall 14

- Strafbarkeit des E gemäß § 239 I

E könnte sich durch das Verschließen der Tür einer Freiheitsberaubung gemäß § 239 I schuldig gemacht haben.

I. Er könnte F durch Einsperren der Freiheit beraubt haben. Eine Freiheitsberaubung liegt vor, wenn das Opfer daran gehindert wird, seinen Aufenthaltsort frei zu verlassen. F konnte während der Abwesenheit des E die verschlossene Wohnung nicht verlassen, sie wollte sich aber auch gar nicht fortbewegen. Es fragt sich damit, ob und gegebenenfalls inwieweit § 239 I auch die nur potenzielle Bewegungsfreiheit schützt. Fordert man den tatsächlichen Willen zur Fortbewegung, liegt keine Freiheitsberaubung vor.

§ 239 I spricht im Gegensatz zu § 239 I alter Fassung nicht mehr vom „Gebrauch" der Freiheit. Diese Veränderung spricht dafür, dass auch die potenzielle Bewegungsfreiheit geschützt ist. Zudem ist inzwischen nach § 239 II die versuchte Freiheitsberaubung strafbar. Es lässt sich also nicht mehr argumentieren, dass mit der Einbeziehung der potenziellen Bewegungsfreiheit die Straflosigkeit des Versuchs unterlaufen würde. Allenfalls mag für die Voraussetzung eines tatsächlichen Fortbewegungswillens sprechen, dass andernfalls eben nur Versuchsstrafbarkeit einschlägig und angemessen wäre.

Erfasste § 239 I aber nicht auch die potenzielle Bewegungsfreiheit, wären beispielsweise Kranke oder Ruhebedürftige, die zwar aufstehen können, aber wegen ihres Zustands lieber liegen bleiben möchten, nicht hinreichend geschützt. Das wäre kein sachgerechtes Ergebnis. Nur eine vergleichsweise weite Interpretation des § 239 I wird im Übrigen der enormen verfassungsrechtlichen Bedeutung der Fortbewegungsfreiheit (Art. 11, 2 I GG) gerecht. Schließlich möchte niemand eingeschlossen werden, auch wenn er es zufällig nicht bemerkt oder vorübergehend den Ort des Geschehens nicht verlassen will. Es muss also die bloße Fortbewegungsmöglichkeit genügen. Auf entsprechende Kenntnis des Opfers kann es für § 239 I nicht ankommen.

Eine Einschränkung mag geboten sein, wenn das Opfer schläft oder bewusstlos ist, weil in diesem Zustand ein Fortbewegungswille nicht aktualisierbar ist. F konnte ihren Willen aktualisieren, sodass es insoweit keiner weiteren Entscheidung bedarf.

Jedenfalls die aktualisierbare potenzielle Bewegungsfreiheit ist nach alledem von § 239 I erfasst. Das Opfer muss nicht tatsächlich den Willen zur Fortbewegung haben.

F ist von E daran gehindert worden, ihren Aufenthaltsort frei zu verlassen.

E hat sie also durch Einsperren der Freiheit beraubt.

Er handelte vorsätzlich.

II. Die Tat geschah rechtswidrig.

III. E handelte auch schuldhaft.

IV. Er hat sich durch das Verschließen der Tür gemäß § 239 I strafbar gemacht.

Fazit

1. Die ***Freiheitsberaubung*** ist ein ***Dauerdelikt***. Es können sich in zeitlicher Hinsicht Abgrenzungsprobleme zwischen Vollendung und Versuch ergeben. Auch eine vorübergehende Freiheitsentziehung von kurzer Dauer soll § 239 I erfüllen. Das Reichsgericht ließ in diesem Zusammenhang den Zeitraum eines „Vaterunser" genügen. Wie lange es dauert, hat natürlich niemand gestoppt. Als grobe Faustformel mag für die Klausurpraxis gelten: Ein Festhalten von wenigen Sekunden ist noch keine Freiheitsberaubung, einige Minuten können schon reichen. Wie immer ist im Grenzbereich vor allem Rhetorik gefragt. Im Ausgangsfall geht man mit keinem Wort auf die Zeitkomponente ein, eine halbe Stunde reicht eindeutig.

2. Einziges Merkmal des objektiven Tatbestands ist, dass ein Mensch seiner Freiheit (gemeint ist die Fortbewegungsfreiheit) beraubt wird. Das ***„Einsperren"*** ist ***nur*** ein – wenn auch häufiges – ***Beispiel für*** die ***Freiheitsberaubung***. Mittel der Freiheitsberaubung kann alles Mögliche sein. Auch eine Wegnahme von Krücken, die für das Opfer zur Fortbewegung unentbehrlich sind, kann § 239 I erfüllen.

   Das recht gängige Problem des Ausgangsfalls lag beim Verständnis des Begriffs ***„Freiheit"***. Drei Auffassungen lassen sich herauskristallisieren: Nach einer Mindermeinung muss sich das Opfer fortbewegen wollen. Die h.M. lässt ***potenziellen Fortbewegungswillen*** genügen. Dabei macht ein beachtlicher Teil der h.M. die durchaus sinnvolle Einschränkung, dass der ***Wille aktualisierbar*** sein muss, was bei Schlafenden, Bewusstlosen und Säuglingen nicht der Fall ist. Diese Unterdifferenzierung spielte aber für die Lösung unseres Falls keine Rolle, sodass eine Entscheidung insoweit unnötig und streng genommen falsch war (siehe näher Seite 27).

   Die ***Gegenauffassung*** hält den tatsächlichen ***Wille***n ***des Opfers zur Fortbewegung*** für ***erforderlich***, lässt also den potenziellen Willen nicht genügen. Sie käme hier ***nur*** zur ***Versuchsstrafbarkeit*** gemäß §§ 239 II, 22, 23 I. Einen Formulierungsvorschlag im Gutachtenstil (auch) auf der Grundlage dieser gut vertretbaren Gegenauffassung präsentieren wir euch übrigens auf den Seiten 56 ff in „Das Recht – Ein Basisbuch" (kostenloser Download siehe hier Seite 5).

3. Übrigens liegt § 239 I schon tatbestandsmäßig nicht vor, wenn das Opfer die „Freiheitsberaubung" völlig in Ordnung findet. Hier ist z.B. an Szenen in Sado-Maso-Studios zu denken, die sich jeder selbst plastisch ausmalen mag. Strukturell haben wir es dabei mit einem sogenannten ***tatbestandsausschließenden Einverständnis*** zu tun (vgl. Die Fälle – Strafrecht AT, Fall 13, Fazit 3. / Die Fälle – Strafrecht BT 2, Fall 56, Fazit 2.).

4. ***§ 239 III*** und ***§ 239 IV*** enthalten ***Erfolgsqualifikationen***. Wir haben diese spezielle Deliktsform schon mehrfach angesprochen. Der Vorsatz muss sich nur auf § 239 I beziehen, während die jeweilige Folge nach § 18 nur fahrlässig verursacht werden muss. Problematisch und umstritten ist, ob auch § 239 III Nr. 1 ein erfolgsqualifiziertes Delikt ist. Dafür spricht der erklärte Wille des Gesetzgebers, maßgeblich dagegen aber der aktivische Wortlaut. Die länger als eine Woche andauernde Freiheitsberaubung muss also vom Vorsatz umfasst sein.

Fall 15

Der chronisch unter Geldnot leidende A ist sauer auf seinen Bekannten B, der ihm die Freundin ausgespannt hat. Deshalb beschließt A, sich zumindest ein angemessenes „Schmerzensgeld" zu verschaffen. A hält B eine geladene Pistole an die Schläfe und sagt: „Wenn du mir nicht sofort einen Scheck über 5.000 € ausstellst, lege ich dich ohne mit der Wimper zu zucken um!" Da dem B sein Leben lieb ist, stellt er wie gewünscht den Scheck aus.

Frage: Hat sich A gemäß § 239a strafbar gemacht ?

Lösungsskizze Fall 15

- Strafbarkeit des A gemäß § 239a I Var. 1 ?

I. Tatbestand

1. Objektiver Tatbestand

a. ein anderer Mensch ? (+)

b. (hier) Sich-Bemächtigen ?
= Erlangung einer physischen Herrschaft

HIER (+) → A hat B mit der Schusswaffe in Schach gehalten und ihn somit an der freien Bestimmung über sich selbst gehindert; damit hat sich A die physische Herrschaftsmacht über B verschafft

c. <u>also</u>: objektiver Tatbestand (+)

2. Subjektiver Tatbestand

a. Vorsatz ? (+)

b. Absicht, die Sorge (hier) des Opfers selbst um sein eigenes Wohl zu einer Erpressung (§ 253) auszunutzen ?

HIER (–) → es fehlt am Merkmal des (beabsichtigten) Ausnutzens; das Vorhalten der Schusswaffe diente nicht nur dazu, sich des Opfers zu bemächtigen, sondern war gleichzeitig Nötigungsmittel der Erpressung; die abgenötigte Handlung wurde gerade durch die Bedrohung mit der Waffe unmittelbar durchgesetzt; in solchen Fällen kommt der für § 239a I typischen Bemächtigungssituation keine eigenständige Bedeutung zu (fehlender funktionaler Zusammenhang)

c. <u>also</u>: subjektiver Tatbestand (–)

3. <u>also</u>: Tatbestand (–)

II. Ergebnis:
Strafbarkeit des A gemäß § 239a I Var. 1 (–)

Formulierungsvorschlag Fall 15

- Strafbarkeit des A gemäß § 239a I Var. 1

Möglicherweise hat sich A durch das Bedrohen mit der Pistole gemäß § 239a I Var. 1 strafbar gemacht.

I. Er könnte sich eines anderen – nämlich B – bemächtigt haben. Sich-Bemächtigen bedeutet die Erlangung der physischen Herrschaft über eine Person. A hat B mit der Schusswaffe in Schach gehalten und ihn damit an seiner freien Selbstbestimmung gehindert. B wurde in der Tatsituation auch physisch von A beherrscht. A hat sich folglich des B bemächtigt.

Er handelte vorsätzlich.

Er müsste die Tathandlung zusätzlich in der erforderlichen Absicht begangen haben. Konkret in Betracht kommt lediglich die Absicht, im Zwei-Personen-Verhältnis die Sorge des Opfers selbst um sein eigenes Wohl zu einer Erpressung auszunutzen. A hatte bei seinem Verhalten eine Erpressung im Sinne des § 253 im Auge. Zu bezweifeln ist jedoch, ob von einem Ausnutzen der Sorge des B um sein eigenes Wohl gesprochen werden kann. Charakteristisch für § 239a I ist, dass die vom Täter geschaffene Lage zu einer weiteren Nötigung ausgenutzt wird. Für das Merkmal „Ausnutzen“ muss sich die Situation insoweit auch im Zwei-Personen-Verhältnis vom üblichen Normalfall der Erpressung im Sinne eines funktionalen Zusammenhangs zwischen der Bemächtigungshandlung und der beabsichtigten Erpressung unterscheiden.

Das Vorhalten der Schusswaffe diente aber nicht nur dazu, sich des Opfers zu bemächtigen. Es war nicht nur Tathandlung des § 239a I Var. 1, sondern bildete gleichzeitig das Nötigungsmittel der Erpressung. Das Ausfüllen des Schecks als abgenötigte Handlung wurde durch die Bedrohung mit der Waffe unmittelbar durchgesetzt. Damit kommt aber der für § 239a I typischen Bemächtigungssituation keine eigenständige Bedeutung zu, die Situation unterscheidet sich nicht vom Normalfall der schweren räuberischen Erpressung nach §§ 253, 255, 250. Von einem Ausnutzen der geschaffenen Lage kann somit im Ergebnis keine Rede sein. Es fehlt an dem genannten funktionalen Zusammenhang. A handelte nicht in der Absicht, die Sorge des Opfers zu einer Erpressung auszunutzen.

II. Somit hat er sich nicht gemäß § 239a I strafbar gemacht.

Fazit

1. ***§ 239a I*** und ***§ 239b I*** (beide lesen!) sind weitgehend parallel gestrickt, in § 239b II wird sogar auf § 239a II bis IV verwiesen. Der Unterschied lässt sich wie folgt zusammenfassen: Bei § 239a I geht es um Erpressung (§ 253), jedes Nötigungsmittel genügt. Bei § 239b I ist jede Form des Nötigungserfolgs erfasst, es muss sich aber um die genannten speziellen Nötigungsmittel handeln.

Erfüllt nun eine Handlung beide Vorschriften, tritt § 239b I als subsidiär zurück, wenn der Täter nicht ausnahmsweise neben der Bereicherungsabsicht (§ 253) noch andere Zwecke verfolgt.

Bei beiden Vorschriften kommt die jeweils zweite Variante vergleichsweise selten zum Tragen. Sie zeichnet sich dadurch aus, dass zunächst noch keine Erpressungs- bzw. Nötigungsabsicht vorlag, die Lage des Opfers aber dann objektiv zu einer solchen Tat (Versuch soll nach h.M. genügen) ausgenutzt wird. Folgerichtig ist bei dieser jeweils zweiten Variante im subjektiven Tatbestand nur Vorsatz erforderlich.

2. Ein ***Entführen*** war im Ausgangsfall fernliegend, weil dazu schon begrifflich eine Ortsveränderung erforderlich ist. Das Verhalten des A war aber im Ergebnis eindeutig ein ***Sich-Bemächtigen***. Übrigens kann man sich auch eines Säuglings bemächtigen, das Opfer muss seine Lage nicht erkennen. Im Falle des Geiselaustauschs („Ersatzgeisel") kann die Bemächtigung auch mit dem Willen des Opfers geschehen. Kein Sich-Bemächtigen liegt dagegen vor, wenn sich das „Opfer" nur zum Schein als Geisel verwenden lässt, also mit dem Täter unter einer Decke steckt.

3. Das eigentliche Problem des Falls war bei der Absicht (Var. 1) angesiedelt. Typisches Beispiel für § 239a I Var. 1 im ***Drei-Personen-Verhältnis***: Ein Kind wird entführt, damit die Sorge der Eltern um das Wohl des Opfers zur Erpressung ausgenutzt werden kann.

Im ***Zwei-Personen-Verhältnis*** fällt es zumindest vom reinen Wortlaut der beiden Normen her schwer, strukturell einen Unterschied zwischen §§ 239a I, 239b I und der beabsichtigten Erpressung bzw. Nötigung selbst herauszuarbeiten. Dass aber hinter §§ 239a I, 239b I auch im Zwei-Personen-Verhältnis mehr stecken muss, ergibt sich fast zwingend aus der hohen Strafdrohung.

Der BGH hebt zur Erzielung sachgerechter Ergebnisse das ***Merkmal des Ausnutzens*** hervor, das eine eigenständige Bedeutung der ***Bemächtigungssituation*** im Sinne eines ***funktionalen Zusammenhangs*** zwischen der Bemächtigungshandlung und der beabsichtigten Erpressung voraussetze. In den interessanten Fällen (Zwei-Personen-Verhältnis) wird man auf Basis dieser Interpretation im Falle einer Entführung zum (beabsichtigten) Ausnutzen kommen, während es daran beim Sich-Bemächtigen in aller Regel fehlen wird. Wie ihr bemerkt haben werdet, haben wir uns diesem Lösungsweg angeschlossen.

Auch in unserem Fall hat es an dem ***funktionalen Zusammenhang*** gefehlt, weil die Bemächtigungshandlung ohne eine zwischenzeitlich stabilisierte Zwangslage unmittelbar in die Erpressung einmündete (restriktive Auslegung speziell im Zwei-Personen-Verhältnis).

An dem erforderlichen ***zeitlichen Zusammenhang*** fehlt es immer dann, wenn die (beabsichtigte) abgenötigte Handlung des Opfers erst nach Beendigung der Bemächtigungslage stattfinden soll. Der Wille des Täters muss darauf gerichtet sein, zumindest einen Teil des vom Opfer geforderten Verhaltens während der Dauer der Entführungs- oder Bemächtigungslage zu erzwingen. Der zeitliche Zusammenhang ist ein restriktives Kriterium allgemeiner Art, das nicht etwa nur im Zwei-Personen-Verhältnis relevant werden kann.

Fall 16

Guru G ist wohlhabender Chef der „Ramses-Revival-Church“ und muss bei seinen Anhängern in letzter Zeit immer wieder Nachlässigkeiten beobachten. Besonders A macht ihm Sorgen, legt er doch zunehmend kritische Gedanken und eigenständige Verhaltensweisen an den Tag. G bestellt A zu sich und sagt: „Wenn du dich künftig nicht an unsere Regeln der heiligen Pyramide hältst, werde ich den Geist des Pharaos rufen, der dich ins Jenseits ziehen wird.“ A ist davon schwer beeindruckt und entwickelt sich in der Folgezeit zum hörigsten Untertanen des G.

Frage: Wie hat sich G strafbar gemacht ?

Lösungsskizze Fall 16

- Strafbarkeit des G gemäß § 240 ?

I. Tatbestand

1. Objektiver Tatbestand

a. (hier) Drohung mit einem empfindlichen Übel ?

aa. Drohung ?

= Inaussichtstellen eines künftigen Übels, auf dessen Eintritt der Drohende Einfluss zu haben vorgibt

HIER (+) → der „Zugriff“ des Geistes ist für A ein Übel; G hat behauptet, dieses Übel herbeiführen zu können; ein Wille zur Verwirklichung ist genau wie die tatsächliche Ausführbarkeit der Drohung nicht erforderlich

bb. mit einem empfindlichen Übel ?

= Eignung, einen besonnenen Menschen zu dem mit der Drohung bezweckten Verhalten zu veranlassen

HIER (–) → ein besonnener Mensch hätte sich von der Drohung des G nicht beeindrucken lassen; eine rein individuelle Betrachtung der persönlichen Besonderheiten des Bedrohten ist nicht angebracht (a.A. vertretbar); ansonsten wären auch die für einen besonnenen Menschen unbegreiflichen Reaktionen überängstlicher oder abergläubischer Personen erfasst; unter diesen Umständen wäre das Kriterium der Empfindlichkeit zu unbestimmt und verlöre weitgehend seine Einschränkungsfunktion

cc. <u>also</u>: Drohung mit einem empfindlichen Übel **(–)**

b. <u>also</u>: objektiver Tatbestand **(–)**

2. <u>also</u>: Tatbestand **(–)**

II. Ergebnis:
Strafbarkeit des G gemäß § 240 (–)

- Strafbarkeit des G gemäß § 241 I ?

I. Tatbestand

1. Objektiver Tatbestand

a. ein anderer Mensch ? **(+)**

b. Bedrohung mit der Begehung einer rechtswidrigen Tat der genannten Art ?

aa. Drohung ? **(+)** → ***s.o.***

bb. mit der Begehung einer rechtswidrigen Tat der genannten Art ?

HIER (–) → G hat keine rechtswidrige Tat angekündigt; nicht ausreichend ist die Behauptung, ein tatbestandsmäßiger Erfolg werde mit Hilfe übernatürlicher Kräfte herbeigeführt; eine solche Drohung ist objektiv nicht ernst zu nehmen, mag sich auch der Bedrohte subjektiv davon beeindrucken lassen

cc. also: Bedrohung mit der Begehung einer rechtswidrigen Tat der genannten Art **(–)**

c. also: objektiver Tatbestand **(–)**

2. also: Tatbestand **(–)**

II. Ergebnis:
Strafbarkeit des G gemäß § 241 I (–)

Formulierungsvorschlag Fall 16

- Strafbarkeit des G gemäß § 240

Möglicherweise hat sich G durch seine Äußerung gegenüber A gemäß § 240 strafbar gemacht.

I. Als Tathandlung kommt nur Drohung mit einem empfindlichen Übel in Betracht. Drohung ist das Inaussichtstellen eines Übels, auf dessen Eintritt der Drohende Einfluss zu haben vorgibt. Demnach kommt es weder auf den Willen des Täters an, die Drohung zu verwirklichen, noch spielt eine Rolle, ob das Übel tatsächlich eintreten kann. In der Vorstellungswelt des A stellte sich das in Aussicht gestellte Erscheinen des Geistes als unangenehmes Ereignis, also als Übel dar. G gab vor, den Eintritt dieses Übels in der Hand zu haben. Somit hat er A gedroht.

Empfindlich ist ein Übel, wenn es einen besonnen Menschen zu dem mit der Drohung bezweckten Verhalten veranlassen kann. Ein besonnener Durchschnittsmensch hätte keine Mühe gehabt, die völlig irrationale Drohung des G selbstbewusst zu ignorieren. Empfindlich könnte das Übel demnach allenfalls unter dem Gesichtspunkt individualisierender Betrachtung sein. Von dem durch die Sektenzugehörigkeit stark in seinem vernünftigen Denken beeinträchtigten A war nicht ohne Weiteres zu erwarten, dass er der Drohung in besonnener Selbstbehauptung standgehalten hätte. Eine Einbeziehung dieser aus Sicht des Durchschnittsmenschen unbegreiflichen Reaktionen überängstlicher oder abergläubischer Personen kann aber nicht sachgerecht sein. Das Kriterium der Empfindlichkeit wäre unter diesen Umständen zu unbestimmt und verlöre die ihm zugedachte Einschränkungsfunktion weitgehend. Von der dargestellten individualisierenden Auslegung des Merkmals ist demnach Abstand zu nehmen.

Das Übel war nicht geeignet, einen besonnenen Menschen zum bezweckten Verhalten zu veranlassen, es war also nicht empfindlich im Sinne des § 240 I. G hat nicht mit einem empfindlichen Übel gedroht.

II. Er hat sich durch seine Äußerung nicht gemäß § 240 strafbar gemacht.

- Strafbarkeit des G gemäß § 241 I

Womöglich hat G mit seiner Äußerung aber § 241 I verwirklicht.

I. Dazu müsste er A mit der Begehung einer rechtswidrigen Tat der in § 241 I genannten Art bedroht haben. Die Drohung muss sich auf ein bestimmtes tatsächliches Verhalten beziehen, das eine rechtswidrige Tat darstellt. Das in Aussicht gestellte Verhalten muss dabei in einem ernst zu nehmenden Zusammenhang mit dem tatbestandsmäßigen Erfolg stehen. G hat behauptet, übernatürliche Kräfte so einsetzen zu können, dass es zum Tod des A kommt. Eine solche Behauptung ist objektiv unrealistisch. Ähnlich wie bei Verwünschungen oder sonstigen Prahlereien kann eine derartige Bedrohung nicht ernst genommen werden, mag sich auch der Bedrohte subjektiv davon beeindrucken lassen.

Folglich hat G nicht mit der Begehung einer rechtswidrigen Tat der in § 241 I genannten Art gedroht.

II. Er hat sich daher auch nicht gemäß § 241 I strafbar gemacht.

Fazit

1. Die Nötigung wird oft in Fällen geprüft, in denen sie – vorsichtig formuliert – eher fernliegend ist. § 240 ist nur einschlägig, wenn der Täter dem Opfer ein bestimmtes konkretes Verhalten abringen will. ***§ 240 I*** enthält zwei Tathandlungen: ***„Drohung mit einem empfindlichen Übel“*** und ***„Gewalt“***. Die auftretenden Probleme stellen sich häufig im Rahmen einer Raub- oder Erpressungsprüfung (§§ 249 I, 253 I).

2. Die Definition der Drohung (s.o.) ist für die Subsumtion sehr hilfreich und sollte daher beherrscht werden. Wichtig ist vor allem, dass die Drohung nicht realisierbar sein muss. Erst recht ist kein Täterwille zu ihrer Verwirklichung nötig. Es kommt eben nur auf die angebliche Macht des Täters an. Fehlt es selbst daran, liegt im Gegensatz zur Drohung eine ***bloße Warnung*** vor.

Im Ausgangsfall war die ***Empfindlichkeit des angedrohten Übels*** problematisch. Die jüngere Rechtsprechung neigt mehr oder weniger deutlich zu der von uns abgelehnten individualisierenden Sichtweise. Unter dieser für unsere Begriffe eher fragwürdigen Prämisse dürfte eine Bejahung des empfindlichen Übels auch in diesem Extremfall mit entsprechender Argumentation noch vertretbar gewesen sein.

Die ***Bedrohung eines Dritten*** („Ich verprügele deine Oma, wenn du nicht ...“) genügt für § 240 I, solange sich das Übel für den Adressaten als empfindlich darstellt.

3. Ein häufiges und ziemlich komplexes Klausurproblem dreht sich um die Fälle der ***Drohung mit einem Unterlassen***. Beispiel: „Filmproduzent F macht gegenüber der Jungschauspielerin J die Vergabe einer lukrativen Hauptrolle davon abhängig, dass sie mit ihm ins Bett steigt.“ Das in Aussicht gestellte Übel (Nichtvergabe der Rolle an J) ist ein Unterlassen. Nach einer Mindermeinung kann eine solche Drohung mit Unterlassen nur dann ein Nötigungsmittel sein, wenn der Täter – etwa aufgrund einer Garantenstellung – rechtlich verpflichtet ist, die Handlung vorzunehmen, deren Unterlassung er in Aussicht stellt. In unserem Beispielsfall fehlt eine solche Rechtspflicht zum Handeln. Dann scheitert nach der Mindermeinung § 240 schon im (objektiven) Tatbestand, weil der Täter die Handlungsfreiheit des Opfers eher erweitert als beschränkt. Die inzwischen h.M. einschließlich des BGH hält dagegen jede Drohung mit Unterlassen für tatbestandsmäßig, weil die Notlage des Opfers ausgenutzt wird. Für Korrekturen im Einzelfall weicht die h.M. auf die Rechtswidrigkeitsebene und damit auf § 240 II (lesen!) aus. Ein entsprechender Formulierungsvorschlag taucht übrigens in der Originalklausur (Fall 57) unseres Werks „Die Fälle – Strafrecht BT 2“ auf. Dort stellt sich das Problem im Rahmen des § 253.

Begrifflich streng von der Drohung mit Unterlassen zu unterscheiden ist die deutlich weniger klausurrelevante ***Drohung durch Unterlassen*** (§ 13 I). Sie kann vorliegen, wenn der Täter einen von ihm ursprünglich versehentlich erregten Irrtum des Opfers erkennt und dann nicht aufklärt.

4. Habt ihr ***§ 241*** gesehen? Die Vorschrift ist 2021 neu gefasst worden (siehe auch § 241 II, III). Die Bedrohung war im Ausgangsfall nicht von vornherein fernliegend. Bei § 241 handelt es sich um ein ***abstraktes Gefährdungsdelikt***. Nach der Neufassung könnte Idealkonkurrenz zwischen § 240 und § 241 anzunehmen sein (BGH NStZ-RR 2022, 341).

Fall 17

Die wackere Atomkraftgegnerin A sieht es vor dem Hintergrund verschiedener technischer Pannen in der Vergangenheit als besonders unverantwortlich an, dass immer wieder verbrauchte Brennstäbe aus dem gesamten Bundesgebiet zu einem sogenannten Endlager transportiert werden. Zusammen mit einigen gleich gesinnten Personen setzt sie sich gezielt vor die Zufahrt des Bestimmungsortes. Der Fahrer des Nukleartransporters hält daraufhin – wie von den Belagerern gewünscht – an. Als nach über einer Stunde mehrere Hundertschaften Polizei mit Wasserwerfern anrücken, räumt A zusammen mit den anderen das Feld, sodass der Transport schließlich doch noch den Abladeplatz erreicht.

Frage: Hat sich A gemäß § 240 strafbar gemacht ?

Lösungsskizze Fall 17

- Strafbarkeit der A gemäß § 240 ?

I. Tatbestand

1. Objektiver Tatbestand

a. (hier) Gewalt ?

= physisch vermittelter Zwang zur Überwindung eines geleisteten oder erwarteten Widerstands

HIER (–) → A hat nur psychisch Zwang vermittelt, die bloße physische Anwesenheit genügt nicht; andernfalls würde jede Form der Zwangseinwirkung genügen; es gäbe begrifflich keinen Unterschied mehr zur „Nötigung"; das Gesetz spricht aber von „Nötigung mit Gewalt"; das Analogieverbot (Art. 103 II GG) zwingt folgerichtig dazu, dem Begriff „Gewalt" eingrenzende Funktion zuzubilligen; diese Funktion kann nur im Erfordernis einer physischen Zwangseinwirkung bestehen; die Beseitigung etwaiger Strafbarkeitslücken obliegt allein dem Gesetzgeber

b. also: objektiver Tatbestand **(–)**

2. *also: Tatbestand* **(–)**

II. Ergebnis:

Strafbarkeit der A gemäß § 240 (–)

Formulierungsvorschlag Fall 17

- Strafbarkeit der A gemäß § 240

Durch die Sitzblockade könnte sich A gemäß § 240 strafbar gemacht haben.

I. Als Tathandlung kommt nur Gewalt in Betracht. Gewalt ist der physisch vermittelte Zwang zur Überwindung eines geleisteten oder erwarteten Widerstands.

Der Fahrer hat die Blockierer wahrgenommen und anschließend rein psychisch motiviert auf die Blockade reagiert. Physisch gesehen hätte der Fahrer mit seinem Transporter die „lebenden Hindernisse" leicht überwinden können. Die erforderliche Körperlichkeit des Zwangs könnte daher allenfalls in der bloßen Anwesenheit der A am Ort des Geschehens bestanden haben.

Eine solche Betrachtung stößt angesichts des in Art. 103 II GG / § 1 StGB enthaltenen Analogieverbots auf Bedenken. Äußerste Grenze möglicher Normauslegung ist der Wortsinn einer Vorschrift. § 240 beschränkt die strafbare Nötigung mit gutem Grund auf die beiden Mittel Gewalt und Drohung mit einem empfindlichen Übel. Der Begriff „Nötigung" bezeichnet bereits die Ausübung von Zwang auf den Willen eines anderen. Die Willensfreiheit unterliegt permanent in vielfältiger Weise Zwängen, die indes nicht sämtlich strafwürdig sind. Die Funktion des Merkmals „Gewalt" besteht also darin, eine Eingrenzung der Strafbarkeit auf die wirklich strafwürdigen Formen der Nötigung zu bewirken. Wenn der Wortlaut auf „Nötigung mit Gewalt" gerichtet ist, muss die „Gewalt" mehr sein als eine bloße Zwangseinwirkung, die ja begrifflich nichts anderes ist als eine Nötigung.

Dem natürlichen Wortsinn nach ist Gewalt mit physischer Kraftentfaltung verbunden. Ein Verzicht auf das Erfordernis der Kraftentfaltung mag hinnehmbar sein, solange immerhin eine physische Einwirkung auf das Opfer stattfindet. Wer allerdings schon die bloße Anwesenheit des Täters und die davon ausgehenden psychischen Einwirkungen als Gewalt ansieht, erweitert den Begriff auf jede Form der Zwangseinwirkung. Damit ist aber jeglicher Unterschied zum Begriff der Nötigung eingeebnet. Der Gewaltbegriff würde bei einer solchen Auslegung seiner oben genannten Eingrenzungsfunktion entkleidet.

Bei einer Einbeziehung bloß psychischer Einwirkungen wäre der Tatbestand im Übrigen so uferlos weit gefasst, dass angesichts enormer Spielräume der Strafverfolgungsbehörden für den Normadressaten nicht mehr klar erkennbar wäre, ob sein konkretes Verhalten Gewalt ist oder nicht.

Nach alledem ist es mit dem möglichen Wortsinn des § 240 I nicht mehr vereinbar, die bloß psychische Einwirkung durch körperliche Anwesenheit als Gewalt zu betrachten. Überlegungen zur Strafwürdigkeit von Sitzblockaden müssen hinter Art. 103 II GG zurückstehen. Auch etwaige Strafbarkeitslücken rechtfertigen keinen Verstoß gegen das Analogieverbot. Sie zu schließen, ist allein Aufgabe des Gesetzgebers.

Demnach setzt Zwang im Sinne des Gewaltbegriffs mehr als nur physische Anwesenheit an einem bestimmten Ort voraus.

A hat folglich keine Gewalt verübt.

II. Sie hat sich durch ihre Sitzblockade nicht gemäß § 240 strafbar gemacht.

Fazit

1. Beim guten alten ***Gewaltbegriff*** hat sich vor geraumer Zeit etwas Grundlegendes getan! Erzählen wir die Geschichte von Anfang an: Ursprünglich wurde Gewalt so verstanden, wie es jeder normal denkende Mensch tut, nämlich als Zwangseinwirkung durch körperliche Kraftentfaltung. Bei uns Juristen bleibt es nicht lange bei einer solch natürlichen Betrachtung. Schnell fand man heraus, dass das heimliche Verabreichen betäubender Mittel (also ohne Kraftentfaltung) auch Gewalt sein muss. Immerhin, das war wenigstens noch eine physische Zwangseinwirkung. In einem dritten Schritt wurde aber auch dieses Kriterium fallen gelassen. Plötzlich sollte auch psychisch wirkender Zwang reichen. Wichtigste Fallgruppe dafür waren die ***Sitzblockaden***.

Weit und breit regte sich kaum mehr Widerstand gegen diesen aufgeweichten Gewaltbegriff. Die Diskussion drehte sich mehr darum, ob im Rahmen der Verwerflichkeitsprüfung (§ 240 II) sogenannte ***Fernziele*** (Friedenssicherung etc.) zu berücksichtigen sind.

So hätte es ewig bleiben können, wenn nicht das Bundesverfassungsgericht (siehe BVerfGE 92, 1 ff = NJW 1995, 1141 ff) ein damals überraschendes Machtwort gesprochen hätte. Die Chefs in den roten Roben haben die Strafrechtsprechung gnadenlos zurückgepfiffen. Das Verfassungsgericht hat es als ***mit dem Wortsinn unvereinbar*** angesehen, ***rein psychisch wirkende Sitzblockaden unter Gewalt zu subsumieren***. Auf dieser Entscheidung beruht dann auch unsere Fall-Lösung. Das Argumentationsmuster solltet ihr euch einprägen, es ist eine Art Wunderwaffe. Wenn es euch überzeugend gelingt, die Gegenauffassung eines Verstoßes gegen das Analogieverbot (Art. 103 II GG) zu überführen, habt ihr schon so gut wie gewonnen. Als eine Art Sahnehäubchen kommt dann noch der Hinweis dazu, dass – wenn es denn sein muss – allein der Gesetzgeber Abhilfe schaffen kann. Dagegen ist argumentativ kein Kraut gewachsen!

Kurz noch ein paar Worte zur Auswirkung einer solchen BVerfG-Entscheidung: Die Rechtsprechung muss sich wegen der Bindungswirkung nach § 31 I BVerfGG wohl oder übel an die Entscheidung halten, da gibt es nichts zu wollen.

Achtet immer darauf, ob nicht im Einzelfall die von den Verfassungshütern verlangte physische Zwangseinwirkung in Form „echter Hindernisse" etwa bei unbeweglich im Stau stehenden Fahrzeugen (physische Hindernisse) besteht (siehe dazu BVerfGE 104, 92 ff = NJW 2002, 1031 ff). Insofern nur konsequent hat das BVerfG auch die sogenannte ***Zweite-Reihe-Rechtsprechung*** des BGH als vor dem Hintergrund des Analogieverbots unbedenklich abgesegnet (BVerfG-Beschluss vom 07.03.2011, vgl. JuS 2011, 563 ff). Damit ist gemeint, dass Demonstrierende bei einer Sitzblockade auf einer öffentlichen Straße den ersten aufgrund von (nur) psychischem Zwang anhaltenden Fahrer und sein Auto bewusst und zurechenbar als ***physisch wirkendes Hindernis für die nachfolgenden Fahrerinnen und Fahrer*** einsetzen. In einer solchen Konstellation soll dann also § 240 I erfüllt sein, wobei natürlich auf der im Folgenden noch näher erläuterten Rechtswidrigkeitsebene (§ 240 II) die Versammlungsfreiheit eine wichtige Rolle spielt. Auch beim sog. ***Klima-Kleben*** wird regelmäßig auf Grundlage der Zweite-Reihe-Rechtsprechung Gewalt anzunehmen sein. Der Schwerpunkt liegt dann auf der einzelfallbezogenen Verwerflichkeitsprüfung (§ 240 II).

Ganz wichtig: Unsere recht breite ***Darstellung der historischen Entwicklung des Gewaltbegriffs*** diente nur dem Hintergrundverständnis. Sie ***gehört nicht ins Gutachten***, weil sie für die (aktuelle) Fall-Lösung unerheblich ist. Vor allem in Hausarbeiten liest man immer wieder Ausführungen ohne jeden Fallbezug, die etwa so beginnen: „Seit jeher ist der Gewaltbegriff umstritten. Schon das Reichsgericht ...“ Verkneift euch so etwas generell, es treibt den Korrektor und die Korrektorin auf die Palme!

2. Hochgradig prüfungsrelevant sind schon immer die verschiedenen Fallgruppen der ***„Nötigung“ im Straßenverkehr*** gewesen, die zum Teil auch von dem aus Karlsruhe verordneten Wandel des Gewaltbegriffs betroffen sind.

Ähnlich wie im Ausgangsfall dürfte bei bloßem Versperren von Parklücken und Ein- und Ausfahrten in der Regel keine Gewalt i.S.d. § 240 I vorliegen. Dies gilt jedenfalls dann, wenn die Blockade nur in der Anwesenheit von Personen besteht. Dagegen wird man bei der Verwendung von Fahrzeugen (unüberwindbares physisches Hindernis?) zu einem anderen Ergebnis kommen können.

Gewalt wird man nach wie vor bei aggressiven Fahrmanövern wie „Schneiden“, „Ausbremsen“ oder extrem dichtem Auffahren anzunehmen haben, wenn diese Manöver physisch spürbare Angstreaktionen zur Folge haben (BVerfG NJW 2007, 1669 f).

3. Die häufig anzutreffende Einteilung der Gewalt in überwältigende Gewalt (***vis absoluta***, z.B. Festhalten, Fesseln) und willensbeugende Gewalt (***vis compulsiva***, z.B. zermürbende Schläge) bringt die Lösung des jeweiligen Falls nicht voran. Generell solltet ihr euch nicht in unnötige begriffliche Unterscheidungen verstricken.

4. Auch ***Gewalt gegen Dritte*** kommt in Betracht (vgl. zur Drohung Fall 16, Fazit 2. a.E.). Eine solche Dreiecksnötigung liegt vor, wenn der Adressat der Nötigung die Gewalt selbst als Zwang empfindet. Das ist typischerweise bei nahestehenden Personen der Fall.

Fall 18

Vermieter V hat Mieterin M wirksam gekündigt. M weigert sich dennoch beharrlich, die Wohnung zu räumen. Weil die Mühlen der Justiz aus Sicht des V entschieden zu langsam mahlen, fackelt er nicht lange. V hängt Anfang Januar vor den Augen der entsetzten M sämtliche Fenster aus und transportiert sie ab. Angesichts der klirrenden Kälte zieht M wohl oder übel entnervt aus.

Frage: Wie hat sich V strafbar gemacht ?

Lösungsskizze Fall 18

- Strafbarkeit des V gemäß § 240 ?

I. Tatbestand

1. Objektiver Tatbestand

a. (hier) Gewalt ?

= physisch vermittelter Zwang zur Überwindung eines geleisteten oder erwarteten Widerstands

HIER (+) → das Verhalten des V ist auf den ersten Blick nur gegen Sachen gerichtet; das Aushängen der Fenster wirkt sich aber angesichts der Kälte für M als physischer Zwang aus, der ihre freie Willensentschließung und -betätigung unmöglich macht

b. Nötigungserfolg ?

HIER (+) → M hat die Wohnung geräumt

***c. <u>also</u>: objektiver Tatbestand* (+)**

2. Subjektiver Tatbestand

***- Vorsatz ?* (+)**

***3. <u>also</u>: Tatbestand* (+)**

II. Rechtswidrigkeit

- § 240 II ?

= erhöhter Grad sittlicher Missbilligung des für den erstrebten Zweck angewandten Mittels (Zweck-Mittel-Relation)

HIER (+) → zwar war der Zweck billigenswert; V hatte wegen der wirksamen Kündigung einen Anspruch auf den Auszug der M; das Mittel der eigenmächtigen Gewalt war aber in diesem Zusammenhang hochgradig missbilligenswert; V hat ohne Selbsthilferecht (§ 229 BGB) den Klageweg umgangen und damit das Prinzip des Vorrangs staatlicher Zwangsmittel missachtet

III. Schuld (+)

IV. Ergebnis:
Strafbarkeit des V gemäß § 240 (+)

Formulierungsvorschlag Fall 18

- Strafbarkeit des V gemäß § 240

V könnte sich durch das Aushängen der Fenster gemäß § 240 strafbar gemacht haben.

I. Als Nötigungsmittel kommt Gewalt in Betracht. Gewalt ist der physisch vermittelte Zwang zur Überwindung eines geleisteten oder erwarteten Widerstands. Das Verhalten des V ist vordergründig betrachtet nur gegen die Fenster als Sachen gerichtet. Das Aushängen der Fenster macht die Wohnung aber angesichts der winterlichen Kälte physisch unbewohnbar. Dieser Zustand ließ M keine Wahl. V hat also körperlichen Zwang auf M ausgeübt und damit gezielt deren freie Willensentschließung und -betätigung unmöglich gemacht. Diese Zwangsausübung diente der Überwindung des von M geleisteten Widerstands. V hat Gewalt angewendet.

M ist aufgrund dieser Gewaltanwendung ausgezogen, der gewünschte Nötigungserfolg ist eingetreten.

V handelte vorsätzlich.

II. Die Tat wäre nur unter den Voraussetzungen des § 240 II rechtswidrig.

Das Nötigungsmittel müsste im Verhältnis zum angestrebten Zweck sittlich hochgradig zu missbilligen sein. V hatte wegen der wirksamen Kündigung einen Anspruch auf Räumung der Wohnung. Somit war der erstrebte Zweck für sich genommen nicht missbilligenswert. Diesen Anspruch hätte er indes gerichtlich durchsetzen müssen. Eigenmächtige Gewaltanwendung ist nur in den engen Grenzen des Selbsthilferechts nach § 229 BGB erlaubt. V hat den Klageweg ohne ein solches Recht umgangen und damit den Vorrang staatlicher Zwangsmittel missachtet.

Unter diesen Umständen ist eigenmächtige Gewaltanwendung – auch zur Durchsetzung eines bestehenden Anspruchs – hochgradig missbilligenswert. Die Anwendung der Gewalt ist als verwerflich anzusehen, sodass die Tat nach § 240 II rechtswidrig geschah.

III. V handelte schuldhaft.

IV. Er hat sich demnach durch das Aushängen der Fenster gemäß § 240 strafbar gemacht.

Fazit

1. Wie ihr gesehen habt, kann im Einzelfall auch ***Gewalt gegen Sachen*** unter § 240 fallen. Im Ausgangsfall hat V körperlichen (nicht nur psychischen) Zwang ausgeübt. Schwieriger wird es, wenn der Vermieter „nur" Strom oder Wasser abstellt. Angesichts der heute üblichen Lebensgewohnheiten kann man auch hier körperlichen Zwang annehmen. Wer darin allerdings nur die Ausübung psychischen Zwangs sieht, muss vor dem Hintergrund der oben genannten BVerfG-Entscheidung (BVerfGE, 92, 1 ff / vgl. Fall 17, Fazit 1.) Gewalt verneinen.

2. Der ***Nötigungserfolg kann in jedem Verhalten bestehen***. Insoweit ist § 240 I unnötig kompliziert formuliert. Wenn es um Eigentum oder Vermögen des Opfers geht, ist von vornherein an § 249 oder § 253 zu denken. Nach Bejahung eines dieser spezielleren Tatbestände sollte dann kein Wort mehr zur verdrängten Nötigung fallen.

3. Im Ausgangsfall sind wir endlich einmal zur ***Rechtswidrigkeit*** vorgedrungen. ***§ 240 II*** charakterisiert die Nötigung als sogenannten ***offenen Tatbestand*** (siehe näher Seite 23), die Rechtswidrigkeit muss immer positiv festgestellt werden. Nach überwiegendem Verständnis, das ihr euch für die Klausur aneignen solltet, sind gegebenenfalls zuerst einschlägige Rechtfertigungsgründe zu prüfen. Der Grund liegt auf der Hand: Eine nach allgemeinen Regeln schon gerechtfertigte Tat kann nie verwerflich sein. Wenn es aber – wie im Fall – zur Prüfung des § 240 II kommt, muss im Wege einer wertenden Gesamtbetrachtung der erstrebte Zweck in Relation zum angewandten Nötigungsmittel gesetzt werden. Diese Formel ist reichlich schwammig. Wie ihr sie im Einzelfall mit Leben füllen könnt, zeigt der Formulierungsvorschlag beispielhaft für die Fallgruppe ***„Vorrang staatlicher Zwangsmittel"***. Natürlich kann sich die Verwerflichkeit auch in erster Linie auf den Zweck beziehen. So liegt es im Falle der Nötigung zu einem verbotenen Verhalten. Schließlich kann die Verwerflichkeit auch gerade in der konkreten Verknüpfung begründet sein, wenn kein innerer Zusammenhang zwischen Zweck und Mittel besteht.

   Bei § 240 II ist auch die ***Diskussion um die sogenannte Rettungsfolter*** anzusiedeln (wobei auch Rechtfertigungsgründe in Betracht kommen). Ist die Androhung von Schmerzzufügung zu dem Zweck, eine Information zu erlangen, in jedem Fall „verwerflich"? Ist sie insbesondere auch dann „verwerflich", wenn damit (subjektiv) das Leben eines Kindes gerettet werden könnte? Anders formuliert: Gilt das „Folterverbot" als Ausdruck der Menschenwürde absolut? Das Landgericht Frankfurt a.M. hat die Fragen in einem Fall bejaht, der viel Wirbel ausgelöst hat („Fall Daschner" / NJW 2005, 692 / vgl. auch Die Fälle – Strafrecht AT, Fall 10, Fazit 5.). Dieser Fall hat auch den Stoff für Schirach-Verfilmung „Feinde" geliefert.

4. Nach ***§ 240 III*** ist der Versuch strafbar. ***§ 240 IV*** enthält Regelbeispiele für einen besonders schweren Fall der Nötigung. Es handelt sich also um eine Strafzumessungsregel (siehe Seite 24). Die Nötigung zur Eheschließung ist seit 2011 in ***§ 237*** (Zwangsheirat) als eigenständiger Tatbestand geregelt.

Fall 19

M ist Chefredakteur des modernen Nachrichtenmagazins „Locus". Er ist wie häufig zügig mit seinem BMW unterwegs. Leider wird M jedoch im Rahmen einer allgemeinen Verkehrskontrolle von Polizist P angehalten. Um die Sache möglichst kurz zu machen und vor allem um die Kontrolle seiner abgefahrenen Reifen zu verhindern, sagt M genervt: „Ich habe es eilig, lassen Sie mich bitte in Ruhe, sonst werde ich Sie und Ihre Familie in meinem Magazin fertig machen!" P ist schwer beeindruckt und lässt M sofort weiterfahren.

Frage: Wie hat sich M strafbar gemacht ?

Lösungsskizze Fall 19

- Strafbarkeit des M gemäß § 113 I ?

I. Tatbestand

1. Objektiver Tatbestand

a. (hier) ein Amtsträger ? **(+)** → ***§ 11 I Nr. 2a)***

b. zu Vollstreckungshandlungen berufen ? **(+)**

c. Vornahme einer solchen Diensthandlung ?

= Handlung, durch die der bereits konkretisierte Wille des Staates zur Regelung eines bestimmten Falls verwirklicht werden soll

HIER (+) → das Anhalten eines bestimmten Fahrzeugs durch einen Polizeibeamten ist auch im Rahmen einer allgemeinen Verkehrskontrolle eine Diensthandlung, ein konkreter Verdacht ist nicht erforderlich (a.A. gut vertretbar); das Verhalten des Beamten geht über die bloße Erfüllung allgemeiner Dienstpflichten (z.B. Streifenfahrt) hinaus; der Polizist handelt bereits beim Haltesignal aufgrund eigener, selbstständiger Entschließung zur unmittelbaren Verwirklichung eines konkretisierten Willlens, der notfalls auch durch Zwangsmittel durchgesetzt werden kann

d. (hier) Widerstand leisten durch Drohung mit Gewalt ?

HIER (–) → M hat allenfalls mit einem empfindlichen Übel gedroht

e. <u>also</u>: objektiver Tatbestand **(–)**

2. <u>also</u>: Tatbestand **(–)**

II. Ergebnis:

Strafbarkeit des M gemäß § 113 I (–)

- Strafbarkeit des M gemäß § 240 ?

HIER (–) → ein Rückgriff auf § 240 verbietet sich, wenn der Widerstand die in § 113 I vorausgesetzte Qualität nicht erreicht (a.A. gut vertretbar); § 113 stellt gezielt nur schwere Widerstandsleistungen unter Strafe; diesen Zweck unterliefe man mit einer Bestrafung der bloßen Drohung mit einem sonstigen empfindlichen Übel; wer gegebenenfalls § 113 III, IV analog anwenden will (sog. Rechtsfolgenlösung), wird trotz Vermeidung der gröbsten Ungereimtheiten der Wertung des § 113 nicht gerecht

Formulierungsvorschlag Fall 19

- Strafbarkeit des M gemäß § 113 I

M könnte sich durch seine Äußerung gegenüber P gemäß § 113 I strafbar gemacht haben.

I. P ist als Polizeibeamter ein zu Vollstreckungshandlungen berufener Amtsträger, § 11 I Nr. 2a).

Er müsste eine solche Diensthandlung vorgenommen haben. Diensthandlungen im Sinne des § 113 I sind nur Handlungen des Amtsträgers, durch die der bereits konkretisierte Wille des Staates zur Regelung eines bestimmten Falls verwirklicht werden soll. Nicht jedes polizeiliche Handeln ist erfasst. So fehlt es bei der bloßen Erfüllung allgemeiner Dienstpflichten wie etwa bei einer Streifenfahrt am konkreten Regelungswillen. Wenn der Polizist allerdings ein bestimmtes Fahrzeug anhält, kommt darin eine eigene, selbstständige Entschließung zur unmittelbaren Verwirklichung eines konkreten Willens zum Ausdruck. Auch im Rahmen einer allgemeinen Verkehrskontrolle – also ohne einen konkreten Verdacht – kann dieser staatliche Wille notfalls durch Zwangsmittel durchgesetzt werden. Eine Differenzierung nach dem jeweiligen Zweck des Haltegebots macht daher wenig Sinn. Auch bei einer allgemeinen Verkehrskontrolle beginnt die Diensthandlung demnach bereits mit dem Haltesignal. P hat eine Diensthandlung im Sinne des § 113 I vorgenommen.

M müsste zumindest durch Drohung mit Gewalt Widerstand geleistet haben. Drohung ist das Inaussichtstellen eines künftigen Übels, auf dessen Eintritt der Drohende Einfluss zu haben vorgibt. M hat einen Beitrag in dem von ihm geleiteten Magazin angekündigt. Darin liegt keine Gewalt, sondern allenfalls ein von § 113 I nicht erfasstes sonstiges Übel. M hat weder mit Gewalt noch durch Drohung mit Gewalt Widerstand geleistet.

II. Damit scheidet eine Bestrafung gemäß § 113 I aus.

- Strafbarkeit des M gemäß § 240

Möglicherweise hat sich M jedoch durch seine Äußerung gemäß § 240 strafbar gemacht.

Dazu müsste § 240 anwendbar sein. Möglicherweise sperrt § 113 den Rückgriff auf die Nötigung, wenn Widerstand gegen eine Vollstreckungshandlung nicht durch Drohung mit Gewalt, sondern nur durch Drohung mit einem sonstigen empfindlichen Übel geleistet wird.

Durch die Formulierung des § 113 I wird die angesichts staatlicher Vollstreckungsmaßnahmen besondere Situation zugunsten des Täters berücksichtigt. Das kommt nicht zuletzt dadurch zum Ausdruck, dass gezielt nur schwere Widerstandsleistungen unter Strafe gestellt werden.

Dieser Zweck würde unterlaufen, wenn man über den Umweg des § 240 doch zur Bestrafung der bloßen Drohung mit einem sonstigen empfindlichen Übel käme. Mittels einer analogen Anwendung von § 113 III, IV kann man nur die gröbsten Ungereimtheiten vermeiden. Konsequent ist allein, in den einschlägigen Fällen vollständig auf die Anwendung des § 240 zu verzichten. Nur so kann man frei von Widersprüchen der gesetzlichen Wertung Rechnung tragen.

Der Rückgriff auf § 240 ist daher ausgeschlossen, wenn der Widerstand die in § 113 vorausgesetzte Qualität nicht erreicht. § 240 ist nicht anwendbar.

M hat sich also auch nicht gemäß § 240 strafbar gemacht.

Fazit

1. ***§ 113*** ist eine reichlich komplizierte Vorschrift, deren Bedeutung in der Prüfungspraxis nicht ganz gering ist. Es handelt sich ***im Verhältnis zu § 240*** um eine ***Spezialvorschrift***, die ***eigenständig und vorrangig zu prüfen*** ist.

2. Die erste Hürde des Ausgangsfalls baute sich am Merkmal ***„Diensthandlung“*** vor euch auf. Eine vor allem in der Literatur verbreitete Ansicht nimmt bei ***Haltezeichen von Polizisten und Polizistinnen*** nur dann eine Diensthandlung i.S.d. § 113 I an, wenn der Beamte von vornherein einen konkreten Verdacht hegt. Wer sich dieser Meinung anschließt, muss sich im Rahmen des § 240 nicht mit dem Problem einer möglichen Sperrwirkung des § 113 I auseinadersetzen.

   Wer hingegen wie wir § 113 I erst an der Tathandlung (Widerstand leisten) scheitern ließ, musste die ***Anwendbarkeit des § 240*** untersuchen. Das Problem lässt sich an keinem Merkmal konkret festmachen. Deshalb ist ausnahmsweise eine ***Vorprüfung*** zweckmäßig. Nach der von uns bevorzugten Auffassung kommt man dann zur Straflosigkeit, ohne überhaupt in die eigentliche Tatbestandsprüfung eingestiegen zu sein. Die Gegenansicht will grundsätzlich § 240 anwenden, zur Vermeidung einer Schlechterstellung aber § 113 III, IV zugunsten des Täters gelten lassen. Beachte auch § 113 II und nicht zuletzt den im Jahr 2017 eingeführten § 114 („Tätlicher Angriff auf Vollstreckungsbeamte").

3. Sehr knifflig kann es vor allem im Zusammenhang mit ***§ 113 III 1*** (lesen!) werden. Schon die dogmatische Einordnung der Regelung ist wegen der ungewöhnlichen Irrtumsregelung in ***§ 113 III 2, IV*** (lesen!) heillos umstritten. Hier wird von „Tatbestandsmerkmal" über „objektive Strafbarkeitsbedingung" bis hin zum „Rechtfertigungsgrund" so ziemlich alles vertreten. In der Klausur oder Hausarbeit wird das natürlich nicht problematisiert. Wenn die Rechtswidrigkeit der Diensthandlung in Betracht kommt, solltet ihr § 113 III 1 unmittelbar im Anschluss an den (sonstigen) Tatbestand prüfen. Ob das in oder vor der Rechtswidrigkeitsebene geschieht, ist für die Fall-Lösung unerheblich, der Aufbau spricht – wie immer – für sich.

Viel wichtiger ist, dass ihr inhaltlich ein wenig mit § 113 III 1 anfangen könnt. Die ganz h.M. geht von einem ***eigenständigen strafrechtlichen Rechtmäßigkeitsbegriff*** aus, der nur bedingt etwas mit dem für die jeweilige Vollstreckungshandlung einschlägigen Verfahrens- oder Verwaltungsrecht zu tun hat. Nach den Maßstäben des Öffentlichen Rechts ist ein Vollstreckungsakt nicht schon deswegen unwirksam, weil er rechtswidrig ist. Er bleibt trotz Rechtswidrigkeit wirksam, wenn er nicht gerade wegen besonders krasser Fehler nichtig ist (vgl. § 44 VwVfG). Nach h.M. soll im strafrechtlichen Sinne des § 113 III 1 eine Diensthandlung schon dann rechtmäßig sein, wenn der betreffende Amtsträger sachlich und örtlich zuständig ist, die wesentlichen Förmlichkeiten des Verfahrens eingehalten wurden und schließlich eventuell eingeräumtes Ermessen pflichtgemäß ausgeübt wurde. Wann aber ist eine Förmlichkeit wesentlich, wann eine Ermessensausübung pflichtgemäß? Und wo zum Teufel findet man etwas zur jeweiligen Zuständigkeit? Pauschal lässt sich das alles nicht beantworten, der jeweilige Sachverhalt wird aber entsprechende Anhaltspunkte enthalten. Zum Trost: Fachübergreifende Kenntnisse werden im Rahmen des § 113 III 1 jedenfalls von Anfängern und Anfängerinnen nicht erwartet. Anderslautenden Gerüchten zum Trotz werden der Aufgabensteller oder die Aufgabenstellerin bei ihren Anforderungen die Kirche in aller Regel im Dorf lassen.

4. Zu den Straftaten gegen die persönliche Freiheit zählt auch ***§ 238*** (vgl. schon Fall 10, Fazit 2.). Der Straftatbestand der ***Nachstellung*** (im allgemeinen Sprachgebrauch ***Stalking***) weist eine relativ komplexe Struktur auf.

§ 238 I enthält als Grunddelikt fünf Tathandlungsvarianten, für die jeweils beharrliches Nachstellen erforderlich ist. Das Merkmal „unbefugt" wird bei den Varianten Nr. 1, 2 und 5 als Tatbestandsmerkmal verstanden, bei Nr. 3 und 4 (grundsätzlich strafwürdiges Verhalten) hingegen lediglich als Hinweis auf die Möglichkeit von Rechtfertigungsgründen. Die Auffangvariante des § 238 I Nr. 5 wirft insbesondere mit Blick auf den Bestimmtheitsgrundsatz aus Art. 103 II GG verfassungsrechtliche Bedenken auf. Die jeweilige Tathandlung muss zu einer ***schwerwiegende***n ***Beeinträchtigung der Lebensgestaltung geeignet*** sein.

§ 238 II ist eine Qualifikation des § 238 I in Form eines konkreten Gefährdungsdelikts. § 238 III stellt eine Erfolgsqualifikation dar. Beachtet auch § 238 IV.

Beleidigungsdelikte

Fall 20

A und B sind bodenständige Menschen und Freunde solider deutscher Küche. Eines Tages lassen sie sich von ihren Ehefrauen erstmalig zu einem Gang in das Feinschmecker-Restaurant des C hinreißen. Das Essen sagt A und B leider in keiner Weise zu. B lässt C an den Tisch kommen und sagt: „So fürchterliches Geglibber ist mir noch nie auf den Teller gekommen. Für diesen Furz von Fraß verlangst du Schwein auch noch Geld!" Auch A bleibt nicht untätig. Er erzählt in seiner Stammkneipe „Zum Absturz" dem Thekennachbarn T bewusst wahrheitswidrig, C fange in der Nachbarschaft Hunde ein, um sie dann seinen ahnungslosen Gästen in kleinen Häppchen als Delikatesse zu verabreichen. C stellt hinsichtlich beider Vorgänge Strafantrag.

Frage: Wie haben sich A und B strafbar gemacht ?

Lösungsskizze Fall 20

- Strafbarkeit des B gemäß § 185 ?

I. Tatbestand

1. Objektiver Tatbestand

a. Beleidigung ?

= Angriff auf die Ehre durch Kundgabe eigener Missachtung

HIER (+) → jedenfalls die Bezeichnung als „Schwein" ist ein ehrverletzendes Werturteil, das über bloße Unhöflichkeit hinausgeht

b. also: objektiver Tatbestand (+)

2. Subjektiver Tatbestand

- Vorsatz ? (+)

3. also: Tatbestand (+)

II. Rechtswidrigkeit (+)

III. Schuld (+)

IV. Ergebnis:

Strafbarkeit des B gemäß § 185 (+); Strafantrag (§ 194 I 1) ist gestellt

- Strafbarkeit des A gemäß § 187 ?

I. Tatbestand

1. Objektiver Tatbestand

a. (hier) Behauptung einer unwahren Tatsache in Beziehung auf einen anderen ? **(+)**

b. geeignet, (hier) einen anderen verächtlich zu machen oder in der öffentlichen Meinung herabzuwürdigen ?
= die behauptete Tatsache wirkt als Unterstellung einer Vernachlässigung sittlicher Pflichten oder als Rufschädigung

HIER (+) → nach hiesigen Vorstellungen gehört es zu den sittlichen Pflichten, Hunde nicht zu essen oder zu servieren; der Ruf des C wird durch die Behauptung des A geschädigt

c. also: objektiver Tatbestand **(+)**

2. Subjektiver Tatbestand

a. Vorsatz ? **(+)**

b. wider besseres Wissen ? **(+)**

c. also: subjektiver Tatbestand **(+)**

3. also: Tatbestand **(+)**

II. Rechtswidrigkeit **(+)**

III. Schuld **(+)**

IV. Ergebnis:
Strafbarkeit des A gemäß § 187 (+); Strafantrag (§ 194 I 1) ist gestellt

- Gesamtergebnis

Strafbarkeit des B gemäß § 185 (+); Strafbarkeit des A gemäß § 187 (+)

Formulierungsvorschlag Fall 20

- Strafbarkeit des B gemäß § 185

Durch seine Äußerung gegenüber C könnte sich B gemäß § 185 strafbar gemacht haben.

I. Eine Beleidigung ist der Angriff auf die Ehre des Opfers durch Kundgabe eigener Missachtung. Die Bezeichnung als „Schwein“ ist ein Werturteil, das weit über das Maß bloßer Unhöflichkeit hinausgeht. Die Missachtung des B kommt darin so deutlich zum Ausdruck, dass die Schwelle zur Ehrverletzung überschritten ist. B hat C folglich beleidigt.

Er handelte dabei vorsätzlich.

II. Die Tat geschah rechtswidrig.

III. B handelte schuldhaft.

IV. Er hat sich demnach durch seine Äußerung gemäß § 185 strafbar gemacht. Der nach § 194 I 1 erforderliche Strafantrag ist gestellt.

- Strafbarkeit des A gemäß § 187

Wegen seiner Äußerung gegenüber T könnte A gemäß § 187 zu bestrafen sein.

I. Er hat mit seiner wahrheitswidrigen Schilderung gegenüber T eine unwahre Tatsache in Beziehung auf C behauptet. Diese Tatsache könnte geeignet sein, C verächtlich zu machen oder in der öffentlichen Meinung herabzuwürdigen. Verächtlich macht man eine Person, wenn man unterstellt, sie werde ihren sittlichen Pflichten nicht gerecht. Herabwürdigung des anderen bedeutet, dessen Ruf zu schmälern. In unserem Kulturkreis gehört es zu den sittlichen Pflichten, den Gästen in einem Restaurant nicht ohne deren Wissen Hundefleisch anzubieten. Eben diese Unterstellung vermag deshalb den Ruf eines Restaurantinhabers erheblich zu schmälern. Demnach ist die von A behauptete Tatsache sowohl zur Verächtlichmachung als auch zur Herabwürdigung geeignet.

A handelte vorsätzlich und wider besseres Wissen.

II. Die Tat geschah rechtswidrig.

III. A handelte schuldhaft.

IV. Mithin hat er sich gemäß § 187 strafbar gemacht. Der nach § 194 I 1 erforderliche Strafantrag ist gestellt.

- Gesamtergebnis

B hat sich gemäß § 185 strafbar gemacht, während A gemäß § 187 zu bestrafen ist.

Fazit

1. Die Beleidigungsdelikte spielen in Klausuren meistens keine zentrale Rolle. Vielfach sind sie im Bearbeitungshinweis sogar ausdrücklich von der Prüfung ausgenommen. Wichtig ist in erster Linie, die ***Systematik der §§ 185 ff*** verstanden zu haben. Dazu diente auch unser relativ simpel gestrickter Ausgangsfall.

Ihr müsst ***verschiedene Begriffsebenen*** unterscheiden. Zum einen geht es um die Differenzierung zwischen ***Tatsachen und Werturteilen***, die in Grenzfällen anhand des Schwerpunkts der beleidigenden Äußerung zu treffen ist. Zum anderen geht es darum, ob die Äußerung ***gegenüber dem Betroffenen oder gegenüber Dritten*** gefallen ist. Schließlich spielt bei Tatsachen deren ***Wahrheit oder Unwahrheit*** eine Rolle. Im Einzelnen:

§ 187 erfasst definitiv unwahre Tatsachendarstellungen gegenüber Dritten.

§ 186 greift ein, wenn die Tatsachendarstellung gegenüber Dritten nicht erweislich wahr ist.

Für den ***Auffangtatbestand § 185*** bleibt der Rest übrig. Erfasst sind strukturell sämtliche Äußerungen gegenüber dem Betroffenen selbst (egal ob Tatsache oder Werturteil) sowie sämtliche Werturteile über den Betroffenen (egal gegenüber wem geäußert).

Anders ausgedrückt: ***Nur bei Tatsachendarstellungen gegenüber Dritten*** (so lag es im Ausgangsfall bei A) ***gehen §§ 186, 187 der Beleidigung vor***. Ihr müsst diese Struktur nicht auswendig herunterbeten können. Wer sie einmal wirklich verstanden hat, wird sich die Zusammenhänge jederzeit wieder aus dem Gesetzeswortlaut ableiten können.

Beachtet, dass nicht nur das Behaupten, sondern ***auch das Verbreiten von Tatsachen*** erfasst sein kann (siehe den Wortlaut der §§ 186, 187). So kann sich wegen übler Nachrede gemäß § 186 strafbar machen, wer ***ehrverletzende Gerüchte*** weitergibt. Das gilt selbst dann, wenn das Gerücht als „unbestätigt" dargestellt wird. Wer sich allerdings ernsthaft und eindeutig von dem Inhalt des Gerüchts distanziert, ist „aus dem Schneider". Achtet immer auf die Details!

Das ***Antragserfordernis nach § 194 I 1*** gilt entgegen dem missverständlichen Wortlaut nicht nur für § 185. Gemeint sind alle Beleidigungsdelikte, also ***§§ 185 bis 189***.

2. Der ***Tatbestand des § 185*** ist mit „Die Beleidigung ..." äußerst karg formuliert. Die Kurzdefinition ***„Kundgabe der Missachtung"*** sollte man beherrschen. Keine Kundgabe in diesem Sinne sind vertrauliche Äußerungen über Dritte insbesondere im Familienkreis, die nicht nach außen dringen sollen (sogenannter beleidigungsfreier Raum). ***Bei Tatsachenbehauptungen*** gegenüber dem Betroffenen (s.o.) ist zu beachten, dass nach ganz herrschender und überzeugender Meinung deren ***Unwahrheit erwiesen*** sein muss, damit die Äußerung von § 185 erfasst ist. Grundsätzlich führen (nach h.M.) schon objektive Zweifel an der Unwahrheit der Tatsache oder entsprechende Unkenntnis des Täters (§ 16 I 1) zur Straflosigkeit. Eine Ausnahme bildet dabei allerdings die sogenannte ***Formalbeleidigung, § 192*** (lesen!).

3. Auf der Rechtswidrigkeitsebene ist immer an den besonderen ***Rechtfertigungsgrund § 193*** zu denken. Im Ausgangsfall war eine solche Rechtfertigung allerdings fernliegend. Weder A noch B verfolgten ein schutzwürdiges Interesse, von einem angemessenen Mittel zur Interessenwahrnehmung einmal ganz zu schweigen. Einschlägig ist die Vorschrift ***vor allem bei journalistischen oder satirischen Veröffentlichungen***. Allerdings muss der Journalist

sauber recherchieren, leichtfertig aufgestellte Behauptungen werden nicht von § 193 geschützt.

§ 193 wird ganz überwiegend und in ständiger Rechtsprechung als ***besondere Ausprägung des Grundrechts auf Meinungsfreiheit*** verstanden (Art. 5 I 1 GG). Wenn es nicht gerade um eine Formalbeleidigung (vgl. § 192), um einen Angriff auf die Menschenwürde oder rein persönliche Herabsetzungen jenseits auch polemischer und überspitzter Kritik geht (sogenannte Schmähkritik), ist ***nach den konkreten Umständen des Einzelfalls zwischen der Meinungsfreiheit und dem Ehrenschutz abzuwägen***. Dabei räumt gerade das insoweit letztlich maßgebliche Bundesverfassungsgericht der Meinungsfreiheit einen ausgeprägt hohen und zumeist vorrangigen Stellenwert ein, sobald in der Äußerung ein ***Sachbezug*** zu erkennen ist. Vor diesem Hintergrund wurde etwa die Bezeichnung eines kommunalen Beamten bei der Durchführung von Geschwindigkeitsmessungen als ***„Wegelagerer“*** ebenso als straflos angesehen wie die Bezeichnung eines in Zivil ermittelnden und an der Auflösung einer Versammlung mitwirkenden Polizeibeamten als ***„Spitzel“***. Andererseits ist jemand wegen Beleidigung verurteilt worden, weil er einen uniformierten und ihn kontrollierenden Polizeibeamten mit der Bemerkung „Da kann ja jeder ***Clown*** kommen ...“ dazu aufgefordert hatte, seinen Dienstausweis zu zeigen. Da die zuletzt genannte Bemerkung jedoch durchaus (auch) Sachbezug hat, dürfte diese Entscheidung kaum mit der aus unserer Sicht zutreffenden Linie des Bundesverfassungsgerichts vereinbar sein (siehe zum Ausdruck „Bulle“ auch Fall 21, Fazit 4.). Seid vorsichtig mit der Annahme von „Schmähkritik“. So kann z.B. auch die Bezeichnung als ***„Dummschwätzer“*** gemäß § 193 erlaubt sein (kurzweilig wie lehrreich BVerfG NJW 2009, 749 f).

4. Die sogenannte ***tätliche Beleidigung*** kann nach § 185 schärfer bestraft werden. Systematisch handelt es sich dabei um eine Qualifikation. Ein typisches Beispiel ist das Anspucken des Opfers.

Bloße Schamverletzungen in Form sexualbezogener Handlungen erfüllen den Tatbestand jedoch nicht ohne Weiteres. Die Ehrverletzung kann dann aber darin liegen, dass das Opfer offenbar für eine Person gehalten wird, „mit der man es ja machen“ könne (z.B. bei gezieltem Griff zwischen die Beine).

5. Angesichts zunehmender „Hassreden“ gibt es seit dem Herbst des Jahres 2021 den Tatbestand des ***§ 192a*** („Verhetzende Beleidigung“).

Fall 21

Nach der Wiedervereinigung ist O beim Versuch einer Existenzgründung von G, einer Geschäftsfrau aus dem Westen, über den Tisch gezogen worden. Auf dem Zivilrechtsweg verlangt er nun sein Geld zurück. G hat ihre Machenschaften aber so geschickt eingefädelt, dass O die anspruchsbegründenden Tatsachen nicht beweisen kann. Deshalb wird die Klage auf Kosten des O abgewiesen. Der aufgebrachte O sagt daraufhin am Stammtisch: „Die West-Juristen sind doch alle charakterlose Rechtsverdreher und stecken mit den Abzockern unter einer Decke!“

Frage: Wie hat sich O strafbar gemacht ?

Lösungsskizze Fall 21

- Strafbarkeit des O gemäß § 185 ?

I. Tatbestand

1. Objektiver Tatbestand

a. Beleidigung ?

= Angriff auf die Ehre durch Kundgabe eigener Missachtung

HIER (–) → in der allgemein gefassten Äußerung des O liegt weder eine Beleidigung der „West-Juristen“ als Personengemeinschaft, noch eine Beleidigung des Einzelnen unter einer Kollektivbezeichnung; die Beleidigungsfähigkeit der Personengemeinschaft scheidet aus, weil die Möglichkeit einer einheitlichen Willensbildung nicht besteht; die Beleidigung unter einer Kollektivbezeichnung setzt neben Umgrenzbarkeit auch eine zahlenmäßige Überschaubarkeit des Kollektivs voraus; daran fehlt es bei den „West-Juristen“, die Äußerung verliert sich sozusagen in der Masse; der Einzelne ist nicht in die Personengemeinschaft eingebunden

b. <u>also</u>: objektiver Tatbestand **(–)**

2. <u>also</u>: Tatbestand **(–)**

II. Ergebnis:

Strafbarkeit des O gemäß § 185 (–)

Formulierungsvorschlag Fall 21

- Strafbarkeit des O gemäß § 185

Durch seine Äußerung am Stammtisch könnte sich O gemäß § 185 strafbar gemacht haben.

I. Eine Beleidigung ist der Angriff auf die Ehre durch Kundgabe eigener Missachtung. Die Äußerung des O betraf nicht eine bestimmte Person, sie bezog sich allgemein auf die Juristen aus den alten Bundesländern.

Möglicherweise hat O damit diese Juristen in ihrer Gesamtheit beleidigt. Eine Personenmehrheit ist als solche nur beleidigungsfähig, wenn sie eine anerkannte soziale Funktion erfüllt und die Möglichkeit einer einheitlichen Willensbildung besteht. Die Juristen aus den alten Bundesländern sind in keinem gemeinsamen Verband organisiert. Sie üben verschiedene Berufe aus und vertreten dabei häufig sogar gegensätzliche Interessen. Von einer einheitlichen Willensbildung kann daher keine Rede sein. Mithin sind die „West-Juristen" nicht als Personengemeinschaft beleidigungsfähig.

In Betracht kommt aber weiter eine Beleidigung der einzelnen Juristen unter einer Kollektivbezeichnung. Dazu muss sich die jeweilige Personengruppe zunächst so deutlich von der Allgemeinheit abheben, dass der Kreis der Betroffenen klar umgrenzt ist. Der Kreis der von O gemeinten Juristen lässt sich in der Weise umgrenzen, dass man an das Bestehen zumindest des ersten juristischen Staatsexamens in den alten Bundesländern anknüpft.

Über die Umgrenzbarkeit hinaus ist allerdings erforderlich, dass der bezeichnete Personenkreis zahlenmäßig noch überschaubar ist. Eine Beleidigung muss ausscheiden, wenn der Kreis so groß ist, dass sich die ehrenrührige Äußerung gleichsam in der Masse verliert und den Einzelnen nicht mehr erreicht. Die bloße Herabwürdigung eines fast unübersehbaren Personenkreises hat nicht den Charakter einer gezielten Ehrverletzung und daher nicht ohne Weiteres die Qualität einer Beleidigung. Je größer die angesprochene Gruppe ist, umso mehr kommt es auf die Einbindung des Einzelnen in das Kollektiv an. Die Juristen aus den alten Bundesländern bilden eine zahlenmäßig sehr große Gruppe. Die Einbindung in das Kollektiv ist angesichts der individuellen beruflichen Ausrichtung und der höchst unterschiedlichen Tätigkeitsfelder des einzelnen Juristen gering. Mag sich möglicherweise bei Kollektivbezeichnungen wie „alle Richter" oder „alle Staatsanwälte" der Einzelne unmittelbar angesprochen fühlen, so ist dies jedenfalls bei der Pauschalbezeichnung „alle Juristen" nicht der Fall. Die ehrenrührige Äußerung des O verliert sich angesichts der Unüberschaubarkeit des bezeichneten Personenkreises in der Masse.

Es handelt sich daher auch nicht um eine Beleidigung der einzelnen Juristen unter einer Kollektivbezeichnung.

II. O hat sich folglich durch seine Äußerung am Stammtisch nicht gemäß § 185 strafbar gemacht.

Fazit

1. Probleme im Zusammenhang mit der sogenannten Beleidigungsfähigkeit können sich ergeben, wenn sich eine (womöglich) ehrverletzende Äußerung gegen eine ganze Gruppe von Menschen richtet.

§§ 185 ff sind nicht auf natürliche Personen beschränkt, wie sich schon aus § 194 III, IV ergibt. Auch ***Personenmehrheiten können beleidigungsfähig sein***. Dazu ist allerdings eine anerkannte soziale Funktion und die Möglichkeit einer einheitlichen Willensbildung erforderlich. Im Ausgangsfall konnte die Beleidigungsfähigkeit der „West-Juristen" als Personenmehrheit zügig verneint werden. Diese gänzlich unorganisierte Gruppe ist im Ergebnis eindeutig nicht zu einheitlicher Willensbildung fähig. Auch die Familie ist übrigens nach h.M. keine beleidigungsfähige Gemeinschaft. Beleidigungsfähigkeit wurde dagegen beispielsweise bei einer Verlags-GmbH oder dem Roten Kreuz bejaht. Nochmals zur Klarstellung: Diese Personenmehrheiten können als solche beleidigt werden.

2. Streng davon zu unterscheiden ist die ***Beleidigung*** einzelner (natürlicher) Personen ***unter einer Kollektivbezeichnung***. Ihr solltet dafür nicht den verkürzten Begriff „Kollektivbeleidigung" verwenden, weil hier ja gerade der Einzelne und nicht das Kollektiv beleidigt wird. An die Beleidigung unter einer Kollektivbezeichnung ist in ***zwei Fallgruppen*** zu denken: Zum einen kann sich die Kundgabe – wie im Ausgangsfall – auf alle Angehörigen einer Personengruppe beziehen. Zum anderen gibt es Fälle, in denen der Täter offenlässt, wer konkret gemeint ist. Sagt er z.B. „Ein Vereinsmitglied ist ein Mörder", geraten alle Mitglieder in Verdacht.

In beiden Konstellationen kommt es zunächst auf die ***Umgrenzbarkeit der Gruppe*** an. Das kann aber nicht das einzige Kriterium sein. Auch Gruppen wie „die Männer", „die Arbeiter" oder „die Blondinen" sind anhand jeweiliger Merkmale umgrenzbar. Deshalb muss für die Beleidigung unter einer Kollektivbezeichnung die Einschränkung hinzukommen, dass sich die ***Ehrverletzung nicht in der Masse verliert***. Dafür wiederum ist die Zahl der Mitglieder einer Gruppe entscheidend. Faustregel: Je größer die angesprochene Gruppe ist, desto stärker muss die Einbindung des Einzelnen sein, damit ihn die Äußerung trifft. In Grenzfällen müsst ihr eure Lösung wie immer rhetorisch untermauern. Die Rechtsprechung geht teilweise sehr weit. Sie ließ für eine Beleidigung unter einer Kollektivbezeichnung „alle (aktiven) Soldaten der Bundeswehr", „alle am Einsatz XY beteiligten Polizisten", „alle christlichen Geistlichen" und – last not least – „alle Richter" genügen. Als eindeutiges Gegenbeispiel kann die Bezeichnung „alle Akademiker" dienen. Hier wird der Einzelne sicher nicht beleidigt, die Ehrverletzung verliert sich in der Masse. Ähnlich lag es auch im Ausgangsfall. Wir kennen jedenfalls diverse Juristen, derentwegen wir uns eine allzu enge Einbindung in die Gruppe der „deutschen Juristen" verbitten würden. Aktuelle Entscheidungen ranken sich oft um die in einschlägigen Kreisen beliebte Abkürzung „ACAB". Sie steht für „all cops are bastards".

3. Behaltet immer die ***Umstände des Einzelfalls*** im Auge! Ist – anders als im Ausgangsfall – eine Beleidigung unter einer Kollektivbezeichnung von der Art der Personengemeinschaft her möglich, muss weiter untersucht werden, ob auch wirklich alle Angehörigen des Kollektivs gemeint sind. Häufig wird die Äußerung auch aus Sicht des Täters übertrieben und unzutreffend sein. Andererseits kann ein einzelner Angehöriger einer Gruppe ohne Weiteres trotz einer Kollektivbezeichnung individuell beleidigt sein, wenn die ehrverletzende Äußerung ihm gegenüber erfolgt.

Ein kleines Beispiel: Der Täter ist mit seinem Zahnarzt Z unzufrieden und sagt zu ihm: „Ihr Zahnärzte seid doch alle sadistische Grobmotoriker!" In diesem Fall könnte Z als Zahnarzt persönlich beleidigt worden sein. Der Strafantrag eines unbeteiligten Kollegen ginge aber ins Leere, weil bei verständiger Würdigung der Äußerung ersichtlich nicht alle Zahnärzte gemeint waren (vgl. §§ 194 I 1, 77 I).

4. Ihr werdet bemerkt haben, dass im Bereich der Beleidigungsdelikte naturgemäß viel vom Maß der Empfindlichkeit abhängt. Mitunter sind die Verrenkungen der Rechtsprechung ziemlich kurios. Wenn etwa hervorgehoben wird, der Ausdruck „Bulle" symbolisiere nicht nur blinde Gewaltanwendung und Angriffslust, sondern komme auch als Sinnbild von Stärke, Kraft und Ausdauer in Betracht, wirkt das nicht gerade lebensnah.

Hausfriedensbruch

Fall 22

Motorsportfanatikerin M will mit einer Designerkappe Modell „Mick Schumacher“ ihren gleich gesinnten Freundinnen imponieren. Ärgerlicherweise kann M den horrenden Preis des guten Stücks zurzeit nicht aufbringen. Deshalb begibt sie sich in ein Kaufhaus, um die begehrte Kappe dort möglichst unauffällig mitgehen zu lassen.

Frage: Hat sich M gemäß § 123 strafbar gemacht ?

Lösungsskizze Fall 22

- Strafbarkeit der M gemäß § 123 I Var. 1 ?

I. Tatbestand

1. Objektiver Tatbestand

***a. (hier) Geschäftsräume ?* (+)**

b. Eindringen ?

= Betreten gegen den Willen des Berechtigten

HIER (–) → der Wille der Berechtigten ist nicht erkennbar, sodass es auf den mutmaßlichen Willen ankommt; M hat das Kaufhaus nicht gegen den mutmaßlichen Willen des Berechtigten betreten; es besteht eine generelle Zutrittserlaubnis (Einverständnis) für Besucherinnen und Besucher im Rahmen der Geschäftszeiten; sie gilt auch für Personen mit rechtsfeindlicher Absicht, sofern diese Absicht nicht nach dem äußeren Erscheinungsbild erkennbar ist (a.A. vertretbar)

***c. also: objektiver Tatbestand* (–)**

***2. also: Tatbestand* (–)**

II. Ergebnis:

Strafbarkeit der M gemäß § 123 I Var. 1 (–)

Formulierungsvorschlag Fall 22

- Strafbarkeit der M gemäß § 123 I Var. 1

M könnte sich durch das Betreten des Kaufhauses gemäß § 123 I Var. 1 strafbar gemacht haben.

I. M müsste in das Kaufhaus, das ein Geschäftsraum ist, eingedrungen sein. Eindringen ist das Betreten gegen den Willen des Berechtigten.

Der Wille des Kaufhausinhabers oder auch nur des Personals ist nicht erkennbar hervorgetreten. Damit ist auf den mutmaßlichen Willen abzustellen. Generell ist der Inhaber eines Kaufhauses schon aus wirtschaftlichem Interesse damit einverstanden, dass Besucherinnen und Besucher und damit potenzielle Kundschaft innerhalb der Öffnungszeiten seine Geschäftsräume betreten.

Möglicherweise erstreckt sich aber dieses generelle Einverständnis nicht auf Personen, die – wie M – in rechtsfeindlicher Absicht in die Geschäftsräume gelangen. Davon wird man jedenfalls dann ausgehen können, wenn sich die rechtsfeindliche Absicht im äußeren Erscheinungsbild dokumentiert, wie es etwa bei einer maskierten oder sichtbar bewaffneten Person der Fall ist. M unterschied sich aber äußerlich nicht von redlichen Kunden, ihre Diebstahlsabsicht war ihr nicht anzusehen.

Damit wäre M nur gegen den mutmaßlichen Willen des Kaufhausinhabers in dessen Räumlichkeiten gelangt, wenn sich die generelle Zutrittserlaubnis ausschließlich auf redliche Kunden und Schaulustige bezöge.

Wie sich an den üblichen schriftlichen Hinweisen auf die dem Ladendieb drohenden zivil- und strafrechtlichen Folgen zeigt, wird der jeweilige Hausrechtsinhaber die Zutrittserlaubnis auf redliche Personen beschränken wollen. Auch erscheint es auf den ersten Blick sachgerecht, den gleichsam getarnten Täter ebenso wie den weniger raffiniert vorgehenden Täter, dessen rechtsfeindliche Absicht offen erkennbar ist, wegen Hausfriedensbruchs strafrechtlich zu belangen.

Gleichwohl bleibt die Konstruktion einer generellen Zutrittserlaubnis unter Ausschluss sämtlicher Personen mit rechtsfeindlichen Absichten eine reine Fiktion. Sie wird dem Charakter von Räumen, die dem allgemeinen Publikumsverkehr offen stehen, nicht gerecht. Fragte man den unvoreingenommenen Ladeninhaber, ob er mit dem Eintritt einer bestimmten unauffälligen Person einverstanden sei, so würde er die Frage auch dann bejahen, wenn der betreffende Mensch in Wahrheit ein potenzieller Dieb ist. Die Bestrafung der bloßen Absicht knüpft damit in bedenklicher Weise an die Gesinnung des Täters an. Dieses Kriterium sollte die strafrechtliche Bewertung jedenfalls nicht maßgeblich beeinflussen.

Zudem greifen die erwähnten kriminalpolitischen Bedenken bei näherer Betrachtung nicht durch. Im Gegenteil muss es als widersinnig eingestuft werden, den nur innerlich zum Diebstahl Entschlossenen auch dann wegen Hausfriedensbruchs zu bestrafen, wenn er sich innerhalb der Geschäftsräume eines

Besseren besinnt. Hierin läge erkennbar eine übertriebene Vorverlagerung des Strafrechtsschutzes. Eine möglicherweise erhöhte Gefährlichkeit des getarnten Täters richtet sich nicht gegen das Hausrecht, kann also im Rahmen des § 123 I keine entscheidende Rolle spielen. Der Hausrechtsinhaber kann einen Besucher im Übrigen jederzeit zum Verlassen der Räumlichkeiten auffordern. Dies führt dann zu einem Schutz nach Maßgabe des § 123 I Var. 2.

Die generelle Zutrittserlaubnis bezieht sich damit nicht nur auf redliche Kunden und Schaulustige. Die Erlaubnis erstreckt sich vielmehr auch auf Personen, die rechtsfeindliche Absichten verfolgen, ohne dass dies nach außen hin erkennbar wird.

Wegen des generellen Einverständnisses ist M nicht gegen den Willen des Berechtigten in das Kaufhaus gelangt. Sie ist nicht im Sinne des § 123 I Var. 1 eingedrungen.

II. Somit hat sich M auch nicht gemäß § 123 I Var. 1 strafbar gemacht.

Fazit

1. Der ***Hausfriedensbruch*** wird in Klausuren und Hausarbeiten oft zu breit geprüft. ***§ 123 I*** hat häufig im Vergleich zu anderen verwirklichten Delikten Bagatellcharakter. Er wird nach bisherigem Verständnis von §§ 242 I, 243 I Nr. 1 bzw. §§ 242 I, 244 I Nr. 3 konsumiert. Allerdings bleibt abzuwarten, ob daran festgehalten wird. Der BGH hat sich nämlich sehr restriktiv zur Konsumtion geäußert, wenn auch unmittelbar nur auf § 303 I bezogen (NJW 2019, 1086 ff / vgl. näher: Die Fälle – Strafrecht BT 2, Fall 15, Fazit 5.).

Klar abzuraten ist jedenfalls von der verbreiteten Unsitte, die Klausur dem historischen Ablauf des Geschehens folgend mit § 123 I zu beginnen. Das ist fast immer ein krasser Verstoß gegen den bewährten Grundsatz „Dickschiffe vorn".

Für die Prüfung ist noch wichtig zu wissen, dass ***„widerrechtlich"*** und ***„ohne Befugnis"*** nach allgemeiner Auffassung ***keine Tatbestandsmerkmale*** sind, sondern ein an sich unnötiger Hinweis auf das übliche Erfordernis der Rechtswidrigkeit. Beide Begriffe haben also im Gutachten nichts zu suchen!

2. Die ***geschützte***n ***Bereiche*** sind in § 123 I genannt. Sie werden tendenziell weit interpretiert. So wird etwa ein Wohnwagen und sogar ein Zelt als „Wohnung" betrachtet. Bei solchen Abweichungen vom Normalfall müsst ihr entsprechend argumentieren. Im Ausgangsfall hätte aber jede gutachterliche Erörterung des Merkmals „Geschäftsraum" lächerlich gewirkt.

3. Wenn der Hausfriedensbruch einmal problematisch wird, hat man es auffallend häufig mit dem ***„Betreten in rechtsfeindlicher Absicht"*** zu tun. Ansatzpunkt ist die ***generelle Zutrittserlaubnis*** als ***Sonderform des tatbestandsausschließenden Einverständnisses***. Die Problematik stellt sich zwangsläufig als eine Art Nebenprodukt, wenn es in der Hauptsache um die im Schutzbereich des § 123 I begangenen Straftaten geht. In diesem Zusammenhang ist genau auf Bearbeitungshinweise zu achten. Mitunter wird die Prüfung des § 123 ausdrücklich nicht verlangt. Wenn euch die Erörterung des Hausfriedensbruchs nicht erspart bleibt, wird allerdings entsprechende Kenntnis des genannten Standardproblems erwartet. Der Umfang der Argumentation hängt dann natürlich maßgeblich von Zahl und Schwierigkeitsgrad der sonstigen Problemschwerpunkte des Falls ab. Je nachdem kann es sich aus Gründen der Zeiteinteilung anbieten, im Vergleich zu unserem Formulierungsvorschlag zügiger zum Ziel zu kommen. Das kann man nicht zuletzt deshalb riskieren, weil die von uns aufgezeigte Verneinung des § 123 I dem Ergebnis der deutlich h.M. entspricht. Man muss auf Basis dieser h.M. allerdings immer sauber untersuchen, ob nicht die ***rechtsfeindliche Absicht*** wegen des Verhaltens oder des Aussehens des Täters ***nach außen erkennbar*** wird. In einem solchen Fall ist ***§ 123 I Var. 1 unstreitig gegeben!***

Mit einer anderen Ausgangssituation habt ihr es zu tun, wenn der Täter in eine Wohnung gelangt, indem er sich z.B. als „Stromableser“ ausgibt. Auch ein solches, durch reine Täuschung (ohne nötigende Einwirkung) ***erschlichenes Einverständnis*** soll das Eindringen i.S.d. § 123 I Var. 1 ausschließen (dann also kein Hausfriedensbruch; heutzutage nur noch vereinzelt bestrittene Ansicht).

4. Gelegentlich ist nicht ganz eindeutig, auf wessen Willen für das Merkmal „Eindringen“ abzustellen ist. ***Berechtigter*** ist der ***Inhaber der Verfügungsgewalt*** und damit nicht notwendig der Eigentümer. So ist grundsätzlich der Mieter auch gegenüber dem Vermieter Hausrechtsinhaber. Gibt es mehrere Berechtigte (z.B. Familienangehörige), genügt das Einverständnis einer Person, wenn nicht ausnahmsweise der Besuch für die anderen unzumutbar ist (z.B. Liebhaberin oder Liebhaber bei Ehegatten).

5. ***§ 123 I Var. 2*** (Nichtentfernen) ist ein ***echtes Unterlassungsdelikt***. Gerade wegen des missverständlichen Wortlauts muss man sich das Verhältnis der beiden Varianten vor Augen führen. § 123 I Var. 2 soll als Auffangtatbestand die Fälle erfassen, in denen jemand den Raum zunächst befugt betreten hat, die Befugnis dann aber durch die Aufforderung, sich zu entfernen, weggefallen ist.

6. Nach Bejahung des § 123 I solltet ihr an den abschließenden Hinweis auf das ***Antragserfordernis nach § 123 II*** denken (siehe Seiten 25, 26).

7. ***§ 124*** (lesen!) ist eine ***Qualifikation*** zu § 123 I, die allerdings in der Prüfungspraxis eine vergleichsweise untergeordnete Rolle spielt.

Fall 23

R ist als Leadsänger der mittelmäßig erfolgreichen Rockgruppe „The Invaders" auf Deutschlandtournee. Nach dem Soundcheck kehrt R ins Hotel zurück, wo er das Zimmer mit der Nummer 6 gemietet hat. Er betritt aber versehentlich das fremde Zimmer mit der Nummer 9. Dort ist Wirtschaftsboss W abgestiegen, der allerdings gerade geschäftlich unterwegs ist. R erkennt die Verwechslung der Zimmer erst daran, dass sich im Bad eine Wanne befindet, während in seinem Zimmer nur eine Dusche vorhanden ist. Nach kurzem Überlegen beschließt R, die Gunst der Stunde zu einem ausgiebigen Vollbad zu nutzen. Zwei Stunden später verlässt er das fremde Zimmer nach wie vor unbemerkt.

Frage: Hat sich R gemäß § 123 strafbar gemacht ?

Lösungsskizze Fall 23

- Strafbarkeit des R gemäß § 123 I Var. 1 ?

I. Tatbestand

1. Objektiver Tatbestand

a. (hier) Wohnung ?

= zur Unterkunft von Menschen dienende Räumlichkeit

HIER (+) → auch das von einem Gast gemietete Hotelzimmer dient, wenn auch nur vorübergehend, zur Unterkunft von Menschen

b. Eindringen ?

= Betreten gegen den Willen des Berechtigten

HIER (+) → R hat die Wohnung gegen den mutmaßlichen Willen des Berechtigten W betreten; ein Hotelgast will seine nach außen abgeschirmte Privatsphäre wahren, er ist nicht damit einverstanden, dass fremde Hotelgäste in das gemietete Zimmer gelangen

***c. <u>also</u>: objektiver Tatbestand* (+)**

2. Subjektiver Tatbestand

- Vorsatz ?

= Wissen und Wollen der Tatbestandsverwirklichung

HIER (−) → R war sich zum Tatzeitpunkt nicht darüber im Klaren, dass er ein fremdes Zimmer betreten hat

***3. <u>also</u>: Tatbestand* (−)**

II. Ergebnis:

Strafbarkeit des R gemäß § 123 I Var. 1 (−)

- Strafbarkeit des R gemäß § 123 I Var. 2 ?

I. Tatbestand

1. Objektiver Tatbestand

a. (hier) Wohnung ? (+) → s.o.

b. Nichtentfernen trotz entsprechender Aufforderung ?

HIER (–) → R ist nicht dazu aufgefordert worden, sich zu entfernen

c. also: objektiver Tatbestand (–)

2. also: Tatbestand (–)

II. Ergebnis:

Strafbarkeit des R gemäß § 123 I Var. 2 (–)

- Strafbarkeit des R gemäß §§ 123 I Var. 1, 13 I ?

I. Tatbestand

1. Objektiver Tatbestand

a. (hier) Wohnung ? (+) → s.o.

b. Eindringen durch Unterlassen ?

HIER (–) → das bloße Verweilen kann nicht Eindringen durch Unterlassen sein (a.A. gut vertretbar); der Unrechtsgehalt des Eindringens besteht gerade im aktiven Überwinden einer Barriere; das liegt schon begrifflich nahe; bei gegenteiligem Verständnis hätte § 123 I Var. 2 keine eigenständige Bedeutung, wäre doch jedes Verweilen bereits vom Eindringen durch Unterlassen nach §§ 123 I Var. 1, 13 I erfasst; dabei käme es faktisch nie auf die Aufforderung des Berechtigten an, die von § 123 I Var. 2 ausdrücklich verlangt wird

c. also: objektiver Tatbestand (–)

2. also: Tatbestand (–)

II. Ergebnis:

Strafbarkeit des R gemäß §§ 123 I Var. 1, 13 I (–)

Formulierungsvorschlag Fall 23

- Strafbarkeit des R gemäß § 123 I Var. 1

Durch das Betreten des Zimmers könnte sich R gemäß § 123 I Var. 1 strafbar gemacht haben.

I. Das Hotelzimmer könnte eine Wohnung im Sinne des § 123 I sein. Darunter ist eine Räumlichkeit zu verstehen, die einem oder mehreren Menschen als Unterkunft dient und dadurch eine abgeschirmte Privatsphäre bildet. Das gemietete Hotelzimmer dient dem jeweiligen Gast, wenn auch nur vorübergehend, als Unterkunft. Für die Zeit des Aufenthalts stellt es eine abgeschirmte Privatsphäre des Gastes dar. Somit ist das von W gemietete Hotelzimmer eine Wohnung im Sinne des § 123 I.

R müsste in das Zimmer eingedrungen sein. Eindringen bedeutet das Betreten gegen den Willen des Berechtigten. Es widerspricht dem mutmaßlichen Willen eines Hotelgastes, dass während seiner Abwesenheit fremde Gäste in das eigene Zimmer gelangen. R hat das Zimmer damit gegen den Willen des Berechtigten betreten und ist folglich eingedrungen.

Er müsste vorsätzlich gehandelt haben. Vorsatz ist Wissen und Wollen der Tatbestandsverwirklichung. R war sich zum Tatzeitpunkt noch nicht darüber im Klaren, dass er ein fremdes Zimmer betreten hat. Er wusste daher nichts von den Umständen, die zur Verwirklichung des objektiven Tatbestands geführt haben. R handelte unvorsätzlich.

II. Durch das Betreten des Zimmers hat sich R nicht gemäß § 123 I Var. 1 strafbar gemacht.

- Strafbarkeit des R gemäß § 123 I Var. 2

Möglicherweise hat R sich aber dadurch gemäß § 123 I Var. 2 strafbar gemacht, dass er auch nach Entdeckung des eigenen Irrtums im Hotelzimmer des W geblieben ist.

I. Eine Bestrafung nach § 123 I Var. 2 setzt ein Nichtentfernen trotz entsprechender Aufforderung des Berechtigten voraus. R ist aber von niemandem dazu aufgefordert worden, sich zu entfernen. Folglich konnte sein Verhalten auch nicht § 123 I Var. 2 verwirklichen.

II. R hat sich nicht gemäß § 123 I Var. 2 strafbar gemacht.

- Strafbarkeit des R gemäß §§ 123 I Var. 1, 13 I

In Betracht kommt im Hinblick auf das anhaltende Verweilen des R eine Bestrafung aus §§ 123 I Var. 1, 13 I.

I. Das Zimmer ist wie oben gezeigt eine Wohnung im Sinne des § 123 I.

Möglicherweise stellt das Verweilen des R ein Eindringen durch Unterlassen dar. Dazu müsste § 123 I Var. 1 in einer solchen Konstellation als unechtes Unterlassungsdelikt begehbar sein.

Schon begrifflich liegt es nahe, den Unrechtsgehalt des Eindringens speziell im aktiven Überwinden einer Barriere zu sehen. Das aktive Eindringen in die nach außen abgeschirmte Privatsphäre ist nicht mit einer Situation vergleichbar, in der der Täter diese geschützte Sphäre lediglich nicht unverzüglich verlässt. Dem trägt das Gesetz selbst dadurch Rechnung, dass nach § 123 I Var. 2 das Nichtentfernen ausdrücklich nur bei entsprechender Aufforderung des Berechtigten bestraft werden soll. Diese Wertung wird unterlaufen, wenn man unter Rückgriff auf § 123 I Var. 1 über die Figur des Eindringens durch Unterlassen letztlich doch auf die Aufforderung verzichtet. § 123 I Var. 2 hätte bei einer solchen Interpretation keine eigenständige Bedeutung.

Demnach ist § 123 I Var. 1 nicht in der Form durch Unterlassen begehbar, dass der Täter im geschützten Raum verbleibt. Das Verweilen des R ist folglich kein Eindringen durch Unterlassen.

II. Auch eine Bestrafung des R nach §§ 123 I Var. 1, 13 I scheidet damit aus.

Fazit

1. Das ***Hotelzimmer*** ist nicht gerade der Normalfall einer Wohnung, weshalb sich trotz des eindeutigen Ergebnisses eine kurze gutachterliche Prüfung empfiehlt.

2. ***§ 123 I Var. 1 (durch aktives Tun)*** scheiterte am Vorsatz. Die nachträgliche Erkenntnis des R ist unerheblich, es kommt allein auf den Tatzeitpunkt an. Daran zeigt sich wieder einmal eindrucksvoll, warum die konkrete Tathandlung grundsätzlich in den jeweiligen Obersatz gehört (siehe näher Seite 21).

3. Bereits im Fazit zum vorangegangenen Fall haben wir erwähnt, dass ***§ 123 I Var. 2 (Nichtentfernen)*** – wie etwa § 138 und § 323c I – ein echtes Unterlassungsdelikt ist. Diese Tatbestände sind schon vom Wortlaut her ausschließlich auf Unterlassen zugeschnitten, es findet kein Rückgriff auf § 13 statt.

   Mit dem bloßen Nichtentfernen ist es für § 123 I Var. 2 nicht getan. Als entscheidendes Merkmal muss die entsprechende ***Aufforderung des Berechtigten*** hinzukommen. Berechtigter ist selbstverständlich der ***Hausrechtsinhaber***. Zur Wahrung des Hausrechts und damit zur Aufforderung nach § 123 I Var. 2 ist auch ein minderjähriger Familienangehöriger ohne ausdrückliche Bevollmächtigung berechtigt. Die Aufforderung kann zudem durch schlüssiges Verhalten (konkludent) zum Ausdruck gebracht werden. Im Ausgangsfall fehlte es allerdings eindeutig an der erforderlichen Aufforderung. Deshalb konntet ihr auch auf die gesamte Prüfung des § 123 I Var. 2 verzichten. Mit einer kurzen Prüfung zeigt man allerdings Systemverständnis.

4. Im Ausgangsfall kam es darauf an, inwieweit ***§ 123 I Var. 1 als unechtes Unterlassungsdelikt (§ 13 I)*** begangen werden kann. Im Sinne einer besonders deutlichen Schwerpunktsetzung ist es unserer Ansicht nach vertretbar, in

solchen Fällen direkt mit der Prüfung der §§ 123 I Var. 1, 13 I zu beginnen. Ähnlich stellt sich die Situation dar, wenn der Täter in einem der Öffentlichkeit zugänglichen Gebäude (Kaufhaus, Museum etc.) über die Öffnungszeiten hinaus verweilt. Ein Eindringen scheitert dann an der generellen Zutrittserlaubnis, eine Bestrafung aus § 123 I Var. 2 an der im Einzelfall meist fehlenden Aufforderung.

Zur Sache: Die h.M. bejaht in den Fällen bewussten Verweilens gegen den mutmaßlichen Willen des Berechtigten ein Eindringen durch Unterlassen. Wir sind dagegen der Mindermeinung gefolgt, die argumentativ vor allem auf die systematische Eigenständigkeit der zweiten Variante abstellt. Auch nach dieser aus unserer Sicht überzeugenden Auffassung ist eine Bestrafung nach §§ 123 I Var. 1, 13 I übrigens nicht völlig ausgeschlossen. Ein Eindringen ist unstreitig durch Unterlassen begehbar, indem der Täter eine von ihm zu überwachende Person nicht am aktiven Eindringen hindert.

Wer mit der h.M. darüber hinaus auch die Konstellation des Ausgangsfalls als Eindringen durch Unterlassen betrachtet, hatte mit der Bejahung der nötigen Garantenstellung (§ 13 I) keine Probleme. Sie ließ sich aus dem Vorverhalten des R (Ingerenz) ableiten. Weil die gebotene Handlung (Sich-Entfernen) auch möglich und zumutbar war, kam man auf Basis der h.M. zu einer Bestrafung des R gemäß §§ 123 I Var. 1, 13 I (vgl. zum unechten Unterlassungsdelikt Die Fälle – Strafrecht AT, Fall 43).

Delikte gegen die Rechtspflege

Fall 24

Der unmotivierte A wird als Zeuge vor Gericht über den Hergang eines Verkehrsunfalls vernommen. Ohne lange Überlegung sagt er, B habe an einem Stoppschild gehalten. Dem war auch tatsächlich so, während A der oberflächlichen Überzeugung ist, B sei mit nur leicht verminderter Geschwindigkeit in den Kreuzungsbereich gefahren.

Frage: Wie hat sich A strafbar gemacht ?

Lösungsskizze Fall 24

- Strafbarkeit des A gemäß § 153 I ?

I. Tatbestand

1. Objektiver Tatbestand

a. zuständige Stelle ? **(+)**

b. als Zeuge oder Sachverständiger ? **(+)**

c. falsche Aussage ?
= Widerspruch zwischen Wort und Wirklichkeit (h.M.)

HIER (–) → die Aussage war objektiv richtig; auf die Vorstellung des Täters kommt es nicht an (objektive Theorie); für diese h.M. spricht der Zweck der Aussagedelikte; eine objektiv richtige Aussage führt nicht in die Irre; die Rechtspflege ist dann nicht schutzwürdig; a.A. (subjektive Theorie): Widerspruch zwischen Wort und Wissen; a.A. (Pflichttheorie): Wahrheitspflicht mangels gewissenhafter Erforschung des Erinnerungsvermögens verletzt

d. <u>also</u>: objektiver Tatbestand **(–)**

2. <u>also</u>: Tatbestand **(–)**

II. Ergebnis:
Strafbarkeit des A gemäß § 153 I (–)

Formulierungsvorschlag Fall 24

- Strafbarkeit des A gemäß § 153 I

A könnte sich durch seine Schilderung des Unfallhergangs gemäß § 153 I strafbar gemacht haben.

I. Er hat vor Gericht als Zeuge ausgesagt.

Die Aussage müsste falsch sein. Sie entsprach objektiv der Wirklichkeit. Lediglich in der Vorstellung des A widerspricht die Schilderung den tatsächlichen Gegebenheiten. Er hat allerdings auch sein Erinnerungsvermögen nicht gewissenhaft im Sinne der prozessualen Wahrheitspflicht erforscht.

Somit stellt sich die Frage, ob für die Annahme einer Falschaussage ein Widerspruch zwischen Wort und objektiver Wirklichkeit vorauszusetzen ist. Nur wenn man sich mit einer Verletzung der Wahrheitspflicht oder einem Widerspruch zwischen Wort und Wissen des Täters begnügt, liegt eine falsche Aussage vor.

Eine Anknüpfung an das Wissen der Aussageperson erscheint deshalb nicht fernliegend, weil stets nur die subjektive Vorstellung, nicht aber die objektive Wirklichkeit von einem Zeugen abfragbar ist. Wenn ein Zeuge aber – wie sich nicht zuletzt aus der Eidesformel des § 64 StPO ergibt – nur sein Wissen präsentieren kann, spricht einiges dafür, dies auch als Kriterium im Rahmen der Aussagedelikte heranzuziehen. Zudem dürfte der Rechtspflege auch mit einer zufällig objektiv richtigen Aussage nur bedingt gedient sein, weil diese nicht durch kritische Überprüfung und gewissenhafte Erforschung des Erinnerungsvermögens zustande gekommen ist.

Maßgeblich ist demgegenüber der Zweck der Aussagedelikte heranzuziehen. Er besteht nämlich im Schutz der Rechtspflege vor der Gefahr einer Irreführung durch falsche Aussagen. Diese Gefahr verwirklicht sich konkret nur in objektiv falschen Aussagen. Das Gesetz selbst geht von einem Widerspruch zwischen Wort und Wirklichkeit aus, wie sich aus § 160 I ergibt. Danach leistet einen – objektiv – falschen Eid, wer die Wahrheit zu beschwören glaubt. Dies lässt sich mit dem eingangs geschilderten rein subjektiven Ansatz nicht ohne Ungereimtheiten vereinbaren. Gleiches gilt für die an der Wahrheitspflichtverletzung orientierte Auffassung. Beide Ansichten stellen unter Außerachtlassung des genannten Zwecks der Aussagedelikte zu Unrecht auf die Wahrhaftigkeit statt auf die objektive Wahrheit ab. Die Erforschung des Erinnerungsvermögens unter Beachtung der Wahrheitspflicht spielt nur für die Sorgfaltspflichtverletzung bei § 161 I eine Rolle und ist folglich keine Frage der Falschheit.

Es kommt also für die Falschaussage auf einen Widerspruch zwischen Wort und Wahrheit an, der wie gezeigt nicht vorliegt.

A hat nicht falsch ausgesagt.

II. Er hat sich durch seine Schilderung nicht gemäß § 153 I strafbar gemacht.

Fazit

1. Auch und gerade bei den Aussagedelikten gilt es, die Übersicht zu bewahren. Welcher Fall wird von welchem Delikt erfasst?

   Ein systematischer Überblick:

   § 153: vorsätzlich uneidliche Falschaussage (Grunddelikt)
   § 154: vorsätzlich falscher Schwur (= beeidete Falschaussage; Qualifikation)
   § 156: vorsätzlich falsche Versicherung an Eides statt
   § 161: fahrlässiger Falscheid / falsche Versicherung
   § 160: Sonderregelung „mittelbarer Täterschaft"
   § 159: Ergänzung zu § 30 I

2. Gern wird übersehen, dass auch beim Grunddelikt § 153 I die Aussage vor einer zur eidlichen Vernehmung ***zuständige***n ***Stelle*** gemacht werden muss. Damit scheiden insbesondere Aussagen gegenüber der Polizei und der Staatsanwaltschaft aus. Beachtet in diesem Zusammenhang ***§ 161a I 3 StPO***. Untersuchungsausschüsse der Parlamente (vgl. Art. 44 GG) sind von § 153 II erfasst, seit sie nicht mehr als „sonstige Stellen" im Sinne des § 153 I angesehen werden können, weil dort keine eidliche Vernehmung (mehr) vorgesehen ist.

   Achtet weiter in entsprechenden Problemfällen darauf, dass § 153 I erst erfüllt ist, wenn die Vernehmung abgeschlossen ist. Solange der Zeuge redet, ist das Vollendungsstadium noch nicht erreicht.

3. Zum zentralen Begriff der ***Falschaussage*** lassen sich drei nennenswerte Meinungen ausmachen: Die deutlich herrschende ***„objektive Theorie"***, die heutzutage nur noch vereinzelt vertretene ***„subjektive Theorie"*** und die vermittelnde, aber eher schwammige ***„Pflichttheorie"***. Im Formulierungsvorschlag seht ihr wieder einmal, dass eine Darstellung vom Problem des Falls her im Vergleich zum lehrbuchartigen Abspulen von „Theorien" wesentlich lebendiger und überzeugender wirkt.

   Es sind folgende ***Konstellationen*** denkbar:

   Konstellation 1:
   Die Aussage ist objektiv richtig; der Täter ist sich dessen bewusst.

   Lösung: Keine Strafbarkeit; es handelt sich um den Idealfall des aufrichtigen Zeugen, der zudem richtig beobachtet hat (Meinungsstreit nicht relevant).

   Konstellation 2:
   Die Aussage ist objektiv falsch; der Täter will bewusst falsch aussagen.

   Lösung: Vollendeter § 153 I (gegebenenfalls § 154); die Aussage ist (objektiv und subjektiv) falsch, Vorsatz ist gegeben (Meinungsstreit nicht relevant).

   Konstellation 3:
   Die Aussage ist objektiv falsch; der Täter hält sie irrig für richtig.

   Lösung: Nach der „objektiven Theorie" ist die Aussage falsch (Widerspruch zwischen Wort und Wahrheit). § 153 I scheitert zwar am erforderlichen Vorsatz, es kommt aber eine Bestrafung nach § 161 I in Betracht. Nach der „subjektiven Theorie“ liegt keine falsche Aussage vor (Widerspruch zwischen Wissen und Wahrheit), sodass auch § 161 I ausscheidet.

Konstellation 4:
Die Aussage ist (zufällig) objektiv richtig; der Täter hält sie irrig für falsch.

Lösung: Es handelt sich um die Situation des Ausgangsfalls. Nach der „objektiven Theorie“ liegt keine Falschaussage vor, sodass Vollendung des § 153 I ausscheidet. Der aufgrund der irrigen Tätervorstellung strukturell gegebene untaugliche Versuch ist nur bei § 154 strafbar (Verbrechen: §§ 23 I, 12 I, III). Nach der „subjektiven Theorie“ hat der Täter falsch ausgesagt (Widerspruch zwischen Wort und Wissen), sodass Vollendung gegeben ist.

Zwingt euch immer dazu, die Relevanz von Meinungsverschiedenheiten am Fall zu überprüfen und herauszuarbeiten. Auf den im Ausgangsfall aufgearbeiteten Klassiker kommt es wie gesehen nur bei Irrtum des Täters an.

Aber Vorsicht: Wenn der Täter die Aussage ausdrücklich auf sein Vorstellungsbild beschränkt und damit nur eine innere Tatsache wiedergibt, stellt das Wissen des Täters zugleich die in der Aussage bekundete Wirklichkeit dar. Die beiden Grundtheorien kommen dann stets zu gleichen Ergebnissen.

Ärgerlicherweise fällt die „Pflichttheorie“ aus diesen klaren Kategorien völlig heraus. Nach dieser Ansicht ist entscheidend, ob der Täter sein Erinnerungsvermögen im Sinne der Wahrheitspflicht gewissenhaft erforscht hat. Wenn nicht, soll die Aussage falsch sein. Auf die „Pflichttheorie“ kann man sinnvoll nur eingehen, wenn der Sachverhalt – wie im Ausgangsfall – entsprechende Anhaltspunkte bereithält. Dann aber sollte man ein paar Worte darauf verwenden.

Fall 25

Zeugin Z schätzt die Justiz nicht besonders und lügt daher vor Gericht, dass sich die Balken biegen. Nach Beendigung ihrer Aussage soll sie vereidigt werden. Beim Sprechen der Eidesformel erinnert sie sich an die mahnenden Worte der Richterin, insbesondere an die plastisch beschriebenen Folgen eines Meineids. Z bricht die Eidesformel aus Reue ab und stellt ihre Aussage sofort richtig.

Frage: Wie hat sich Z strafbar gemacht ?

Lösungsskizze Fall 25

- Strafbarkeit der Z gemäß § 154 I ?

I. Tatbestand

1. Objektiver Tatbestand

a. zuständige Stelle ? **(+)**

b. falsches Schwören ?
= Beschwören einer falschen Aussage

HIER (–) → es lag zwar eine falsche Aussage vor, beschworen ist sie aber erst mit vollständigem Ableisten der Eidesformel

c. <u>also</u>: objektiver Tatbestand **(–)**

2. <u>also</u>: Tatbestand **(–)**

II. Ergebnis:
Strafbarkeit der Z gemäß § 154 I (–)

- Strafbarkeit der Z gemäß §§ 154 I, 22, 23 I ?

(- Vorprüfung)

1. Nichtvollendung der Tat ? **(+)**

2. Strafbarkeit des Versuchs ? **(+)** → ***§§ 154 I, 23 I, 12 I***

I. Tatbestand

1. Subjektiver Tatbestand = Tatentschluss **(+)**

2. Objektiver Tatbestand = unmittelbares Ansetzen **(+)**

II. Rechtswidrigkeit **(+)**

III. Schuld (+)

IV. Rücktritt nach § 24 I 1 Var. 1

1. weitere Ausführung der Tat aufgegeben (unbeendeter Versuch) ? (+)

2. freiwillig ? (+)

3. also: Rücktritt nach § 24 I 1 Var. 1 (+)

V. Ergebnis:

Strafbarkeit der Z gemäß §§ 154 I, 22, 23 I (–)

- Strafbarkeit der Z gemäß § 153 I ?

I. Tatbestand

1. Objektiver Tatbestand

a. zuständige Stelle ? (+)

b. als Zeuge oder Sachverständiger ? (+)

c. falsche Aussage ? (+)

d. also: objektiver Tatbestand (+)

2. Subjektiver Tatbestand

- Vorsatz ? (+)

3. also: Tatbestand (+)

II. Rechtswidrigkeit (+)

III. Schuld (+)

IV. Möglichkeit der Milderung oder des Absehens von Strafe nach § 158 I

1. Berichtigung der falschen Angabe ? (+)

2. rechtzeitig (vgl. § 158 II) ? (+)

3. also: Möglichkeit der Milderung oder des Absehens von Strafe nach § 158 I (+)

V. Ergebnis:

Strafbarkeit der Z gemäß § 153 I (+); aber Möglichkeit der Milderung oder des Absehens von Strafe nach § 158 I

Formulierungsvorschlag Fall 25

- Strafbarkeit der Z gemäß § 154 I

Z könnte sich durch die schon teilweise gesprochene Eidesformel gemäß § 154 I strafbar gemacht haben.

I. Dazu müsste sie vor Gericht falsch geschworen haben. Eine Aussage ist erst dann beschworen, wenn der Täter die Eidesformel vollständig ausgesprochen hat. Z hat indessen die Wiedergabe der Eidesformel abgebrochen. Sie hat damit nicht geschworen.

II. Z hat sich nicht gemäß § 154 I strafbar gemacht.

- Strafbarkeit der Z gemäß §§ 154 I, 22, 23 I

Möglicherweise begründet die teilweise ausgesprochene Formel aber eine Strafbarkeit nach §§ 154 I, 22, 23 I.

Der Meineid wurde wie gesehen nicht vollendet.

Die Strafbarkeit des Versuchs ergibt sich aus §§ 154 I, 23 I, 12 I.

I. Z wollte die objektiv wie auch aus ihrer Sicht falsche Aussage beschwören, hatte also Tatentschluss zur Verwirklichung des objektiven Tatbestands.

Sie müsste unmittelbar zur Tatbestandsverwirklichung angesetzt haben. Unmittelbares Ansetzen liegt jedenfalls dann vor, wenn der Täter mit der Tatausführung begonnen hat. Z hatte einen Teil der Eidesformel schon ausgesprochen, also mit der Tathandlung begonnen. Sie hat unmittelbar zur Tatbestandsverwirklichung angesetzt.

II. Die Tat geschah rechtswidrig.

III. Z handelte schuldhaft.

IV. Sie könnte aber gemäß § 24 I 1 Var. 1 strafbefreiend vom Versuch zurückgetreten sein.

Z glaubte nicht, alles zur Verwirklichung des Tatbestands Erforderliche getan zu haben, es handelte sich mithin um einen unbeendeten Versuch. Von dieser Form des Versuchs geht § 24 I 1 Var. 1 aus, sodass bloßes Aufgeben der weiteren Tatausführung als Rücktrittshandlung genügt. Z hat die Eidesformel nicht weiter ausgesprochen und damit die Tatausführung endgültig aufgegeben.

Dies müsste freiwillig geschehen sein. Freiwilligkeit bedeutet Handeln aus autonomen Motiven. Die können vorliegen, wenn dem Täter die Tat zum Zeitpunkt des Aufgebens nach wie vor ausführbar erscheint. Für Z stand einer vollständigen Eidesleistung nichts entgegen, sie hat die Tatausführung aus Reue – einem autonomen Motiv – aufgegeben. Z handelte folglich freiwillig. Sie ist nach § 24 I 1 Var. 1 strafbefreiend vom Versuch zurückgetreten.

V. Damit hat sich Z auch nicht gemäß §§ 154 I, 22, 23 I strafbar gemacht.

- Strafbarkeit der Z gemäß § 153 I

Z könnte mit Blick auf seine ursprüngliche Aussage gemäß § 153 I zu bestrafen sein.

I. Sie hat als Zeugin vor Gericht ausgesagt. Die Vernehmung war auch abgeschlossen, Z hatte bereits mit dem Nacheid begonnen. Die vollendete Aussage war zudem objektiv wie auch aus Sicht der Z falsch.

Z handelte vorsätzlich.

II. Die Tat geschah rechtswidrig.

III. Z handelte auch schuldhaft.

IV. Möglicherweise kommt ihr aber § 158 I mit der Folge möglicher Strafmilderung oder gar eines Absehens von Strafe zugute.

Z hat die falsche Angabe berichtigt. Die Berichtigung war nicht verspätet im Sinne des § 158 II, also rechtzeitig. Damit liegen die Voraussetzungen des § 158 I vor, sodass Z von den genannten Möglichkeiten profitieren kann.

V. Sie hat sich durch seine ursprüngliche Aussage gemäß § 153 I strafbar gemacht. Das Gericht kann die Strafe aber gemäß § 158 I nach seinem Ermessen mildern oder von Strafe absehen.

Fazit

1. Im Gegensatz zum vorherigen Fall kommen „Problemsucher" hier nicht auf ihre Kosten. Auf die „Theorien" zur Falschaussage kommt es nicht an. Je nach Geschmack könnt ihr wie aufgezeigt mit der Formulierung „objektiv wie aus Sicht der Z falsch" Problembewusstsein andeuten. Weitere Ausführungen dazu sind verfehlt.

Es geht im Groben darum, das ***systematische Zusammenspiel von § 153, § 154, § 24 und § 158*** zu erkennen und den Fall mit dem nötigen Überblick sauber zu lösen. Die entsprechenden Fähigkeiten spielen in der Klausur- und Hausarbeitspraxis eine wesentlich größere Rolle, als die meisten Studenten und Studentinnen glauben.

2. Die Aussagedelikte funktionieren nach dem Prinzip ***„Zuckerbrot und Peitsche"***. Es gibt einerseits immense Strafdrohungen (vgl. § 154 I). Sozusagen im Gegenzug werden dem Täter wie in kaum einem anderen Bereich Möglichkeiten geboten, der Bestrafung ganz oder teilweise zu entgehen. In diesem Zusammenhang ist neben ***§ 157*** (lesen!) ***§ 158*** zu nennen, auf den ihr bei der Fall-Lösung hoffentlich gestoßen seid. Die Vorschrift beruht auf der angesichts der heutigen Wirklichkeit vor Gericht naiv erscheinenden Vorstellung, der Wahrheit zum Sieg verhelfen zu können. Deshalb wird dem Täter auch nach

Vollendung noch der Weg zur Straffreiheit eröffnet. Die Berichtigung muss bei § 158 nach h.M. nicht einmal freiwillig erfolgen, dafür spricht ein Vergleich mit dem Wortlaut des verwandten § 24.

3. Bei Bedarf sollte euch der Fall Anlass geben, die Versuchsprüfung und besonders ***§ 24*** zu wiederholen (vgl. Die Fälle – Strafrecht AT, Fälle 35 bis 40). Gerade der Rücktritt nach § 24 taucht gerne in Klausuren auf, der nach § 31 (lesen!) ist dagegen eher exotisch. Rücktritt und ***§ 158*** schließen sich übrigens in ihrem Anwendungsbereich nicht aus. Im Versuchsbereich ist immer vorrangig der weitergehende Rücktritt zu prüfen. Wenn der Rücktritt – anders als im Ausgangsfall – scheitert, greift man auf § 158 zurück. Wenn das Aussagedelikt vollendet ist, wird natürlich direkt auf den dann allein einschlägigen § 158 zugesteuert.

4. Die ***Aussagedelikte*** sind sogenannte ***eigenhändige Delikte***, d.h. nicht jedermann kommt als Täter infrage. ***§ 153*** kann ***nur*** von ***Zeugen und Sachverständige***n begangen werden, während bei der Qualifikation (h.M.) des ***§ 154 zusätzlich*** die ***Partei im Zivilprozess*** (vgl. § 452 ZPO) zum denkbaren Täterkreis gehört. Bei beiden Delikten ist zu beachten, dass sich die Falschaussage auf den Gegenstand – also das Thema – der Vernehmung beziehen muss, was aber in Klausuren regelmäßig der Fall ist.

5. Die Prüfung der §§ 153 ff wirft Probleme auf, wenn die ***Aussage prozessual fehlerhaft*** zustande gekommen ist, wenn also z.B. ein Verstoß gegen § 60 Nr. 2 StPO oder gegen Belehrungspflichten (etwa nach § 55 II StPO) vorliegt. Solche Mängel ändern nach allgemeiner Auffassung im Grundsatz nichts daran, dass eine Aussage im Sinne der §§ 153 ff gemacht wurde. Streitig ist die Anwendbarkeit der Aussagedelikte nur dann, wenn der prozessuale Verstoß zu einem ***Verwertungsverbot*** führt. Unter Berufung auf die unbeeinträchtigte Wahrheitspflicht hält die h.M. eine Bestrafung nach §§ 153 ff selbst im Falle eines solchen Verwertungsverbots für möglich. Wie ihr euch denken könnt, liegt hier eine Schnittstelle zwischen materiellem Recht und Prozessrecht. Achtet gegebenenfalls darauf, ob und inwieweit die Dozentin oder der Dozent prozessuale Töne anschlägt.

6. Kurz noch zu den ***Konkurrenzen***: Bei mehreren Aussagen innerhalb einer Gerichtsinstanz wird von Handlungseinheit ausgegangen, § 52. Bei Vereidigung des Täters wird § 153 I von § 154 I als subsidiär verdrängt (Gesetzeskonkurrenz). Nach Bejahung des § 154 I muss für unsere Begriffe kein Wort mehr zu § 153 I gesagt werden. Anders sieht es bei Falschaussagen über mehrere Instanzen hinweg aus (Realkonkurrenz, § 53).

Im Hinterkopf haben solltet ihr übrigens bei Verdacht auf §§ 153, 154 auch §§ 145d, 164, 187, 257, 258 und § 263 (Prozessbetrug). Diese Vorschriften stehen gerne in Idealkonkurrenz zu den Aussagedelikten.

Fall 26

A war als Autofahrer in einen Verkehrsunfall verwickelt, während sich sein Bekannter B auf dem Beifahrersitz befand. A kennt B als gutmütigen Menschen, dessen Erinnerungsvermögen ausgeprägt schwach ist. Er stachelt B an, als Zeuge vor Gericht auszusagen, die Ampel habe Grün gezeigt. A ist sich darüber bewusst, dass die Ampel in Wahrheit schon auf Rot gesprungen war. Er denkt aber, B werde gutgläubig vor Gericht falsch aussagen. In Wirklichkeit hat B einen seiner seltenen Geistesblitze und erinnert sich an das wahre Geschehen. Trotzdem sagt er so aus, wie es A gewünscht hatte und beschwört seine Aussage anschließend.

Frage: Wie haben sich A und B strafbar gemacht ?

Lösungsskizze Fall 26

- Strafbarkeit des B gemäß § 154 I ?

I. Tatbestand

1. Objektiver Tatbestand

a. zuständige Stelle ? **(+)**

b. falsches Schwören ? **(+)**

c. <u>also</u>: objektiver Tatbestand **(+)**

2. Subjektiver Tatbestand

- Vorsatz ?
= Wissen und Wollen der Tatbestandsverwirklichung

HIER (+) → im Gegensatz zum Vorstellungsbild des A wollte B gezielt falsch aussagen

3. <u>also</u>: Tatbestand **(+)**

II. Rechtswidrigkeit **(+)**

III. Schuld **(+)**

IV. Ergebnis:
Strafbarkeit des B gemäß § 154 I (+)

- Strafbarkeit des A gemäß §§ 154 I, 26 ?

I. Tatbestand

1. Objektiver Tatbestand

a. vorsätzliche rechtswidrige Haupttat ? (+) → ***s.o.***

b. Bestimmen zur Tat ? (+)

c. also: objektiver Tatbestand (+)

2. Subjektiver Tatbestand

a. Vorsatz bezüglich der Vollendung der Haupttat ?

aa. Vorsatz bezüglich des objektiven Tatbestands ? (+)

bb. Vorsatz bezüglich des subjektiven Tatbestands ?

HIER (–) → A ging von unvorsätzlichem Handeln des B aus; ihm fehlte also seinerseits der entsprechende Vorsatz

cc. also: Vorsatz bezüglich der Vollendung der Haupttat (–)

b. also: subjektiver Tatbestand (–)

3. also: Tatbestand (–)

II. Ergebnis:
Strafbarkeit des A gemäß §§ 154 I, 26 (–)

- Strafbarkeit des A gemäß § 160 I Var. 1 ?

I. Tatbestand

1. Objektiver Tatbestand

a. Verleiten eines anderen (hier) zur Ableistung eines falschen Eides ?

HIER (–) → B hat vorsätzlich falsch geschworen; § 160 I setzt als Sonderregelung der mittelbaren Täterschaft einen gutgläubigen Vordermann voraus (a.A. die h.M.: objektiv falsche Aussage genügt)

b. also: objektiver Tatbestand (–)

2. also: Tatbestand (–)

II. Ergebnis:
Strafbarkeit des A gemäß § 160 I Var. 1 (–)

- Strafbarkeit des A gemäß §§ 160, 22, 23 I ?

(- Vorprüfung)

1. Nichtvollendung der Tat ? (+) → ***s.o.***

2. Strafbarkeit des Versuchs ? (+) → ***§ 160 II***

I. Tatbestand

1. *Subjektiver Tatbestand = Tatentschluss*
= Vorsatz bezüglich der objektiven Merkmale

HIER (+) → A ging von der erforderlichen (s.o.) Gutgläubigkeit des B aus

2. *Objektiver Tatbestand = unmittelbares Ansetzen* (+)

3. *also: Tatbestand* (+)

***II. Rechtswidrigkeit* (+)**

***III. Schuld* (+)**

IV. Ergebnis:
Strafbarkeit des A gemäß §§ 160, 22, 23 I (+)

- Gesamtergebnis

Strafbarkeit des B gemäß § 154 I (+); Strafbarkeit des A gemäß §§ 160, 22, 23 I (+)

Formulierungsvorschlag Fall 26

- Strafbarkeit des B gemäß § 154 I

B könnte sich durch seinen Eid gemäß § 154 I strafbar gemacht haben.

I. Die von B vor Gericht beschworene Aussage war objektiv wie auch aus seiner Sicht falsch. B hat folglich vor einer zuständigen Stelle falsch geschworen.

Dies müsste er vorsätzlich getan haben. Vorsatz bedeutet Wissen und Wollen der Tatbestandsverwirklichung. B wusste, dass seine Aussage mit der Wirklichkeit nicht übereinstimmte, er wollte gezielt falsch aussagen. B handelte mithin vorsätzlich.

II. Die Tat geschah rechtswidrig.

III. B handelte auch schuldhaft.

IV. Er hat sich somit durch die beschworene Aussage gemäß § 154 I strafbar gemacht.

- Strafbarkeit des A gemäß §§ 154 I, 26

In Betracht kommt eine Bestrafung des A nach §§ 154 I, 26 bezüglich der Einwirkung auf B.

I. A hat B zu dessen vorsätzlich begangener rechtswidriger Haupttat – dem Meineid – bestimmt.

Er müsste zum Zeitpunkt der Anstifterhandlung den Vorsatz zur Vollendung der Haupttat gehabt haben. A wusste nicht, dass B den Charakter der erwünschten Aussage erkannt hatte. In der Vorstellung des A sollte B unvorsätzlich handeln. A fehlte demnach der Vorsatz zur Vollendung der Haupttat.

II. Eine Bestrafung des A wegen Anstiftung gemäß §§ 154 I, 26 scheidet damit aus.

- Strafbarkeit des A gemäß § 160 I Var. 1

Durch die Einwirkung auf B hat sich A möglicherweise gemäß § 160 I Var. 1 strafbar gemacht.

I. Er müsste dazu einen anderen zur Ableistung eines falschen Eides verleitet haben.

B hat einen falschen Eid abgeleistet, er hat den objektiven Tatbestand des § 154 I erfüllt.

Das Verleiten besteht darin, dass der andere zur Falschaussage bestimmt wird. Jedenfalls typischerweise sind damit in Abgrenzung zur Anstiftung Konstellationen der mittelbaren Täterschaft gemeint, die wegen des eigenhändigen Charakters der Aussagedelikte nach allgemeinen Regeln nicht strafbar wären. Eine solche Situation der vollendeten mittelbaren Täterschaft liegt aber nur vor, wenn der Vordermann entsprechend der Vorstellung des Täters auch tatsächlich gutgläubig ist. B ist aber entgegen der Vorstellung des A bösgläubig. Damit stellt sich die Frage, ob ein vollendetes Verleiten im Sinne des § 160 I auch dann gegeben ist, wenn es zu einer vorsätzlichen Tat des Zeugen gekommen ist.

Zu diesem Ergebnis kommt man, wenn man die vom Hintermann geplante unvorsätzliche Tat sozusagen erst recht in der tatsächlich begangenen vorsätzlichen Tat enthalten sieht. Dann nämlich ist die abweichende Vorstellung des Hintermanns unbeachtlich. Jedenfalls ist es durch seine Initiative zu einer objektiv falschen und damit die Rechtspflege gefährdenden Aussage gekommen.

Mit Blick auf die eingangs geschilderte Funktion des § 160 verliert diese vordergründig einleuchtende Argumentation an Plausibilität.

Dogmatisch ist schwerlich zu begründen, im objektiven Tatbestand auch vorsätzliche Aussagedelikte erfassen zu wollen, während der subjektive Tatbestand die Vorstellung eines unvorsätzlichen Delikts erfordert. Nach allgemeinen Regeln handelt es sich bei einer solchen Abweichung von objektiver Wirklichkeit und Vorstellung des Täters um einen Versuch.

Auch aus kriminalpolitischer Sicht besteht zu der Konstruktion einer Strafbarkeit wegen vollendeter Verleitung zur Falschaussage nach § 160 I kein Grund. Unerwünschte Strafbarkeitslücken entstünden allenfalls, wenn man ansonsten zur Straflosigkeit oder zu einer zwingenden Strafmilderung käme. Der Versuch ist aber nach § 160 II strafbar, und § 23 II räumt lediglich die Möglichkeit einer Strafmilderung ein.

Demnach erfordert § 160 I richtigerweise Gutgläubigkeit des Verleiteten, an der es vorliegend wie gezeigt fehlt.

II. Durch sein Einwirken auf B hat sich A nicht gemäß § 160 I Var. 1 strafbar gemacht.

- Strafbarkeit des A gemäß §§ 160, 22, 23 I

A könnte aber wegen des Einwirkens auf B gemäß §§ 160, 22, 23 I zu bestrafen sein.

Die Tat ist wie gesehen nicht vollendet.

Der Versuch ist gemäß § 160 II strafbar.

I. A müsste zur Tat entschlossen gewesen sein. Er müsste einen entsprechenden Vorsatz gefasst haben. Nach Vorstellung des A sollte der von ihm beeinflusste B unbewusst falsch aussagen. A handelte mit Tatentschluss.

Durch sein Einwirken auf B hat A unmittelbar zur Tatbestandsverwirklichung angesetzt.

II. Die Tat geschah rechtswidrig.

III. A handelte schuldhaft.

IV. A ist wegen versuchter Verleitung zur Falschaussage gemäß §§ 160, 22, 23 I zu bestrafen.

- Gesamtergebnis

B hat sich gemäß § 154 I, A hat sich gemäß §§ 160, 22, 23 I strafbar gemacht.

Fazit

1. Dieser Klassiker darf natürlich auch bei uns nicht fehlen. Der ***Irrtum des Hintermanns*** bildet bei ***§ 160*** das Problem schlechthin. Wir schließen uns hier beachtlichen Teilen der Literatur an, weil deren Mindermeinung die besseren Argumente auf ihrer Seite hat. Zusammengefasst ist die Lösung dogmatisch sauber, ohne vom Schreckgespenst der viel bemühten „unerträglichen Strafbarkeitslücken" überschattet zu sein. Wer in dieser Frage allerdings der h.M. folgen will, kommt zur Vollendung des § 160 I. Dann erübrigt sich natürlich die Versuchsprüfung. Jedenfalls solltet ihr nicht auf die ***kurze Prüfung der Anstiftung*** verzichten. Damit zeigt ihr ohne großen Zeitaufwand Systemüberblick, weil Anstiftung und versuchte Anstiftung nach §§ 26 bzw. 30 I Var. 1, 159 dem nur ergänzenden § 160 vorgehen. Diesen Überblick soll auch die folgende Auflistung vermitteln.

Wie so oft sind verschiedene Fallvarianten denkbar:

Konstellation 1: Der Vordermann sagt gutgläubig (also nicht vorsätzlich) falsch aus; so ist es vom Hintermann auch vorgesehen.

Lösung: Der Vordermann kann wegen fehlenden Vorsatzes nur nach § 161 I bestraft werden (Einzelfallprüfung). Der Hintermann ist (unstreitig!) nach § 160 I dran. Für solche Fälle „mittelbarer Täterschaft" bei den eigenhändigen Aussagedelikten ist § 160 I vorgesehen.

Konstellation 2: Der Vordermann sagt bösgläubig (also vorsätzlich) falsch aus; so ist es vom Hintermann auch vorgesehen.

Lösung: Der Vordermann hat sich nach § 153 I (u.U. § 154 I) strafbar gemacht. Der Hintermann ist klassischer Anstifter, also nach §§ 153 I, 26 zu bestrafen. Auf § 160 (Ergänzungsfunktion) solltet ihr in einem solchen Fall mit keinem Wort eingehen.

Konstellation 3: Der Vordermann sagt bösgläubig (also vorsätzlich) falsch aus; der Hintermann hält ihn für gutgläubig.

Lösung: Diese Konstellation liegt dem Ausgangsfall zugrunde. Nur bei dieser Fallstellung wird der Meinungsstreit relevant! Kurz noch einmal: Vordermann § 153 I (u.U. § 154 I) / Hintermann je nach Rechtsauffassung entweder § 160 I (h.M.) oder §§ 160, 22, 23 I (unseres Erachtens überzeugende Ansicht).

Konstellation 4: Der Vordermann sagt gutgläubig (also nicht vorsätzlich) falsch aus; der Hintermann hält ihn aber für bösgläubig.

Lösung: Es handelt sich um die logische Umkehrung des Ausgangsfalls. Für den Vordermann bleibt wieder allenfalls § 161 I (siehe Konstellation 1). Eine (vollendete) Anstiftung des Hintermanns scheidet damit wegen fehlender (vorsätzlicher) Haupttat aus. Der Hintermann hat eine versuchte Anstiftung begangen, die aber nach der allgemeinen Regelung des § 30 I Var. 1 nur bei § 154 I (Verbrechen) bestraft wird. Aber Achtung: Wenn als Haupttat vom Hintermann nur § 153 I oder § 156 beabsichtigt war, greift die Sonderregelung des § 159. § 160 ist (wie in Konstellation 2) nicht einschlägig.

2. Die systematische Handhabung des ***§ 159*** als ***Ergänzung zu § 30 I*** dürfte jetzt klar geworden sein. Ein Detailproblem solltet ihr kennen, weil man in einer Prüfungssituation kaum ohne Vorwissen darauf kommen wird: Im Anwendungsbereich des § 30 I ist immer auch der Versuch der Haupttat nach § 23 I strafbar. Bei § 153 I und § 156 ist der Versuch aber nicht strafbar. Dennoch soll die versuchte Anstiftung zu diesen Vergehen nach dem Wortlaut des § 159 bestraft werden. Darin wird zu Recht ein Wertungswiderspruch gesehen.

   Um die gröbsten Ungerechtigkeiten zu vermeiden, nimmt die wohl h.M. im Anschluss an den BGH eine ***teleologische Reduktion*** (= sinn- und zweckgemäße Einschränkung) des § 159 vor: Die Norm soll unanwendbar sein, wenn nach der Vorstellung des Anstifters ohnehin nur ein untauglicher Versuch des Haupttäters herauskommen kann. Schulbeispiel dafür: „A versucht vergeblich, T zur Falschaussage vor dem Staatsanwalt (nach § 161a I 3 StPO keine zuständige Stelle i.S.d. § 153 I) zu bewegen. Beide halten den Staatsanwalt irrig für den (zuständigen) Richter." Die Tat würde selbst dann § 153 I nicht erfüllen, wenn alles nach Vorstellung des A gelaufen wäre. Von dessen Bestrafung nach § 159 ist daher abzusehen (sehr streitig).

3. Klausurträchtig ist ein weiteres Problem, das seine Wurzeln im Allgemeinen Teil hat: Kann eine Partei im Zivilprozess ***Beihilfe zu §§ 153, 154 durch Unterlassen*** begehen, indem sie die Falschaussage eines Zeugen nicht verhindert? Wenn ja, unter welchen Voraussetzungen?

Eine Beihilfe durch Unterlassen nach §§ 27 I, 13 I ist nach ganz h.M. grundsätzlich möglich (vgl. Die Fälle – Strafrecht AT, Fall 43, Fazit 8.). Das eigentliche Problem rankt sich um die dazu erforderliche ***Garantenpflicht***. Ob und wann man diese Pflicht im konkreten Fall bejaht, hängt von der entsprechenden Argumentation ab. Hier seien nur die beiden Extrempositionen aufgezeigt: Einerseits kann man aus der bewusst unwahren Prozessbehauptung, die ja zur Benennung des Zeugen geführt hat, eine allgemeine Pflicht zur Verhinderung von Falschaussagen ableiten. Andererseits kann man auf die Eigenverantwortlichkeit des mündigen Zeugen abstellen und damit die Garantenpflicht der Prozesspartei verneinen.

4. Noch etwas: Wer im Ausgangsfall bei der Strafbarkeitsprüfung des B § 153 I vermisst hat, sollte noch einmal Ziffer 6. des Fazits zu Fall 25 lesen.

Delikte gegen die Rechtspflege

Fall 27

Die einschlägig vorbestrafte T will aufgrund negativer Erfahrungen Konflikte mit den Strafverfolgungsbehörden nach Kräften vermeiden. Zu diesem Zweck ist ihr jedes Mittel recht. Wie T aus gewöhnlich gut informierten Kreisen weiß, hat die Polizei unter anderem ihren alten Freund O wegen eines bestimmten Einbruchsdiebstahls in Verdacht. Dabei sind die Beamten allerdings auf dem Holzweg. In Wahrheit war allein T die Einbrecherin. Bei einem Besuch kann T Teile des Diebesguts unter dem Bett des O verstecken. Die Polizeibeamten sind mächtig stolz auf ihren guten Riecher, als sie die Beutestücke in der Wohnung des ahnungslosen O finden. Genau so hatte sich T den Lauf der Dinge vorgestellt.

Frage: Wie hat sich T durch das Verstecken des Diebesguts strafbar gemacht ?
Die Strafbarkeit gemäß §§ 185 ff ist nicht zu prüfen.

Lösungsskizze Fall 27

- Strafbarkeit der T gemäß § 164 I ?

I. Tatbestand

1. Objektiver Tatbestand

a. falsche Verdächtigung eines anderen ?
= Lenken eines Verdachts auf einen anderen

HIER (+) → das Verstärken eines Verdachts genügt; die Verdächtigung kann auch in der Schaffung einer verdächtigen Beweislage bestehen; eine Behauptung ist vom Schutzzweck her nicht erforderlich; aktives Herbeiführen des Verdachts welcher Art auch immer genügt (h.M., a.A. vertretbar)

b. (hier) einer rechtswidrigen Tat i.S.d. § 11 I Nr. 5 ? **(+)**

c. (hier) bei einer Behörde ? **(+)**

d. <u>also</u>: objektiver Tatbestand **(+)**

2. Subjektiver Tatbestand

a. Vorsatz ? **(+)**

b. wider besseres Wissen ? **(+)**

c. Absicht, (hier) ein behördliches Verfahren herbeizuführen oder fortdauern zu lassen ?

HIER (+) → Absicht ist nicht auf zielgerichtetes Wollen beschränkt; direkter Vorsatz genügt (allgemeine Ansicht); T wollte sich selbst vor Verdacht schützen, wusste aber genau um die Förderung polizeilicher Maßnahmen gegen O *d. also: subjektiver Tatbestand* (+)

3. also: Tatbestand (+)

II. Rechtswidrigkeit (+)

III. Schuld (+)

IV. Ergebnis:
Strafbarkeit der T gemäß § 164 I (+)

- Strafbarkeit der T gemäß § 145d II Nr. 1 ?

§ 145d II Nr. 1 tritt hinter § 164 I als ausdrücklich subsidiär zurück

Formulierungsvorschlag Fall 27

- Strafbarkeit der T gemäß § 164 I

T könnte sich durch das Verstecken der Beutestücke gemäß § 164 I strafbar gemacht haben.

I. Dazu müsste sie einen anderen einer rechtswidrigen Tat falsch verdächtigt haben. Verdächtigen ist das Lenken eines Verdachts auf einen anderen.

T hat nur einen bereits bestehenden Verdacht der Beamten verstärkt. Vom Wortsinn her kann auch dies unter „Verdächtigen" gefasst werden. Zweck des § 164 ist nach allgemeiner Auffassung zum einen der Schutz der inländischen Rechtspflege vor ungerechtfertigter Inanspruchnahme, zum anderen der Schutz des Einzelnen vor unbegründeten Zwangsmaßnahmen. Beides wird auch und gerade durch Verfestigung eines bereits bestehenden ungerechtfertigten Verdachts tangiert. Demnach fällt auch das Verstärken eines Verdachts unter § 164.

Eine weitere Abweichung vom Normalfall liegt darin, dass T gegenüber der Polizei nichts behauptet hat, sondern durch das Verstecken des Diebesguts lediglich eine verdächtige Beweislage geschaffen hat. Möglicherweise reicht das aber für ein Verdächtigen im Sinne des § 164 I aus. Der natürliche Wortsinn erfasst jede aktive Herbeiführung eines Verdachts. Eine Beschränkung des Begriffs auf Äußerungen ist daher jedenfalls nicht zwingend geboten. Auch ein Vergleich mit § 164 II, in dem von „sonstigen Behauptungen tatsächlicher Art" die Rede ist, lässt nicht zwingend darauf schließen, dass ein Verdächtigen nur durch Tatsachenbehauptungen erfolgen kann. Im Gegenteil deutet § 164 II darauf hin, dass auch § 164 I eine Beschränkung auf Behauptungen zu entnehmen wäre, wenn dem Gesetzgeber dies wirklich vorgeschwebt hätte.

Maßgeblich kommt hinzu, dass beide oben genannten Rechtsgüter durch die Schaffung einer verdächtigen Beweislage in besonders effektiver Weise beeinträchtigt werden. Auch kriminalpolitisch ist daher eine strafrechtliche Erfassung dieses Verhaltens erstrebenswert.

Mithin muss das Verdächtigen nicht notwendig in einer Behauptung liegen, auch die Schaffung einer verdächtigen Beweislage ist erfasst.

T hat O damit bei einer Behörde des Einbruchsdiebstahls – einer rechtswidrigen Tat nach § 11 I Nr. 5 – falsch verdächtigt.

Sie tat dies vorsätzlich und wider besseres Wissen.

T müsste weiter in der Absicht gehandelt haben, ein behördliches Verfahren gegen O herbeizuführen oder fortdauern zu lassen. T wollte von ihrer eigenen Täterschaft ablenken, handelte also in Selbstbegünstigungsabsicht. Dabei hielt sie die Fortsetzung und Intensivierung der Ermittlungen gegen O nach dem Fund der Beutestücke für sicher. Dieser direkte Vorsatz muss im Sinne eines wirksamen Schutzes der Rechtspflege genügen, zielgerichtetes Wollen ist dagegen nicht zu fordern. Damit handelte T in der erforderlichen Absicht.

II. Die Tat geschah rechtswidrig.

III. T handelte schuldhaft.

IV. Somit hat sie sich durch das Verstecken der Beutestücke gemäß § 164 I strafbar gemacht.

- Strafbarkeit der T gemäß § 145d II Nr. 1

§ 145d II Nr. 1 ist gegenüber § 164 I ausdrücklich subsidiär.

Fazit

1. ***§ 164*** ist eine recht komplexe Vorschrift mit vielen etwas versteckten Details. Oft wird z.B. übersehen, dass auch die öffentliche Verdächtigung erfasst ist. Getreu der alten Binsenweisheit hilft da nur das ohnehin stets empfehlenswerte genaue Lesen des Gesetzestextes!

2. Die Klippen dieses Falls kann man auch ohne große Detailkenntnisse umschiffen. Unsere Lösung basiert auf der ganz h.M.

3. Bei § 164 wird an allen Ecken und Enden mit den im Formulierungsvorschlag genannten Rechtsgütern argumentiert. Das ***Zusammenspiel beider Rechtsgüter*** des § 164 ist heutzutage so anerkannt, dass ihr jedenfalls in der Klausur von „allgemeiner Auffassung“ sprechen könnt, wenn nicht gerade in der Vorlesung auf den eher exotischen Mindermeinungen herumgeritten wird.

   Ihr hattet es mit einem klaren ***Fall des „Schaffens einer verdächtigen Beweislage“*** zu tun. Besondere Aufmerksamkeit ist aber im ***Grenzbereich zum*** – grundsätzlich straflosen – ***Selbstschutz*** geboten: Das bloße Leugnen der Tat durch den „wahren Täter“ kann nie gemäß § 164 I strafbar sein, selbst wenn dadurch zwangsläufig der Verdacht auf einen anderen fällt, der es tatsächlich „nicht gewesen“ ist. Auch wenn der leugnende Täter einen anderen der Tat bezichtigt, ist dies für sich genommen nach überwiegender Auffassung noch zulässiges Verteidigungsverhalten und genügt nicht für ein „Verdächtigen“ im Sinne des § 164 I. Wenn jedoch – wie in unserem Fall – Tatsachen geliefert und insbesondere Beweislagen geschaffen werden, die den Verdacht deutlich verstärken, ist § 164 I einschlägig.

Im Zusammenhang mit dem Problem ***„Schaffung einer verdächtigen Beweislage“*** ist übrigens eine verschärfende Variante einigermaßen beliebt: „T schafft durch Manipulationen eine verdächtige Beweislage, die Verdächtigung trifft aber durch Zufall eine andere Person als beabsichtigt.“ Dazu fällt dem einen oder anderen sicher spontan das Stichwort „aberratio ictus“ (Fehlgehen der Tat / vgl. Die Fälle – Strafrecht AT, Fall 5) ein. Ein guter Gedanke, der aber nur für das Rechtsgut „Schutz des Einzelnen“ passt. Das andere Rechtsgut „Schutz der inländischen Rechtspflege“ ist trotzdem tangiert, insofern ist die Tat nicht abgeirrt. Quintessenz der h.M. ist die Strafbarkeit nach § 164 I, obwohl die falsche Person getroffen wurde. Die durchaus beachtliche Gegenansicht lässt § 164 I an der erforderlichen Absicht scheitern. Mit „gegen ihn“ kann nämlich sinnvoll nur der objektiv in Verdacht geratene „andere“ gemeint sein.

4. Die ***Verdächtigung muss objektiv falsch sein***. An diesem Punkt setzt ein weiterer Klausurklassiker an: Reicht es, wenn der Täter mit einer unwahren Behauptung oder durch Verfälschung der Beweislage den wirklich Schuldigen verdächtigt? Nach BGH liegt keine falsche Verdächtigung vor, wenn der Täter zufällig den Richtigen erwischt. Der Verdächtigte muss danach objektiv unschuldig sein. Dafür spricht maßgeblich der Wortlaut „einer rechtswidrigen Tat (falsch) verdächtigt“. Die h.L. vertritt mit vorwiegend kriminalpolitischer Argumentation die Gegenauffassung, dürfte damit aber die unverrückbare Grenze des Analogieverbots aus Art. 103 II GG überschreiten.

5. Auch im subjektiven Tatbestand ist § 164 verdammt kompliziert. ***„Wider besseres Wissen“*** bedeutet direkten Vorsatz bezüglich der Unwahrheit der Verdächtigung. Bezüglich der übrigen Merkmale des objektiven Tatbestands genügt wie üblich Eventualvorsatz. Dazu kommt neben dem Vorsatz die ***Absicht***, die allerdings wie in der Fall-Lösung gesehen so gut wie unbestritten nicht im technischen Sinne gemeint ist. Auch hier soll direkter Vorsatz genügen.

6. Auf der Rechtswidrigkeitsebene ist im Falle eines Falles zu beachten, dass eine ***Einwilligung der betroffenen Person*** (nach ganz h.M.) ***nicht rechtfertigend*** wirkt. Den Grund könnt ihr euch inzwischen denken: Der Angriff auf die inländische Rechtspflege bleibt von der Einwilligung unberührt.

7. ***§ 145d*** ist ein Lückenbüßer, die Vorschrift ist ***gegenüber §§ 164, 258, 258a ausdrücklich subsidiär***. Daraus folgt für die Klausur oder Hausarbeit zweierlei: Falsche Verdächtigung und/oder Strafvereitelung sind – wenn einschlägig – vor § 145d zu prüfen. Wenn – wie im Ausgangsfall – zumindest eine der verdrängenden Vorschriften erfüllt ist, genügt ein kurzer Hinweis auf die Subsidiarität des § 145d. Eigenständige Bedeutung hat § 145d etwa bei der Selbstbezichtigung, die weder von § 164 noch von § 258 erfasst ist.

8. Ein letzter Hinweis: Nach ganz h.M. findet § 158 (siehe dazu näher Fall 25) auf §§ 164, 145d entsprechende Anwendung.

Fall 28

Der dreiste Dieb T sieht sich nach einem seiner Beutezüge unangenehmen Befragungen der Polizei ausgesetzt. Zügig verhökert er die Diebesbeute an H, um einer erfolgreichen Wohnungsdurchsuchung vorzubeugen. B – ein alter Freund des T – hat zwar mit der ganzen Sache nichts zu tun, schuldet T aber noch aus vergangenen Tagen einen Gefallen. B wird von der Polizei als Zeuge vernommen und teilt dort mit, er habe mit T am Tatabend durchgehend Schach gespielt. Dabei weiß B sehr wohl, dass T – der im Übrigen gar nicht Schach spielen kann – in Wahrheit „beruflich" unterwegs war. B will mit seiner Aussage den Verdacht von T ablenken und ihn vor Beschlagnahme der Beute schützen. Er wähnt das Diebesgut irrtümlich noch in der Wohnung des T. Das Ermittlungsverfahren gegen T, der sich gegenüber der Polizei nicht zur Sache geäußert hatte, wird nach einiger Zeit eingestellt.

Frage: Wie hat sich B strafbar gemacht ?

Lösungsskizze Fall 28

- Strafbarkeit des B gemäß § 257 I ?

I. Tatbestand

1. Objektiver Tatbestand

a. rechtswidrige Vortat eines anderen ? **(+)** → ***Diebstahl des T***

b. Hilfe leisten ?

= Handlung, die objektiv (streitig; a.A. vertretbar) geeignet ist, die Tatvorteile gegen Entziehung zugunsten des Berechtigten zu sichern

HIER (–) → die Beute war gar nicht mehr im Besitz des T; die Handlung war damit objektiv zur Vorteilssicherung ungeeignet; die irrige Vorstellung des B reicht nicht; das bloße Handeln in (subjektiver) Hilfstendenz erfüllt § 257 I nach dessen Wortlaut und Sinn nicht (a.A. vertretbar)

c. <u>also</u>: objektiver Tatbestand **(–)**

2. <u>also</u>: Tatbestand **(–)**

II. Ergebnis:

Strafbarkeit des B gemäß § 257 I (–)

- Strafbarkeit des B gemäß § 258 I ?

I. Tatbestand

1. Objektiver Tatbestand

a. rechtswidrige Vortat eines anderen ? **(+)** → ***Diebstahl des T***

b. Vereitelung (hier) der Verhängung einer Strafe ?
= Besserstellung des Täters hinsichtlich der Bestrafung

HIER (+) → durch seine Aussage hat B ein Alibi geschaffen, das zumindest zur Einstellung des Verfahrens gegen T beigetragen hat

***c. also: objektiver Tatbestand* (+)**

2. Subjektiver Tatbestand

***a. Vorsatz ?* (+)**

***b. (hier) Absicht bezüglich der Vereitelung ?* (+)**

***c. also: subjektiver Tatbestand* (+)**

***3. also: Tatbestand* (+)**

***II. Rechtswidrigkeit* (+)**

***III. Schuld* (+)**

IV. Ergebnis:
Strafbarkeit des B gemäß § 258 I (+)

- Strafbarkeit des B gemäß § 153 I ?

I. Tatbestand

1. Objektiver Tatbestand

a. zuständige Stelle ?

HIER (–) → die Polizei ist nach § 161a I 3 StPO nicht zur eidlichen Vernehmung zuständig

***b. also: objektiver Tatbestand* (–)**

***2. also: Tatbestand* (–)**

II. Ergebnis:
Strafbarkeit des B gemäß § 153 I (–)

Formulierungsvorschlag Fall 28

- Strafbarkeit des B gemäß § 257 I

Durch seine Aussage könnte sich B gemäß § 257 I strafbar gemacht haben.

I. Mit dem Diebstahl des T liegt eine rechtswidrige Vortat eines anderen vor.

B müsste Hilfe geleistet haben. Der Begriff des Hilfeleistens ist mit Blick auf die in § 257 I geforderte Absicht zu interpretieren. B wollte T die Beute und damit die Vorteile der Tat sichern, wenngleich sich das Diebesgut faktisch schon gar nicht mehr bei ihm befand. Eine tatsächliche Verbesserung der Lage des Vortäters ist nach allgemeiner Auffassung nicht erforderlich. Die Tathandlung des B war aber nicht einmal objektiv zur Vorteilssicherung geeignet. B könnte daher nur unter der Voraussetzung Hilfe geleistet haben, dass man auf die objektive Tauglichkeit der Tathandlung verzichtet und damit das bloße Handeln in Hilfstendenz genügen lässt.

Dagegen spricht auf den ersten Blick, dass auch in § 27 I von Hilfeleisten die Rede ist, dort aber niemand den Versuch der Vollendung gleichstellt. Der Begriff des Hilfeleistens in § 257 I ist allerdings gerade nicht erfolgsorientiert zu verstehen, sodass der Vergleich mit § 27 I keine durchgreifenden Erkenntnisse bringt.

Im Gegensatz zur Strafvereitelung hat der Gesetzgeber die Anordnung der Versuchsstrafbarkeit unterlassen. Dies kann man so interpretieren, dass durch Vorverlagerung der Tatbestandsvollendung strukturell sämtliche Fälle des „Versuchs" von § 257 I erfasst werden sollten. Damit wäre auch der vorliegende „untaugliche Versuch" unter § 257 I zu fassen.

Gegen eine solche Auffassung spricht, dass nur eine objektiv geeignete Hilfeleistung die Wiederherstellung des gesetzmäßigen Zustands tangieren kann. Kriminalpolitisch erscheint damit eine Einbeziehung des bloßen Handelns in Hilfstendenz weder erforderlich noch sinnvoll. Der Tatbestand wäre damit im Gegenteil überdehnt, die Straflosigkeit des Versuchs wäre umgangen. Dass nicht jede Form des „Versuchs" als Begünstigung bestraft werden kann, zeigt sich daran, dass jedenfalls die Vortat objektiv begangen sein muss. Wer sich irrig die Tauglichkeit seiner Handlung vorstellt, ist aber nicht gefährlicher als derjenige, der von einer in Wahrheit nicht begangenen Vortat ausgeht. Nur den Erstgenannten wegen Handelns in Hilfstendenz nach § 257 I zu bestrafen, bedeutete einen Wertungswiderspruch.

Nach alledem setzt ein Hilfeleisten im Sinne des § 257 I die objektive Eignung zur Vorteilssicherung voraus. Das vorliegende bloße Handeln in Hilfstendenz genügt nicht.

B hat T nicht Hilfe geleistet.

II. Er hat sich durch seine Aussage nicht gemäß § 257 I strafbar gemacht.

- Strafbarkeit des B gemäß § 258 I

Mit Blick auf den Inhalt der Aussage kommt aber eine Bestrafung des B gemäß § 258 I in Betracht.

I. Der Diebstahl des T ist eine rechtswidrige Vortat.

B müsste die Verhängung einer Strafe vereitelt haben. Unter Vereitelung ist die Besserstellung des Täters hinsichtlich der Bestrafung zu verstehen. Die Aussage des B entlastet T, die Einstellung des Ermittlungsverfahrens ist jedenfalls auch darauf zurückzuführen. B hat T mit seiner Aussage langfristig vor Bestrafung bewahrt. Darin liegt eine deutliche Besserstellung, mithin eine Strafvereitelung.

B handelte im Hinblick auf die Vortat des T vorsätzlich und im Übrigen in der Absicht der Strafvereitelung.

II. Die Tat geschah rechtswidrig.

III. B handelte schuldhaft.

IV. Somit hat er sich durch seine Aussage gemäß § 258 I strafbar gemacht.

- Strafbarkeit des B gemäß § 153 I

Schließlich ist wegen der Äußerung gegenüber der Polizei an eine Strafbarkeit des B gemäß § 153 I zu denken.

I. Die Polizei ist jedoch nach § 161a I 3 StPO nicht zur eidlichen Vernehmung befugt, sie ist keine zuständige Stelle im Sinne des § 153 I.

II. Eine Strafbarkeit des B gemäß § 153 I scheidet damit schon im Ansatz aus.

Fazit

1. Im Zentrum des Falls steht das Kernproblem des ***§ 257 I***. Unangenehm ist, dass man zu Beginn noch nicht einmal mit einer vernünftigen Definition für das Merkmal ***„Hilfe leisten"*** aufwarten kann, weil man damit das Ergebnis der Diskussion zwangsläufig vorwegnähme. Wie ihr eine solche Darstellungsschwierigkeit bewältigt, zeigt der Formulierungsvorschlag. Vergleichbar lag es in Fall 24. Das dortige Merkmal „falsche Aussage" erklärte sich aber recht zwanglos aus sich selbst heraus.

Heutzutage verlangt niemand mehr ernsthaft eine tatsächliche Besserstellung des Vortäters. Die h.M. setzt aber immerhin noch die objektive Eignung der Tathandlung zur Vorteilssicherung voraus. Die Gegenansicht, für die wie gesehen wenig spricht, lässt auch das bloße Handeln in Hilfstendenz (strukturell ein untauglicher Versuch / vgl. Die Fälle – Strafrecht AT, Fall 36) genügen. Auch auf dem Boden der h.M. kann man übrigens in § 257 I ein sogenanntes unechtes Unternehmensdelikt sehen (siehe § 11 I Nr. 6), wenn man nämlich damit nur die Einbeziehung des tauglichen Versuchs meint. Das aber ist eine reine Frage des Allgemeinen Teils, deren weitere Erörterung wir uns an dieser Stelle verkneifen.

2. Im Gegensatz zu § 257 I ging ***§ 258 I*** (früher „persönliche Begünstigung") glatt durch. Bei Bejahung des § 257 I stehen beide Delikte in Idealkonkurrenz, § 52.

§ 153 I sollte schnell abgelehnt werden. Die Polizei ist so eindeutig keine zuständige Stelle (siehe Fall 24, Fazit 2.), dass die Erwähnung der Vorschrift je nach Geschmack auch ganz unterbleiben kann.

Denken konnte man außerdem noch an ***§ 145d II Nr. 1***. B hat keine Angaben gemacht, die den Verdacht konkret in eine falsche Richtung hätte lenken können. Das bloße Verschaffen eines Alibis fällt glasklar nicht unter § 145d II Nr. 1. Deswegen ist genau genommen schon ein Hinweis auf die ausdrückliche Subsidiarität gegenüber § 258 I überflüssig.

3. ***Begünstigung*** verlangt als ***Vortat*** nicht zwingend ein Vermögensdelikt, wie sich schon aus § 257 I i.V.m. § 11 I Nr. 5 ergibt. Die Vortat muss – anders als bei § 258 I – nicht verfolgbar sein, auf fehlende Strafanträge oder Verjährung kommt es also nicht an.

4. ***§ 257 I*** setzt einen ***Unmittelbarkeitszusammenhang*** zur Vortat voraus. Sachidentität wie bei § 259 I ist aber nicht erforderlich, sodass z.B. noch ein Vorteil aus dem Diebstahl angenommen wird, wenn der Vortäter erbeutetes Geld getauscht hat. Andererseits ist das durch Verkauf eines gestohlenen Gegenstands erlangte Geld ein nur mittelbarer Vorteil des Diebstahls. Verteufelt aufpassen muss man dann aber, ob nicht der Verkauf selbst § 263 I erfüllt und damit eine neue Vortat i.S.d. § 257 I bildet (siehe näher: Die Fälle – Strafrecht BT 2, Fall 47; zur gleichen Situation bei § 259).

5. Eine Schnittstelle zum Allgemeinen Teil liegt in ***§ 257 III*** (lesen!). Weil nach ganz h.M. auch nach Vollendung der Vortat bis zu deren Beendigung Beihilfe nach § 27 I möglich ist (sogenannte ***sukzessive Beihilfe*** / vgl. Die Fälle – Strafrecht AT, Fall 33, Fazit 5.), gibt es eine Art ***zeitliche Grauzone zwischen § 257 I und § 27 I***. Die deutlich h.M. stellt zur Klärung der Verhältnisse auf die innere Willensrichtung ab. Handelt der Täter zur Beutesicherung und damit zur Beendigung der Vortat, soll Beihilfe gegeben sein. Begünstigung scheidet dann nach § 257 III 1 aus. Aufbautechnisch gilt Folgendes: Die sukzessive Beihilfe ist zuerst zu prüfen. Wird sie bejaht, spart man sich unbedingt eine gutachterliche Prüfung der Begünstigung. Ein kurzer Hinweis auf § 257 III 1 genügt.

Fall 29

Staatsanwältin S ist in Frankfurt für die Aufklärung der Bandenkriminalität zuständig. Sie trifft sich wöchentlich mit Freunden in einer Kneipe zum Skatspielen. Im Laufe eines solchen Abends erzählt Skatbruder B von seiner Freundin F, die seit geraumer Zeit im Team mit mehreren anderen in Frankfurt Autos aufbricht und anschließend ausräumt. B klopft seiner Mitspielerin S auf die Schulter und sagt unter schallendem Gelächter: „Die F kann sich inzwischen ein richtiges Leben leisten, nicht so wie du mit deinem Beamtengehalt." S macht sich daraufhin seine Gedanken, leitet aber keine rechtlichen Schritte gegen F ein.

Frage: Wie hat sich S strafbar gemacht ?

Lösungsskizze Fall 29

- Strafbarkeit der S gemäß §§ 258a I, 258 I, 13 I ?

I. Tatbestand

1. Objektiver Tatbestand

***a. als Amtsträger zur Mitwirkung bei dem Strafverfahren berufen ?* (+)**

b. rechtswidrige Vortat eines anderen ?

HIER (+) → F hat mit dem gemeinsamen und dauerhaft organisierten Aufbrechen und „Ausräumen" der Autos § 244a I verwirklicht (Kombination hier aus §§ 242 I, 243 I Nr. 1 und § 244 I Nr. 2)

c. Vereitelung (hier) der Verhängung einer Strafe <u>durch Unterlassen</u> ?
= Rechtspflicht zum Einschreiten aufgrund einer Garantenstellung (§ 13 I)

HIER (+) → S war konkret zuständig und nach § 160 I StPO zu Ermittlungen verpflichtet (a.A. vertretbar); auch außerdienstlich erlangte Kenntnis von Straftaten kann die Pflicht zur Strafverfolgung begründen (a.A. vertretbar); es muss sich dann aber um eine schwere, die Öffentlichkeit berührende Straftat handeln; das ist bei § 244a anzunehmen; es handelt sich zwar nicht um eine Tat aus dem Katalog des § 138, aber um ein auf die Bekämpfung der organisierten Kriminalität gerichtetes Verbrechen; das öffentliche Interesse an der Strafverfolgung überwiegt die privaten Interessen des Amtsträgers

***d. Möglichkeit und Zumutbarkeit der gebotenen Handlung ?* (+)**

***e. <u>also</u>: objektiver Tatbestand* (+)**

2. Subjektiver Tatbestand

***a. Vorsatz ?* (+)**

b. (hier) Wissen bezüglich der Vereitelung ? **(+)**

c. also: subjektiver Tatbestand **(+)**

3. also: Tatbestand **(+)**

II. Rechtswidrigkeit **(+)**

III. Schuld **(+)**

IV. Ergebnis:
Strafbarkeit der S gemäß §§ 258a I, 258 I, 13 I (+)

Formulierungsvorschlag Fall 29

- Strafbarkeit der S gemäß §§ 258a I, 258 I, 13 I

S könnte sich durch ihr Untätigbleiben im Anschluss an den Skatabend gemäß §§ 258a I, 258 I, 13 I strafbar gemacht haben.

I. Als Staatsanwältin ist S eine Amtsträgerin, die zur Mitwirkung beim Strafverfahren berufen ist.

Im von B geschilderten Verhalten der F müssten rechtswidrige Vortaten eines anderen liegen. F hat zusammen mit mehreren anderen Tätern regelmäßig Autos aufgebrochen und daraus Wertgegenstände entwendet, um sie zu verkaufen. Damit hat F jedenfalls §§ 242 I, 243 I Nr. 1 verwirklicht. Die Gruppe war auch dauerhaft als Bande im Sinne der §§ 244 I Nr. 2, 244a I organisiert, sodass das beschriebene Vorgehen den Tatbestand des § 244a I erfüllt. F hat damit rechtswidrige Vortaten begangen.

S müsste im Hinblick auf die Vortaten die Verhängung einer Strafe vereitelt haben. Sie müsste F hinsichtlich der Strafverfolgung besser gestellt haben. S hat indes nicht aktiv gehandelt, sondern lediglich von Verfolgungsmaßnahmen abgesehen. In diesem Unterlassen kann nur dann eine Strafvereitelung liegen, wenn S im Sinne des § 13 I rechtlich zur Einleitung von Ermittlungen verpflichtet gewesen war.

Grundsätzlich folgt eine solche Pflicht des Staatsanwalts aus § 160 I StPO. Die konkret zuständige S hat allerdings nicht im Rahmen seiner dienstlichen Tätigkeit Kenntnis vom Verhalten der F erlangt, sondern vielmehr rein privat. Weil auch Amtsträgern ihre Privatsphäre und ihr Recht auf private Kommunikation anzuerkennen ist, drängt sich eine Einschränkung des in § 160 I StPO normierten Legalitätsprinzips für die Fälle außerdienstlicher Kenntniserlangung auf. Auf der anderen Seite kann die Verpflichtung zu Ermittlungen auch im Bereich privat erlangter Kenntnisse nicht völlig aufgehoben sein. Die untrennbar mit der Person des Amtsträgers verbundene Dienstpflicht muss zumindest bei solchen schweren Straftaten eingreifen, durch die Belange der Öffentlichkeit stark berührt werden. Das öffentliche Interesse an der Verfolgung dieser Taten überwiegt das private Interesse des Amtsträgers. Von einer schweren Straftat in diesem Sinne wird regelmäßig auszugehen sein, wenn die Vortat einer der in § 138 I genannten Taten entspricht. § 244a ist nicht im Katalog des § 138 I aufgeführt. Der schwere Bandendiebstahl ist aber gerade wegen der starken Beeinträchtigung der Rechtsgemeinschaft zur Bekämpfung der organisierten Kriminalität als Verbrechen ausgestalten worden. Die Belange der Öffentlichkeit werden durch Taten dieser Art in außergewöhnlichem Maße berührt. Demgegenüber hat das Interesse des Staatsanwalts an unbeeinträchtigter Privatsphäre zurückzutreten.

Trotz der außerdienstlichen Kenntniserlangung war S demnach gemäß § 160 I StPO rechtlich zur Einleitung von Ermittlungen gegen F verpflichtet.

Die Aufnahme von Ermittlungen wäre S möglich und auch zumutbar gewesen.

Mithin hat sie die Verhängung einer Strafe gegen S objektiv durch Unterlassen vereitelt.

S verhielt sich bezüglich der Vortat vorsätzlich und mit Blick auf die Strafvereitelung wissentlich.

II. Die Tat geschah rechtswidrig.

III. S hat die gebotene Handlung schuldhaft unterlassen.

IV. Damit hat sie sich durch ihr Untätigbleiben gemäß §§ 258a I, 258 I, 13 I strafbar gemacht.

Fazit

1. ***§ 258a*** ist ein ***Qualifikationstatbestand*** zu § 258 und zugleich ***uneigentliches Amtsdelikt***. Uneigentlich deshalb, weil – anders als z.B. bei § 331 (eigentliches Amtsdelikt) – die Amtsträgereigenschaft nur strafschärfend wirkt. Das Grunddelikt kann schließlich jedermann begehen. Gerade diese uneigentlichen Amtsdelikte werden gerne im Klausurstress übersehen. § 258a ist immerhin noch in unmittelbarer Umgebung der „Muttervorschrift“ zu finden. Das kann man von § 340 (lesen! / vgl. Die Fälle – Strafrecht AT, Fall 34) nicht behaupten (zur Abhilfe siehe näher Seiten 15, 16).

2. Strafvereitelung im Amt kommt sehr ***häufig als unechtes Unterlassungsdelikt (§ 13)*** daher (vgl. dazu Die Fälle – Strafrecht AT, Fälle 43, 44), wobei sich dann wiederum bei der ***Garantenstellung*** mit Vorliebe das soeben dargestellte Problem der ***außerdienstliche***n ***Kenntniserlangung*** stellt.

   Eine recht krasse Mindermeinung will der Einfachheit halber dem Amtsträger ausschließlich bei dienstlicher Kenntniserlangung eine Rechtspflicht zum Handeln aufbürden. Dafür spricht die so zu erzielende Klarheit des Abgrenzungskriteriums.

Zu sachgerechteren Ergebnissen kommt die ganz h.M., die wie gesehen die Belange der Öffentlichkeit mit den Individualinteressen des Amtsträgers vergleicht. Derartige Gummiformeln kennt man sonst nur im Öffentlichen Recht. Zur Konkretisierung kann der im Jahr 2005 neu nummerierte Katalog des § 138 I und die Einteilung der Delikte in Verbrechen und Vergehen (§ 12) herangezogen werden. Deshalb war es wichtig, § 244a (Verbrechen!) als Vortat zu erkennen. Bei Vergehen solltet ihr im Falle privater Kenntniserlangung tendenziell die Finger von einer Garantenstellung lassen, sonst bleibt von der Privatsphäre der von § 258a erfassten Amtsträger kaum noch etwas übrig.

3. Gelegentlich werden Fälle dieser Art mit einer ***Zusatzpointe*** gepimpt. Die Situation ist nämlich noch etwas komplizierter, wenn der ***Amtsträger zugunsten eines Angehörigen untätig*** bleibt. Dann wäre auf den ersten Blick ***§ 258 VI*** als Strafausschließungsgrund einschlägig, der aber für die Strafvereitelung im Amt nach § 258a III nicht gilt. Damit nicht genug: Nach Bejahung der Rechtspflicht aus § 160 I StPO ist nach allgemeinen Grundsätzen zu prüfen, ob die Pflichterfüllung (Einleitung von Ermittlungen) dem Amtsträger zumutbar war, was bei Angehörigen regelmäßig zu verneinen ist. So kommt man dann am Ende doch noch zu der sicher sachgerechten Straflosigkeit des Amtsträgers.

Der systematische Standort dieser ***Zumutbarkeitsprüfung*** ist allerdings zu allem Überfluss heillos umstritten. Wir prüfen das Merkmal als Begrenzung der Handlungspflicht im objektiven Tatbestand. Vielfach wird der Unzumutbarkeit aber erst rechtfertigende oder entschuldigende Wirkung zugebilligt. Egal auf welcher Ebene ihr konkret zur Erörterung ansetzt, der Aufbau spricht immer für sich. Kein Wort also zum Prüfungsstandort!!

4. Zurück zum Grundtatbestand (§ 258 I): Die ***Vortat*** muss ***tatsächlich begangen*** worden und auch ***verfolgbar*** sein. Bei reinen Antragsdelikten (vgl. etwa § 123 II) gibt es nichts zu vereiteln, wenn kein Antrag gestellt wurde. Ebenso ist § 258 I nicht erfüllt, wenn einem Unschuldigen geholfen wird. Bei entsprechendem Irrtum liegt ein (untauglicher) Versuch vor, der nach § 258 IV strafbar ist.

Der Vereitelungserfolg und damit die ***Vollendung*** soll nach ganz h.M. auch ***schon bei*** einer ***Verzögerung der Bestrafung „für geraume Zeit"*** eintreten. Daran ist nach der Rechtsprechung bei einer Verzögerung ab etwa einer Woche zu denken.

Im subjektiven Tatbestand müsst ihr beachten, dass der direkte Vorsatz (Absicht oder Wissen) sich nur auf die Tathandlung beziehen muss, hinsichtlich der Vortat genügt Eventualvorsatz (bedingter Vorsatz).

Als ***Spezialproblem*** taucht ab und zu die Frage auf, wann ein ***Strafverteidiger*** im Prozess die Grenzen zulässigen Verhaltens überschreitet und sich damit gemäß § 258 I strafbar macht. Dabei spielt das Prozessrecht natürlich eine große Rolle. So kann beispielsweise massive Einflussnahme auf Zeugnisverweigerungsberechtigte (§§ 52, 53 StPO) zur Strafbarkeit führen.

Fall 30

Reisebusfahrerin B hatte eines Tages wieder einmal die zulässigen Fahrzeiten überschritten und infolge ihrer Übermüdung den vollbesetzten Bus in den Graben befördert. Dabei hatten sich mehrere Insassen verletzt. B wurde daraufhin wegen fahrlässiger Körperverletzung und fahrlässiger Gefährdung des Straßenverkehrs zu einer Geldstrafe von 60 Tagessätzen in Höhe von je 20 € verurteilt. Ihre Arbeitgeberin A war immer mit dem Einsatz der B zufrieden. Sie lässt sich nicht lumpen und zahlt die 1.200 € für B.

Frage: Wie hat sich A strafbar gemacht ?

Lösungsskizze Fall 30

- Strafbarkeit der A gemäß § 258 II ?

I. Tatbestand

1. Objektiver Tatbestand

a. Vereitelung der Vollstreckung ?
= Besserstellung des Verurteilten hinsichtlich der Vollstreckung

HIER (–) → A hat nur dafür gesorgt, dass B die Geldstrafe nicht persönlich trifft; die persönliche Betroffenheit ist durchaus bezweckt; § 258 II schützt aber lediglich die störungsfreie Beitreibung der Geldstrafe; nur deren Zahlung kann durchgesetzt werden, nicht aber die persönliche Betroffenheit des Angeklagten (a.A. gut vertretbar); ein Dritter kann den Betrag dem Verurteilten auch nachträglich erstatten oder ihm ein Darlehen gewähren

***b. <u>also</u>: objektiver Tatbestand* (–)**

***2. <u>also</u>: Tatbestand* (–)**

II. Ergebnis:
Strafbarkeit der A gemäß § 258 II (–)

Formulierungsvorschlag Fall 30

- Strafbarkeit der A gemäß § 258 II

In Betracht kommt wegen der Zahlung der 1.200 € allein eine Strafbarkeit der A nach § 258 II.

I. Dazu müsste sie die Vollstreckung der Geldstrafe vereitelt haben. Eine solche Vollstreckungsvereitelung liegt in der Besserstellung des Verurteilten hinsichtlich der Vollstreckung. Besserstellung kann dabei naturgemäß nicht im rein wirtschaftlichen Sinne gemeint sein, sondern nur im Lichte des Vollstreckungszwecks gesehen werden. Die Geldstrafe ist der Gerichtskasse in voller Höhe zugeflossen, obwohl nicht die verurteilte B gezahlt hat. Wenn man das Verbot der Vollstreckungsvereitelung so versteht, dass es lediglich die störungsfreie Beitreibung der Geldstrafe schützen soll, liegt keine Vollstreckungsvereitelung vor. Hält man hingegen zusätzlich die persönliche Betroffenheit des Verurteilten für geschützt, so hätte A den Vollstreckungszweck vereitelt.

Für die Strafbarkeit der Zahlung fremder Geldstrafen sprechen auf den ersten Blick vor allem rechtspolitische Erwägungen. Jede Strafe – also auch die Geldstrafe – soll den Verurteilten höchstpersönlich treffen, der Rechtsbrecher selbst soll eine Vermögenseinbuße erleiden. Auch General- und Spezialprävention wären geschwächt, wenn ein potenzieller Täter immer davon ausgehen könnte, dass eine hinter ihm stehende Person die zu befürchtende Geldstrafe für ihn zahlt.

Diesen zunächst einleuchtenden Argumenten lässt sich indes überzeugend entgegenhalten, dass persönliche Betroffenheit in letzter Konsequenz ohnehin nicht erzwungen werden kann. Der Dritte kann dem Verurteilten den Betrag auch nachträglich erstatten oder ihm ein Darlehen gewähren, auf dessen Rückzahlung er später verzichtet. Der Verurteilte hat die Geldstrafe in diesen Fällen aus seinem eigenen Vermögen gezahlt und damit den staatlichen Strafanspruch getilgt. Ein solches Verhalten ist daher selbstredend nicht strafbar, obwohl es wirtschaftlich zum gleichen Ergebnis wie die eigenhändige Zahlung der fremden Geldstrafe führt.

Dem mag man wiederum mit der Aussage begegnen, die leichte Möglichkeit der Gesetzesumgehung könne nicht als überzeugendes Argument herhalten.

Wesentlich handfester für die Straflosigkeit der Zahlung fremder Geldstrafen spricht dann auch der Wortlaut des § 258 II. Dort ist ausschließlich die Strafvollstreckung selbst geschützt. Damit kann aber vom möglichen Wortsinn her nur der Vorgang der Beitreibung gemeint sein. Für eine Einbeziehung der persönlichen Betroffenheit hätte es etwa „wer jemanden der Bestrafung entzieht“ heißen müssen. So aber lässt das Verbot einer Analogie zuungunsten des Täters aus Art. 103 II GG eine Bestrafung des fraglichen Verhaltens nicht zu.

Abschließend sei bemerkt, dass diese Lösung so unsachgerecht nicht erscheint. Der persönlichen Übelszufügung kommt nach moderner Auffassung im Vergleich zu den anderen Strafzwecken eine immer geringere Bedeutung zu.

Im Ergebnis ist festzuhalten, dass das Verbot der Vollstreckungsvereitelung im Falle der Geldstrafe lediglich deren störungsfreie Beitreibung schützen soll.

A hat durch die Zahlung der 1.200 € die Vollstreckung der gegen B verhängten Geldstrafe nicht vereitelt.

II. Sie hat sich nicht gemäß § 258 II strafbar gemacht.

Fazit

1. Die Problematik ***„Zahlung fremder Geldstrafen"*** ist ein Evergreen. Unsere Lösung spiegelt im Ergebnis und in Teilen der Argumentation eine BGH-Entscheidung aus dem Jahr 1990 wider (BGHSt 37, 226 ff). In euren Arbeiten könnt ihr selbstverständlich auch zur Strafbarkeit kommen, so wie es nach wie vor ein Teil der sogenannten Lehre tut. Dazu müsst ihr allerdings die Klippe des Art. 103 II GG umschiffen. Unabhängig vom Ergebnis ist ein solcher Fall hervorragend für die im Formulierungsvorschlag aufgezeigte „Ping-Pong-Argumentation" geeignet (siehe dazu näher Seiten 28, 29).

2. Man sollte auch die teilweise schon im Formulierungsvorschlag angesprochenen verwandten Fallgestaltungen einmal im Überblick gesehen haben:

„Zahlung fremder Geldstrafe" → streitig / siehe Ausgangsfall; nach BGH straflos / nach a.A. § 258 II (+)

„Schenkung des fraglichen Betrags" → streitig; nach BGH (erst recht) straflos / ansonsten wird der Fall vielfach wie die „Zahlung fremder Geldstrafen" behandelt, weil nur vordergründig (nicht materiell) aus dem Vermögen des Verurteilten gezahlt wurde

„Nachträgliche Erstattung" → weitgehend unstreitig; nach BGH (erst recht) straflos / nach h.L. ebenso, weil hier aus dem Vermögen des Verurteilten gezahlt wurde

„Gewährung eines Darlehens" → weitgehend unstreitig; wie „Nachträgliche Erstattung", auch wenn die Rückzahlung (nachträglich) erlassen wird

Die Lösung des BGH hat wie häufig eine erfrischende Klarheit auf ihrer Seite. In diesem Fall bedeutet das zwar nicht Freibier für alle, aber Straflosigkeit für alle einschlägigen Fallgestaltungen.

Eines gilt es noch zu beachten: Wenn die ***Begleichung*** einer zu erwartenden Geldstrafe – in welcher Form auch immer – schon ***vor oder bei Begehung der Vortat zugesagt*** wird, kann darin bei entsprechend konkreter Vorstellung des Versprechenden eine ***Beihilfe (§ 27 I)*** zu dieser Vortat liegen.

3. Vielleicht habt ihr euch schon Gedanken gemacht, ob und wie sich das Problem beim ***Absitzen fremder Freiheitsstrafe*** stellt. Ein solches Verhalten erfüllt unbestritten § 258 II, weil hier der höchstpersönliche Charakter der Vollstreckung – wenn man so will – in der Natur der Sache liegt. Oft wird Täter der Zwillingsbruder oder ein sonstiger Verwandter sein, sodass besonderes Augenmerk auf §§ 258 VI, 11 I Nr. 1 (lesen!) zu richten ist.

Urkundendelikte

Fall 31

Schlitzohr T hat einen schon älteren Führerschein für Fahrzeuge der ehemaligen Klasse 4. Mit der entsprechenden Fahrerlaubnis darf er nach §§ 6 VI FeV, 5 I, 18 II Nr. 4 StVZO a.F. nur Kleinkrafträder und Mofas fahren. Das Dokument befindet sich in einem sehr abgenutzten Zustand, weil T den Führerschein seit Jahren ohne Schutzhülle in der Hosentasche herumschleppt. Nun wächst auch in ihm der Wunsch, endlich vierrädrige Fahrzeuge im Straßenverkehr zu bewegen. Da ihm das Geld für die nötige Ausbildung fehlt, beseitigt T mit einer Rasierklinge die X-Zeichen, mit denen das Wort „drei" der Klasseneinteilung durchkreuzt war.

Frage: Wie hat sich T strafbar gemacht ?

Lösungsskizze Fall 31

- Strafbarkeit des T gemäß § 267 I Var. 2 ?

I. Tatbestand

1. Objektiver Tatbestand

a. Urkunde ?

= verkörperte Gedankenerklärung, die zum Beweis im Rechtsverkehr geeignet und bestimmt ist und ihren Aussteller erkennen lässt

HIER (+) → im alten Führerschein war der Gedanke verkörpert, dass T zum Führen von Fahrzeugen der Klasse 4 berechtigt ist; der Führerschein ist zum Beweis dessen bestimmt; er lässt als Aussteller die Straßenverkehrsbehörde erkennen

***b. (ursprünglich) echt ?* (+)**

c. Verfälschen ?

= nachträgliche Änderung des Gedankeninhalts ?

HIER (+)

***d. also: objektiver Tatbestand* (+)**

2. Subjektiver Tatbestand

***a. Vorsatz ?* (+)**

***b. Absicht der Täuschung im Rechtsverkehr ?* (+)**

***c. also: subjektiver Tatbestand* (+)**

3. <u>also</u>: Tatbestand **(+)**

II. Rechtswidrigkeit **(+)**

III. Schuld **(+)**

IV. Ergebnis:
Strafbarkeit des T gemäß § 267 I Var. 2 (+)

- Strafbarkeit des T gemäß § 274 I Nr. 1 ?

I. Tatbestand

1. Objektiver Tatbestand

a. (hier) Urkunde ? **(+)** → *s.o.*

b. die dem Täter nicht oder nicht ausschließlich gehört ?
= Beweisführungsrecht, unabhängig von den dinglichen Eigentumsverhältnissen

HIER (–) → beim Führerschein steht das Beweisführungsrecht ausschließlich dem Inhaber zu; das Dokument ist ausschließlich in seinem Interesse erteilt worden, um ihm den Nachweis der Fahrerlaubnis nach § 2 I StVG und § 4 II FeV zu ermöglichen; die Verwaltungsbehörde hat kein Beweisführungsinteresse an der Urkunde

c. <u>also</u>: objektiver Tatbestand **(–)**

2. <u>also</u>: Tatbestand **(–)**

II. Ergebnis:
Strafbarkeit des T gemäß § 274 I Nr. 1 (–)

- Strafbarkeit des T gemäß § 133 I Var. 2 ?

I. Tatbestand

1. Objektiver Tatbestand

a. bewegliche Sache ? **(+)**

b. (hier) dem Täter dienstlich in Verwahrung gegeben ?
= Übertragung dienstlicher Herrschaftsgewalt

HIER (–) → die amtliche Verfügungsgewalt soll nicht fortdauern; die Verpflichtung aus § 2 I StVG und § 4 II FeV ändert nichts an der Übertragung des Alleingewahrsams auf den Inhaber

c. <u>also</u>: objektiver Tatbestand **(–)**

2. <u>also</u>: Tatbestand **(–)**

II. Ergebnis:
Strafbarkeit des T gemäß § 133 I Var. 2 (–)

Formulierungsvorschlag Fall 31

- Strafbarkeit des T gemäß § 267 I Var. 2

Durch die Manipulation am Führerschein könnte sich T gemäß § 267 I Var. 2 strafbar gemacht haben.

I. Dazu müsste der Führerschein in seiner ursprünglichen Form eine Urkunde gewesen sein. Unter einer Urkunde versteht man jede verkörperte Gedankenerklärung, die zum Beweis geeignet und bestimmt ist und ihren Aussteller erkennen lässt. In dem Dokument war der Gedanke verkörpert, dass T zum Führen von Fahrzeugen der Klasse 4 berechtigt ist. Der Führerschein dient dem Nachweis der Fahrerlaubnis, war also zum Beweis geeignet und bestimmt. Schließlich ließ er auch die Straßenverkehrsbehörde als Aussteller erkennen. Somit stellt der Führerschein eine Urkunde dar.

Diese Urkunde war ursprünglich auch echt.

T hat durch seine Manipulation den Gedankeninhalt des Führerscheins nachträglich geändert, die echte Urkunde also verfälscht.

Er handelte vorsätzlich und zur Täuschung im Rechtsverkehr.

II. Die Tat geschah rechtswidrig.

III. T handelte schuldhaft.

IV. Damit hat er sich durch die Manipulation gemäß § 267 I Var. 2 strafbar gemacht.

- Strafbarkeit des T gemäß § 274 I Nr. 1

Ferner könnte T durch den Einsatz der Rasierklinge § 274 I Nr. 1 verwirklicht haben.

I. Dazu dürfte der Führerschein, der wie gezeigt eine echte Urkunde ist, nicht ausschließlich T gehören. Mit „gehören“ im Sinne des § 274 I Nr. 1 ist unabhängig von den Eigentumsverhältnissen das Recht gemeint, mit der Urkunde Beweis zu erbringen. Mit dem Führerschein erbringt nach § 2 I StVG und § 4 II FeV der Inhaber den Nachweis der Fahrerlaubnis. Das Dokument ist nur in seinem Interesse erteilt worden. Zwar wird die Prüfung der Fahrerlaubnis durch den Führerschein auch den Polizeibeamten erleichtert, ein eigenes Beweisführungsinteresse der Behörden an der Urkunde besteht aber nicht. Damit steht das Beweisführungsrecht ausschließlich dem Inhaber zu. T war Inhaber des Führerscheins, der ihm folglich ausschließlich im Sinne des § 274 I Nr. 1 gehörte.

II. Mithin hat T nicht § 274 I Nr. 1 verwirklicht.

- Strafbarkeit des T gemäß § 133 I Var. 2

Gleichwohl könnte sich T durch das Entfernen der X-Zeichen gemäß § 133 I Var. 2 strafbar gemacht haben.

I. Dazu müsste ihm der Führerschein – eine bewegliche Sache – dienstlich in Verwahrung gegeben worden sein. T müsste die dienstliche Herrschaftsgewalt übertragen worden sein. Der Inhaber des Führerscheins ist nach § 2 I StVG und § 4 II FeV zum Nachweis der Fahrerlaubnis verpflichtet. Diese Verpflichtung begründet aber keinen fortdauernden Gewahrsam der Behörde an der Urkunde. T wurde vielmehr mit der Aushändigung des Dokuments Alleingewahrsam übertragen, dienstliche Herrschaftsgewalt bestand nicht fort. Somit ist der Führerschein T nicht dienstlich in Verwahrung gegeben worden.

II. T hat sich nicht gemäß § 133 I Var. 2 strafbar gemacht.

Fazit

1. Die ***Urkundendelikte*** sind bei den meisten Studentinnen und Studenten besonders unbeliebt. Das hat zum Teil nachvollziehbare Gründe, vieles lässt sich aber auch ganz gut in den Griff bekommen. Die Lösung des Ausgangsfalls wirft keine nennenswerten Detailprobleme auf.

   Im Bereich der ***§§ 267 ff*** haben die einzelnen Delikte sehr ***unterschiedliche Schutzrichtungen***. Ihr solltet dabei immer darauf achten, was im Einzelnen wovor geschützt wird:

   § 267 schützt die Echtheit und Unverfälschtheit aller Urkunden.

   §§ 271, 348 haben die inhaltliche Wahrheit im Auge, betreffen aber nur öffentliche Urkunden i.S.d. § 415 I ZPO.

   § 274 I Nr. 1 schützt die Existenz und die äußerliche Unversehrtheit von (echten) Urkunden, die dem Täter nicht gehören.

   § 281 schließlich soll vor missbräuchlicher Verwendung von (echten) Ausweispapieren und vergleichbaren Urkunden (§ 281 II) schützen.

2. Erfahrungsgemäß bereitet die wichtige Unterscheidung der Begriffspaare ***„echt"/„unecht"*** einerseits und ***„wahr"/„unwahr"*** andererseits der Anfängerin und dem Anfänger erhebliche Schwierigkeiten. ***Echt*** ist eine Urkunde, wenn sie tatsächlich von demjenigen stammt, der sich aus ihr als Aussteller ergibt. ***Unecht*** ist sie demnach, wenn der aus der Urkunde erkennbare Aussteller nicht der wirkliche ist. Anders ausgedrückt erweckt eine ***unechte Urkunde*** den unrichtigen Anschein, von dem aus ihr erkennbaren Aussteller herzurühren. Vor diesem Hintergrund spricht man auch von einer ***Identitätstäuschung***.

   Im Ausgangsfall war die Urkunde nach der Manipulation unecht, weil T tatsächlicher Aussteller des manipulierten Führerscheins war, während nach wie vor nur die Straßenverkehrsbehörde als Aussteller erkennbar war. Der unechte

Führerschein war zugleich auch inhaltlich unwahr. Das muss nicht so sein: Eine unechte Urkunde kann durchaus auch inhaltlich wahr sein; für § 267 spielt das nicht die geringste Rolle. Euch dürfte spätestens jetzt aufgegangen sein, dass selbstverständlich auch umgekehrt eine echte Urkunde einen unwahren Inhalt bezeugen kann. Beispiel: „Der volljährige S hat die Schule geschwänzt, gibt aber auf einer von ihm selbst mit eigenem Namen unterzeichneten Entschuldigung krankheitsbedingtes Fehlen an.“ In so gelagerten Fällen habt ihr es nicht mit der für § 267 I typischen Identitätstäuschung zu tun, sondern nur mit einer ***straflose***n ***schriftliche***n ***Lüge***. § 267 I Var. 1 ist nicht einschlägig, weil die Urkunde ja echt ist. Alles klar?

3. Zu § 267 wird es im Zusammenhang mit den folgenden Fällen noch einiges zu sagen geben. Hier nur so viel: ***§ 267 I*** enthält ***drei Varianten***, nämlich ***Herstellen einer unechten Urkunde***, ***Verfälschen einer echten Urkunde*** und ***Gebrauchen einer unechten oder verfälschten Urkunde***. Das Verhältnis der Varianten zueinander ist dogmatisch im Einzelnen teuflisch umstritten, es lässt sich aber eine brauchbare Vorgehensweise für die Klausur herauskristallisieren: Jedenfalls typischerweise ist jedes Verfälschen einer Urkunde (Var. 2) zugleich das Herstellen einer unechten Urkunde (Var. 1). Das ***Herstellen tritt*** dann ***hinter dem spezielleren Verfälschen zurück***, sodass ihr nach unserem Geschmack kein Wort über Var. 1 verlieren solltet. Wer sich dabei unwohl fühlt, kann das Verhältnis der Varianten auch kurz darstellen. Ihr solltet aber im Falle des Verfälschens die Prüfung niemals mit Var. 1 beginnen. Das treibt so manchen Korrektor und so manche Korrektorin zur Weißglut!!! Das Gebrauchen (Var. 3) ist strukturell nichts anderes als die Verwirklichung der Täuschungsabsicht. Rein dogmatisch ***extrem streitig*** ist, in welchem ***Verhältnis*** das ***Gebrauchen zum Herstellen bzw. Verfälschen*** steht. Wir empfehlen für die Klausur folgende Lösung: Erwähnt § 267 I Var. 3 nach der Bejahung von Var. 2 oder 1 nur kurz und weist dabei darauf hin, dass das Gebrauchen gegenüber dem Verfälschen oder Herstellen rechtlich keine eigenständige Bedeutung hat (einheitliches Delikt).

4. Immer wenn das Verfälschen einer echten Urkunde nach § 267 I Var. 2 einschlägig ist, solltet ihr auch an ***§ 274 I Nr. 1*** denken. Für die Klausur muss man unbedingt beachten, dass das missverständliche Wort ***„gehört“*** nicht an die Eigentumsverhältnisse anknüpft, sondern das ***Beweisführungsrecht*** betrifft.

5. ***§ 133*** (spätestens jetzt lesen!) haben die meisten von euch sicherlich nicht gesehen. Die Prüfung kann knapp gehalten werden. Andererseits gehört der Verwahrungsbruch in die Fall-Lösung. So fernliegend ist die Vorschrift nun auch wieder nicht.

6. Falls es euch nicht klar sein sollte: Die Abkürzung „FeV“ steht für die Verordnung über die Zulassung von Personen zum Straßenverkehr (Fahrerlaubnis-Verordnung). Diese Materie war früher in der Straßenverkehrs-Zulassungs-Ordnung (StVZO) geregelt.

Die ehemalige Klasse 4 entspricht im Wesentlichen der Klasse AM, die ehemalige Klasse 3 entspricht weitgehend der heutigen Klasse B (siehe § 6 I FeV).

Fall 32

Jurastudent J will sich statusgerecht fortbewegen und braucht daher dringend Geld für ein neues Golf-Cabrio. Leider rückt sein Vater keine Kohle mehr heraus. J hat aus besseren Zeiten noch einen von der Kommilitonin K ausgestellten Schuldschein über eine Forderung in Höhe von 2.000 €. Um bei seiner Bank einen möglichst kreditwürdigen Eindruck zu hinterlassen, erstellt J eine Fotokopie des Schuldscheins, in die er durch geschicktes Anhängen einer Null eine Summe von 20.000 € einträgt.

Frage: Hat sich J gemäß §§ 267 ff strafbar gemacht ?

Lösungsskizze Fall 32

- Strafbarkeit des J gemäß § 267 I Var. 2 ?

I. Tatbestand

1. Objektiver Tatbestand

a. Urkunde ?

= verkörperte Gedankenerklärung, die zum Beweis im Rechtsverkehr geeignet und bestimmt ist und ihren Aussteller erkennen lässt

HIER (–) → die Fotokopie ist keine Urkunde (a.A. vertretbar); es fehlt an allen drei Merkmalen des Urkundenbegriffs; die Kopie verkörpert nicht selbst die Erklärung, sondern gibt sie – wie eine Abschrift – nur wieder; deshalb ergibt sich auch nicht ohne Weiteres eine Beweisbestimmung; vor allem lässt die Kopie ihren Aussteller nicht erkennen

***b. <u>also</u>: objektiver Tatbestand* (–)**

***2. <u>also</u>: Tatbestand* (–)**

II. Ergebnis:

Strafbarkeit des J gemäß § 267 I Var. 2 (–)

- Strafbarkeit des J gemäß § 268 I Nr. 1 Var. 2 ?

I. Tatbestand

1. Objektiver Tatbestand

a. technische Aufzeichnung ?

= die durch ein technisches Gerät selbsttätig bewirkte Darstellung (§ 268 II)

HIER (–) → die Fotokopie ist keine technische Aufzeichnung (a.A. vertretbar); sie ist nicht Ergebnis eines automatischen (selbsttätigen) Vorgangs; der Aufzeichnungsinhalt hat keinen neuen Informationsgehalt; die Leistung des Geräts erschöpft sich in der bloßen Perpetuierung eines vom Menschen unmittelbar erfassbaren Vorgangs

b. also: objektiver Tatbestand (–)

2. also: Tatbestand (–)

II. Ergebnis:
Strafbarkeit des J gemäß § 268 I Nr. 1 Var. 2 (–)

Formulierungsvorschlag Fall 32

- Strafbarkeit des J gemäß § 267 I Var. 2

J könnte sich durch die Eintragung auf der Fotokopie gemäß § 267 I Var. 2 strafbar gemacht haben.

I. Dazu müsste die Fotokopie eine Urkunde sein. Unter einer Urkunde versteht man jede verkörperte Gedankenerklärung, die zum Beweis geeignet und bestimmt ist und ihren Aussteller erkennen lässt. Auf den ersten Blick scheint die Kopie wie das Original eine Gedankenerklärung zu verkörpern. Genau besehen ist sie aber nur die Reproduktion einer Erklärung. Die Fotokopie gibt – ähnlich wie die Abschrift – nur die Erklärung wieder, die sie demnach genau genommen nicht selbst verkörpert. Auch die nötige Beweisbestimmung erscheint vor diesem Hintergrund zweifelhaft. Vor allem aber lässt die Fotokopie – anders als etwa eine Durchschrift – ihren Aussteller definitiv nicht erkennen. Aussteller ist derjenige, der das Kopiergerät in Gang gesetzt hat. Diese Person geht aus der Kopie nicht hervor.

Damit ist eine Fotokopie jedenfalls wegen fehlender Erkennbarkeit des Ausstellers nach der üblichen Definition keine Urkunde. Eine systemwidrige Einbeziehung der Fotokopie unter Aufgabe des gängigen Urkundenbegriffs ist im Übrigen kriminalpolitisch nicht notwendig. Nicht ohne Grund verlässt sich im Rechtsverkehr bei entscheidenden Fragen niemand auf eine unbeglaubigte Fotokopie. Ein wirkliches Schutzbedürfnis ist insoweit nicht erkennbar.

Nach alledem ist die Fotokopie keine Urkunde.

II. J hat sich durch die Eintragung nicht gemäß § 267 I Var. 2 strafbar gemacht.

- Strafbarkeit des J gemäß § 268 I Nr. 1 Var. 2

Zu denken ist mit Blick auf die Manipulation weiter an eine Bestrafung gemäß § 268 I Nr. 1 Var. 2.

I. Die Fotokopie könnte eine technische Aufzeichnung im Sinne des § 268 II sein.

Dazu müsste die Darstellung vom Kopiergerät selbsttätig bewirkt worden sein, die Kopie müsste sich als eine Art eigene Darstellungsleistung des Geräts präsentieren.

Die Fotokopie ist nicht Ergebnis eines automatischen Vorgangs. Vielmehr erschöpft sich die Leistung des Geräts in der Wiedergabe, die gegenüber der Vorlage keinen neuen Informationsgehalt besitzt. Das aber ist ein vom Menschen unmittelbar erfassbarer Vorgang und damit gerade keine eigene Leistung des Geräts. Dem lässt sich nicht überzeugend entgegenhalten, dass der Mensch beim Erstellen der Fotokopie nur auslösende Funktion hat. Auch und gerade der Auslösungsvorgang muss selbsttätig sein, anders ist das Merkmal „selbsttätig bewirkt" nicht zu verstehen. Eine Missachtung dieses Wortsinns erscheint auch aus kriminalpolitischer Sicht kaum wünschenswert. Wie gezeigt genießen unbeglaubigte Fotokopien ohnehin kein strafrechtlich schutzwürdiges Vertrauen im Rechtsverkehr. Beglaubigte Fotokopien werden hingegen ohne Weiteres von § 267 geschützt.

Die Darstellung ist nicht im Sinne des § 268 II selbsttätig bewirkt worden.

Damit ist die Fotokopie keine technische Aufzeichnung.

II. Auch eine Bestrafung aus § 268 I Nr. 1 Var. 2 scheidet im Ergebnis aus.

Fazit

1. Die Einordnung der Fotokopie in das System der §§ 267, 268 gehört zu den absoluten Dauerbrennern. Der Fall ist sehr lehrreich, weil man sich die Lösung über die Urkundendefinition erschließen muss. Bekanntermaßen geht man nach heute nahezu einhelliger Auffassung vom sogenannten ***dreigliedrigen Urkundenbegriff*** aus. Danach sind maßgeblich die ***Verkörperung der Gedankenerklärung*** (sogenannte Perpetuierungsfunktion), die ***Beweisfunktion*** und die ***Erkennbarkeit des Ausstellers*** (sogenannte Garantiefunktion). Ihr solltet euch bei der Prüfung genau an diesen drei Merkmalen orientieren. Nur das ermöglicht erfahrungsgemäß eine strukturierte Bearbeitung von Problemfällen.

2. Ein solcher ***Problemfall*** ist die ***Fotokopie***. Im Ergebnis wird kaum noch bestritten, dass die (unbeglaubigte) Fotokopie jedenfalls grundsätzlich (siehe unten 3.) keine Urkunde ist, auch wenn das von vielen Autorinnen und Autoren als unangenehme Strafbarkeitslücke empfunden wird. Nun ja, über den kriminalpolitischen Aspekt lässt sich wie immer trefflich streiten. Prüfungstechnisch erfüllt die Fotokopie im Grunde nicht ein einziges Merkmal des Urkundenbegriffs.

Wir haben im Formulierungsvorschlag die Bedenken hinsichtlich der Perpetuierungs- und der Beweisfunktion geäußert, um dann entscheidend die ***(jedenfalls) fehlende Erkennbarkeit des Ausstellers*** heranzuziehen. Gutachtenfetischisten werden schon oben festgestellt haben, dass diese Vorgehensweise genau genommen nicht ganz sauber ist. Wenn ein Merkmal des Urkundenbegriffs nicht erfüllt ist, müsste eigentlich Ende der Durchsage sein. Trotzdem werden die von uns gezeigten Andeutungen in diesem Fall erfahrungsgemäß akzeptiert, wenn nicht sogar erwartet. So drastisch ist der Verstoß gegen die Regeln des Gutachtenstils übrigens schon deshalb nicht, weil ja nicht verschiedene Tatbestandsmerkmale parallel geprüft werden, sondern lediglich die Merkmale der Urkundendefinition. Wer sich partout auf die Ablehnung der Urkundeneigenschaft anhand eines einzigen Merkmals beschränken will, kann sich bedenkenlos ohne Umschweife auf die Ausstellererkennbarkeit stürzen. Eine bestimmte Prüfungsreihenfolge ist bei den gleichrangigen Merkmalen der Definition nicht zwingend.

3. Die (unbeglaubigte) ***Fotokopie*** wird von der ganz h.M. wie eine (unbeglaubigte) ***Abschrift*** behandelt. Diese Parallele bricht naturgemäß zusammen, wenn sich die Fotokopie nicht vom Original unterscheiden lässt und entsprechend den Anschein der Originalurkunde erwecken soll. Ohne einschlägige Angaben im Sachverhalt ist von diesem Sonderfall aber nicht auszugehen.

Die ebenfalls im Formulierungsvorschlag erwähnte ***Durchschrift*** ist eine Urkunde, sie verkörpert die eigene schriftliche Erklärung des Ausstellers.

Natürlich drängt sich die Frage auf, wie es bei einem ***Fax*** aussieht. Zwar wird – praktischen Bedürfnissen folgend – das Fax im Rechtsverkehr weitgehend wie das Original akzeptiert. Es gilt aber dasselbe wie für die Fotokopie. Auch das Fax ist eben (grundsätzlich, s.o.) nur eine Abbildung des Originals. Der BGH hat im Übrigen auch den Gedanken verworfen, dass beim Fax-Ausdruck mit der üblichen Kurzbezeichnung des Absenders eine Urkunde hergestellt werden könnte.

4. Der ganze Wirbel um die Fotokopie als Urkunde sollte euch nicht den Blick dafür verstellen, dass im Einzelfall selbstverständlich auf Basis einer ***Fotokopie als „Rohmaterial“*** eine ***neue unechte Originalurkunde*** hergestellt werden kann (§ 267 I Var. 1).

Schließlich solltet ihr folgende Variante im Hinterkopf haben: Der Täter kopiert eine unechte Urkunde und legt diese Fotokopie im Rechtsverkehr vor. In einem solchen Verhalten sieht zumindest die h.M. ein ***Gebrauchen des Originals*** i.S.d. § 267 I Var. 3. Nicht anders wird dann folgerichtig das Faxen einer unechten Urkunde zu beurteilen sein.

5. In Teilen der Literatur wird die Fotokopie zur Vermeidung von Strafbarkeitslücken unter § 268 gezwängt. Klar dagegen sprechen wie gesehen die Argumente der h.M., die sich vor allem auf die Definition der technischen Aufzeichnung in ***§ 268 II*** stützen können. Schulbeispiel für eine ***technische Aufzeichnung*** ist die Tachographenscheibe im Lkw. Der ***Fahrtenschreiber*** bewirkt die Darstellung selbsttätig.

6. In ***§ 267 III*** gibt es seit 1998 Regelbeispiele für den besonders schweren Fall der Urkundenfälschung. Es handelt sich bei diesem Absatz also um eine ***Strafzumessungsregel***. Nehmt den besonders schweren Fall nicht vorschnell an (vgl. auch zu § 263 III Die Fälle – Strafrecht BT 2, Fall 32, Fazit 5.).

Zur groben Orientierung: Einen ***Vermögensverlust großen Ausmaßes*** (§ 267 III Nr. 2) wird man ab 50.000 € bejahen können. Die Mindestgrößenordnung für eine ***große Zahl von Urkunden*** (§ 267 III Nr. 3) hat der BGH bei 25 angesiedelt (BGH NStZ-RR 2019, 11). Es spricht vieles dafür, dass sich gerade hier eine schematische Betrachtung verbietet. Die Fälschung von 40 Kinokarten mag die Sicherheit des Rechtsverkehrs noch nicht i.S.d. § 267 III Nr. 3 erheblich gefährden. Etwas anderes kann sich etwa bei der Fälschung einer entsprechenden oder auch geringeren Zahl von Waffenbesitzkarten ergeben.

§ 267 IV ist ein ***Qualifikationstatbestand***.

§ 267 III ist ebenso wie § 267 IV ***auf §§ 268, 269 entsprechend anzuwenden*** (§§ 268 V, 269 III).

7. Im Zusammenhang mit der ***Fälschung von Impfausweisen*** hat der Gesetzgeber insofern Klarheit geschaffen, als er § 277 („Unbefugtes Ausstellen von Gesundheitszeugnissen“) mit einer formellen Subsidiaritätsklausel versehen hat (§ 277 I am Ende / in der seit dem 24.11.2021 geltenden Fassung). Diese Neuregelung schließt es aus, § 277 im Verhältnis zu § 267 als privilegierende Spezialregelung anzusehen. Die Fälschung von Impfausweisen fällt also regelmäßig unter § 267, während die eigenständige Bedeutung des § 277 gering ist.

Fall 33

Die stets unter Geldmangel leidende M hat die ewigen Wasserpreiserhöhungen satt. Um Geld zu sparen, manipuliert sie den Wasserzähler so, dass am Ende des Abrechnungszeitraums eine im Vergleich zum tatsächlichen Verbrauch deutlich geringere Durchflussmenge angezeigt wird.

Frage: Hat sich M gemäß § 268 strafbar gemacht ?

Lösungsskizze Fall 33

- Strafbarkeit der M gemäß § 268 I Nr. 1 Var. 1 i.V.m. III ?

I. Tatbestand

1. Objektiver Tatbestand

a. technische Aufzeichnung ?
= die durch ein technisches Gerät selbsttätig bewirkte Darstellung (§ 268 II)

HIER (–) → die Darstellung muss von einiger Dauerhaftigkeit sein; das ist bei sich verändernden Anzeigen auf Zählgeräten auch dann nicht der Fall, wenn sie den jeweiligen Stand eines fortlaufenden Messvorgangs wiedergeben (a.A. vertretbar); die Aufzeichnung muss selbstständig verkörpert und vom Gerät abtrennbar sein; dafür spricht maßgeblich die Parallelität zu § 267; Strafbarkeitslücken sind nicht zu befürchten, weil in aller Regel ohnehin § 263 einschlägig ist

***b. also: objektiver Tatbestand* (–)**

***2. also: Tatbestand* (–)**

II. Ergebnis:
Strafbarkeit der M gemäß § 268 I Nr. 1 Var. 1 i.V.m. III (–)

Formulierungsvorschlag Fall 33

- Strafbarkeit der M gemäß § 268 I Nr. 1 Var. 1 i.V.m. III

Durch die Manipulation des Wasserzählers könnte sich M gemäß § 268 I Nr. 1 Var. 1 i.V.m. III strafbar gemacht haben.

I. Dazu müsste es sich bei der Anzeige am Wasserzähler um eine technische Aufzeichnung im Sinne des § 268 II handeln. Die durch das technische Gerät selbsttätig bewirkte Darstellung muss von einiger Dauerhaftigkeit sein, sonst liegt schon begrifflich keine Aufzeichnung vor. Bei einem Wasserzähler verändern sich die Messwerte aber fortlaufend, sodass die nötige dauerhafte Verkörperung zweifelhaft erscheint.

Anders als im Falle der Flüssigkeitssäule eines Thermometers oder des Zeigerstands einer Waage wird aber bei einem Wasserzähler der jeweilig vorangegangene Messwert nicht gelöscht, sondern geht aufgrund der vom Gerät vorgenommenen Addition gleichsam in den jeweils folgenden Wert ein. Unter diesem Aspekt kann man auch von einer gewissen Dauerhaftigkeit sprechen. Der Rechtsverkehr pflegt sich deshalb auf Zählerstände zu verlassen.

Andererseits darf die systematische Stellung des § 268 als Paralleltatbestand zu § 267 nicht aus dem Auge verloren werden. Unter dieser Prämisse muss man für die technische Aufzeichnung die gleiche Dauerhaftigkeit wie für eine Urkunde im Rahmen des § 267 fordern. Danach muss die Aufzeichnung selbstständig verkörpert und vom Gerät abtrennbar sein. An einer solchen Fixierung fehlt es aber bei sich laufend verändernden Messwerten. Auch unter dem kriminalpolitischen Gesichtspunkt ist die Erstreckung des § 268 auf Zählerstände nicht erforderlich, weil bei entsprechenden Manipulationen der Tatunwert vom Strafrechtsschutz des § 263 erfasst ist.

Die sich ständig verändernde Anzeige auf dem Wasserzähler ist daher keine technische Aufzeichnung im Sinne des § 268 II.

II. Mithin hat sich M nicht gemäß § 268 I Nr. 1 Var. 1 i.V.m. III strafbar gemacht.

Fazit

1. Mit ***§ 268*** wollte man den Strafrechtsschutz der technischen Entwicklung anpassen. Ein technisches Gerät denkt nicht, kann also auch keine Gedankenerklärung abgeben. Trotzdem können manche Geräte (etwa ein Fahrtenschreiber; siehe schon Fall 32, Fazit 5.) schutzwürdige Aufzeichnungen erstellen.

   Wie bei § 267 setzt aber auch eine ***technische Aufzeichnung i.S.d. § 268 II*** eine dauerhafte Verkörperung voraus. Daran fehlt es (unstreitig) beim Thermometer oder bei der Waage. Bei ***Zählerstände***n (Gas-, Heizungs-, Strom-, Wasser- oder Kilometerzähler) stellt sich die Prüfung komplizierter dar. Wir haben uns im Ausgangsfall dem BGH angeschlossen, der Zählerstände nicht als technische Aufzeichnungen ansieht. Diese Linie wird in der Literatur teils befürwortet, teils mit der im Formulierungsvorschlag ebenfalls angeklungenen Argumentation abgelehnt.

   Gerade weil nach der Rechtsprechung Manipulationen an solchen Zählern nicht über § 268 erfassbar sind, hat der Gesetzgeber für den praktisch wichtigen Fall der Manipulation von ***Kilometerzähler***n mit ***§ 22b StVG*** eine Spezialvorschrift eingeführt (Missbrauch von Wegstreckenzählern).

2. Wer anders als wir mit der Mindermeinung auch Anzeigen fortlaufender Messvorgänge unter § 268 II fasst, stößt im Ausgangsfall auf ***§ 268 III***, einen ***Unterfall des § 268 I Nr. 1 Var. 1*** („Herstellen einer unechten technischen Aufzeich-

nung“). Der Funktionsablauf als solcher muss beeinflusst werden. Ob die bloße ***zeitweilige Unterbrechung der Aufzeichnung eine „störende Einwirkung auf den Aufzeichnungsvorgang“*** darstellt, ist wiederum streitig.

Nun zu etwas völlig anderem: Der Funktionsablauf eines ***Computer***s wird nicht gestört, wenn der mit falschen Daten „gefüttert“ wird. Deshalb scheidet in diesen praktisch bedeutsamen Fällen § 268 III aus, es ist aber darüber hinaus an § 269 und § 263a (jeweils lesen!) zu denken. Beachtet die tendenziell zunehmende Bedeutung des Computerstrafrechts nicht zuletzt durch die Einführung neuer und die Erweiterung bestehender Vorschriften (vgl. §§ 202a, 202b, 202c, 303a, 303b).

Werft bei dieser Gelegenheit auch gleich einen Blick in § 270 (sogenannte Gleichstellungsklausel, gilt für alle Tatbestände, bei denen die „Täuschung im Rechtsverkehr“ eine Rolle spielt).

3. ***Unecht*** ist eine ***technische Aufzeichnung*** dann, wenn sie in der vorliegenden Form nicht das Ergebnis eines selbsttätigen und unbeeinflussten Herstellungsvorgangs ist, aber diesen Eindruck erweckt. Ihr seht an der Definition, dass im Grunde die für die Urkunde im Rahmen des § 267 I geltenden Kriterien nur auf die Besonderheiten der technischen Aufzeichnung übertragen werden. Folgerichtig erfüllt nicht § 268, wer nur einen Eigendefekt des Geräts für sich ausnutzt. Die so entstandene technische Aufzeichnung ist zwar inhaltlich unrichtig, aber nicht unecht (vgl. Fall 31, Fazit 2.).

Fall 34

K begibt sich in ein Kaufhaus, um Hosen zu kaufen. Nachdem er das Angebot gesichtet hat, entscheidet er sich zur Anprobe einer gelben und einer grünen Hose. Die gelbe Hose soll laut Auszeichnungsetikett 70 € kosten, während die grüne Hose mit 100 € ausgezeichnet ist. Die Preise befinden sich auf kleinen Pappschildern, die das Signet des Kaufhauses zeigen und die jeweils durch ein am Ende verknebeltes Plastikband mit der dazugehörigen Hose verbunden sind. Nach der Anprobe entschließt sich K, die Auszeichnungsschilder zu vertauschen, da er gerne die grüne Hose für 70 € erstehen will. Unter erheblichen Schwierigkeiten gelingt es K in der Umkleidekabine, beide Plastikbänder zu lösen und die Etiketten mit der jeweils anderen Hose zu verbinden. Anschließend hängt er die nunmehr mit einem Preis von 100 € ausgezeichnete gelbe Hose an den Verkaufsständer zurück. Mit der grünen Hose begibt sich K in Richtung Kasse. Auf dem Weg dorthin wird er von Detektiv D gestellt, der aufgrund des langen Aufenthalts des K in der Umkleidekabine Verdacht geschöpft hatte.

Frage: Hat sich K gemäß § 267 strafbar gemacht ?

Lösungsskizze Fall 34

- Strafbarkeit des K gemäß § 267 I Var. 2 bez. der grünen Hose ?

I. Tatbestand

1. Objektiver Tatbestand

a. Urkunde ?

= verkörperte Gedankenerklärung, die zum Beweis im Rechtsverkehr geeignet und bestimmt ist und ihren Aussteller erkennen lässt

HIER (+) → das Preisschild bildet in Verbindung mit der Hose eine sogenannte zusammengesetzte Urkunde; es ist mit der Hose als Augenscheinsobjekt, auf das sich der Erklärungswert bezieht, räumlich fest zu einer Beweiseinheit verbunden; die verkörperte Gedankenerklärung und Beweisfunktion beziehen sich auf den Preis der Hose; durch das Signet ist auch der Aussteller erkennbar

b. (ursprünglich) echt ? (+)

c. Verfälschen ?

= nachträgliche Änderung des Gedankeninhalts

HIER (+) → durch das Auswechseln der Preisschilder

d. <u>also</u>: objektiver Tatbestand (+)

2. Subjektiver Tatbestand

a. Vorsatz ? (+)

b. Absicht der Täuschung im Rechtsverkehr ?
= Täuschung über die Echtheit der Urkunde, um ein rechtlich erhebliches Verhalten des Täuschungsopfers zu bewirken

HIER (+) → K wollte die Unverfälschtheit der zusammengesetzten Urkunde (s.o.) vorspiegeln und dadurch bewirken, dass der eigentliche Kaufpreis nicht in voller Höhe geltend gemacht wird

c. also: subjektiver Tatbestand **(+)**

3. also: Tatbestand **(+)**

II. Rechtswidrigkeit **(+)**

III. Schuld **(+)**

IV. Ergebnis:
Strafbarkeit des K gemäß § 267 I Var. 2 bezüglich der grünen Hose (+)

- Strafbarkeit des K gemäß § 267 I Var. 2 bez. der gelben Hose ?

I. Tatbestand

1. Objektiver Tatbestand **(+)** → ***s.o.***

2. Subjektiver Tatbestand

a. Vorsatz ? **(+)**

b. Absicht der Täuschung im Rechtsverkehr ?
= Täuschung über die Echtheit der Urkunde, um ein rechtlich erhebliches Verhalten des Täuschungsopfers zu bewirken

HIER (–) → K wollte die gelbe Hose nicht an der Kasse vorlegen, also auch nicht über die Echtheit der zusammengesetzten Urkunde täuschen

c. also: subjektiver Tatbestand **(–)**

3. also: Tatbestand **(–)**

II. Ergebnis:
Strafbarkeit des K gemäß § 267 I Var. 2 bezüglich der gelben Hose (–)

Formulierungsvorschlag Fall 34

- Strafbarkeit des K gemäß § 267 I Var. 2 bezüglich der grünen Hose

Durch das Vertauschen der Auszeichnungsschilder könnte sich K bezüglich der grünen Hose gemäß § 267 I Var. 2 strafbar gemacht haben.

I. Das ursprüngliche Auszeichnungsschild müsste in Verbindung mit der grünen Hose eine echte Urkunde gewesen sein. Urkunde ist jede verkörperte Gedankenerklärung, die zum Beweis im Rechtsverkehr geeignet und bestimmt ist und ihren Aussteller erkennen lässt. Dem Auszeichnungsschild selbst fehlt für sich genommen jeder Bezug zur Ware. Isoliert betrachtet verkörpert es keine Gedankenerklärung. In Verbindung mit der Hose könnte es sich jedoch um eine sogenannte zusammengesetzte Urkunde handeln. Dazu müsste das Schild mit der Hose, auf die sich der Erklärungswert bezieht, räumlich fest zu einer Beweiseinheit verbunden gewesen sein. Eine solche Verbindung besteht in der Befestigung durch das Plastikband mit der Hose selbst. K hatte erhebliche Mühe, die Bänder von den Kleidungsstücken zu lösen, sodass man die Verbindung bedenkenlos als räumlich fest bezeichnen kann. In dieser Einheit zwischen Etikett und Hose ist die Gedankenerklärung über den Kaufpreis verkörpert. Sie ist entsprechend zum Beweis im Rechtsverkehr geeignet und bestimmt. Schließlich ist angesichts des Kaufhaussignets der Aussteller der Erklärung ohne Weiteres erkennbar. Damit erfüllt die Beweiseinheit von Etikett und Hose sämtliche Merkmale des Urkundenbegriffs, es handelt sich um eine zusammengesetzte Urkunde.

Diese Urkunde war ursprünglich auch echt.

K müsste sie verfälscht haben. Dazu müsste er den gedanklichen Inhalt der Urkunde nachträglich verändert haben. Dadurch, dass er die grüne Hose mit dem Preisschild der gelben Hose versah, änderte K unbefugt den gedanklichen Inhalt der Urkunde. Damit hat er die echte Urkunde verfälscht.

K handelte vorsätzlich. Er müsste weiter die nötige Täuschungsabsicht gehabt haben. Zur Täuschung im Rechtsverkehr handelt, wer einen Irrtum über die Echtheit der Urkunde erregen will, um den Getäuschten zu einem rechtlich relevanten Verhalten zu veranlassen. K wollte an der Kasse vorspiegeln, dass die Hose von vornherein mit dem von ihm angebrachten Auszeichnungsschild versehen war. Dadurch wollte er erreichen, dass der eigentliche Kaufpreis von 100 € nicht vollständig geltend gemacht wird. K zielte damit auf ein rechtlich erhebliches Verhalten des Getäuschten ab. Mithin hat K die zusammengesetzte Urkunde in der Absicht einer Täuschung im Rechtsverkehr verfälscht.

II. Die Tat geschah rechtswidrig.

III. K handelte schuldhaft.

IV. K hat sich durch das Vertauschen der Etiketten bezüglich der grünen Hose gemäß § 267 I Var. 2 strafbar gemacht.

- Strafbarkeit des K gemäß § 267 I Var. 2 bezüglich der gelben Hose

Möglicherweise hat sich K durch das Vertauschen der Auszeichnungsschilder auch bezüglich der gelben Hose gemäß § 267 I Var. 2 strafbar gemacht.

I. Der objektive Tatbestand ist entsprechend dem oben Gesagten auch bezüglich der gelben Hose erfüllt.

Auch diese Tat geschah vorsätzlich. K müsste zur Täuschung im Rechtsverkehr gehandelt haben, also den Willen gehabt haben, durch Gebrauch der Urkunde einen Irrtum über deren Echtheit zu erregen. K wollte indes die gelbe Hose nicht an der Kasse vorlegen, die verfälschte zusammengesetzte Urkunde also auch nicht gebrauchen. Bezüglich dieser Urkunde handelte K folglich nicht in der erforderlichen Täuschungsabsicht.

II. K hat sich bezüglich der gelben Hose nicht gemäß § 267 I Var. 2 strafbar gemacht.

Fazit

1. Das in der Fachwelt verbreitete Verständnis der Urkunde geht über die landläufige Vorstellung weit hinaus. Nach ganz h.M. muss eine ***Urkunde nicht notwendig*** ein ***Schriftstück*** sein. Das zeigt nicht zuletzt der Ausgangsfall, ein Klassiker zum Stichwort ***„zusammengesetzte Urkunde“***. Das Besondere daran ist, dass das für sich genommen bedeutungslose Zeichen (Preisetikett) durch die feste Verbindung mit der Ware einen konkreten Erklärungswert erhält. Damit erfüllt diese ***„Beweiseinheit“*** alle Merkmale der Urkunde. Allerdings sind gewisse Anforderungen an die ***feste räumliche Verbindung*** zu stellen.

Ebenfalls als zusammengesetzte Urkunde betrachtet wird etwa die Fotokopie bzw. Abschrift mit einem Beglaubigungsvermerk.

In einem Atemzug mit dem Ausgangsfall wird stets der etwas anders gelagerte ***„Hemdenfall“*** genannt. Dort klebte auf der Verpackung zweier Hemden das jeweilige Preisschild. Der Täter hatte die Hemden aus den Klarsichthüllen – die offenbar nur dem Schutz der Ware dienen sollten – genommen und ausgetauscht. Hier war nicht von einer „festen Beweiseinheit“ auszugehen, weil das Preisschild nur an der Verpackung klebte, nicht aber an den Hemden selbst. Wieder anders hätte es natürlich ausgesehen, wenn das Hemd in die Verpackung eingeschweißt gewesen wäre.

Durch Klausuren und Hausarbeiten geistert gelegentlich auch die berühmte ***Blutprobe***, die dem Blutentnahmeprotokoll nur lose beigefügt ist. Hier fehlt es – wie im Hemdenfall – an der festen Verbindung.

An all diesen Beispielen zeigt sich wieder einmal eindrucksvoll, wie sehr ihr auf die Besonderheiten des Einzelfalls achten müsst. Das ist zugegebenermaßen eine Binsenweisheit, von deren häufiger Missachtung aber jede Korrektorin und jeder Korrektor ein Klagelied singen kann.

2. Enorme Schwierigkeiten kann gegebenenfalls die leidige ***Abgrenzung*** der sogenannten ***Beweiszeichen*** von bloßen ***Kenn- oder Unterscheidungszeichen*** bereiten. Nur die Beweiszeichen können zusammen mit einem Bezugsobjekt eine zusammengesetzte Urkunde bilden.

Das Preisetikett des Ausgangsfalls ist ein typisches Beispiel für ein solches ***Beweiszeichen***. Rund um das Kraftfahrzeug kommen das Typenschild und die

Motornummer in Betracht. Auch das Autokennzeichen („Nummernschild") ist entgegen seiner Bezeichnung ein Beweiszeichen, wenn es sich nicht gerade um ein rotes Kennzeichen handelt (§ 28 StVZO). Nach ganz h.M. ist auch der berühmte Strich auf dem Bierdeckel jedenfalls dann ein Beweiszeichen, wenn er vom Wirt in Anwesenheit des Gasts gemacht wurde. Wer einen solchen Strich ausradiert, vernichtet also eine Urkunde (§ 274 I Nr. 1).

Nur ein ***Kenn- oder Unterscheidungszeichen*** soll dagegen etwa der Firmenaufdruck auf einem Stift oder der Dienststempel auf entsprechendem Inventar sein. Die Liste ließe sich umfangreich fortsetzen, ohne dass dies Erhellung brächte. Kurioser Höhepunkt ist das legendäre „Loch in der Fahrkarte", das vom Reichsgericht als Beweiszeichen und damit als Urkunde angesehen wurde!

Man muss es deutlich sagen: Die von der Rechtsprechung vorgenommene Unterscheidung von Beweiszeichen und Kennzeichen ist logisch nicht nachvollziehbar und daher als Prüfungsschwerpunkt denkbar ungeeignet.

3. Auch der Begriff der ***Gesamturkunde*** bedarf noch einer kurzen Erläuterung. Von einer Gesamturkunde spricht man, wenn ***mehrere Einzelurkunden*** so ***zu einem sinnvollen Ganzen zusammengefasst*** sind, dass gerade diese Zusammenfassung einen eigenen Erklärungsinhalt ergibt. Als Beispiele für Gesamturkunden werden üblicherweise Sparkassenbücher, kaufmännische Handelsbücher, Klassenbücher oder Personalakten genannt. Wie kann sich nun das Vorliegen einer Gesamturkunde in der Fall-Lösung auswirken? Nun, die Vernichtung von Einzelurkunden kann zugleich eine Verfälschung (§ 267 I Var. 2) und eine Beschädigung (§ 274 I Nr. 1) der jeweiligen Gesamturkunde sein.

Kehren wir konkret zum berüchtigten „Bierdeckelfall" zurück. Man kann den mit Strichen versehenen Bierdeckel als Gesamturkunde betrachten. Er dient als Abrechnungsgrundlage für die Gesamtzeche. So gesehen hat die Zusammenfassung der Einzelurkunden (jeder einzelne Strich als Beweiszeichen) einen eigenen Erklärungswert. Wenn man also eine Gesamturkunde annimmt, erfüllt das Ausradieren eines Striches hinsichtlich der Gesamturkunde § 267 I Var. 2 und § 274 I Nr. 1.

4. Verlassen wir die dunkle Seite der Urkundendelikte, zurück zum Ausgangsfall. Das Geschehen war lebensnah als einheitliche Gesamttathandlung zu betrachten. Es lag ein Verfälschen i.S.d. § 267 I Var. 2 vor und nicht etwa (nur) ein Herstellen (§ 267 I Var. 1) nach vorheriger Urkundenvernichtung. Zu einem Gebrauchen (§ 267 I Var. 3) ist es nicht gekommen. Wichtig war die strikte Unterscheidung der beiden Hosen, bei der ***Täuschungsabsicht*** hörten wie gesehen die Gemeinsamkeiten auf.

5. Nach der ***Urkundenvernichtung (§ 274 I Nr. 1)*** war nicht gefragt. Hinsichtlich der grünen Hose hat K den Tatbestand verwirklicht. § 274 I Nr. 1 tritt allerdings immer dann als subsidiär hinter § 267 I Var. 2 zurück, wenn die Urkundenvernichtung – wie im Ausgangsfall – nur das Mittel zur Verfälschung ist. Bezüglich der gelben Hose fehlt es im subjektiven Tatbestand an der für § 274 I Nr. 1 erforderlichen „Nachteilsabsicht" (siehe zu diesem Merkmal Fall 35, Fazit 3.).

Fall 35

E ist mit Filmdiva F verheiratet. Am Rande der Dreharbeiten zu ihrem neuen Streifen „Aufgetakelt" kann F der Versuchung nicht widerstehen und steigt mit ihrem knackigen Filmpartner K ins Bett. Sie teilt E das Geschehen in einem Brief mit, in dem sie um Verständnis für den Seitensprung bittet, weil es im Filmgeschäft nun einmal so zugehe. E ist allerdings von Natur aus eifersüchtig und betreibt daher unter Berufung auf das Verhalten der F die Scheidung (§ 1565 II BGB). Zum Beweis für die „Fehltritte" beruft sich E im Scheidungsprozess auf den Brief seiner Frau. F will ihrerseits E gründlich auflaufen lassen. Nach längerer Suche entdeckt sie den Brief und verbrennt ihn sofort.

Frage: Hat sich F gemäß § 274 strafbar gemacht ?

Lösungsskizze Fall 35

- Strafbarkeit der F gemäß § 274 I Nr. 1 ?

I. Tatbestand

1. Objektiver Tatbestand

a. (hier) Urkunde ?

= verkörperte Gedankenerklärung, die zum Beweis im Rechtsverkehr geeignet und bestimmt ist und ihren Aussteller erkennen lässt

HIER (+) → der Brief enthielt mit der Schilderung der Geschehnisse und der Bitte um Verständnis eine Gedankenerklärung, als deren Ausstellerin F erkennbar war; er war zum Tatzeitpunkt auch zum Beweis einer rechtlich erheblichen Tatsache – nämlich des Seitensprungs – geeignet und bestimmt; zwar sollte der Brief ursprünglich nicht zum Beweis dienen, die Beweisbestimmung kann aber auch nachträglich durch Dritte erfolgen (sog. Zufallsurkunde); E hat diese Beweisbestimmung durch Bezugnahme im Prozess vorgenommen

b. die dem Täter nicht oder nicht ausschließlich gehört ?

= Beweisführungsrecht, unabhängig von den dinglichen Eigentumsverhältnissen

HIER (+) → F stand jedenfalls nicht das alleinige Beweisführungsrecht an der Urkunde zu

c. (hier) Vernichten ? (+)

d. also: objektiver Tatbestand (+)

2. Subjektiver Tatbestand

a. Vorsatz ? (+)

b. Absicht, einem anderen Nachteil zuzufügen ?
= Absicht der Beeinträchtigung fremder Beweisführungsrechte

HIER (+) → F wollte E das Beweismittel entziehen

***c. also: subjektiver Tatbestand* (+)**

***3. also: Tatbestand* (+)**

***II. Rechtswidrigkeit* (+)**

***III. Schuld* (+)**

IV. Ergebnis:
Strafbarkeit der F gemäß § 274 I Nr. 1 (+)

Formulierungsvorschlag Fall 35

- Strafbarkeit der F gemäß § 274 I Nr. 1

Möglicherweise hat sich F durch das Verbrennen des Briefs gemäß § 274 I Nr. 1 strafbar gemacht.

I. Der Brief könnte eine Urkunde gewesen sein. Urkunde ist jede verkörperte Gedankenerklärung, die zum Beweis im Rechtsverkehr geeignet und bestimmt ist und ihren Aussteller erkennen lässt. Mit der Schilderung des Seitensprungs und der entsprechenden Bitte um Verständnis enthält der Brief eine Gedankenerklärung, als deren Ausstellerin F erkennbar war. Das im Brief beschriebene Verhalten kann im Scheidungsprozess nach § 1565 II BGB rechtlich erheblich werden. Das Dokument war damit auch zum Beweis im Rechtsverkehr geeignet.

F wollte das Schriftstück aber nicht als Beweismittel einsetzen, sodass der Brief jedenfalls zunächst nicht zum Beweis bestimmt war. Die für den Urkundenbegriff nötige Beweisbestimmung muss aber nicht zwingend von vornherein bestehen. Auch die nachträgliche Beweisbestimmung durch einen Dritten kann ein Schriftstück zur Urkunde machen. Durch Bezugnahme im Scheidungsprozess hat E den Brief nachträglich zum Beweis im Rechtsverkehr bestimmt. Damit erfüllte das Schriftstück zum entscheidenden Tatzeitpunkt alle Merkmale des Urkundenbegriffs. Der Brief war eine echte Urkunde.

Der Brief dürfte F nicht ausschließlich gehört haben. Mit „gehören" im Sinne des § 274 I Nr. 1 ist unabhängig von den Eigentumsverhältnissen das Recht gemeint, mit der Urkunde Beweis zu erbringen. F stand jedenfalls nicht das alleinige Beweisführungsrecht an der Urkunde zu. Der Brief gehörte F damit nicht ausschließlich.

F hat die Urkunde vernichtet.

Sie handelte vorsätzlich.

F wollte E das Beweismittel durch Vernichtung vollständig entziehen, handelte also in der Absicht, einem anderen Nachteil zuzufügen.

II. Die Tat geschah rechtswidrig.

III. F handelte schuldhaft.

IV. Sie hat sich folglich durch das Verbrennen des Briefs gemäß § 274 I Nr. 1 strafbar gemacht.

Fazit

1. Im Normalfall ist eine Urkunde von vornherein durch den Aussteller selbst zum Beweis bestimmt. Dann handelt es sich um sogenannte ***Absichtsurkunden***. Im Gegensatz dazu kann ein Schriftstück aber nach allgemeiner Ansicht auch nachträglich zum Beweis bestimmt und damit erst zur Urkunde gemacht werden. Diese Beweisbestimmung geschieht dadurch, dass ein Beweismittel im Zivilprozess herangezogen werden soll oder auch im Rahmen eines Strafverfahrens beschlagnahmt wird. In solchen Fällen spricht man gemeinhin von ***Zufallsurkunden***, obwohl das Ganze eigentlich nichts mit Zufall zu tun hat.

2. Ebenfalls wenig erhellend ist der Begriff ***„Deliktsurkunde“***. Damit sind beleidigende, nötigende oder betrügerische Schreiben gemeint, die mit einem falschen Namen unterzeichnet werden. Hier will der (tatsächliche) Aussteller dem Empfänger kein Beweismittel verschaffen. Er benutzt nur den fremden Namen, um eigenen Ärger zu vermeiden. Nach allgemeiner Auffassung erfüllt das beschriebene Verhalten trotzdem § 267 I Var. 1. Für die Beweisbestimmung soll keine Absicht erforderlich sein, sondern das Bewusstsein genügen, der Empfänger werde an die Mitteilung eine rechtliche Reaktion (z.B. Strafanzeige) knüpfen.

3. Bei der ***Absicht des § 274 I*** müsst ihr beachten, dass der gewollte Nachteil nicht etwa ein Vermögensschaden sein muss. Die Vorschrift schützt die Unversehrtheit der Urkunde, weshalb jede (beabsichtigte) Beeinträchtigung fremder Beweisführungsrechte als Nachteil genügt. Nach h.M. ist „Absicht“ nicht im engeren Sinne zu verstehen. Es soll jede Form direkten Vorsatzes genügen, nur der Eventualvorsatz soll ausgeschlossen sein.

Fall 36

Politiker P ist dafür bekannt, dass er kein Fettnäpfchen auslässt. Ein Hamburger Nachrichtenmagazin ist ihm seit geraumer Zeit auf den Fersen, um unter der Überschrift „Pleiten, Pech und Pannen“ weiter am Stuhl des P sägen zu können. Vollkommen entnervt tritt P zu Beginn der Sommerpause seinen Urlaub an. Er steigt im Hotel „Zum röhrenden Hirsch“ ab. Damit er wenigstens dort von den lästigen Journalisten verschont bleibt, trägt er an der Rezeption nicht seinen Namen in das Anmeldeformular ein, sondern gibt stattdessen „Paul Pinkel“ an.

Frage: Hat sich P gemäß § 267 strafbar gemacht ?

Lösungsskizze Fall 36

- Strafbarkeit des P gemäß § 267 I Var. 1 ?

I. Tatbestand

1. Objektiver Tatbestand

a. Urkunde ?

= verkörperte Gedankenerklärung, die zum Beweis im Rechtsverkehr geeignet und bestimmt ist und ihren Aussteller erkennen lässt

HIER (+) → das ausgefüllte Anmeldeformular lässt einen Aussteller erkennen und verkörpert die Erklärung über die persönlichen Daten und den gewünschten Aufenthalt im Hotel; zum Beweis dessen zugunsten des Hotelinhabers ist diese Erklärung geeignet und bestimmt

b. unecht ?

= tatsächlicher und erkennbarer Aussteller sind nicht identisch

HIER (–) → P ist tatsächlicher Aussteller, er ist aber auch erkennbarer Aussteller; es handelt sich um eine schlichte Namenslüge, die keine Identitätstäuschung ist (a.A. vertretbar); der Name ist zwar grundsätzlich das entscheidende Identitätsmerkmal, bei der schlichten Namenslüge wird aber nicht über die Person des Ausstellers getäuscht; dem Unterzeichner geht es ausschließlich um die Wahrung des Inkognitos, ansonsten will er sich zum Inhalt der Erklärung bekennen; er täuscht im Grunde nur darüber, wie der persönlich bekannte Aussteller heißt; der Rechtsverkehr ist dadurch nicht nennenswert beeinträchtigt

***c. <u>also</u>: objektiver Tatbestand* (–)**

***2. <u>also</u>: Tatbestand* (–)**

II. Ergebnis:

Strafbarkeit des P gemäß § 267 I Var. 1 (–)

Formulierungsvorschlag Fall 36

- Strafbarkeit des P gemäß § 267 I Var. 1

Durch das Ausfüllen des Formulars könnte sich P gemäß § 267 I Var. 1 strafbar gemacht haben.

I. Dazu müsste das ausgefüllte Formular eine Urkunde sein. Eine Urkunde ist jede verkörperte Gedankenerklärung, die zum Beweis im Rechtsverkehr geeignet und bestimmt ist und ihren Aussteller erkennen lässt. Das ausgefüllte Formular enthält die Erklärung darüber, dass sich eine bestimmte Person über einen bestimmten Zeitraum im bezeichneten Hotel aufhalten will. Das Anmeldeformular dient dem Hotelinhaber als Nachweis der genannten Erklärung, ist also zum Beweis geeignet und bestimmt. Durch die Angaben zur Person wird schließlich auch der Hotelgast als Aussteller erkennbar. Somit ist das ausgefüllte Formular eine Urkunde.

Sie müsste unecht sein. Dieses Merkmal ist erfüllt, wenn der tatsächliche Aussteller der Urkunde nicht mit dem erkennbaren Aussteller identisch ist. Tatsächlicher Aussteller ist P. Möglicherweise geht er aber auch als Aussteller aus der Urkunde hervor. Dagegen spricht auf den ersten Blick, dass P sich mit einem fremden Namen in das Formular eingetragen hat. Der Name ist grundsätzlich das entscheidende Identitätsmerkmal einer Person im Rechtsverkehr, sodass man vordergründig betrachtet von einer Identitätstäuschung sprechen kann.

Demgegenüber bleibt zu bedenken, dass P nicht als ein anderer, sondern nur zum Zwecke des Untertauchens unter einem fremden Namen gehandelt hat. Ansonsten wollte er sich zum Inhalt seiner Erklärung bekennen. Durch eine solche schlichte Namenslüge wird der Rechtsverkehr nicht nennenswert beeinträchtigt. Im betreffenden Lebenskreis wird der wahre Aussteller mit dem vorgegebenen Namen identifiziert. Dem jeweiligen Vertragspartner bleibt der wahre Name verborgen, die Person hingegen ist ihm bekannt. Wer wie P nicht den Anschein der Identität mit einem anderen erwecken will, täuscht nur darüber, wie der Aussteller heißt. Das allein ist aber noch keine Täuschung über die Person des Ausstellers. Ungeachtet der Namenslüge ist damit P als Person erkennbarer Aussteller des Antragsformulars. Die Urkunde ist folglich echt.

II. P hat sich durch das Ausfüllen des Formulars nicht gemäß § 267 I Var. 1 strafbar gemacht.

Fazit

1. Eine häufig anzutreffende Definition der ***Unechtheit*** knüpft an die „Identität von wahrem und scheinbarem Aussteller“ an. Das ist streng genommen unsinnig, weil „scheinbar“ nicht gleichbedeutend mit „anscheinend“ ist. Der wahre Aussteller kann unmöglich mit dem scheinbaren Aussteller identisch sein, sonst

wäre letztgenannter ja nicht (nur) scheinbarer Aussteller. Wir wissen nicht, was euer freundlicher Dozent oder eure freundliche Dozentin empfiehlt, ***wir empfehlen die im Ausgangsfall verwandte Definition, in der von „tatsächlichem" und „erkennbarem" Aussteller die Rede ist***.

2. Nicht jede schriftliche Verwendung eines falschen Namens im Rechtsverkehr erfüllt § 267 I. Wir haben uns beim Stichwort ***„schlichte Namenslüge"*** der h.M. angeschlossen. Danach bleibt straflos, wer im Grunde nur seinen wahren Namen ungenannt lassen will, aber ansonsten voll zu seiner Erklärung steht. Die Gegenansicht hebt in solchen Konstellationen zur Begründung einer unechten Urkunde die besondere Bedeutung des Namens als entscheidendes Identifikationsmerkmal hervor.

3. Getreu dem Motto „Keine Regel ohne Ausnahme" ist es umgekehrt auch nicht so, dass eine mit richtigem Namen unterzeichnete Urkunde zwangsläufig echt sein muss. Wenn der Täter z.B. auf die Verwechslung mit einer anderen Person gleichen Namens spekuliert, liegt ***trotz Verwendung des eigenen Namens*** eine ***Identitätstäuschung*** vor. Das hört sich ziemlich abgedreht an, ist aber schon vorgekommen.

4. Je nach Art des verwendeten Namens kann es im Einzelfall auch schon an der Erkennbarkeit des Ausstellers und damit an der Urkundenqualität fehlen.

Das ist zum einen bei sogenannter ***offene***r ***Anonymität*** der Fall, wenn nämlich jemand zum Beispiel mit „Donald Duck", „Hein Blöd" oder „Julius Cäsar" unterzeichnet. Auch ein unleserlicher Schnörkel als „Unterschrift" fällt in diese Kategorie, wenn sich in der Urkunde auch sonst keine Hinweise auf die Person des Ausstellers finden.

Daneben gibt es die sogenannte ***versteckte Anonymität***. Davon spricht man, wenn der Aussteller durch die gezielte Verwendung von Allerweltsnamen wie beispielsweise Müller, Meier, Schmitz oder Schulz nicht erkennbar sein will. Nur wenn in einem solchen Fall deutlich wird, dass sich der Urheber hinter dem Allerweltsnamen verstecken will und in Wahrheit niemand für die Erklärung einstehen will, liegt keine Urkunde vor. Sonst könnten ja Träger von Allerweltsnamen nie wirksame Urkunden herstellen.

Fall 37

Fleischerin F steht in ständigen Geschäftsbeziehungen zu Schlachter S. In Erwartung der nächsten Lieferung Kängurufleisch sendet sie S einen bereits unterschriebenen Blankoscheck zu. S soll den aktuellen Tagespreis für das Fleisch selbst als Schecksumme eintragen. Dieser steckt derzeit in einer argen Finanzkrise, sodass er den Scheck als willkommene Gelegenheit zur Teilsanierung ansieht. S missachtet die getroffene Vereinbarung und trägt mit 30.000 € einen Betrag ein, die den Preis für die Lieferung bei Weitem übersteigt. Den so ausgefüllten Scheck löst er bei der Bank ein.

Frage: Hat sich S gemäß § 267 strafbar gemacht ?

Lösungsskizze Fall 37

- Strafbarkeit des S gemäß § 267 I Var. 1 ?

I. Tatbestand

1. Objektiver Tatbestand

a. Urkunde ?

= verkörperte Gedankenerklärung, die zum Beweis im Rechtsverkehr geeignet und bestimmt ist und ihren Aussteller erkennen lässt

HIER (+) → der ausgefüllte Scheck verkörpert eine Zahlungsanweisung, zu deren Beweis im Rechtsverkehr er geeignet und bestimmt ist; die Unterzeichnerin F ist als Ausstellerin erkennbar

b. unecht ?

= tatsächlicher und erkennbarer Aussteller sind nicht identisch

HIER (+) → Unterzeichnerin F erscheint als Ausstellerin, während der Scheck in dieser Form von S stammt; durch die Missachtung der Vereinbarung ist S geistiger Urheber der Erklärung und damit tatsächlicher Aussteller der Urkunde (sog. Blankettfälschung)

c. Herstellen ? **(+)**

d. <u>also</u>: objektiver Tatbestand **(+)**

2. Subjektiver Tatbestand

a. Vorsatz ? **(+)**

b. Absicht der Täuschung im Rechtsverkehr ? **(+)**

c. <u>also</u>: subjektiver Tatbestand **(+)**

3. <u>also</u>: Tatbestand **(+)**

II. Rechtswidrigkeit (+)

III. Schuld (+)

IV. Ergebnis:
Strafbarkeit des S gemäß § 267 I Var. 1 (+)

- Strafbarkeit des S gemäß § 267 I Var. 3 ?

Gebrauchen nach § 267 I Var. 3 hat gegenüber § 267 I Var. 1 keine eigenständige rechtliche Bedeutung

Formulierungsvorschlag Fall 37

- Strafbarkeit des S gemäß § 267 I Var. 1

Durch das Eintragen der 30.000 € könnte sich S gemäß § 267 I Var. 1 strafbar gemacht haben.

I. Der ausgefüllte Scheck müsste eine Urkunde sein. Darunter ist jede verkörperte Gedankenerklärung zu verstehen, die zum Beweis im Rechtsverkehr geeignet und bestimmt ist und ihren Aussteller erkennen lässt. Ein vollständig ausgefüllter Scheck ist eine Zahlungsanweisung, verkörpert also eine Gedankenerklärung, zu deren Beweis im Rechtsverkehr das Papier auch geeignet und bestimmt ist. Als Ausstellerin ist Unterzeichnerin F erkennbar. Somit ist der ausgefüllte Scheck eine Urkunde.

Die Urkunde müsste weiter unecht sein. Das ist der Fall, wenn tatsächlicher und erkennbarer Aussteller nicht identisch sind. F hat den Scheck unterschrieben und geht damit als Ausstellerin aus der Urkunde hervor. Um auch tatsächliche Ausstellerin zu sein, müsste F geistige Urheberin der verkörperten Erklärung sein. Durch das Einsetzen der 30.000 € hat S allerdings seine vereinbarungsgemäße Befugnis ohne Wissen der F überschritten. F ist nicht geistige Urheberin der Erklärung. Sie stammt in dieser Form allein von S, der damit tatsächlicher Aussteller der Urkunde ist. Folglich ist der abredewidrig ausgefüllte Scheck unecht.

Durch das Einsetzen des Betrags hat S dem Scheck erst den konkreten Erklärungsinhalt gegeben, die unechte Urkunde also hergestellt.

Er handelte vorsätzlich und zur Täuschung im Rechtsverkehr.

II. Die Tat geschah rechtswidrig.

III. S handelte schuldhaft.

IV. Durch das Eintragen der 30.000 € hat sich S gemäß § 267 I Var. 1 strafbar gemacht.

- Strafbarkeit des S gemäß § 267 I Var. 3

S hat zusätzlich durch das Einlösen des Schecks die unechte Urkunde gebraucht und damit § 267 I Var. 3 erfüllt. Das Gebrauchen hat jedoch gegenüber § 267 I Var. 1 keine eigenständige rechtliche Bedeutung.

Fazit

1. Fälle dieser Art sind unter dem Schlagwort ***„Blankettfälschung"*** bekannt. Charakteristischer Ausgangspunkt ist ein unvollständiges Schriftstück, aus dem aber bereits ein (künftiger) Aussteller erkennbar ist. Die Blankettfälschung (§ 267 I Var. 1) liegt nun darin, dass der Täter diesem Blankett einen urkundlichen Inhalt gibt, der nicht mit dem Willen des Ausstellers übereinstimmt.

2. Vor der Tathandlung (Einsetzen der Zahl) handelt es sich wegen fehlenden Erklärungsinhalts noch gar nicht um eine Urkunde, sodass ein Verfälschen (§ 267 I Var. 2) von vornherein fernliegend ist. Einschlägig ist aber das Herstellen einer unechten Urkunde nach § 267 I Var. 1. Lest zum zentralen Begriff der Unechtheit zunächst noch einmal Ziffer 2. des Fazits zu Fall 31 und dann Ziffer 1. des Fazits zum vorangegangenen Fall 36.

3. Auf den angemessenen Umfang der Ausführungen zu § 267 I Var. 3 sind wir in allgemeiner Form bereits am Ende von Ziffer 3. des Fazits zu Fall 31 eingegangen. Dem dort Gesagten entsprechend haben wir uns in der Lösungsskizze wie auch im Formulierungsvorschlag kurz gefasst.

Fall 38

S studiert Jura im vierzehnten Semester, braucht aber für die Anmeldung zum Examen unbedingt noch den Leistungsnachweis im Öffentlichen Recht. Speziell in diesem Fach sind die Karten für S dummerweise traditionsgemäß schlecht gemischt. In der entscheidenden Klausur gerät er wieder einmal arg in Zeitnot. Zum Abgabezeitpunkt kommt auch S nicht daran vorbei, das mit seinem Namen versehene unvollständige Ergebnis seiner Bemühungen der Aufsichtsperson A zu übergeben. Im allgemeinen Getümmel wird der überforderte A jedoch in Gespräche verwickelt und dadurch stark abgelenkt. Dies nutzt S geschickt aus, indem er seine Klausur unbemerkt noch einmal vom Stapel herunternimmt und flugs vervollständigt.

Frage: Wie hat sich S strafbar gemacht ?

Lösungsskizze Fall 38

- Strafbarkeit des S gemäß § 267 I Var. 2 ?

I. Tatbestand

1. Objektiver Tatbestand

a. Urkunde ?

= verkörperte Gedankenerklärung, die zum Beweis im Rechtsverkehr geeignet und bestimmt ist und ihren Aussteller erkennen lässt

HIER (+) → eine Klausur verkörpert die jeweiligen Gedanken des Kandidaten zur Fall-Lösung; die schriftliche Ausarbeitung dient als Beweis für die Kenntnisse und Fähigkeiten des Kandidaten; der Verfasser als Aussteller geht aus der Klausur namentlich hervor

b. (ursprünglich) echt ? **(+)**

c. Verfälschen ?

= nachträgliche Änderung des Gedankeninhalts

HIER (+) → S hat die Klausur ergänzt, nachdem er die (alleinige) Dispositionsbefugnis durch die Abgabe verloren hatte; unter diesen Umständen kann auch der Aussteller die Urkunde verfälschen, das Ergebnis des § 267 I Var. 2 muss daher nicht notwendig eine unechte Urkunde sein (a.A. gut vertretbar); verlangte man im Ergebnis stets eine unechte Urkunde, hätte Var. 2 gegenüber Var. 1 keinerlei eigenständige Bedeutung

d. also: objektiver Tatbestand **(+)**

2. Subjektiver Tatbestand

a. Vorsatz ? **(+)**

b. Absicht der Täuschung im Rechtsverkehr ? **(+)**

c. <u>also</u>: subjektiver Tatbestand (+)

3. <u>also</u>: Tatbestand (+)

II. Rechtswidrigkeit (+)

III. Schuld (+)

IV. Ergebnis:
Strafbarkeit des S gemäß § 267 I Var. 2 (+)

- Strafbarkeit des S gemäß § 274 I Nr. 1 Var. 2 ?

I. Tatbestand

1. Objektiver Tatbestand

a. (hier) Urkunde ? (+) → *s.o.*

b. die dem Täter nicht oder nicht ausschließlich gehört ?
= Beweisführungsrecht, unabhängig von den dinglichen Eigentumsverhältnissen

HIER (+) → durch die Abgabe hat S die (alleinige) Dispositionsbefugnis verloren

c. Beschädigen ?
= Beeinträchtigung durch Reduzierung des Beweisinhalts

HIER (–) → durch das Vervollständigen wird der bisherige Beweisinhalt ergänzt, nicht aber reduziert

d. <u>also</u>: objektiver Tatbestand (–)

2. <u>also</u>: Tatbestand (–)

II. Ergebnis:
Strafbarkeit des S gemäß § 274 I Nr. 1 Var. 2 (–)

Formulierungsvorschlag Fall 38

- Strafbarkeit des S gemäß § 267 I Var. 2

Durch seine Ergänzung nach der Abgabe könnte sich S gemäß § 267 I Var. 2 strafbar gemacht haben.

I. Dazu müsste es sich bei der Klausur um eine Urkunde handeln. Als Urkunde ist eine verkörperte Gedankenerklärung anzusehen, die zum Beweis geeignet und bestimmt ist und ihren Aussteller erkennen lässt. In der Klausur sind die Gedanken des S zur Fall-Lösung schriftlich fixiert, sie stellt also eine verkörperte Gedankenerklärung dar. Diese schriftliche Ausarbeitung ist zum Beweis der Kenntnisse und Fähigkeiten des Kandidaten geeignet und auch bestimmt. Schließlich ist auf einer solchen Klausur auch der Name des Verfassers vermerkt, sodass der Aussteller klar erkennbar ist. Mithin ist die Klausur eine Urkunde.

Sie war jedenfalls ursprünglich auch echt.

S müsste diese Urkunde verfälscht haben, also den Gedankeninhalt nachträglich verändert haben. S hat mit seiner Ergänzung nach der Abgabe einen von der ursprünglichen Fassung abweichenden Gesamtinhalt geschaffen. Indes stammt die Veränderung von S selbst, also vom ursprünglichen Aussteller. Dies führt dazu, dass das Ergebnis der Manipulation in Abweichung vom Normalfall keine unechte Urkunde ist. Damit drängt sich die Frage auf, ob auch der Aussteller selbst die Urkunde verfälschen kann.

Dagegen scheint die Systematik der Urkundendelikte zu sprechen. § 267 schützt den Rechtsverkehr jedenfalls typischerweise gegen die Schaffung falscher Beweismittel, während die Verletzung der Integrität echter Beweismittel von § 274 erfasst werden soll. Dieser Gedankengang hätte zur Konsequenz, auch bei § 267 I Var. 2 als Resultat eine unechte Urkunde zu fordern.

Das vermag bei näherer Betrachtung nicht zu überzeugen. Eine Identitätstäuschung kann auch darin gesehen werden, dass der ursprüngliche Aussteller nach Verlust seiner Dispositionsbefugnis die Urkunde noch einmal verändert. Die Sicherheit des Rechtsverkehrs ist jedenfalls in gleicher Weise beeinträchtigt. Der Täter will in Fällen wie dem vorliegenden die Urkunde ja gerade dem Beweisverkehr zugänglich machen. Darin liegt ein Verhalten, das von der Zielrichtung des § 274 gerade nicht abgedeckt ist. Vor allem aber wäre § 267 I Var. 2 bei der anfänglich geschilderten Betrachtung gegenüber § 267 I Var. 1 völlig bedeutungslos, weil in jedem Verfälschen zwangsläufig ein Herstellen im Sinne der Var. 1 läge. Zur Wahrung einer eigenständigen Bedeutung der Var. 2 ist demnach davon auszugehen, dass auch der Aussteller eine Urkunde verfälschen kann, wenn er nämlich die Dispositionsbefugnis und damit das Ergänzungs- und Abänderungsrecht verloren hat.

Nach alledem bleibt festzuhalten, dass S die Urkunde im Sinne des § 267 I Var. 2 verfälscht hat.

Er handelte dabei vorsätzlich und zur Täuschung im Rechtsverkehr.

II. Die Tat geschah rechtswidrig.

III. S handelte schließlich auch schuldhaft.

IV. Er hat sich durch die Ergänzung nach der Abgabe gemäß § 267 I Var. 2 strafbar gemacht.

- Strafbarkeit des S gemäß § 274 I Nr. 1 Var. 2

Zu denken ist angesichts der Manipulation ferner an eine Bestrafung des S gemäß § 274 I Nr. 1 Var. 2.

I. Wie gesehen war die Klausur eine Urkunde, die dem S wegen des durch die Abgabe erfolgten Verlusts der Dispositionsbefugnis jedenfalls nicht mehr ausschließlich im Sinne des § 274 I Nr. 1 Var. 2 gehörte.

S müsste diese Urkunde beschädigt haben, also deren Beweisinhalt reduziert haben. S hat nur etwas hinzugefügt, dadurch aber nicht etwa den ursprünglichen Beweisinhalt reduziert. Von einer Beschädigung im Sinne des § 274 I Nr. 1 Var. 2 kann daher im Ergebnis keine Rede sein.

II. S hat sich durch sein Verhalten nicht gemäß § 274 I Nr. 1 Var. 2 strafbar gemacht.

Fazit

1. Die ***Urkundeneigenschaft der Klausur*** sollte sauber hergeleitet werden, ist aber im Ergebnis unproblematisch. Das gilt übrigens auch, wenn es sich um eine anonym unter einer Kennziffer geschriebene Examensklausur handelt. Es genügt, dass der Aussteller für das Prüfungsamt durch Zuordnung der Kennziffer erkennbar ist.

2. In Ziffer 3. des Fazits zu Fall 31 hieß es, jedenfalls ***typischerweise*** sei das ***Verfälschen*** (Var. 2) ***zugleich*** ein ***Herstellen*** (Var. 1). Solcherlei Formulierungen lassen den Juristen aufhorchen, sie deuten unweigerlich auf mögliche Ausnahmen hin. Unser Ausgangsfall behandelt nun die ***einschlägige Ausnahme***, die von der h.M. gemacht wird. Die von Teilen der Lehre bevorzugte Gegenansicht ist ebenfalls gut vertretbar, wobei ihr dann natürlich die Argumente dieser Meinung in Abweichung von unserem Formulierungsvorschlag stärker hervorheben müsst.

3. Die ***Urkundenbeschädigung (§ 274 I Nr. 1 Var. 2)*** scheiterte, sodass man bei einer Ablehnung der Strafbarkeit gemäß § 267 I Var. 2 insgesamt zur Straflosigkeit kam. Anders hätte es ausgesehen, wenn S nachträglich einen Fehler korrigiert hätte. Dann hätte ein Beschädigen i.S.d. § 274 I Nr. 1 Var. 2 vorgelegen. Besonders nach einer Bejahung der Urkundenfälschung sollte die Prüfung des § 274 I Nr. 1 nicht zu breit geraten, weil die Vorschrift bekanntlich ohnehin hinter § 267 I Var. 2 zurücktritt (siehe Fall 34, Fazit 5.).

4. Ihr müsst den Ausgangsfall deutlich von den praxisnahen Fällen unterscheiden, in denen sich jemand von einem anderen eine Arbeit schreiben lässt und sie unmittelbar vor der Abgabe selbst unterzeichnet oder (im Examen) mit seiner Kennziffer versieht. Vorher handelt es sich mangels Erkennbarkeit des Ausstellers noch nicht um eine Urkunde, sondern lediglich um einen ***Entwurf***.

   Deshalb kommt als Tathandlung allein das Herstellen einer unechten Urkunde (§ 267 I Var. 1) in Betracht. Es wird aber eine echte Urkunde hergestellt. Hier kommt ***ausnahmsweise*** die allgemein anerkannte ***„Geistigkeitstheorie"*** tatsächlich einmal zum Einsatz. Rein körperlich hat der „andere" die Arbeit geschrieben. Trotzdem ist nicht er der tatsächliche Aussteller, sondern der – mit dem erkennbaren Aussteller identische – Unterzeichner, der sich den ***Inhalt***

als eigene geistige Leistung zu eigen gemacht hat. Dass es sich dabei um eine unbefugte Übernahme der Leistung eines anderen handelt, spielt für die Echtheit der Urkunde keine Rolle. § 267 I ist nicht erfüllt.

5. Sehr spezielle Probleme können entstehen, wenn jemand ***durch Gewalt, Drohung oder Täuschung zur Unterschrift gebracht*** wird. Hat der Nötigende oder Täuschende dann i.S.d. § 267 I Var. 1 eine unechte Urkunde hergestellt, obwohl der andere geschrieben hat? Auch in solchen Fällen müsst ihr an eine Zurechnung auf Basis der „Geistigkeitstheorie" denken. Wenn der Täter dem Unterzeichnenden gewaltsam die Hand führt (vis absoluta), stellt er eine unechte Urkunde her. Eine durch Täuschung erschlichene Unterschrift führt zur Unechtheit einer Urkunde, wenn dem Getäuschten jegliches Erklärungsbewusstsein fehlt. So liegt es etwa, wenn der Unterzeichner irrig glaubt, nur ein Autogramm zu schreiben. Sobald er aber irgendeine rechtlich erhebliche Erklärung abgeben will, ist dem täuschenden Hintermann die Erklärung nicht geistig zuzurechnen. Dann hat man es mit einer echten Urkunde zu tun. Das entspricht den im Zivilrecht geltenden Grundsätzen. Nach § 123 I BGB ist eine Willenserklärung zwar anfechtbar, zunächst aber ist sie wirksam. Durch diese Anlehnung an das Zivilrecht kann man auch die streitigen Fälle bewältigen, in denen jemand durch Drohung oder nur willensbeugende Gewalt (vis compulsiva) zur Unterschrift genötigt wird. Nach h.M. wird dem Nötigenden die so entstandene Erklärung nicht geistig zugerechnet, sodass durch diese Handlungen eine echte Urkunde entsteht. § 123 I BGB lässt auch hier grüßen.

6. Ein wichtiger Hinweis zur Vermeidung einer weitverbreiteten Unsitte: Bringt die ***„Geistigkeitstheorie" bitte nur, wenn es wirklich darauf ankommt***, wenn also ausnahmsweise Schreiber und (möglicher) Erklärer nicht identisch sind. Tendenziell wird zum Ärger der jeweiligen Korrektorin und des jeweiligen Korrektors in Klausuren und Hausarbeiten auch dann eher hilflos mit dem Begriff „Geistigkeitstheorie" operiert, wenn er die Fall-Lösung kein Stück voranbringt. Offenbar zieht das Stichwort „Theorie" die Studentinnen und Studenten an, wie das Licht die Motten. Macht es besser!

Fall 39

T hat die Fahrschulausbildung und die anschließende Prüfung schon immer für viel zu aufwendig und kostspielig gehalten. Weil sie aber bald mit dem Auto nach Rimini fahren will, bietet ihr ihre stets hilfsbereite Kollegin K an, ihr ihren Führerschein der Klasse B für die Reise zur Verfügung zu stellen. T geht gerne auf den Vorschlag ein. Unglücklicherweise wird sie noch auf deutschem Boden bei einer Routinekontrolle angehalten. Bei der Überprüfung fällt der aufmerksamen Polizistin P auf, dass T nicht Inhaberin des Führerscheins ist.

Frage: Wie hat sich T strafbar gemacht ?
Die Strafbarkeit nach § 21 StVG ist nicht zu prüfen.

Lösungsskizze Fall 39

- Strafbarkeit der T gemäß § 281 I 1 Var. 1 ?

I. Tatbestand

1. Objektiver Tatbestand

a. Ausweispapier ?
= Urkunde, die von einer hoheitlichen Stelle ausgestellt ist, um die Identität einer Person oder ihre persönlichen Verhältnisse nachzuweisen

HIER (+) → der Führerschein ist vom Straßenverkehrsamt ausgestellt und dient angesichts des Lichtbildes jedenfalls auch dem Identitätsnachweis

b. für einen anderen ausgestellt ?

HIER (+) → für K ausgestellt

c. Gebrauchen ?
= der sinnlichen Wahrnehmung zugänglich machen

HIER (+) → T hat den Führerschein P zur Kontrolle übergeben

***d. also: objektiver Tatbestand* (+)**

2. Subjektiver Tatbestand

***a. Vorsatz ?* (+)**

***b. Absicht der Täuschung im Rechtsverkehr ?* (+)**

***c. also: subjektiver Tatbestand* (+)**

***3. also: Tatbestand* (+)**

***II. Rechtswidrigkeit* (+)**

***III. Schuld* (+)**

IV. Ergebnis:
Strafbarkeit der T gemäß § 281 I 1 Var. 1 (+)

Formulierungsvorschlag Fall 39

- Strafbarkeit der T gemäß § 281 I 1 Var. 1

T könnte sich durch das Vorzeigen des Führerscheins bei der Polizeikontrolle gemäß § 281 I 1 Var. 1 strafbar gemacht haben.

I. Der Führerschein müsste ein Ausweispapier sein. Das sind solche Urkunden, die von einer hoheitlichen Stelle ausgestellt sind, um die Identität einer Person oder ihre persönlichen Verhältnisse nachzuweisen. Der Führerschein ist vom Straßenverkehrsamt – also von einer hoheitlichen Stelle – ausgestellt worden. Er enthält ein Lichtbild und dient schon deshalb jedenfalls auch dem Identitätsnachweis. Mithin ist der Führerschein ein Ausweispapier, das zudem aus Sicht der T auf einen anderen – nämlich K – ausgestellt ist.

T müsste den Führerschein gebraucht haben, ihn also der sinnlichen Wahrnehmung des zu Täuschenden zugänglich gemacht haben. Er hat der Polizeibeamtin P das Dokument zur Kontrolle übergeben, sodass diese Einsicht nehmen und den Gedankeninhalt unmittelbar wahrnehmen konnte. Somit hat T das Ausweispapier auch gebraucht.

Sie handelte dabei vorsätzlich und zur Täuschung im Rechtsverkehr.

II. Die Tat geschah rechtswidrig.

III. T handelte schuldhaft.

IV. Sie hat sich folglich durch das Vorzeigen des Führerscheins gemäß § 281 I 1 Var. 1 strafbar gemacht.

Fazit

1. Es ging ausschließlich um ***§ 281***. Ihr solltet die Vorschrift in den Kontext der Urkundendelikte einordnen können (lest dazu noch einmal Fall 31, Fazit 1.).

2. Zentrales Merkmal des § 281 I ist – wer hätte es gedacht – das ***Ausweispapier***. Der Begriff wird ziemlich weit gefasst, der Führerschein ist anerkanntermaßen ein Ausweispapier i.S.d. § 281 I. Das gilt beispielsweise auch für den Studierendenausweis, nicht jedoch für die EU-Zulassungsbescheinigung Teil I (früher Kraftfahrzeugschein).

Im Ausgangsfall musste nicht etwa auf § 281 II (lesen!) zurückgegriffen werden, der z.B. Geburtsurkunden dem Schutzbereich des § 281 I zuordnet.

3. Am Rande bemerkt, auch wenn danach nicht gefragt war: K hat sich wegen Überlassens des Führerscheins nach § 281 I Var. 2 (lesen!) strafbar gemacht.

Fall 40

Dauerstudent D lebt nach dem Motto „Das Genie beherrscht das Chaos!“ Dennoch hat er seinen Führerschein verloren. Er beantragt daraufhin beim Straßenverkehrsamt einen Ersatzführerschein und sieht das als günstige Gelegenheit an, sein Image als geistiger Überflieger zu pflegen. Wahrheitswidrig gibt er der Behörde an, in der Zwischenzeit einen Doktortitel erworben zu haben. Dementsprechend wird der Titel dann auch von der Sachbearbeiterin in den Ersatzführerschein eingetragen.

Frage: Wie hat sich D strafbar gemacht ?

Lösungsskizze Fall 40

- Strafbarkeit des D gemäß § 271 I ?

I. Tatbestand

1. Objektiver Tatbestand

a. etwas Unwahres ?

HIER (+) → D stand der Doktortitel in Wahrheit nicht zu

b. (hier) in einer öffentlichen Urkunde beurkundet ?

HIER (–) → der Ersatzführerschein ist zwar eine öffentliche Urkunde i.S.d. § 415 I ZPO, seine Beweiskraft erstreckt sich aber nicht auf den Doktortitel; der öffentliche Glaube des Führerscheins erfasst die Erteilung einer bestimmten Fahrerlaubnis an den mit dem Lichtbild identischen Besitzer; auch Namensangabe und Geburtsdatum stehen in einem gewissen Zusammenhang mit der Fahrerlaubnis; nach der Verkehrsauffassung fehlt ein solcher Bezug beim Doktortitel aber gänzlich

***c. <u>also</u>: objektiver Tatbestand* (–)**

***2. <u>also</u>: Tatbestand* (–)**

II. Ergebnis:

Strafbarkeit des D gemäß § 271 I (–)

Formulierungsvorschlag Fall 40

- Strafbarkeit des D gemäß § 271 I

Durch seine den Doktortitel betreffende Angabe könnte sich D gemäß § 271 I strafbar gemacht haben.

I. Dazu müsste der Titel – etwas objektiv Unwahres – in einer öffentlichen Urkunde beurkundet worden sein. Auch der Ersatzführerschein ist nach Maßgabe des § 415 I ZPO eine öffentliche Urkunde. Beurkundet im Sinne des § 271 I sind aber lediglich die Tatsachen, auf die sich die Beweiskraft der jeweiligen öffentlichen Urkunde erstreckt. Dabei kommt es namentlich auf die Verkehrsauffassung an. Der öffentliche Glaube des Führerscheins erfasst in erster Linie die Erteilung einer bestimmten Fahrerlaubnis an den mit dem Lichtbild identischen Besitzer. Auch Namensangabe und Geburtsdatum stehen in einem gewissen Zusammenhang mit der genannten Kerntatsache.

Dagegen hat ein Doktortitel nach der Verkehrsauffassung keinerlei Bezug zur Erteilung der Fahrerlaubnis. Demnach erstreckt sich die Beweiskraft speziell des Führerscheins – anders als etwa die eines Passes oder Personalausweises – nicht auf die Berechtigung zum Führen eines Doktortitels.

Der Doktortitel ist damit nicht im einschlägigen Sinne beurkundet.

II. D hat sich durch die unzutreffende Angabe nicht gemäß § 271 I strafbar gemacht.

Fazit

1. Bei der Schaffung des ***§ 271*** muss der Gesetzgeber einen rabenschwarzen Tag gehabt haben. Die Vorschrift ist – gelinde gesagt – sehr umständlich formuliert. Merkt euch am besten die ***Kurzform: „Wer bewirkt, dass etwas Unwahres zu öffentlichem Glauben*** (konkret meist in öffentlichen Urkunden) ***beurkundet wird ...“***

   Von der Funktion her füllt § 271 die Lücke, die daraus entsteht, dass das eigentliche ***Amtsdelikt § 348*** (lesen!) nicht von jedermann in mittelbarer Täterschaft begangen werden kann.

2. Im Ausgangsfall haben wir es mit dem wichtigsten Prüfungsaspekt bei der Falschbeurkundung zu tun. Für die Klausur muss man unbedingt wissen, dass (unstreitig!) eine an der Beweiskraft der jeweiligen Urkunde orientierte Einschränkung vorgenommen wird. Es genügt vom Sinn und Zweck der §§ 348, 271 her nicht schon, dass etwas Unwahres in einer öffentlichen Urkunde steht. Man darf also nicht bei der Erkenntnis stehen bleiben, dass es sich im Einzelfall um eine öffentliche Urkunde (§ 415 I ZPO) handelt. Vielmehr kommt es gerade auf die ***erhöhte Beweiskraft der öffentlichen Urkunde*** an, sodass sich folgerichtig diese Beweiskraft genau auf die fragliche Aussage beziehen muss. Das wiederum kann sich aus konkreten Vorschriften ergeben, häufiger wird es hingegen auf die viel bemühte Verkehrsauffassung ankommen.

   Es gibt zu diesem Thema – wie ihr euch denken könnt – Rechtsprechung ohne Ende. Ein paar ***Beispiele zur Orientierung:*** Der Fahrzeugschein (heute EU-Zulassungsbescheinigung Teil I) beurkundet nur, dass ein bestimmtes Fahrzeug unter einem bestimmten Kennzeichen zugelassen ist. Dagegen ist die Richtigkeit der Angaben zur Person des Zulassungsinhabers oder zur Fahrzeug-Identifikationsnummer nicht von der Beweiskraft gedeckt. Auch Doktortitel ist nicht gleich Doktortitel. Im Gegensatz zum Führerschein im Ausgangsfall wird er vom öffentlichen Glauben eines Personalausweises oder Reisepasses sehr wohl erfasst. Es lebe der feine Unterschied! Der öffentliche Glaube von Standesamtsbüchern bezieht sich nur auf die im Personenstandsgesetz vorgeschriebenen Eintragungen. Der notarielle Kaufvertrag (vgl. § 311b I 1 BGB) beweist nur, dass die Parteien die entsprechenden Erklärungen abgegeben haben, nicht aber die Richtigkeit des in der Urkunde angegebenen Kaufpreises.

3. Wenn der ***Amtsträger bösgläubig*** ist und daher ***§ 348 I*** verwirklicht, müsst ihr zumindest gedanklich erst einmal ***Teilnahme*** (Anstiftung oder Beihilfe) an dieser Tat prüfen. Liegt eine solche Teilnahme vor, ist § 271 von vornherein nicht einschlägig. Die mittelbare Falschbeurkundung bedarf dann keiner Erwähnung.

   Natürlich sind auch die allseits beliebten ***Irrtümer*** denkbar, die strukturell denen bei § 160 entsprechen (siehe Fall 26, insbesondere Fazit 1.). Hält der Hintermann den beurkundenden Amtsträger irrig für bösgläubig, so hält die h.M. trotzdem § 271 I für anwendbar. Nach a.A. liegt nur (hier straflose, §§ 30 I, 12) versuchte Anstiftung vor. Im umgekehrten Fall, wenn nämlich der Amtsträger wirklich bösgläubig ist, der Hintermann ihn aber für gutgläubig hält, nimmt die h.M. ebenfalls § 271 I an. Die Gegenansicht geht hier (nur) von einem Versuch der mittelbaren Falschbeurkundung aus, der nach § 271 IV strafbar ist.

   Wer Spaß oder auch nur Interesse an diesen Spielereien hat, kann ja die Ergebnisse bei §§ 271, 348 einmal denen bei § 160 vergleichend gegenüberstellen. Dies beispielsweise in einer tabellarischen Übersicht zu tun, ist mit Sicherheit eine gute Übung.

4. ***§ 271 II*** erfasst den Gebrauch falscher Beurkundungen. ***§ 271 III*** (lesen!) ist eine Qualifikation. „Entgelt“ ist in § 11 I Nr. 9 definiert. Hättet ihr’s gewusst?

Brandstiftungsdelikte

Fall 41

Seit dem Tod des Ehemanns wohnt B allein und vereinsamt in ihrem Eigenheim. Dieser Zustand bedrückt sie zunehmend. Sie beschließt deshalb, die Gegend zu verlassen und alle Erinnerungen an ihren verstorbenen Mann auszulöschen. Zu diesem Zweck zündet B ihr Haus an, das vollständig abbrennt.

Frage: Hat sich B gemäß §§ 306 ff strafbar gemacht ?

Lösungsskizze Fall 41

- Strafbarkeit der B gemäß § 306 I Nr. 1 ?

I. Tatbestand

1. Objektiver Tatbestand

a. (hier) fremdes Gebäude ?

***aa. (hier) Gebäude ?* (+)**

bb. fremd ?

= im Eigentum eines anderen stehend

HIER (–) → das Haus stand ausschließlich im Eigentum der B

***cc. also: (hier) fremdes Gebäude* (–)**

***b. also: objektiver Tatbestand* (–)**

***2. also: Tatbestand* (–)**

II. Ergebnis:

Strafbarkeit der B gemäß § 306 I Nr. 1 (–)

- Strafbarkeit der B gemäß § 306a I Nr. 1 ?

I. Tatbestand

1. Objektiver Tatbestand

a. Räumlichkeit, die der Wohnung von Menschen dient ?

***aa. Räumlichkeit ?* (+)**

bb. der Wohnung von Menschen dienend ?
= nach den tatsächlichen Verhältnissen als Wohnung benutzt

HIER (–) → vorübergehende Abwesenheit des Bewohners ist zwar bedeutungslos; B selbst hat das leer stehende Gebäude aber als Wohnung aufgegeben; sie war zuvor einzige Bewohnerin; ihren Willen zur Aufgabe der Räumlichkeit als Wohnung hat sie jedenfalls durch das Inbrandsetzen selbst kundgegeben

cc. also: Räumlichkeit, die der Wohnung von Menschen dient **(–)**

b. also: objektiver Tatbestand **(–)**

2. also: Tatbestand **(–)**

II. Ergebnis:
Strafbarkeit der B gemäß § 306a I Nr. 1 (–)

Formulierungsvorschlag Fall 41

- Strafbarkeit der B gemäß § 306 I Nr. 1

B könnte sich durch das Anzünden des Hauses gemäß § 306 I Nr. 1 strafbar gemacht haben.

I. Dazu müsste das Haus ein aus Sicht der B fremdes Gebäude gewesen sein. Es müsste im Eigentum eines anderen gestanden haben. Das Haus gehörte aber allein B. Es war aus ihrer Sicht kein fremdes Gebäude.

II. Folglich hat sich B nicht gemäß § 306 I Nr. 1 strafbar gemacht.

- Strafbarkeit der B gemäß § 306a I Nr. 1

Möglicherweise hat sie sich aber durch das Anzünden des Hauses gemäß § 306a I Nr. 1 strafbar gemacht.

I. Das Haus ist ein Gebäude, also eine Räumlichkeit im Sinne des § 306a I Nr. 1.

Es müsste zum Tatzeitpunkt der Wohnung von Menschen gedient haben. Das ist der Fall, wenn das Gebäude tatsächlich bewohnt wird. Dabei spielt eine bloß vorübergehende Abwesenheit der Bewohner keine Rolle. B hat indes als vormals einzige Bewohnerin das leer stehende Gebäude endgültig aufgegeben. Ihren Willen, das Haus auch künftig nicht mehr als Wohnung zu nutzen, hat B jedenfalls durch das Inbrandsetzen selbst kundgegeben. Zum Tatzeitpunkt war das Haus der B nicht mehr bewohnt, es diente nicht mehr der Wohnung von Menschen.

II. Eine Bestrafung der B nach § 306a I Nr. 1 scheidet folglich ebenfalls aus.

Fazit

1. Die ***Brandstiftungsdelikte*** sind statistisch gesehen nicht gerade ein absoluter Prüfungshit. Man wird guten Gewissens davon ausgehen können, dass Detailkenntnisse nur erwartet werden, wenn sie Thema der jeweiligen Vorlesung waren.

   Die Bearbeitung des ziemlich einfachen Ausgangsfalls gab einen ersten Einblick in das nicht ganz einfache System der Brandstiftungsdelikte.

2. Grundlegend wichtig ist, dass ihr die (einfache) Brandstiftung nach § 306 nicht fälschlich als Grundtatbestand zu § 306a anseht. ***§ 306 I*** setzt fremdes Eigentum voraus und ist daher ein ***Spezialfall der Sachbeschädigung*** (§ 303 I / Eigentumsdelikt). Dagegen ist ***§ 306a I*** ein ***abstraktes Gefährdungsdelikt***, bei dem es auf die Eigentumsverhältnisse nicht ankommt.

   So kippten die beiden Vorschriften dann auch im Ausgangsfall bei völlig unterschiedlichen Prüfungspunkten. Mit der Beschränkung der Fallfrage haben wir eigentlich nur verhindern wollen, dass jemand § 303 I prüft. Die Sachbeschädigung wäre selbstverständlich aus dem gleichen Grund wie § 306 I zu verneinen gewesen. Eine vollständige Prüfung des § 303 I wäre im Übrigen auch bei unbeschränkter Fallfrage nach Ablehnung der Brandstiftung überflüssig gewesen. Man kann sogar so weit gehen, schon die Erörterung des § 306 I für eher fernliegend zu halten, weil das Haus für B offensichtlich nicht fremd war. Mit der von uns demonstrierten kurzen Prüfung auch dieses Tatbestands zeigt man aber Systemverständnis und ist auf der sicheren Seite.

3. Eine zentrale Rolle spielen natürlich die ***Tathandlungen***, die in § 306 I und § 306a I, II identisch sind.

   Das ***„Inbrandsetzen"*** kann im Falle einer Rechtspflicht zur Verhütung des Brandes (§ 13 I) auch durch Unterlassen geschehen (vgl. zum unechten Unterlassungsdelikt Die Fälle – Strafrecht AT, Fall 42). Selbst ein schon brennendes Gebäude kann nochmals in Brand gesetzt werden, wenn ein neuer Brandherd geschaffen wird.

   In Prüfungsfällen kann vor allem die Abgrenzung des Versuchs von der Vollendung problematisch werden. Eine Sache ist in Brand gesetzt, wenn sie derart vom Feuer erfasst ist, dass sie ***selbstständig weiterbrennen*** kann. Im wichtigen Fall des Wohngebäudes (§ 306a I Nr. 1) ist die Brandstiftung vollendet, wenn ein unmittelbar für das Wohnen wesentlicher Teil brennt (Fußboden, Treppe etc.). Noch keine Vollendung liegt dagegen vor, solange nur Inventar (Schränke, Regale, Tapete) Feuer gefangen hat.

   Auch im Falle eines brennenden Kellerverschlags aus Holzlatten hat der BGH konsequenterweise Brandstiftung verneint (kein ***funktionswesentlicher Gebäudeteil***) und es bei Sachbeschädigung belassen.

   Zu beachten ist die Variante der ***„Brandlegung"***, bei der das ***Tatobjekt ganz oder teilweise zerstört*** wird. Damit sollen vor allem die aus Sicht des Gesetzgebers zunehmend bedeutsamen Fälle erfasst sein, bei denen wegen feuerbeständiger Bauteile und Baumaterialien wesentliche Teile eines Gebäudes gar nicht mehr in Brand geraten, die Folgen aber mit denen des „Inbrandsetzens“ vergleichbar sind.

4. Nach allgemeinen Regeln kommt der Täter durch Gegenaktivitäten nach Vollendung der Tat nicht mehr von der Strafbarkeit los, weil § 24 dann nicht (mehr) gilt (vgl. auch Die Fälle – Strafrecht AT, Fälle 39 und 40).

Anders bei den Brandstiftungsdelikten, wo ***§ 306e*** (lesen!) dem Täter die Möglichkeit eröffnet, seinen Kopf auch nach Vollendung aus der Schlinge zu ziehen. Die ***tätige Reue*** ist allerdings zwingend auf bestimmte Tatbestände beschränkt, wobei das Gesetz nach Rechtsfolgen differenziert (§ 306e I, II). Der Täter muss in Anlehnung an § 24 ***freiwillig*** aktiv werden (vgl. Die Fälle – Strafrecht AT, Fall 39, Fazit 5.). Beachtet im Übrigen § 306e III, der § 24 I 2 nachgebildet ist.

Der Begriff ***„erheblicher Schaden“*** ist unbestimmt. Eine Körperverletzung ist jedenfalls dann ein erheblicher Schaden, wenn die Situation mit der des § 224 I Nr. 2 vergleichbar ist, also eine erhebliche Verletzungsgefahr besteht. Bei Sachschäden wird man sich mangels hinreichender Vergleichbarkeit allenfalls bedingt an den ohnehin nicht eindeutigen Größenordnungen zum „bedeutenden Wert“ i.S.d. §§ 306f II, 315c I orientieren können (vgl. dazu Fall 43, Fazit 2.) Ein erheblicher Schaden an einem Wohngebäude soll beispielsweise erst bei Beseitigungskosten in Höhe von mindestens 2.500 € anzunehmen sein.

§ 306e ist ein persönlicher Strafmilderungs- bzw. Strafabsehungsgrund und daher ***prüfungstechnisch*** – wie der Rücktritt (§§ 24, 31) – ***hinter der Schuld*** unter „IV. Besonderheiten“ anzusiedeln (siehe Seite 24).

Fall 42

E hängt sehr an seinem kleinen Sommerhäuschen, das zwar nur aus zwei Räumen besteht, aber sehr idyllisch an der Küste liegt. Ende Juli ist sein Erzrivale N auf einem seiner Rachezüge unterwegs. Er hat sich vorgenommen, das Ferienhaus niederzubrennen, ohne dass dabei Menschen verletzt werden sollen. N weiß zwar, dass E den gesamten Hochsommer über im Ferienhaus wohnt, vermutet ihn jedoch gerade am Strand. Sicherheitshalber macht er noch einen Rundgang durch das gut überschaubare Gebäude und vergewissert sich, dass sich tatsächlich niemand im Haus aufhält. Anschließend schreitet N zur Tat. Das Holzhaus steht innerhalb weniger Minuten lichterloh in Flammen.

Frage: Hat sich N gemäß §§ 306 ff strafbar gemacht ?

Lösungsskizze Fall 42

- Strafbarkeit des N gemäß § 306 I Nr. 1 ?

I. Tatbestand

1. Objektiver Tatbestand

a. (hier) fremdes Gebäude ?

aa. (hier) Gebäude ? **(+)**

bb. fremd ? **(+)**

cc. also: (hier) fremdes Gebäude **(+)**

b. (hier) Inbrandsetzen ? **(+)**

c. also: objektiver Tatbestand **(+)**

2. Subjektiver Tatbestand

- Vorsatz ? **(+)**

3. also: Tatbestand **(+)**

II. Rechtswidrigkeit **(+)**

III. Schuld **(+)**

IV. Ergebnis:
Strafbarkeit des N gemäß § 306 I Nr. 1 (+)

- Strafbarkeit des N gemäß § 306a I Nr. 1 ?

I. Tatbestand

1. Objektiver Tatbestand

a. Räumlichkeit, die der Wohnung von Menschen dient ?

aa. Räumlichkeit ? **(+)**

bb. der Wohnung von Menschen dienend ?
= nach den tatsächlichen Verhältnissen als Wohnung benutzt

HIER (–) → die vorübergehende Abwesenheit des Bewohners ist bedeutungslos; auch ein Ferienhaus fällt grundsätzlich unter § 306a I Nr. 1; das gilt jedenfalls für eine Zeit, während der das Haus – wie hier – tatsächlich bewohnt ist; eine Gefährdung von Menschenleben war aber den objektiven Umständen nach definitiv ausgeschlossen, wovon sich N durch den Rundgang bewusst und unter Anwendung der erforderlichen Sorgfalt überzeugt hat; obschon eine konkrete Gefährdung nicht vorausgesetzt wird, ist § 306a I Nr. 1 in einem solchen Ausnahmefall nicht gegeben (a.A. vertretbar); der Täter muss es pflichtwidrig dem Zufall überlassen, ob Menschen tatsächlich gefährdet oder verletzt werden; § 306a I hat die (wenn auch abstrakte) Gefährdung von Menschenleben im Auge; wenn diese vom Gesetz gemeinte Gefahr gar nicht eintreten konnte, wäre eine entsprechende Bestrafung unsachgerecht; auch der Handlungsunwert entspricht nicht der Vorstellung des Gesetzgebers, wenn der Täter den Erfolg gerade vermeiden will; eine solche Einschränkung ist dem Gesetz nicht fremd, wie § 326 VI zeigt

cc. <u>also</u>: Räumlichkeit, die der Wohnung von Menschen dient **(–)**

b. <u>also</u>: objektiver Tatbestand **(–)**

2. <u>also</u>: Tatbestand **(–)**

II. Ergebnis:
Strafbarkeit des N gemäß § 306a I Nr. 1 (–)

Formulierungsvorschlag Fall 42

- Strafbarkeit des N gemäß § 306 I Nr. 1

Möglicherweise hat sich N durch das Anzünden des Hauses gemäß § 306 I Nr. 1 strafbar gemacht.

I. Das Sommerhaus des E ist ein für N fremdes Gebäude im Sinne des § 306 I Nr. 1.

N hat dieses Gebäude in Brand gesetzt.

Er handelte dabei vorsätzlich.

II. Die Tat geschah rechtswidrig.

III. N handelte schuldhaft.

IV. Durch das Anzünden des Sommerhauses hat er sich gemäß § 306 I Nr. 1 strafbar gemacht.

- Strafbarkeit des N gemäß § 306a I Nr. 1

Weiter könnte sich N durch das Anzünden des Ferienhauses gemäß § 306a I Nr. 1 strafbar gemacht haben.

I. Das Haus könnte eine der Wohnung von Menschen dienende Räumlichkeit – hier ein Gebäude – sein und damit unter § 306a I Nr. 1 fallen. Dazu müsste es ein nach den tatsächlichen Verhältnissen als Wohnung benutztes Bauwerk sein. Eine vorübergehende Abwesenheit des Bewohners spielt dabei keine Rolle. Das Ferienhaus wurde im Sommer tatsächlich von E bewohnt. Jedenfalls zu dieser Zeit war es damit grundsätzlich ein taugliches Tatobjekt im Sinne des § 306a I Nr. 1.

Möglicherweise kommt jedoch dem Umstand Bedeutung zu, dass eine Gefährdung von Menschenleben durch Anzünden des leer stehenden Gebäudes den objektiven Umständen nach ausgeschlossen war und sich N dessen durch den Rundgang zuvor vergewissert hatte. Gegen eine Berücksichtigung solcher Umstände des Einzelfalls spricht der Charakter des § 306a I als abstraktes Gefährdungsdelikt. Eine konkrete Gefährdung von Menschenleben ist gerade nicht erforderlich.

Andererseits hat der Tatbestand jedenfalls typischerweise Situationen im Auge, in denen der Täter es pflichtwidrig dem Zufall überlässt, ob Menschen tatsächlich gefährdet oder gar verletzt werden. Von diesem Leitbild ist ein Täter, der die Gefährdung gerade bewusst vermeiden will und dazu angesichts der Überschaubarkeit eines Gebäudes auch objektiv in der Lage ist, weit entfernt. Es fehlt dann nämlich nicht nur am objektiven Erfolgsunwert, sondern auch an einem über die einfache Brandstiftung hinausgehenden Handlungsunwert. Ein solcher einschränkender Gedanke ist dem Gesetz auch keineswegs fremd, er kommt in § 326 VI ausdrücklich zur Geltung.

Nach alledem ist § 306a I Nr. 1 nicht erfüllt, wenn nach der objektiven Sachlage eine Gefährdung ausgeschlossen ist und der Täter sich davon unter Anwendung der erforderlichen Sorgfalt überzeugt hat. N war ohne Weiteres in der Lage, sich in den beiden überschaubaren Räumen mit letzter Sicherheit davon zu überzeugen, dass keine Menschen anwesend waren.

Mithin war das Ferienhaus den konkreten Umständen nach kein von § 306a I Nr. 1 erfasstes Tatobjekt.

II. N hat sich folglich durch das Anzünden des Ferienhauses nicht gemäß § 306a I Nr. 1 strafbar gemacht.

Fazit

1. Ob nur ***zeitweise bewohnte Gebäude*** (wie etwa Ferienhäuser) jederzeit taugliche Tatobjekte i.S.d. ***§ 306a I Nr. 1*** sein können, ist umstritten. Diese Frage konntet und musstet ihr aber offenlassen, weil solche Häuser – jedenfalls während sie bewohnt werden – erfasst sind.

   Das eigentliche Problem des Ausgangsfalls folgte erst im Anschluss daran. Wichtig ist, dass ihr zwei Fragen auseinanderhaltet: Zum einen ist streitig, ob in den Fällen ***objektiv ausgeschlossene***r ***Gefährdung von Menschenleben*** überhaupt eine Einschränkung in Betracht kommt. Nimmt man diesen tendenziell täterfreundlichen Standpunkt ein, bleiben die Anforderungen an die Vergewisserung des Täters zu klären. Zumindest der BGH ist sehr streng. Er verlangt dem Täter absolut ***lückenlose und zuverlässige Kontrollmaßnahmen*** ab und meint, diese seien bei größeren und vor allem bei mehrstöckigen Gebäuden schlechthin unmöglich. Nur in zugespitzten Konstellationen (wie etwa im Ausgangsfall) wird der Streit daher entscheidungsrelevant. In den meisten Fällen kommt die Einschränkung – selbst wenn man sie im Grundsatz befürwortet – nicht zum Zuge. Dann könnt und sollt ihr euch auf die Feststellung beschränken, dass der Täter sich (jedenfalls) nicht mit der erforderlichen Sorgfalt Gewissheit über die Abwesenheit von Menschen verschaffen konnte. Wie die Sache dogmatisch einzuordnen ist (natürlich streitig), kann euch in der Klausur ziemlich egal sein. Sinnvoller Standort im Gutachten dürfte wie gesehen die Prüfung des Tatobjekts sein.

   Wie ihr wisst, findet man häufig „Ableger" einer Streitfrage vor. So auch hier: Ist § 306a I Nr. 1 gegeben, wenn bei ***gemischt genutzte***n ***Gebäude***n nur der gewerblich genutzte Teil angezündet wird und brennt? Der BGH hat diese Frage in Abkehr von früherer Rechtsprechung verneint. Weil der dortige Täter Vorsatz auch hinsichtlich des bewohnten Teils des Gebäudes hatte, war in den BGH-Fall versuchte schwere Brandstiftung anzunehmen.

2. Kurz noch etwas zu ***§ 306a I Nr. 3***. Ihr könnt euch vielleicht nicht auf Anhieb vorstellen, welche Tatobjekte dort gemeint sind. Nun, es handelt sich um weitere schutzwürdige Räumlichkeiten, die aber im Unterschied zu Nr. 1 nicht der Wohnung von Menschen dienen. Erfasst sind beispielsweise Bürogebäude, Theater, Kinos, Eisenbahnwagen und Busse. Aber Vorsicht: Ein Wohnmobil kann Tatobjekt des § 306a I Nr. 1 sein.

3. Blicken wir zurück zum Ausgangsfall: ***§ 306 I Nr. 1*** war hier im Gegensatz zu Fall 41 erfüllt. Bei einer (gut vertretbaren) Bejahung des § 306a I Nr. 1 hätte dieser nach BGH § 306 I verdrängt (Gesetzeskonkurrenz / nach h.L. Idealkonkurrenz wegen unterschiedlicher Rechtsgüter).

   Nach ***§ 303 I*** war nicht gefragt. Natürlich hat N auch eine Sachbeschädigung begangen, die aber von der Spezialvorschrift § 306 I Nr. 1 verdrängt wird (vgl. schon Fall 41, Fazit 2.). Bei einer offenen Fallfrage hätte man dieses Verhältnis (Gesetzeskonkurrenz) nur kurz feststellen müssen. § 303 I muss in solchen Konstellationen nicht streng gutachtentechnisch geprüft werden.

4. ***§ 306a II*** ist ein ***konkretes Gefährdungsdelikt***. Trotz der Bezugnahme auf § 306 I ***kommt*** es auch für § 306a II seiner Natur nach ***auf die Eigentumslage nicht an***. Verwiesen wird nur auf eine „in § 306 I bezeichnete Sache" und nicht etwa auf das dortige Merkmal „fremde". Schließlich muss sich der ***Vorsatz*** des Täters (auch) auf die ***Gefahrherbeiführung*** erstrecken (insoweit nicht etwa „nur" § 18).

5. ***§ 306b*** (lesen!) enthält im Verhältnis zu § 306 (§ 306b I) und § 306a (§ 306b II) Qualifikationstatbestände.

   § 306b I ist (nach ganz h.M.) eine ***Erfolgsqualifikation*** i.S.d. § 18. Bezogen auf die Erfolgsherbeiführung genügt daher Fahrlässigkeit, Vorsatz ist nicht erforderlich. Wie bei §§ 226, 227 kann sich das Problem stellen, ob ein sogenannter erfolgsqualifizierter Versuch möglich ist (vgl. Fall 11, Fazit 2.). Die Preisfrage ist hier natürlich, was eine ***„große Zahl von Menschen"*** ist. In Anlehnung an eine BGH-Entscheidung zu § 306b I (danach sollen jedenfalls 14 Personen genügen) werden nun überwiegend 10 Menschen als Untergrenze „gehandelt". Zurückhaltendere Zeitgenossen meinen, der „sichere Bereich" sei erst bei 20 Personen erreicht (vgl. auch zu § 263 III Die Fälle – Strafrecht BT 2, Fall 32, Fazit 5. und zu § 267 III hier Fall 32, Fazit 6.).

   § 306b II ist im Gegensatz zu § 306b I eine normale ***Qualifikation*** (keine Erfolgsqualifikation). Auf die in § 306b II Nr. 1 und Nr. 3 genannten Merkmale muss sich also der Vorsatz beziehen (§ 15).

   Bei § 306b II Nr. 2 könnt ihr euch aus dem Baukasten bedienen. Dort tauchen die Absichten der dritten Gruppe des § 211 II auf. Allerdings spricht vieles dafür, die Norm dahin gehend ***einschränkend*** auszulegen, dass der Täter ***gerade das Brandereignis mit seinen typischen Gefahren zur Begehung einer anderen Straftat*** einsetzen muss (streitig, vom BGH abgelehnt in BGHSt 45, 211). Mit der einschränkenden Auslegung soll insbesondere die Brandstiftung zur Ermöglichung eines Versicherungsbetrugs (mit Blick auf die dafür unangemessen hoch erscheinende Mindeststrafe „nicht unter fünf Jahren") vom Tatbestand des § 306b II ausgenommen werden. Hier ist ein „Streitklassiker" heranreift, zumal der BGH seine Rechtsprechung im Jahr 2007 mit gewissen Präzisierungen im Kern bestätigt hat (BGHSt 51, 236).

   Bei § 306b II Nr. 3 zwingt der Blick auf die hohe Strafdrohung und der Vergleich mit Nr. 1 und Nr. 2 zu einer restriktiven Auslegung. Hier ist anerkanntermaßen das Stichwort „Erheblichkeitsschwelle" angesagt.

6. ***§ 306c*** ist wiederum eine ***Erfolgsqualifikation***, bei der aber anders als bei § 306b I und in Abweichung von § 18 die Folge „wenigstens leichtfertig" verursacht werden muss. Es ist ein erhöhter Grad von Fahrlässigkeit erforderlich (siehe näher Fall 9, Fazit 4. zu § 251 / Die Fälle – Strafrecht AT, Fall 41, Fazit 2.).

7. Schließlich ist noch auf die fahrlässige Brandstiftung nach ***§ 306d*** und die Herbeiführung einer Brandgefahr gemäß ***§ 306f*** (konkretes Gefährdungsdelikt, in Abs. 1 „einwilligungsfähiges" Eigentumsgefährdungsdelikt) hinzuweisen.

Verkehrsdelikte

Fall 43

Bauarbeiter B hat während des langen und heißen Arbeitstages eine gehörige Menge Bier zu sich genommen und so einen Pegel von 1,5 ‰ (Promille) Blutalkoholkonzentration (BAK) erreicht. B will die Heimfahrt mit seinem Auto antreten, obwohl er seinen Zustand zutreffend einschätzt und sich darüber im Klaren ist, dass er den Wagen nicht mehr beherrschen können wird. Trotzdem bietet er seinem Kollegen K an, ihn nach Hause zu fahren. K ist ebenfalls über den Alkoholkonsum des B im Bilde, geht aber trotz anfänglicher Bedenken auf das freundliche Angebot ein. Im Laufe der sehr langsamen Fahrt kommt B mehr und mehr von der Spur ab und steuert auf einen Brückenpfeiler zu. Von K zur Besinnung gerufen, kann B aber im letzten Moment noch ausweichen.

Frage: Wie hat sich B strafbar gemacht ?

Lösungsskizze Fall 43

- Strafbarkeit des B gemäß § 315c I Nr. 1a) ?

I. Tatbestand

1. Objektiver Tatbestand

***a. Führen eines Fahrzeugs im Straßenverkehr ?* (+)**

b. Fahruntüchtigkeit (hier) infolge Alkoholkonsums ?

HIER (+) → 1,5 ‰ BAK liegen im Bereich absoluter Fahruntüchtigkeit (bei Autofahrern ab 1,1 ‰)

c. konkrete Gefährdung (hier) von Leib oder Leben eines anderen Menschen?

= nicht fernliegende Möglichkeit eines entsprechend schädigenden Ereignisses

HIER (+) → Leibesgefahr für K; die Gefährdung eines Fahrzeuginsassen genügt jedenfalls dann, wenn dieser – wie hier – nicht an der Tat beteiligt ist; B wäre beinahe gegen den Brückenpfeiler gefahren; damit stand eine Schädigung der Gesundheit für K unmittelbar bevor

***d. <u>also</u>: objektiver Tatbestand* (+)**

2. Subjektiver Tatbestand

- Vorsatz ?

= Wissen und Wollen der Tatbestandsverwirklichung

HIER (+) → B wusste von der Fahruntüchtigkeit; damit hat er auch den Umstand gekannt, aus dem sich die konkrete Gefahr für K ergab; im Hinblick auf die Gefährdung handelte B mit Eventualvorsatz

3. also: Tatbestand (+)

II. Rechtswidrigkeit

1. Rechtfertigung durch Einwilligung des K ?

HIER (+) → auch in eine Gesundheitsgefährdung kann man grundsätzlich einwilligen (streitig nur für Lebensgefährdung); die Einwilligung ist jedenfalls bei § 315c I Nr. 1a) wirksam; Unrechtsschwerpunkt ist die konkrete Gefährdung; der (nicht einwilligungsfähige) Schutz der allgemeinen Verkehrssicherheit tritt demgegenüber in den Hintergrund und wird von § 316 ausreichend gewährleistet (a.A. gut vertretbar)

2. also: Rechtswidrigkeit (–)

III. Ergebnis:

Strafbarkeit des B gemäß § 315c I Nr. 1a) (–)

- Strafbarkeit des B gemäß § 316 I ?

I. Tatbestand

1. Objektiver Tatbestand

a. Führen eines Fahrzeugs im Verkehr ? (+)

b. Fahruntüchtigkeit (hier) infolge Alkoholkonsums ? (+) → s.o.

c. also: objektiver Tatbestand (+)

2. Subjektiver Tatbestand

- Vorsatz ? (+)

3. also: Tatbestand (+)

II. Rechtswidrigkeit (+)

III. Schuld (+)

IV. Ergebnis:

Strafbarkeit des B gemäß § 316 I (+)

Formulierungsvorschlag Fall 43

- Strafbarkeit des B gemäß § 315c I Nr. 1a)

Durch die Heimfahrt könnte sich B gemäß § 315c I Nr. 1a) strafbar gemacht haben.

I. B hat ein Fahrzeug im Straßenverkehr geführt.

Er könnte infolge des Genusses alkoholischer Getränke fahruntüchtig gewesen sein. Autofahrer gelten ab einer Blutalkoholkonzentration (BAK) von 1,1 ‰ als absolut fahruntüchtig. B hatte zum Tatzeitpunkt eine BAK von 1,5 ‰ und war somit alkoholbedingt absolut fahruntüchtig.

Weiter müsste durch die Fahrt eine konkrete Gefährdung für eines der in § 315c I genannten Rechtsgüter bestanden haben. In Betracht kommt angesichts der geringen Fahrgeschwindigkeit einzig eine Leibesgefahr für den mitfahrenden K. Auch Fahrzeuginsassen sind jedenfalls dann „andere Menschen" im Sinne des § 315c I, wenn sie nicht an der Tat beteiligt sind. K war weder als Täter noch als Teilnehmer im strafrechtlichen Sinne beteiligt. Damit ist er „ein anderer Mensch" im Sinne des § 315c I.

Eine konkrete Gefahr bedeutet die nicht fernliegende Möglichkeit eines schädigenden Ereignisses. Angesichts der nur mit Mühe vermiedenen Kollision mit dem Brückenpfeiler bestand die Möglichkeit einer Gesundheitsschädigung, sodass in der Fahrt eine konkrete Leibesgefahr für K lag.

B müsste vorsätzlich gehandelt haben. Unter Vorsatz ist das Wissen und Wollen der Tatbestandsverwirklichung zu verstehen. Die Fahruntüchtigkeit war B sehr deutlich bewusst. Damit hat er aber auch den Umstand gekannt, aus dem sich die Gefahr für K unmittelbar ergab. Wenn B auch hoffte, einen Unfall vermeiden zu können, so hat er doch die entsprechende Gefährdung zumindest billigend in Kauf genommen. B handelte im Hinblick auf die konkrete Gefährdung jedenfalls mit Eventualvorsatz. Er handelte damit bezüglich der gesamten Tatbestandsverwirklichung vorsätzlich.

II. Die Tat müsste rechtswidrig geschehen sein.

Möglicherweise liegt eine Rechtfertigung durch wirksame Einwilligung des K vor. Grundsätzlich kann auch in eine Gefährdung der Gesundheit eingewilligt werden. K, dem die Fahruntüchtigkeit und damit der gefährdende Umstand bekannt war, hat durch das Mitfahren konkludent in seine eigene Gefährdung eingewilligt.

Zweifelhaft erscheint allerdings, ob eine solche Einwilligung die Rechtswidrigkeit einer Tat nach § 315c ausschließen kann. Schutzgut der Vorschrift ist nämlich neben Leib, Leben und Vermögen der einzelnen Person auch die allgemeine Sicherheit des Straßenverkehrs. Über das letztgenannte Rechtsgut kann der Einzelne naturgemäß nicht verfügen. Wenn man vor diesem Hintergrund den Schutz des Einzelnen lediglich als eine Art Nebenwirkung der Vorschrift ansähe, käme der Einwilligung keine rechtfertigende Funktion zu.

Richtigerweise muss der Schutzschwerpunkt des § 315c aber gerade bei den konkret gefährdeten Rechtsgütern gesehen werden. Das Fahren selbst als Tathandlung des § 315c ist als solches noch nicht strafbar, sieht man einmal von den in § 316 erfassten Fällen ab. Erst die konkrete Gefährdung führt zur Strafbarkeit nach § 315c, genau darin liegt der Unterschied zum abstrakten Gefährdungsdelikt § 316. Folgerichtig muss diese Gefährdung auch rechtswidrig und damit Rechtfertigungsgründen zugänglich sein. Die Anerkennung der Möglichkeit einer rechtfertigenden Einwilligung führt auch im mit Abstand häufigsten Fall des § 315c I Nr. 1a) nicht zu unerwünschten Strafbarkeitslücken, bleibt doch die Strafbarkeit nach § 316 von der Einwilligung unberührt. Auf diese Weise ist die allgemeine Verkehrssicherheit auch strafrechtlich hinreichend geschützt.

Demnach wirkt die Einwilligung jedenfalls in der Situation des § 315c I Nr. 1a) rechtfertigend.

Die Tat geschah damit angesichts der wirksamen Einwilligung des einzig konkret gefährdeten K nicht rechtswidrig.

III. B hat sich durch die Fahrt nicht gemäß § 315c I Nr. 1a) strafbar gemacht.

- Strafbarkeit des B gemäß § 316 I

B könnte wegen der Fahrt nach § 316 I zu bestrafen sein.

I. Er hat vorsätzlich im Zustand der alkoholbedingten absoluten Fahruntüchtigkeit ein Fahrzeug im Verkehr geführt.

II. Die Tat geschah rechtswidrig.

III. B handelte schuldhaft.

IV. Er ist folglich wegen Trunkenheit im Verkehr gemäß § 316 I zu bestrafen.

Fazit

1. Bei ***§§ 315c, 316*** geht es in aller Regel um Alkohol. Dazu muss man die einschlägigen ***BAK-Werte*** im Kopf haben: Ab etwa ***0,3*** **‰** beginnt die sogenannte ***relative Fahruntüchtigkeit***. Es müssen zusätzlich typische Fahrfehler (etwa Schlangenlinien) vorliegen, damit man zur Fahruntüchtigkeit kommt. Ab ***1,1*** **‰** (bei Radfahrern 1,6 **‰**) liegt sogenannte ***absolute Fahruntüchtigkeit*** vor. Dann reicht die BAK allein unwiderleglich aus. Wie gesehen sind die berühmten 0,5 **‰** strafrechtlich ohne Bedeutung, diese Grenze spielt nur in § 24a I StVG (Ordnungswidrigkeit) eine Rolle. Von einer Schuldunfähigkeit nach § 20 kann in all diesen Fällen keine Rede sein, weswegen darüber in der Klausur auch kein Wort zu verlieren ist (siehe schon Seite 24). Selbst § 21 (lesen!) kommt erst ab etwa 2,0 **‰** in Betracht (vgl. auch Die Fälle – Strafrecht AT, Fall 16, Fazit 2.).

2. Die für ***§ 315c*** erforderliche ***konkrete Gefährdung*** lag hier im Ergebnis eindeutig vor. Dass der Gefährdete zugleich ***Insasse*** war, ist eine Besonderheit, auf die man kurz eingehen sollte. Die h.M. lässt eine solche Gefährdung dann nicht genügen, wenn der Insasse – etwa als Anstifter – an der Tat beteiligt ist.

   Nach inzwischen einhelliger Ansicht ist aber auch für die konkrete (!) Gefährdung des Insassen immer zumindest eine ***unfallkritische Situation*** erforderlich. Dass insoweit das bloße Mitfahren bei einem (absolut) Fahruntüchtigen für sich genommen nicht ausreichen kann, hat auch der BGH eingesehen.

   Bei der ***Sachgefährdung*** stellt sich natürlich die Frage, ab welchem ***Verkehrswert*** der gefährdeten Sache (es kommt hier nicht etwa auf die Höhe des verursachten Schadens an) von einem „bedeutenden Wert“ ausgegangen werden kann. Die Angaben der Kommentarliteratur dazu schwanken relativ stark, nämlich derzeit zwischen 750 € und 1.300 €. Der BGH ging in einer jüngeren Entscheidung von 750 € als Grenzbetrag aus. Klausurfälle sollten nicht gerade in der „Grauzone“ liegen. Achtet auf die Angaben im Sachverhalt.

   Die bloße Gefährdung eines vom Täter geführten und für ihn fremden Fahrzeugs soll nach ganz h.M. den Tatbestand des § 315c nicht erfüllen, weil es sich bei dem Fahrzeug um das notwendige Tatmittel handelt.

   Das Merkmal ***„wer ein Fahrzeug führt“*** kennzeichnet § 315c und § 316 als ***eigenhändige Delikte***. In letzter Zeit hat sich immer wieder die Frage gestellt, ob und gegebenenfalls unter welchen Umständen bei Ausbildungsfahrten auch ein (alkoholisierter) Fahrlehrer auf dem Beifahrersitz als Fahrzeugführer und damit als Täter in Betracht kommt. Nach einer vielbeachteten und unseres Erachtens richtigen BGH-Entscheidung (u.a. NJW 2015, 1124 ff) ist der ***Fahrlehrer kein Fahrzeugführer im strafrechtlichen Sinne, solange er nicht konkret eingreift***. Die gesetzliche Fiktion des § 2 XV 2 StVG erfasst jedenfalls den strafrechtlichen Bereich nicht.

3. Der ***Eventualvorsatz*** bezüglich der konkreten Gefährdung (das ist weniger als die Schädigung) ließ sich dem Sachverhalt ebenfalls recht zwanglos entnehmen. Beachtet aber immer, dass sich der Vorsatz nicht schon aus der BAK ableiten lässt. In diesem Zusammenhang sei auf die Strafbarkeit der ***fahrlässigen*** ***Straßenverkehrsgefährdung*** nach ***§ 315c III*** hingewiesen.

4. Auf der Rechtswidrigkeitsebene spielte sich dann das eigentliche Problem ab. Vor allem der BGH hält bei § 315c eine ***Einwilligung des Gefährdeten*** für unwirksam, ein Großteil der Lehre hält sie für wirksam. Eine vermittelnde Ansicht will die Wirksamkeit der Einwilligung lediglich für § 315c I Nr. 1a) anerkennen, weil nur dann eine Bestrafung nach § 316 I bleibt. Wir mussten nur die BGH-Ansicht ablehnen. Die beiden anderen Auffassungen kommen im Ausgangsfall übereinstimmend zur Rechtfertigung. Im Klausurtext wird das durch die Formulierung „jedenfalls“ deutlich.

   Eine mögliche kleine Zusatztücke soll nicht unerwähnt bleiben: Völlig unabhängig von § 315c ist wegen § 216 I (vgl. Fall 7, Fazit 1.) von Grund auf streitig, ob man in seine eigene Lebensgefährdung wirksam einwilligen kann. Kommt ihr also im objektiven Tatbestand des § 315c zu einer Lebensgefährdung, muss auch dieses Problem diskutiert werden (vgl. allgemein zu den Voraussetzungen der rechtfertigenden Einwilligung Die Fälle – Strafrecht AT, Fall 13, Fazit 4. / konkret dort Fall 15, Fazit 6. und Fall 42).

An dieser Stelle möchten wir euch eine kleine Übung ans Herz legen: Nehmt euch noch einmal die Brandstiftungsdelikte vor (§§ 306 ff / siehe Fälle 41 und 42) und überlegt euch, welche Tatbestände einwilligungsfähig sind und bei welchen Normen das wegen fehlender Verfügbarkeit des jeweiligen Rechtsguts nicht der Fall ist.

5. ***§ 316 I*** blieb im Ausgangsfall nach Ablehnung einer Strafbarkeit nach § 315c I Nr. 1a) als eine Art Abfallprodukt übrig. Weil die entscheidenden Fragen schon oben geprüft wurden, konnte man sich je nach Geschmack auch auf eine kurze Feststellung der Strafbarkeit nach § 316 I beschränken. Eine lange Prüfung im lupenreinen Gutachtenstil war jedenfalls nicht angesagt.

Wenn § 315c im Einzelfall bejaht wird, solltet ihr euch bei § 316 mit einem kurzen Hinweis auf die ausdrückliche Subsidiarität begnügen.

6. Kurz noch zur Einordnung des ab und zu klausurrelevanten ***§ 315b***: Die Vorschrift ist wie § 315c ein ***konkretes Gefährdungsdelikt***. Bei § 315b muss jedoch ein sogenannter ***verkehrsfremder Eingriff*** vorliegen. Gemeint ist typischerweise z.B. das Werfen von Steinen von einer Autobahnbrücke. Klausurwichtig sind in erster Linie Fälle, in denen ein Auto als „Waffe“ eingesetzt wird. Solches Verhalten wird als „verkehrsfremd“ unter § 315b I Nr. 3 subsumiert. Streitig ist die Einstufung der Fälle, in denen der Beifahrer ins Lenkrad greift. Teils wird dies ohne Weiteres als Außeneingriff i.S.d. § 315b I Nr. 3 angesehen, teils wird insoweit eine verkehrsfeindliche Absicht verlangt. Zu unterschiedlichen Ergebnissen kann es etwa dann kommen, wenn der Griff ins Lenkrad nur dem Erzwingen des Anhaltens dienen soll.

Fall 44

Die etwas eigenwillige E war schon immer von der großen Verfolgungsjagd in ihrem Lieblingsfilm „Blues Brothers“ fasziniert. Sie entschließt sich, die Szene möglichst originalgetreu nachzuspielen. E rast so lange mit extremer Geschwindigkeit durch München, bis tatsächlich einige Streifenwagen die Verfolgung aufgenommen haben. Zum Höhepunkt der Show gelingt es E, eines der Polizeifahrzeuge mit ihrem Cadillac heftig zu rammen. Der Streifenwagen überschlägt sich daraufhin mehrfach und bleibt auf dem Dach im Graben liegen. E setzt ihre Fahrt voller Begeisterung fort und wird erst am anderen Ende der Stadt gefasst.

Frage: Hat sich E gemäß § 142 strafbar gemacht ?

Lösungsskizze Fall 44

- Strafbarkeit der E gemäß § 142 I Nr. 1 ?

I. Tatbestand

1. Objektiver Tatbestand

a. Unfall im Straßenverkehr ?

= plötzliches Ereignis im Zusammenhang mit den typischen Gefahren des Straßenverkehrs, das unmittelbar zu einem nicht völlig belanglosen Schaden führt

HIER (+) → auch die gewollte Herbeiführung des Schadens ist ein Unfall im genannten Sinne; es verwirklichen sich auch hier die typischen Gefahren des Straßenverkehrs; das Feststellungsinteresse ist im Vergleich zum Normalfall des fahrlässig verursachten Unfalls keinesfalls geringer (a.A. vertretbar)

b. Unfallbeteiligter nach § 142 V ? **(+)**

c. Sich-Entfernen vom Unfallort unter Missachtung der Pflichten aus § 142 I Nr. 1 ? **(+)**

d. also: objektiver Tatbestand **(+)**

2. Subjektiver Tatbestand

- Vorsatz ? **(+)**

3. also: Tatbestand **(+)**

II. Rechtswidrigkeit **(+)**

III. Schuld **(+)**

IV. Ergebnis:

Strafbarkeit der E gemäß § 142 I Nr. 1 (+)

Formulierungsvorschlag Fall 44

- Strafbarkeit der E gemäß § 142 I Nr. 1

Durch das Weiterfahren nach dem Rammen des Polizeifahrzeugs könnte sich E gemäß § 142 I Nr. 1 strafbar gemacht haben.

I. Dazu müsste zunächst ein Unfall im Straßenverkehr stattgefunden haben. Ein solcher Unfall ist jedes plötzliche Ereignis im Zusammenhang mit den typischen Gefahren des Straßenverkehrs, das unmittelbar zu einem nicht völlig belanglosen Schaden führt. Das Rammen war ein plötzliches Ereignis, das an dem Streifenwagen zu einem erheblichen Sachschaden geführt hat.

Problematisch ist allerdings der Zusammenhang mit den typischen Gefahren des Straßenverkehrs. Eine vorsätzliche Schädigung anderer kann sicher nicht schon deshalb als Verkehrsunfall gelten, weil sie sich im öffentlichen Verkehrsraum abgespielt hat. So fehlt es am Merkmal „Unfall" etwa dann, wenn die Reifen eines parkenden Fahrzeugs zerstochen werden oder wenn Flaschen aus einem fahrenden Auto geworfen werden.

E war allerdings Verkehrsteilnehmerin. Sie hat sich als Kraftfahrerin im öffentlichen Verkehr aufgehalten und sich – wenn auch unter Missachtung der entsprechenden Regeln – verkehrstypisch fortbewegt. In einem solchen Fall kann es keinen Unterschied machen, ob die Schädigung versehentlich oder gewollt herbeigeführt wird. § 142 soll die Vermögensinteressen der Unfallbeteiligten schützen, die Feststellung der Ansprüche soll gewährleistet sein. Das Feststellungsinteresse ist aber im Fall einer vorsätzlichen Schädigung im Vergleich zum Normalfall der fahrlässigen Verursachung eher noch höher als geringer. Damit sprechen auch kriminalpolitische Erwägungen gegen eine Beschränkung auf fahrlässig herbeigeführte Ereignisse, die der Begriff „Unfall" von seinem natürlichen Wortsinn her ohnehin nicht nahelegt.

Daher stand auch das vorsätzliche Rammen im Zusammenhang mit den typischen Gefahren des Straßenverkehrs. Ein Unfall hat stattgefunden.

E war Unfallbeteiligte im Sinne des § 142 V.

Sie hat sich durch das Weiterfahren vom Unfallort entfernt, ohne gegenüber den feststellungsbereiten Polizeibeamten in der nach § 142 I Nr. 1 erforderlichen Weise die dort genannten Feststellungen ermöglicht zu haben.

Dabei handelte E vorsätzlich.

II. Die Tat geschah rechtswidrig.

III. E handelte schuldhaft.

IV. Sie hat sich somit durch das Weiterfahren nach dem Rammen des Streifenwagens gemäß § 142 I Nr. 1 strafbar gemacht.

Fazit

1. Gleich beim ersten Merkmal ***„Unfall"*** lag das Problem des Falls. Die ***absichtliche Herbeiführung des Schadens*** ist eine Abweichung vom Normalfall, die man auch ohne Vorwissen erkennen konnte. Wir sehen mit dem BGH auch darin einen „Unfall im Straßenverkehr", Teile der Literatur kommen zum gegenteiligen Ergebnis. Wie im Formulierungsvorschlag angeklungen ist, muss man immer auf die Besonderheiten des Einzelfalls achten. Allein der „Tatort öffentlicher Verkehrsraum" führt noch nicht zu § 142. In dem vorsätzlich herbeigeführten Schadensereignis muss sich ein einigermaßen typisches Straßenverkehrsrisiko verwirklichen.

2. ***Rechtsgut des § 142*** ist ausschließlich das Interesse anderer Beteiligter an der Feststellung ihrer Ansprüche, nicht irgendein öffentliches Interesse. Daher ist die Vorschrift nicht erfüllt, wenn nur der Täter selbst einen Schaden erlitten hat.

3. § 142 ist ein ***Sonderdelikt***. Täter kann nur ein ***Unfallbeteiligter*** sein, andere Personen kommen nur als Teilnehmer in Betracht.

   Der Begriff des Unfallbeteiligten ist in ***§ 142 V*** (lesen!) gesetzlich definiert. Der Kreis der möglichen Täter ist bewusst weit gehalten, charakteristisch ist das letzte Wort „kann". Der Grund dafür liegt auf der Hand: Ob und gegebenenfalls wie jemand den Unfall verursacht hat, soll sich ja gerade erst durch die in § 142 geschützten Feststellungen herausstellen. Relevant wird § 142 V vor allem bei ***Mitfahrern***. Sie sind Unfallbeteiligte, wenn durch die Umstände des Einzelfalls die Möglichkeit einer Mitverursachung naheliegt. In diesem Zusammenhang hat der BGH die verwegene These aufgestellt, mitfahrende Ehegatten lenkten durch ihr Gerede eigentlich immer ab und seien deshalb stets Unfallbeteiligte i.S.d. § 142 V. Das wird in der Literatur fast einhellig als zu weitgehend kritisiert.

4. Hat man den „Unfall" und den „Unfallbeteiligten" prüfungstechnisch hinter sich gelassen, kommt man an der ziemlich komplexen ***Struktur des § 142*** nicht mehr vorbei. Die sieht im Einzelnen wie folgt aus:

   Die Pflichten des ***§ 142 I Nr. 1*** – nämlich die Anwesenheits- und die Vorstellungspflicht – greifen ein, wenn von vornherein feststellungsbereite Personen anwesend sind (so im Ausgangsfall) oder im Laufe der Wartezeit kommen.

   Die Wartepflicht des ***§ 142 I Nr. 2*** besteht folgerichtig, wenn und solange keine feststellungsbereiten Personen anwesend sind.

   Die Pflicht nach ***§ 142 II, III***, nämlich die Feststellungen nachträglich zu ermöglichen, greift in zwei Fällen ein: Zum einen nach § 142 II Nr. 1, wenn keine feststellungsbereiten Personen da waren und der Unfallbeteiligte lange genug gewartet hat. Zum anderen nach § 142 II Nr. 2, wenn der Täter zwar eine Pflicht nach § 142 I verletzt hat, dies aber gerechtfertigt oder entschuldigt getan hat.

   Wenn die Struktur einmal klar geworden ist, kann man sich den gedanklichen Ablaufplan immer wieder aus dem Gesetz ableiten. Als ***Schlussfolgerung*** solltet ihr euch aber merken: § 142 I und § 142 II schließen einander aus. Innerhalb des § 142 I kann der Unfallbeteiligte zu einem Zeitpunkt nur entweder nach § 142 I Nr. 1 oder nach § 142 I Nr. 2 verpflichtet sein.

5. Zwei Begriffe müssen nun noch mit Leben gefüllt werden. ***„Feststellungsbereite Personen"*** können nicht nur andere Unfallbeteiligte oder Polizeibeamte und -beamtinnen sein. Auch beliebige Dritte kommen in Betracht, wenn sie sich entsprechend interessiert zeigen. ***„Eine den Umständen nach angemessene Wartezeit"*** (§ 142 I Nr. 2) ist natürlich als Prüfungsmerkmal alles andere als handfest. Eine wichtige Rolle spielen die Höhe des Schadens und die Chancen wirksamer Aufklärung am Unfallort (Tageszeit, Abgelegenheit, Witterung u.Ä.). Finden sich die entsprechenden Anhaltspunkte im Sachverhalt, will die Korrekturperson Argumentation sehen.

6. ***§ 142 IV*** (lesen!) enthält einen Strafmilderungs- bzw. Strafabsehungsgrund, der – sofern einschlägig – hinter der Schuld zu prüfen ist (vgl. Fall 41, Fazit 4. zu § 306e).

Fall 45

Automechanikerin A will ein fahruntüchtiges Kundenfahrzeug zur Reparatur in ihre Werkstatt befördern. Wie zu diesem Zweck üblich, ist sie mit einem Autoanhänger unterwegs. In einer Kurve unterschätzt A die Breite des Anhängers und streift damit einen dort geparkten pinkfarbenen Opel Manta, der arg lädiert zurückbleibt. A hat zwar ein leichtes Scheppern gehört, dies aber auf das gewohnte Schlagen der nur lose auf dem Anhänger befestigten Auffahrplanken zurückgeführt. Der hinter A fahrende Rentner R, der alles genau gesehen hat, nimmt sofort die Verfolgung auf. An der rund 500 Meter vom Ort des Geschehens entfernten nächsten roten Ampel steigt R aus und weist A auf den Zusammenstoß hin. A bedankt sich herzlich für die Aufklärung, setzt aber dann ihre Fahrt unbeeindruckt fort. R schreibt sich das Kennzeichen des Anhängers natürlich sofort auf. Empört über die Kaltschnäuzigkeit der A zeigt er sie bei der nächstgelegenen Polizeidienststelle an.

Frage: Hat sich A gemäß § 142 strafbar gemacht ?

Lösungsskizze Fall 45

- Strafbarkeit der A gemäß § 142 I Nr. 1 (Weiterfahren bis zum Halt an der Ampel) ?

I. Tatbestand

1. Objektiver Tatbestand

a. Unfall im Straßenverkehr ? **(+)**

b. Unfallbeteiligter nach § 142 V ? **(+)**

c. Sich-Entfernen vom Unfallort unter Missachtung der Pflichten aus § 142 I Nr. 1 ?

HIER (+) → A hat sich schon vor dem Gespräch mit R durch das Weiterfahren vom Unfallort entfernt; die 500 Meter entfernte Ampel zählte nicht mehr zum unmittelbaren Umkreis der Stelle, an der sich der Unfall ereignet hat, also nicht mehr zum Unfallort; jedenfalls R stand als feststellungsbereite Person zur Verfügung

d. also: objektiver Tatbestand **(+)**

2. Subjektiver Tatbestand

- Vorsatz ?
= Wissen und Wollen der Tatbestandsverwirklichung

HIER (–) → A hatte den Unfall nicht bemerkt (§ 16 I 1)

3. also: Tatbestand **(–)**

II. Ergebnis:

Strafbarkeit der A gemäß § 142 I Nr. 1 (Weiterfahren bis zum Halt an der Ampel) (–)

- Strafbarkeit der A gemäß § 142 I Nr. 1 (Weiterfahren nach dem Gespräch mit R) ?

I. Tatbestand

1. Objektiver Tatbestand

***a. Unfall im Straßenverkehr ?* (+)**

***b. Unfallbeteiligter nach § 142 V ?* (+)**

c. Sich-Entfernen vom Unfallort unter Missachtung der Pflichten aus § 142 I Nr. 1 ?

HIER (–) → im Gespräch mit R befand sich A gar nicht mehr am Unfallort (s.o.), konnte sich also auch nicht (nochmals) von dort entfernen

***d. <u>also</u>: objektiver Tatbestand* (–)**

***2. <u>also</u>: Tatbestand* (–)**

II. Ergebnis:

Strafbarkeit der A gemäß § 142 I Nr. 1 (Weiterfahren nach dem Gespräch mit R) (–)

- Strafbarkeit der A gemäß § 142 II Nr. 2 ?

I. Tatbestand

1. Objektiver Tatbestand

a. berechtigt oder entschuldigt vom Unfallort entfernt ?

HIER (–) → A hat sich wie gezeigt unvorsätzlich entfernt; sie hat sich damit weder berechtigt (= gerechtfertigt) noch entschuldigt entfernt; das unvorsätzliche Entfernen ist auch nicht etwa aus kriminalpolitischen Gründen den in § 142 II Nr. 2 aufgeführten Fällen gleichzustellen (so aber u.a. der BGH in seiner früheren Rechtsprechung); darin läge eine Analogie zuungunsten des Täters, die nach Art. 103 II GG verboten ist (BVerfG NJW 2007, 1666)

***b. <u>also</u>: objektiver Tatbestand* (–)**

***2. <u>also</u>: Tatbestand* (–)**

II. Ergebnis:

Strafbarkeit der A gemäß § 142 II Nr. 2 (–)

Formulierungsvorschlag Fall 45

- Strafbarkeit der A gemäß § 142 I Nr. 1 (Weiterfahren bis zum Halt an der Ampel)

Durch das Weiterfahren unmittelbar nach der Berührung des geparkten Fahrzeugs bis zum Halt an der Ampel könnte sich A gemäß § 142 I Nr. 1 strafbar gemacht haben.

I. Dazu müsste sich A als Unfallbeteiligte unter Verletzung seiner Pflichten aus § 142 I Nr. 1 vom Unfallort entfernt haben.

Der Zusammenstoß war ein plötzliches Ereignis im Zusammenhang mit den typischen Gefahren des Straßenverkehrs, durch das ein jedenfalls nicht ganz unerheblicher Schaden entstanden ist. Ein Unfall im Straßenverkehr hat stattgefunden.

A war auch Unfallbeteiligte im Sinne des § 142 V.

Sie müsste sich vom Unfallort entfernt haben, ihn also räumlich verlassen haben. Zum Unfallort rechnet man auch noch den unmittelbaren Umkreis der Stelle, an dem sich der Unfall ereignet hat, soweit der Unfallbeteiligte noch zur Verfügung steht. Die rund 500 Meter von der Unfallstelle entfernte Ampel ist nicht mehr dem unmittelbaren Umkreis der Unfallstelle zuzuordnen. Mithin gehört diese Stelle nicht zum Unfallort. Damit hat A den Unfallort bereits durch die Weiterfahrt bis zum Halt an der Ampel verlassen, sich also davon entfernt.

Jedenfalls R stand als feststellungsbereite Person zur Verfügung, sodass A mit dem schlichten Entfernen vom Unfallort auch ihre Pflichten nach § 142 I Nr. 1 verletzt hat.

A müsste vorsätzlich gehandelt haben. Vorsatz bedeutet Wissen und Wollen der Tatbestandsverwirklichung. A hatte aber erst mit dem Hinweis des R Kenntnis von dem Unfall. Bis zu ihrem Halt an der Ampel wusste sie nichts von dem Unfall. A handelte bis zu diesem Zeitpunkt nicht vorsätzlich, § 16 I 1.

II. Sie hat sich durch das Weiterfahren unmittelbar nach dem Zusammenstoß mit dem Wagen bis zum Halt an der Ampel nicht gemäß § 142 I Nr. 1 strafbar gemacht.

- Strafbarkeit der A gemäß § 142 I Nr. 1 (Weiterfahren nach dem Gespräch mit R)

Zu denken ist an eine Strafbarkeit der A gemäß § 142 I Nr. 1 durch das Weiterfahren nach dem Hinweis an der Ampel.

I. Dazu müsste sie sich durch dieses Verhalten vom Unfallort entfernt haben. A befand sich aber schon zum Zeitpunkt des Hinweises gar nicht mehr am Unfallort (s.o.), konnte sich also auch nicht mehr von dort entfernen.

II. Eine Bestrafung der A gemäß § 142 I Nr. 1 scheidet damit auch bezogen auf das Weiterfahren nach dem Gespräch mit R aus.

- Strafbarkeit der A gemäß § 142 II Nr. 2

Möglicherweise hat sich A aber durch ihre weitere Untätigkeit in Bezug auf den Zusammenstoß gemäß § 142 II Nr. 2 strafbar gemacht.

I. Dazu müsste sie sich nach § 142 II Nr. 2 berechtigt oder entschuldigt vom Unfallort entfernt haben. Wie gezeigt hat sich A aber unvorsätzlich entfernt. Für eine Bestrafung nach § 142 II Nr. 2 müsste man folglich das unvorsätzliche Entfernen dem entschuldigten Entfernen gleichsetzen.

Das Bedürfnis dazu kann in kriminalpolitischen Erwägungen erblickt werden. Es kommt in der Tat nicht ganz selten vor, dass sich der Täter glaubhaft dahin gehend einlässt, den Unfall nicht bemerkt zu haben. Wenn nun ein solcher Fahrer noch in zeitlich und räumlich engem Zusammenhang mit dem Unfall über die Unfallbeteiligung informiert wird, so erscheint es nicht von vornherein unsachgerecht, ihn im Interesse des geschädigten Unfallbeteiligten die Pflicht des § 142 II treffen zu lassen. Innerhalb dieser zeitlichen und räumlichen Nähe zum Unfall sind Feststellungen im Sinne des § 142 II, III allemal Erfolg versprechend.

Die insofern unter Umständen wünschenswerte Ausdehnung des § 142 II Nr. 2 auf das unvorsätzliche Entfernen bedürfte aber einer gesetzlichen Anordnung. Eine Gleichstellung durch den Rechtsanwender überschreitet die Grenzen der Auslegung. Sie ist nicht mehr mit dem klaren Wortlaut der Norm vereinbar und deshalb eine nach Art. 103 II GG verbotene Analogie zuungunsten des Täters. Selbst auf dem Boden der ins Hintertreffen geratenen Ansicht, die den systematischen Standort des Vorsatzes im Rahmen der Schuld ansiedelt, ergibt sich nichts anderes. Wie § 16 zeigt, ist zwischen Entschuldigung und Vorsatzausschluss zu differenzieren. Wenn das unvorsätzliche Entfernen nicht in § 142 II Nr. 2 enthalten ist, so hat das seine Gründe. Andernfalls wäre nämlich der Unterschied zwischen bewusstem und unbewusstem Entfernen negiert, es käme indirekt zu einer unzulässigen Bestrafung des nachträglichen Vorsatzes. Abgesehen davon ist das Merkmal des zeitlichen und räumlichen Zusammenhangs viel zu unbestimmt, als dass es auch nur halbwegs klare Verhältnisse schaffen könnte. Das gelingt ausschließlich mit der ohnehin nach Art. 103 II GG zwingend gebotenen Orientierung am Wortlaut.

Nach alledem ist das unvorsätzliche Entfernen vom Unfallort nicht mit dem entschuldigten Entfernen gleichzusetzen.

II. Eine Bestrafung der A gemäß § 142 II Nr. 2 scheidet aus.

Fazit

1. Der Fall ist nicht von schlechten Eltern. Elementar ist die ***Differenzierung zwischen den Zeiträumen vor und nach Kenntniserlangung***. Ihr musstet allerdings nicht unbedingt zweimal zu § 142 I Nr. 1 ansetzen, wie wir es zur Verdeutlichung getan haben. Wer beides unter einem Obersatz geprüft hat, konnte allerdings den Überblick verlieren: Als A sich vom Unfallort entfernt hat, fehlte

ihr der Vorsatz. Als sie den Vorsatz hatte, konnte sie sich nicht mehr entfernen, weil sie gar nicht mehr am Unfallort war.

2. Die Angabe „arg lädiert“ sollte jegliche Diskussion um einen ***Bagatellschaden*** ausschließen. Wann ein völlig belangloser Schaden und damit laut Definition kein Unfall vorliegt, lässt sich nicht allgemein sagen. Bei Sachschäden wird teilweise eine Orientierung an den für § 248a entwickelten Maßstäben empfohlen. Leider sind die Maßstäbe aber auch bei § 248a alles andere als eindeutig (vgl. Die Fälle – Strafrecht BT 2, Fall 1, Fazit 4.). Bei § 248a käme man zu einer Wertgrenze von nicht unter 25 € und nicht über 50 €. Einige Autorinnen und Autoren gehen aber auch von 20 € als Wertgrenze für den Bagatellschaden bei § 142 aus. Wie dem auch sei: Im Grenzbereich kommt es wie immer weniger auf das Ergebnis als auf eine gelungene Argumentation an. Dazu sind aber immer konkrete Wertangaben im Sachverhalt erforderlich, ihr solltet nicht im luftleeren Raum über Bagatellschäden spekulieren.

3. Die eigentliche Musik spielte bei § ***142 II Nr. 2***. ***„Berechtigt“*** heißt nichts anderes als gerechtfertigt. Hier ist an § 34 und an eine (gegebenenfalls mutmaßliche) Einwilligung des Feststellungsberechtigten zu denken. Unter ***„entschuldigt“*** fallen zunächst einmal Entschuldigungsgründe. Darüber hinaus ist vieles streitig.

Grämt euch nicht, wenn ihr das Hauptproblem des Falls in Ermangelung von Vorkenntnissen übersehen habt. Man muss sich hinterhältigerweise mit einem Problem auseinandersetzen, das bei sauberer Subsumtion nach dem Gesetzeswortlaut gar keines sein sollte. Leider fangen aber Klausuren und Hausarbeiten nicht ganz selten dort erst richtig an, wo das Gesetz aufhört. Hier handelt es sich zu allem Überfluss um das ehemals mit Abstand wichtigste Klausur- und Hausarbeitsproblem aus dem Bereich des § 142. Die sehr ergebnisorientierte Strafrechtsprechung hat bisher eine eigenartige „Auslegung“ des § 142 II Nr. 2 vorgenommen. ***Das unvorsätzliche sollte dem entschuldigten Entfernen gleichstehen***, wenn nur ein zeitlicher und räumlicher Zusammenhang zu dem Unfall gegeben ist. In letzter Konsequenz müsste damit § 16 I 1 als eine Art Entschuldigungsgrund betrachtet werden, wollte man nicht gegen Art. 103 II GG verstoßen. Das aber ist – zurückhaltend formuliert – abenteuerlich. Deshalb wettert auch die h.L. zu Recht seit eh und je gegen diese Gleichsetzung. In einer Entscheidung aus dem Jahr 2007 hat das Bundesverfassungsgericht dem „Unwesen“ der damaligen Strafrechtsprechung ein Ende bereitet (BVerfG NJW 2007, 1666).

Angesichts der Bindungswirkung von Entscheidungen des Bundesverfassungsgerichts (§ 31 I BVerfGG / siehe schon Fall 17, Fazit 1. im Zusammenhang mit dem Gewaltbegriff) wird der ehemals lebhafte Streit wohl früher oder später in der Versenkung verschwinden. Noch aber ist er durchaus präsent.

Im Anschluss an die Entscheidung des Bundesverfassungsgerichts ist eine mehr oder weniger großzügige Ausweitung des Begriffs „Unfallort“ diskutiert worden. Dieser Ausweichlösung hat jedoch auch der BGH eine klare Absage erteilt.

Es bleibt also dabei: Der Gesetzgeber ist gefragt, § 142 II Nr. 2 um „unvorsätzlich“ zu ergänzen.

4. Ein weiteres – wenn auch wohl nicht ganz so prüfungsrelevantes – Problem entsteht, wenn jemand zunächst im sogenannten Vollrausch (vgl. § 323a I) § 142 I Nr. 1 erfüllt und dann später (wieder klar im Kopf) keine Feststellungen i.S.d. § 142 ermöglicht. Wir haben es dann mit einem ***„Sich-Entfernen" im Zustand vorübergehender Schuldunfähigkeit*** zu tun. Hat sich der Täter in einem solchen Fall „entschuldigt" entfernt? Erfüllt sein späteres Verhalten folgerichtig § 142 II Nr. 2? Wohl nicht! Jedenfalls wird eine selbstständige Strafbarkeit sowohl aus § 323a I als auch aus § 142 II Nr. 2 ganz überwiegend als zweckwidrig abgelehnt, wenn auch mit unterschiedlichen dogmatischen Begründungsansätzen.

Und wie sieht es aus, wenn ein Unfallbeteiligter ohne seinen Willen vom Unfallort entfernt wird? Das ist etwa bei einem wartepflichtigen Beifahrer der Fall (vgl. Fall 44, Fazit 3.), wenn der Fahrer trotz des Protests des Beifahrers weitergefahren ist. Das richtige Ergebnis ergibt sich auch hier zwingend aus dem Wortlaut. Der Beifahrer hat nicht sich entfernt, sondern ist entfernt worden. Damit scheiden § 142 I und § 142 II gleichermaßen aus.

Kombinationsfälle

Fall 46

Ganove A hat im Kaufhaus mehrere wertvolle Uhren mitgehen lassen, ist dabei aber ärgerlicherweise von Hausdetektiv H beobachtet worden. Nachdem A mit einem zuvor geliehenen Sportwagen entkommen war, hat H die Polizei informiert. Die Beamten haben daraufhin die Fahrt des A verfolgt und eine Straßensperre errichtet. Als A herannaht, stellt sich der unerschrockene Polizist P auf die Straße und gibt mit der Polizeikelle Haltezeichen. A zeigt sich davon wenig beeindruckt. Er fährt mit Vollgas auf den immer hektischer winkenden P zu, um ihn zum Beiseitespringen zu zwingen. A weiß allerdings nicht, ob P rechtzeitig reagieren kann und nimmt dessen Tod billigend in Kauf. P gelingt es, sich im letzten Moment mit einem gewagten Hechtsprung in den Straßengraben zu retten. A hatte in zahlreichen Actionfilmen gesehen, wie man eine Straßensperre durchbricht und gehofft, der Polizei entwischen zu können. Die Realität bleibt jedoch hinter seinen Erwartungen zurück. Das Fahrzeug des A wird durch die aufgestellten Fangnetze jäh zum Stillstand gebracht.

Frage: Wie hat sich A durch sein Verhalten auf der Flucht strafbar gemacht ?

Lösungsskizze Fall 46

- Strafbarkeit des A gemäß §§ 212 I, 211, 22, 23 I ?

(-Vorprüfung)

1. Nichtvollendung der Tat ? (+)

2. Strafbarkeit des Versuchs ? (+) → ***§§ 212 I, 211 I, 23 I, 12 I***

I. Tatbestand

1. Tatbestand §§ 212 I, 22

a. Subjektiver Tatbestand = Tatentschluss
= Vorsatz bezüglich der objektiven Merkmale

aa. Vorsatz bezüglich des Tatobjekts anderer Mensch ? (+)

bb. Vorsatz bezüglich des Tötens ?

HIER (+) → bedingter Tötungsvorsatz (Eventualvorsatz) durch billigendes Inkaufnehmen

cc. <u>also</u>: subjektiver Tatbestand (+)

b. Objektiver Tatbestand = unmittelbares Ansetzen (+)

c. also: Tatbestand §§ 212 I, 22 (+)

2. Tatbestand §§ 211 II, 22

a. Subjektiver Tatbestand

aa. (hier) Verdeckungsabsicht, § 211 II Var. 9 ?

= eine andere Straftat (i.S.d. § 11 I Nr. 5) soll zielgerichtet verdeckt werden

HIER (+) → durch das Mitnehmen der Uhren hat A einen Diebstahl (§ 242 I) begangen; er hatte die Vorstellung und das Ziel, den Polizeibeamten durch Überwindung der Sperre endgültig zu entgehen; er wollte seine Identität und damit seine Täterschaft verbergen; ungeachtet des nur bedingten Tötungsvorsatzes war die Verdeckung der Straftat von A im technischen Sinne beabsichtigt

bb. also: subjektiver Tatbestand (+)

b. also: Tatbestand §§ 211 II Var. 9, 22 (+)

3. also: Tatbestand §§ 212 I, 211 II Var. 9, 22 (+)

II. Rechtswidrigkeit (+)

III. Schuld (+)

IV. Ergebnis:

Strafbarkeit des A gemäß §§ 212 I, 211 I, II Var. 9, 22, 23 I (+)

- Strafbarkeit des A gemäß §§ 114 I, II, 113 II ?

I. Tatbestand

1. Objektiver Tatbestand

a. (hier) ein Amtsträger ? (+) → § 11 I Nr. 2a)

b. zu Vollstreckungshandlungen berufen ? (+)

c. bei einer Diensthandlung ?

= Handlung, durch die der bereits konkretisierte Wille des Staates zur Regelung eines bestimmten Falles verwirklicht werden soll

HIER (+) → P wollte aufgrund konkreter Verdachtsmomente gerade A zum Anhalten bewegen

d. tätlicher Angriff ? (+)

e. also: objektiver Tatbestand (+)

2. Subjektiver Tatbestand

- Vorsatz ? (+)

3. also: Tatbestand (+)

II. Rechtswidrigkeit (+)

III. Schuld **(+)**

IV. Strafzumessungsregel des § 113 II i.V.m. § 114 II

1. in objektiver Hinsicht

a. Beisichführen eines gefährlichen Werkzeugs, § 113 II Nr. 1 ?
= Gegenstand, der nach der konkreten Art seiner Benutzung geeignet ist, erhebliche Verletzungen hervorzurufen

HIER (+) → das fahrende Auto kann, so wie es hier eingesetzt wird, erhebliche Verletzungen hervorrufen

b. durch Gewalttätigkeit verursachte Gefahr des Todes oder einer schweren Gesundheitsschädigung für den Angegriffenen, § 113 II Nr. 2 ?

aa. Gewalttätigkeit ? **(+)**

bb. Gefahr des Todes oder einer schweren Gesundheitsschädigung für den Angegriffenen ?
= der Eintritt eines entsprechenden Schadens liegt nach den konkreten Umständen nahe

HIER (+) → P konnte sich im letzten Moment gerade noch retten; sein Tod oder jedenfalls eine schwere Gesundheitsschädigung drohte angesichts der Gewalttätigkeit unmittelbar, lag also konkret nahe

cc. also: durch Gewalttätigkeit ..., § 113 II Nr. 2 **(+)**

c. also: in objektiver Hinsicht § 113 II Nr. 1 und Nr. 2 **(+)**

2. in subjektiver Hinsicht

a. (Quasi-)Vorsatz bezüglich der Regelbeispiele ? **(+)**

b. also: in subjektiver Hinsicht § 113 II Nr. 1 und Nr. 2 **(+)**

3. also: Strafzumessungsregel des § 113 II Nr. 1 und Nr. 2 **(+)**

V. Ergebnis:
Strafbarkeit des A gemäß §§ 114 I, II, 113 II Nr. 1 und Nr. 2 (+)

- Strafbarkeit des A gemäß §§ 315b I, 315b III i.V.m. § 315 III Nr. 1 ?

I. Tatbestand

1. Tatbestand § 315b I

a. Objektiver Tatbestand

aa. (hier) Vornahme eines ähnlichen, ebenso gefährlichen Eingriffs, § 315b I Nr. 3 ?
= verkehrsfremder Eingriff

HIER (+) → der Eingriff muss nicht notwendig in einer Einwirkung von außen bestehen; auch der Einsatz eines Autos kann im Einzelfall bei bewusster Zweckentfremdung unter § 315b I Nr. 3 fallen; dazu muss das Fahrzeug verkehrsfeindlich aggressiv eingesetzt werden; bei verkehrsgerechtem Einsatz eines Autos hält man im Falle einer entsprechenden polizeilichen Aufforderung an oder weicht jedenfalls auf der Straße befindlichen Personen aus; A hingegen ist gezielt auf P zugefahren, um ihn zum Beiseitespringen zu zwingen; er hat das Auto verkehrsfeindlich aggressiv eingesetzt; dieser Eingriff ist mit den in § 315b I Nr. 1 und 2 genannten Tathandlungen vom Charakter und von der Gefährlichkeit her vergleichbar

bb. Beeinträchtigung der Sicherheit des Straßenverkehrs ?

= Einwirkung, die generell geeignet ist, den etwa stattfindenden Verkehr zu gefährden

HIER (+) → die dem Straßenverkehr eigene übliche Gefahr ist durch die Fahrweise des A gesteigert

cc. Gefährdung (hier) von Leib und Leben eines anderen Menschen ? (+) → s.o.

dd. <u>also</u>: objektiver Tatbestand (+)

b. Subjektiver Tatbestand

- Vorsatz ? (+)

c. <u>also</u>: Tatbestand § 315b I Nr. 3 (+)

2. Tatbestand § 315b III i.V.m. § 315 III Nr. 1

a. Subjektiver Tatbestand

aa. Absicht, einen Unglücksfall herbeizuführen, § 315 III Nr. 1a) ?

HIER (−) → es ging A darum, der Polizei zu entkommen, die Schädigung des P nahm er nur billigend in Kauf

bb. (hier) Verdeckungsabsicht, § 315 III Nr. 1b) ? (+) → s.o.

cc. <u>also</u>: subjektiver Tatbestand (+)

b. <u>also</u>: Tatbestand § 315b III i.V.m. § 315 III Nr. 1b) (+)

3. <u>also</u>: Tatbestand §§ 315b I Nr. 3, 315b III i.V.m. § 315 III Nr. 1b) (+)

II. Rechtswidrigkeit (+)

III. Schuld (+)

IV. Ergebnis:

Strafbarkeit des A gemäß §§ 315b I Nr. 3, 315b III i.V.m. § 315 III Nr. 1b) (+)

- Gesamtergebnis und Konkurrenzen

Strafbarkeit des A gemäß §§ 212 I, 211 I, II, Var. 9, 22, 23 I, gemäß §§ 114 I, II, 113 II Nr. 1 und Nr. 2 und gemäß §§ 315b I Nr. 3, 315b III i.V.m. § 315 III Nr. 1b) (+); die Taten stehen zueinander in Idealkonkurrenz, § 52

Formulierungsvorschlag Fall 46

- Strafbarkeit des A gemäß §§ 212 I, 211, 22, 23 I

A könnte sich dadurch, dass er mit Vollgas auf P zugefahren ist, gemäß §§ 212 I, 211, 22, 23 I strafbar gemacht haben.

Die Tat ist nicht vollendet.

Der Versuch ist gemäß §§ 212 I, 211 I, 23 I, 12 I strafbar.

I. A müsste den Tatentschluss zur Tötung eines anderen Menschen gefasst haben, also diesbezüglich vorsätzlich gehandelt haben. A konnte nicht sicher sein, dass sich P wird retten können. Er hat im Gegenteil den Tod des P billigend in Kauf genommen, also mit bedingtem Tötungsvorsatz gehandelt. A war demnach zur Tat entschlossen.

Er hat auch unmittelbar zur Tatbestandsverwirklichung angesetzt.

Möglicherweise hat A zusätzlich § 211 II Var. 9 verwirklicht. Seine Absicht müsste darauf gerichtet gewesen sein, eine andere Straftat gezielt zu verdecken. A hat im Kaufhaus Uhren entwendet, also einen Diebstahl begangen, dessentwegen er von der Polizei gestellt werden sollte.

Der bis zum Tatzeitpunkt noch nicht identifizierte A hatte den Willen und die Vorstellung, den Polizeibeamten durch Überwindung der Straßensperre endgültig zu entgehen und damit seine Täterschaft zu verbergen. Seine Absicht im Sinne zielgerichteten Wollens war demnach auf die Verdeckung des Diebstahls gerichtet, obwohl er bezüglich der Tötung lediglich Eventualvorsatz hatte. A handelte folglich in Verdeckungsabsicht, § 211 II Var. 9.

II. Die Tat geschah rechtswidrig.

III. A handelte schuldhaft.

IV. Somit hat er sich durch seine Fahrweise gemäß §§ 212 I, 211 I, II Var. 9, 22, 23 I strafbar gemacht.

- Strafbarkeit des A gemäß §§ 114 I, II, 113 II

Weiterhin kommt im Hinblick auf die Vollgasfahrt des A eine Bestrafung aus §§ 114 I, II, 113 II in Betracht.

I. P ist als Polizeibeamter zu Vollstreckungshandlungen berufener Amtsträger, § 11 I Nr. 2a).

Er müsste eine Diensthandlung vorgenommen haben. Diensthandlungen im Sinne des § 114 I sind nur Handlungen des Amtsträgers, durch die der bereits konkretisierte Wille des Staates zur Regelung eines bestimmten Falles verwirklicht werden soll. Demnach fällt nicht jedes polizeiliche Handeln unter die Vorschrift. So fehlt es etwa bei einer Streifenfahrt am konkreten Regelungswillen. P wollte durch die Haltezeichen mit der Kelle gerade A aufgrund konkreter Verdachtsmomente zum Anhalten bewegen. Darin liegt der Wille zur Regelung eines individuellen Falls. Die Haltezeichen des P waren also Diensthandlungen im Sinne des § 114 I.

Durch die gezielte Vollgasfahrt hat A den Amtsträger P tätlich angegriffen.

Dabei handelte er vorsätzlich.

II. Die Tat geschah rechtswidrig.

III. A handelte schuldhaft.

IV. Es könnte ein besonders schwerer Fall des tätlichen Angriffs auf Vollstreckungsbeamte nach § 113 II i.V.m. § 114 II vorliegen.

Möglicherweise hat A mit dem Auto ein gefährliches Werkzeug bei sich geführt und damit § 113 II Nr. 1 verwirklicht. Gefährliches Werkzeug ist jeder Gegenstand, der nach der konkreten Art seiner Benutzung geeignet ist, erhebliche Verletzungen hervorzurufen. Das fahrende Auto kann, so wie es hier von A eingesetzt wurde, erhebliche Verletzungen hervorrufen.

Es handelte sich somit um ein gefährliches Werkzeug im Sinne des § 113 II Nr. 1.

Es könnten zudem die Voraussetzungen des Regelbeispiels § 113 II Nr. 2 gegeben sein. Der tätliche Angriff des A war eine physische Aggression und damit eine Gewalttätigkeit. Die Gefahr des Todes oder der schweren Gesundheitsschädigung für den Angegriffenen ist nach den konkreten Umständen zu bestimmen. P konnte sich im letzten Moment gerade noch retten. Wäre er vom mit Vollgas herannahenden Wagen des A erfasst worden, hätte die Folge günstigstenfalls in erheblichen Verletzungen bestanden. Jedenfalls eine schwere Gesundheitsschädigung drohte unmittelbar. Diese konkrete Gefahr beruhte auf der Gewalttätigkeit des A. In objektiver Hinsicht ist § 113 II Nr. 2 damit gegeben.

A handelte vorsätzlich bezüglich der Erfüllung der objektiven Komponenten beider Regelbeispiele.

Damit liegt ein besonders schwerer Fall gemäß § 113 II Nr. 1 und Nr. 2 vor.

V. A hat sich gemäß §§ 114 I, II, 113 II Nr. 1 und Nr. 2 strafbar gemacht.

- Strafbarkeit des A gemäß §§ 315b I, 315b III i.V.m. § 315 III Nr. 1

In der Vollgasfahrt des A liegt möglicherweise zusätzlich ein gefährlicher Eingriff in den Straßenverkehr gemäß §§ 315b I, 315b III i.V.m. § 315 III Nr. 1.

I. In Betracht kommt namentlich die Vornahme eines gefährlichen Eingriffs nach § 315b I Nr. 3. Dazu müsste es sich in Abgrenzung zu § 315c um einen sogenannten verkehrsfremden Eingriff handeln. Der Vergleich mit § 315b I Nr. 1 und 2 zeigt, dass ein verkehrsfremder Eingriff typischerweise bei Verhaltensweisen vorliegt, die von außen auf den Straßenverkehr einwirken. Die Autofahrt selbst wird dagegen als Vorgang des fließenden Verkehrs im Regelfall nicht zum Anwendungsbereich des § 315b I Nr. 3 zu zählen sein. Abweichend davon kann im Einzelfall auch ein Auto verkehrsfremd eingesetzt werden, wenn es nämlich bewusst zweckentfremdet aggressiv eingesetzt wird. Ein verkehrsgerechtes Verhalten besteht im Falle eines polizeilichen Haltesignals im Anhalten. Wenn eine Person auf der Straße steht, weicht ein besonnener Verkehrsteilnehmer ihr zumindest aus. A hingegen ist gezielt auf P zugefahren, um ihn zu nötigen. Er hat das Auto damit bewusst zweckentfremdet aggressiv eingesetzt. Darin liegt nicht nur ein verkehrsfremder, sondern sogar ein verkehrsfeindlicher Eingriff, der mit den in § 315b I Nr. 1 und 2 genannten Tathandlungen vom Charakter und von der Gefährlichkeit her vergleichbar ist.

A hat mit seiner Vollgasfahrt einen Eingriff im Sinne des § 315b I Nr. 3 vorgenommen.

Durch seine Fahrweise hat er die dem Straßenverkehr allgemein eigene Gefahr erheblich gesteigert, also die Sicherheit des Straßenverkehrs beeinträchtigt.

Das Leben oder zumindest die körperliche Unversehrtheit des P waren wie bereits gezeigt konkret gefährdet.

A handelte vorsätzlich.

Zusätzlich könnten die subjektiven Voraussetzungen des § 315b III in Verbindung mit § 315 III Nr. 1 vorliegen.

Zunächst ist an § 315 III Nr. 1a) zu denken. A müsste dazu in der Absicht gehandelt haben, einen Unglücksfall herbeizuführen. Sein Ziel war es, der Polizei zu entkommen. Den Unglücksfall – nämlich die Schädigung des P – hat A nur billigend in Kauf genommen, nicht aber beabsichtigt. Somit scheidet § 315 III Nr. 1a) aus.

A hat aber, wie oben bereits im Zusammenhang mit § 211 II Var. 9 gezeigt, in der Absicht gehandelt, eine andere Straftat zu verdecken, § 315 III Nr. 1b).

II. Die Tat geschah rechtswidrig.

III. A handelte schuldhaft.

IV. Er hat sich folglich gemäß §§ 315b I Nr. 3, 315b III i.V.m. mit § 315 III Nr. 1b) strafbar gemacht.

- Gesamtergebnis und Konkurrenzen

A hat sich durch sein Verhalten auf der Flucht gemäß §§ 212 I, 211 I, II, Var. 9, 22, 23 I, gemäß §§ 114 I, II, 113 II Nr. 1 und Nr. 2 und gemäß §§ 315b I Nr. 3, 315b III i.V.m. § 315 III Nr. 1b) strafbar gemacht. Die Taten stehen zueinander in Idealkonkurrenz, § 52.

Fazit

1. Na, habt ihr alle einschlägigen Vorschriften aufgespürt? Es war ja eine ganze Menge zu berücksichtigen! Das ***Zufahren auf Polizeibeamte*** taucht auffällig häufig in Klausuren und Hausarbeiten auf. Den Blick ins Inhaltsverzeichnis des StGB (siehe näher Seiten 15, 16) raten wir euch wegen des potenziell breiten Spektrums der infrage kommenden Delikte besonders dringend an. Es kommt bei der Prüfung solcher Fallkonstellationen neben der Ortung der einschlägigen Tatbestände in erster Linie auf eine saubere Subsumtion unter Einbeziehung der jeweiligen Sachverhaltsdetails an.

Im Ernstfall wird es dann häufig noch ein paar Probleme im Zusammenhang mit den der Flucht vorausgegangen Delikten geben, und fertig ist die Klausur.

2. In der Praxis und auch in manchen Klausuren bereitet der ***Tötungsvorsatz*** Probleme. Es ist dann hilfreich zu wissen, dass bei äußerlich lebensgefährlichen Handlungen nicht automatisch der Schluss auf einen bedingten Tötungsvorsatz gezogen wird. Besonders die Rechtsprechung ging über lange Zeit zugunsten des Täters oft von einer sogenannten ***Tötungshemmung*** aus. Nur so lässt sich übrigens erklären, dass vielfach bei einem tiefen Messerstich etwa in den Rücken des Opfers „nur" Körperverletzungsvorsatz angenommen wurde. Der BGH betont allerdings seit einiger Zeit immer wieder, dass eine vom Täter als solche erkannte (besonders) ***hohe Gefährlichkeit der Tatausführung*** wesentliches Indiz für bedingten Tötungsvorsatz sein kann. Methodisch ist wieder einmal die berühmte Gesamtwürdigung aller Umstände des Einzelfalls angesagt.

Für großes Aufsehen haben Entscheidungen gesorgt, in denen ***bei Teilnehmern an illegalen Autorennen*** Tötungsvorsatz angenommen wurde und die ***„Raser" wegen Mordes verurteilt*** wurden. Nach der BGH-Rechtsprechung kann die vom Täter als solche erkannte ***Eigengefährdung*** dafür sprechen, dass er ***auf einen guten Ausgang vertraute*** und damit auch den Tod des Opfers nicht billigend in Kauf nahm (BGH NJW 2018, 1621 ff). ***Wer sich*** als „Rennteilnehmer" allerdings auf Grund der Sicherheitstechnik (insbesondere Airbags) ***nicht gefährdet fühlt, kann durchaus Tötungsvorsatz haben***, selbst wenn er nicht angeschnallt ist (BGH NJW 2020, 2900 ff). Ein weiterer Sonderfall ist die sog. ***Kamikaze-Fahrt*** (BGH BeckRS 2021, 2968).

Daran zeigt sich wieder einmal: Auch zunächst geringfügig erscheinende Unterschiede in den Sachverhaltsdetails führen oft zu gegensätzlichen Ergebnissen. Ihr solltet immer die ***Umstände des Einzelfalls*** würdigen.

In einschlägigen Fällen ist zudem der im Jahr 2017 eingeführte ***§ 315d*** zu beachten („Verbotene Kraftfahrzeugrennen").

Zurück zu den hier konkret interessierenden Fallkonstellationen: Vertraut der Täter auf die rechtzeitige Reaktion des Opfers, liegt kein Eventualvorsatz, sondern nur ***bewusste Fahrlässigkeit*** vor. Damit scheidet eine versuchte Tötung mangels Tatentschlusses (= Vorsatz) aus. Gegebenenfalls muss die Vorstellung des Täters aus Indizien des Sachverhalts (Geschwindigkeit, Entfernung etc.) abgeleitet werden. Im Ausgangsfall hingegen war der bedingte Vorsatz wegen der unmissverständlichen Umschreibung „nimmt billigend in Kauf" nicht problematisch. Eine längere Erörterung war nicht angebracht (siehe Seite 22).

3. Wenn der Täter den Polizisten erwischt, liegt bei entsprechendem Vorsatz eine (vollendete) ***gefährliche Körperverletzung*** nach ***§§ 223 I, 224 I*** vor. Einschlägig sind § 224 I Nr. 2 (gefährliches Werkzeug) und § 224 I Nr. 5 (das Leben gefährdende Behandlung). Dass aber im Ausgangsfall nach Bejahung des versuchten Mordes mit keinem Wort auf die – quasi darin enthaltene, ebenfalls nur versuchte – Körperverletzung einzugehen war, dürfte klar gewesen sein (vgl. Fall 2, Fazit 5.).

4. Bei ***§ 114 I*** war zunächst wichtig, das Verhalten des Polizisten unter den Begriff der ***Diensthandlung*** zu subsumieren. Weil P konkrete Verdachtsmomente hatte, stellte sich im Unterschied zu Fall 19 das Problem der allgemeinen Verkehrskontrolle nicht (siehe Fall 19, Fazit 2.). Außerdem musstet ihr die ***Strafzumessungsregel*** des ***§ 113 II*** erkennen und sauber prüfen (hier i.V.m. § 114 II / zum Prüfungsstandort Seite 24).

   Das Auto ist übrigens über lange Zeit hinweg als „Waffe" i.S.d. § 113 II Nr. 1 a.F. angesehen worden. Das BVerfG hat aber in dieser Rechtsprechung einen Verstoß gegen das Analogieverbot gesehen. Die nachvollziehbare Reaktion des Gesetzgebers war, das „gefährliche Werkzeug" als Merkmal auch in § 113 II Nr. 1 einzuführen (siehe unsere Fall-Lösung / strukturell wie bei § 224 I Nr. 2).

   § 240 findet neben dem spezielleren § 114 keine Anwendung und braucht nicht erwähnt zu werden. Wer will, kann die im Wege der Spezialität verdrängte Nötigung kurz auf der Konkurrenzebene ansprechen. Mehr aber bitte auf keinen Fall!

5. ***§ 315b I Nr. 3*** ist jedenfalls in der Konstellation des Ausgangsfalls gegeben. Die bereits in Fazit 6. zu Fall 43 angedeutete Besonderheit besteht darin, dass ausnahmsweise im Falle der ***gezielte***n ***Zweckentfremdung*** auch der Einsatz eines Autos ein verkehrsfremder Eingriff sein kann. Je nach Sachverhalt sieht es anders aus, wenn der Täter ein Ausweichmanöver plant oder nur langsam auf den Polizisten zufährt. Der Einzelfall weist euch den Weg!

   § 315b III i.V.m. § 315 III Nr. 1 ist eine ***rein subjektive Qualifikation***. § 315 III Nr. 1a) war nicht gegeben und konnte für unsere Begriffe je nach Geschmack auch ganz weggelassen werden. Bei § 315 III Nr. 1b) durfte auf § 211 II Var. 9 verwiesen werden. Die Vermeidung unnötiger Wiederholungen ist immer zeitsparend und damit sinnvoll.

6. ***§ 142*** spielte im Ausgangsfall schon deswegen keine Rolle, weil A unmittelbar im Bereich des Geschehens zum Stillstand gekommen war und sich daher nicht entfernt hatte. Der Versuch des § 142 ist nicht strafbar! Wenn der Täter sich dagegen erfolgreich aus dem Staub macht, kann sich je nach Fallgestaltung die klausurtypische Frage stellen, ob auch ein vom Täter vorsätzlich herbeigeführtes Ereignis ein Unfall im Straßenverkehr ist (siehe dazu Fall 44).

7. Gelegentlich werden im Vergleich zum Ausgangsfall nicht minder spektakuläre Fälle gebildet, in denen der Täter mit seinem Fahrzeug in einen quergestellten Polizeiwagen brettert. Dann muss zusätzlich ***§ 305a I Nr. 2*** gesehen werden, der § 303 im Wege der Spezialität verdrängt.

Fall 47

Die B ist im Streit aus der Wohnung der F ausgezogen, in der die beiden über einige Jahre hinweg gemeinsam gelebt hatten. B will sich an F mit einem nächtlichen „Brandanschlag“ rächen. Sie entfernt zunächst die Batterie aus einem Rauchmelder im Hausflur, um später unentdeckt den Tatort verlassen zu können. Anschließend baut B einen Holzstapel vor der Wohnungstür der F auf, unterfüttert diesen mit zerknülltem Zeitungspapier und zündet das Ganze an. Das Feuer greift auf die Tür über, auch die Schwelle und das Türblatt brennen schließlich selbstständig weiter, was B billigend in Kauf genommen hatte. B hat nicht die Absicht, dass Menschen verletzt werden oder gar zu Tode kommen. Sie kann das allerdings nach ihrer Vorstellung auch nicht ausschließen. B ist aber insofern zuversichtlich, als sie aus ihrer Zeit als Mitbewohnerin der F weiß, dass sich im Wohnungsflur ein weiterer Rauchmelder befindet. Wie von B erwartet, wird F durch den Alarm dieses weiteren Rauchmelders wach. Es gelingt ihr schnell, das Feuer mit Wasser zu löschen.

Frage: Wie hat sich B strafbar gemacht ?
Die Strafbarkeit gemäß §§ 123, 211, 223, 303 und 306 ist nicht zu prüfen.

Lösungsskizze Fall 47

- Strafbarkeit der B gemäß §§ 212 I, 22, 23 I ?

(- Vorprüfung)

1. *Nichtvollendung der Tat ?* (+)

2. *Strafbarkeit des Versuchs ?* (+) → *§§ 212 I, 23 I, 12 I*

I. Tatbestand

1. *Subjektiver Tatbestand = Tatentschluss*
= Vorsatz bezüglich der objektiven Merkmale

HIER (–) → es kommt nur bedingter Vorsatz (Eventualvorsatz / dolus eventualis) in Betracht; B hat den Tod der F oder eines anderen Menschen aber nicht billigend in Kauf genommen; sie hat ein solches Szenario in ihrer Vorstellung allerdings nicht ausgeschlossen, also für möglich gehalten; dieses Wissenselement ist aber für den Eventualvorsatz nicht ausreichend; zur Abgrenzung von der bewussten Fahrlässigkeit ist ein gewisses voluntatives Element erforderlich; an dieser Wollenskomponente (sinngemäß „na wenn schon …“) fehlt es hier; B hat im Bewusstsein des weiteren (nicht deaktivierten) Rauchmelders ernsthaft und nicht nur vage auf den „harmlosen“ Ausgang des Geschehens vertraut, der dann auch eingetreten ist („wird schon gut gehen“)

2. *<u>also</u>: Tatbestand* (–)

II. Ergebnis:
Strafbarkeit der B gemäß §§ 212 I, 22, 23 (–)

- Strafbarkeit der B gemäß §§ 306a I Nr. 1, 306b II Nr. 3 ?

I. Tatbestand

1. Tatbestand § 306a I Nr. 1

a. Objektiver Tatbestand

***aa. Räumlichkeit, die der Wohnung von Menschen dient ?* (+)**

bb. (hier) Inbrandsetzen ?

= Entzünden eines Gegenstandes (hier Räumlichkeit), sodass er selbstständig weiterbrennt

HIER (+) → Tür und schließlich auch Türblatt und Türschwelle haben selbstständig gebrannt; sie sind jeweils funktionswesentliche Teile des Gebäudes; die Räumlichkeit selbst war damit in Brand gesetzt, nicht etwa nur Inventar

***cc. also: objektiver Tatbestand* (+)**

b. Subjektiver Tatbestand

- Vorsatz ?
= Wissen und Wollen der Tatbestandsverwirklichung

HIER (+) → Eventualvorsatz („billigend in Kauf genommen")

***c. also: Tatbestand § 306a I Nr. 1* (+)**

2. Tatbestand § 306b II Nr. 3

a. Objektiver Tatbestand
= Löschen des Brandes (hier) erschwert

HIER (–) → das Deaktivieren des „äußeren" Rauchmelders reicht unter den gegebenen Umständen nicht aus; wegen des hohen Strafrahmens („Freiheitsstrafe nicht unter fünf Jahren") ist der Tatbestand restriktiv auszulegen; eine Erheblichkeitsschwelle muss überschritten sein, wie auch der Vergleich mit den anderen Varianten des § 306b II zeigt (Nr. 1 und Nr. 2); die Erheblichkeitsschwelle ist hier nicht überschritten; trotz des Abschaltens des „äußeren" Rauchmelders war nämlich das Löschen schnell und effektiv mit einfachen Mitteln möglich; das Vorgehen der B hat das Löschen nicht erheblich verzögert, also auch nicht erheblich erschwert

***b. also: Tatbestand § 306b II Nr. 3* (–)**

***3. also: (nur) Tatbestand § 306a I Nr. 1* (+)**

***II. Rechtswidrigkeit* (+)**

***III. Schuld* (+)**

IV. Ergebnis:
Strafbarkeit der B (nur) gemäß § 306a I Nr. 1 (+)

- Strafbarkeit der B gemäß §§ 306a I Nr. 1, 306b II Nr. 3, 22, 23 I ?

(- Vorprüfung)

1. Nichtvollendung der Tat ? **(+)**

2. Strafbarkeit des Versuchs ? **(+)** → ***§§ 306b II, 23 I, 12 I***

I. Tatbestand

1. Subjektiver Tatbestand = Tatentschluss
= Vorsatz bezüglich der objektiven Merkmale

HIER (−) → es kommt nur bedingter Vorsatz (Eventualvorsatz / dolus eventualis) in Betracht; B hat aber nicht billigend in Kauf genommen, das Löschen wesentlich zu erschweren; sie hat zwar den „äußeren" Rauchmelder deaktiviert, damit aber lediglich bezweckt, den Tatort unentdeckt verlassen zu können; ihr war der zweite Rauchmelder bekannt; dessen Alarm hat das schnelle und einfache Löschen des noch überschaubaren Brandes dann auch ermöglicht; dies hatte B so erwartet; sie hat auch in dieser Hinsicht fundiert und nicht nur vage auf den „harmlosen" Ausgang des Geschehens vertraut („wird schon gut gehen")

2. also: Tatbestand **(−)**

II. Ergebnis:
Strafbarkeit der B gemäß §§ 306a I Nr. 1, 306b II Nr. 3, 22, 23 (−)

Formulierungsvorschlag Fall 47

- Strafbarkeit der B gemäß §§ 212 I, 22, 23 I

B könnte sich durch das Anzünden gemäß §§ 212 I, 22, 23 I strafbar gemacht haben.

Die Tat ist nicht vollendet.

Der Versuch ist gemäß §§ 212 I, 23 I, 12 I strafbar.

I. B müsste zur Verwirklichung des Versuchstatbestands zunächst den Tatentschluss zur Tötung eines anderen Menschen gefasst haben, also diesbezüglich vorsätzlich gehandelt haben. Es ist an bedingten Vorsatz zu denken (Eventualvorsatz / dolus eventualis).

Dazu müsste B den Tod der F oder eines anderen Menschen billigend in Kauf genommen haben.

B hat ein tödliches Szenario in ihrer Vorstellung nicht ausgeschlossen, also für möglich gehalten. Ein solches Wissenselement ist aber für den Eventualvorsatz nicht ausreichend, da es auch die bewusste Fahrlässigkeit kennzeichnet.

Für den Eventualvorsatz ist vielmehr – zusätzlich – ein gewisses voluntatives Element erforderlich. Diese Wollenskomponente des Vorsatzes kommt beim dolus eventualis sinngemäß in einer inneren Haltung nach dem Motto „na wenn schon ..." zum Ausdruck. In Abgrenzung davon ist typisch für die bewusste Fahrlässigkeit eine fundierte Hoffnung im Sinne von „wird schon gut gehen".

B hat im Bewusstsein des weiteren (nicht deaktivierten) Rauchmelders ernsthaft und nicht nur vage auf den „harmlosen" Ausgang des Geschehens vertraut, der dann auch eingetreten ist.

Damit fehlt es an der für den bedingten Vorsatz in dem aufgezeigten Sinne erforderlichen Wollenskomponente.

B hat den Tod der F oder eines anderen Menschen nicht billigend in Kauf genommen.

Sie hat diesbezüglich nicht vorsätzlich gehandelt.

Also hat B nicht den Tatentschluss gefasst, einen anderen Menschen zu töten.

Sie hat den Versuchstatbestand nicht verwirklicht.

II. Somit hat sie sich durch das Anzünden nicht gemäß §§ 212 I, 22, 23 I strafbar gemacht.

- Strafbarkeit der B gemäß §§ 306a I Nr. 1, 306b II Nr. 3

B könnte sich durch das Anzünden im Zusammenhang mit der vorherigen Deaktivierung des Rauchmelders gemäß §§ 306a I Nr. 1, 306b II Nr. 3 strafbar gemacht haben.

I. Dazu müsste sie den Tatbestand der schweren Brandstiftung gemäß § 306a I Nr. 1 erfüllt haben.

Ziel des „Brandanschlags" war eine Räumlichkeit, die der Wohnung von Menschen dient.

Fraglich ist, ob B diese Räumlichkeit in Brand gesetzt hat.

Inbrandsetzen ist das Entzünden eines Gegenstandes, sodass er selbstständig weiterbrennt. Dabei müsste im Rahmen des § 306a I Nr. 1 zumindest ein funktionswesentlicher Teil des Gebäudes in diesem Sinne betroffen sein, nicht etwa nur Inventar.

Durch das Anzünden hat die Tür und haben schließlich auch das Türblatt und die Türschwelle selbstständig gebrannt. Dies sind jeweils funktionswesentliche Teile des Gebäudes, nicht etwa nur Inventar wie Schränke oder Stühle. Damit war die Räumlichkeit in dem genannten Sinne in Brand gesetzt.

B hat dies auch billigend in Kauf genommen, also insoweit mit Eventualvorsatz gehandelt.

Fraglich ist weiter, ob B über den Grundtatbestand hinaus wegen der Deaktivierung des „äußeren" Rauchmelders auch den Qualifikationstatbestand § 306b II Nr. 3 erfüllt hat.

Sie könnte dadurch nämlich (objektiv) das Löschen des Brandes erschwert haben. Grundsätzlich kommt das Ausschalten von Rauchmeldern als durchaus typische Tathandlung für § 306b II Nr. 3 in Betracht.

Mit Blick auf den hohen Strafrahmen („Freiheitsstrafe nicht unter fünf Jahren") ist der Tatbestand aber restriktiv auszulegen. Es genügt nicht etwa jede auch noch so geringfügige oder gar nur potenzielle Erschwerung des Löschens. Vielmehr muss im Einzelfall eine Erheblichkeitsschwelle überschritten sein, wie auch der Vergleich mit den anderen, schwerwiegenden Varianten des § 306b II zeigt (Nr. 1 und Nr. 2).

Trotz des Abschaltens des „äußeren" Rauchmelders war das Löschen schnell und effektiv mit einfachen Mitteln möglich. Das Vorgehen der B hat das Löschen objektiv jedenfalls nicht erheblich verzögert.

B hat damit das Löschen des Brandes nicht im Sinne des § 306b II Nr. 3 erschwert.

B hat den Qualifikationstatbestand nicht verwirklicht.

Also hat ihr Verhalten nur den Tatbestand des § 306a I Nr. 1 erfüllt.

II. Die Tat geschah rechtswidrig.

III. B handelte schuldhaft.

IV. Obwohl B den „äußeren" Rauchmelder deaktiviert hatte, hat sie sich durch das Anzünden „nur" gemäß § 306a I Nr. 1 strafbar gemacht, nicht auch gemäß § 306b II Nr. 3.

- Strafbarkeit der B gemäß §§ 306a I Nr. 1, 306b II Nr. 3, 22, 23 I

Möglicherweise hat sich B aber mit Blick auf das Ausschalten des Rauchmelders wegen versuchter besonders schwerer Brandstiftung gemäß §§ 306a I Nr. 1, 306b II Nr. 3, 22, 23 I strafbar gemacht.

Die Tat ist – wie bereits gezeigt – nicht vollendet.

Der Versuch ist gemäß §§ 306b II Nr. 3, 22, 23 I strafbar.

I. B müsste zur Verwirklichung des Versuchstatbestandes den Tatentschluss gehabt haben, das Löschen des Brandes im Sinne des § 306b II Nr. 3 zu erschweren.

Sie könnte insoweit bedingten Vorsatz gehabt haben. Für einen solchen Eventualvorsatz hätte B billigend in Kauf genommen haben müssen, das Löschen wesentlich zu erschweren.

B hat zwar den „äußeren" Rauchmelder deaktiviert, damit aber lediglich bezweckt, den Tatort unentdeckt verlassen zu können. Ihr war der zweite Rauchmelder aus ihrer Zeit als Mitbewohnerin der F bekannt. Der Alarm dieses „inneren" Rauchmelders hat das schnelle und einfache Löschen des noch überschaubaren Brandes dann auch ermöglicht. Genau dies hatte B so erwartet.

Somit hat B hat auch in dieser Hinsicht fundiert und nicht nur vage auf den „harmlosen" Ausgang des Geschehens vertraut („wird schon gut gehen").

Sie hat damit nicht billigend in Kauf genommen, das Löschen des Brandes wesentlich zu erschweren.

B hat insoweit nicht vorsätzlich gehandelt, sie hatte mit Blick auf § 306b II Nr. 3 keinen Tatentschluss.

Sie hat den Versuchstatbestand nicht verwirklicht.

II. Folglich hat sie sich durch das Anzünden auch nicht gemäß §§ 306a I Nr. 1, 306b II Nr. 3, 22, 23 I strafbar gemacht, obwohl sie den „äußeren" Rauchmelder deaktiviert hatte.

Fazit

1. Die ***Prüfung des versuchten Totschlags*** (§§ 212 I, 22, 23 I) sollte nicht zuletzt im Anschluss an Fall 46 kein großes Problem gewesen sein (siehe dort insbesondere Fazit 2.).

In Fall 46 gab es eine unmissverständliche Angabe zum Tötungsvorsatz („nimmt dessen Tod billigend in Kauf"). Der Prüfungsaufwand war deshalb dort gering.

Hier hingegen führte erst die ***konkrete Auswertung indirekter Sachverhaltsangaben*** zum Ergebnis. Der ***Eventualvorsatz*** und damit in der Versuchsprüfung der ***Tatentschluss war zu verneinen*** (vgl. zur Abgrenzung zwischen Eventualvorsatz und bewusster Fahrlässigkeit auch Die Fälle – Strafrecht AT, Fall 2).

Bei dieser Fallgestaltung war es unbedingt angesagt, den versuchten Totschlag zu prüfen. Den Versuchstatbestand könnte mancher von vornherein für fernliegend halten, nur weil B keine Tötung beabsichtigte. Das aber wäre zu kurz gedacht.

2. Mit ***§§ 306a I Nr. 1 und § 306b II Nr. 1*** haben wir den ***Grundtatbestand und*** den ***Qualifikationstatbestand zusammen geprüft***, obwohl im Ergebnis nur der Grundtatbestand übrig blieb. Diese zweckmäßige Aufbaustruktur entspricht beispielsweise der Darstellung zu Fall 3.

3. Bei ***§ 306a I Nr. 1*** war die Tathandlung anhand des Merkmals ***Inbrandsetzen*** näher zu untersuchen. Das Ergebnis war aber eindeutig („wesentlicher Gebäudeteil" / vgl. schon Fall 41, Fazit 3.).

4. Ein wichtiger Schwerpunkt des Falles lag dann bei der Prüfung des ***§ 306b II Nr. 3***. Wir hatten schon im Fazit zu Fall 42 auf die restriktive Auslegung dieser Norm unter dem Stichwort ***„Erheblichkeitsschwelle"*** hingewiesen (dort Fazit 5. letzter Absatz).

5. Die Fallfrage war beschränkt, damit ihr euch auch bei einem solchen Kombinationsfall auf das Wesentliche konzentrieren konntet. Deshalb hier nur kurz zu den von der Prüfung ausgenommenen Tatbeständen:

Um Mordmerkmale ging es ersichtlich nicht, weil es ja schon am Tötungsvorsatz fehlte (s.o. / hier über das Merkmal „Tatentschluss" bei der Versuchsprüfung).

Auch die versuchte Körperverletzung gemäß §§ 223 I, II, 22, 23 I wäre ersichtlich daran gescheitert, dass B auch insoweit keinen Tatentschluss hatte.

§ 306 wird – jedenfalls nach der Rechtsprechung – von § 306a im Wege der Gesetzeskonkurrenz verdrängt (vgl. Fall 42, Fazit 3.). Das gilt auch für § 303.

Für die sinnvolle Prüfung des vergleichsweise pimpfigen § 123 hätte es weiterer Sachverhaltsangaben bedurft.

Fall 48

Skatbruder S hat in seiner Lieblingskneipe „Zum Teufel“ wieder einmal ordentlich getankt. Aus einschlägiger Erfahrung weiß er, dass er in diesem Zustand nicht mehr in der Lage ist, seinen Wagen im Straßenverkehr sicher zu beherrschen. Dennoch setzt sich S spät in der Nacht ans Steuer und tritt die Heimfahrt an. Trotz einer Blutalkoholkonzentration (BAK) von 1,8 ‰ (Promille) schafft er es tatsächlich fast bis nach Hause. Wenige Meter vor seinem Ziel verliert S jedoch in einer Kurve die Kontrolle über sein Auto und kann einen heftigen Zusammenstoß mit dem abgestellten neuen Porsche des P nicht vermeiden. Zum Glück hat S immer sein Handy dabei, mit dem er umgehend seine Ehefrau E informiert. Noch vor der Polizei trifft E an der Unfallstelle ein. Wie zuvor abgesprochen behauptet S auf Befragen der Polizeibeamten, E sei gefahren. Obwohl E dies ausdrücklich bestätigt, fliegt der Schwindel wegen der penetranten Schnapsfahne des S auf.

Frage: Wie hat sich S strafbar gemacht ?

Lösungsskizze Fall 48

- Strafbarkeit des S gemäß § 315c I Nr. 1a) ?

I. Tatbestand

1. Objektiver Tatbestand

***a. Führen eines Fahrzeugs im Straßenverkehr ?* (+)**

b. Fahruntüchtigkeit (hier) infolge Alkoholkonsums ?

HIER (+) → 1,8 ‰ BAK liegen im Bereich absoluter Fahruntüchtigkeit (bei Autofahrern ab 1,1 ‰)

c. konkrete Gefährdung (hier) einer fremden Sache von bedeutendem Wert ?

= nicht fernliegende Möglichkeit eines schädigenden Ereignisses

HIER (+) → der Porsche des P ist eine für S fremde Sache von bedeutendem Wert; das schädigende Ereignis ist sogar eingetreten

***d. <u>also</u>: objektiver Tatbestand* (+)**

2. Subjektiver Tatbestand

- Vorsatz ?

= Wissen und Wollen der Tatbestandsverwirklichung

HIER (+) → S wusste von der alkoholbedingten Fahruntüchtigkeit; damit hat er auch den Umstand gekannt, aus dem sich die konkrete Gefahr ergab; im Hinblick auf die Gefährdung handelte S mit Eventualvorsatz

***3. <u>also</u>: Tatbestand* (+)**

***II. Rechtswidrigkeit* (+)**

***III. Schuld* (+)**

IV. Ergebnis:
Strafbarkeit des S gemäß § 315c I Nr. 1a) (+)

- Strafbarkeit des S gemäß § 316 I ?

§ 316 I ist gegenüber § 315c I Nr. 1a) ausdrücklich subsidiär

- Strafbarkeit des S gemäß § 164 I ?

I. Tatbestand

1. Objektiver Tatbestand

a. falsche Verdächtigung eines anderen ?
= Lenken des Verdachts auf einen anderen

HIER (+) → S hat E als Fahrerin benannt

b. einer rechtswidrigen Tat i.S.d. § 11 I Nr. 5 ?

HIER (–) → im behaupteten Verhalten der E hätte keine Straftat gelegen; eine Trunkenheitsfahrt ist ihr nicht unterstellt worden, die fahrlässige Sachbeschädigung ist nicht strafbar

***c. also: objektiver Tatbestand* (–)**

***2. also: Tatbestand* (–)**

II. Ergebnis:
Strafbarkeit des S gemäß § 164 I (–)

- Strafbarkeit des S gemäß § 145d II Nr. 1 ?

I. Tatbestand

1. Objektiver Tatbestand

a. Täuschung über den Beteiligten an einer rechtswidrigen Tat ?

HIER (–) → S hat durch seine Behauptung das Vorliegen einer rechtswidrigen Tat schlechthin geleugnet; wäre die nüchterne E gefahren, hätte keine Tat i.S.d. § 11 I Nr. 5 vorgelegen (s.o.); in der Aussage des S kann folglich keine Täuschung über den Beteiligten an einer rechtswidrigen Tat liegen; das entspricht im Übrigen dem Sinn der Norm, weil die Ermittlungsbehörden durch die Schilderung eines nicht strafbaren Verhaltens auch nicht auf eine falsche Fährte gelockt werden

***b. also: objektiver Tatbestand* (–)**

2. <u>also</u>: Tatbestand (–)

II. Ergebnis:
Strafbarkeit des S gemäß § 145d II Nr. 1 (–)

- Strafbarkeit des S gemäß § 153 I ?

I. Tatbestand

1. Objektiver Tatbestand

a. zuständige Stelle ?

HIER (–) → die Polizei ist nach § 161a I 3 StPO nicht zur eidlichen Vernehmung zuständig

b. <u>also</u>: objektiver Tatbestand (–)

2. <u>also</u>: Tatbestand (–)

II. Ergebnis:
Strafbarkeit des S gemäß § 153 I (–)

Formulierungsvorschlag Fall 48

- Strafbarkeit des S gemäß § 315c I Nr. 1a)

Durch die Autofahrt könnte sich S gemäß § 315c I Nr. 1a) strafbar gemacht haben.

I. Er hat ein Fahrzeug im Straßenverkehr geführt.

S könnte infolge des Genusses alkoholischer Getränke fahruntüchtig gewesen sein. Bei Autofahrern geht man ab einer Blutalkoholkonzentration (BAK) von 1,1 ‰ (Promille) von absoluter Fahruntüchtigkeit aus. S hatte zum Tatzeitpunkt eine BAK von 1,8 ‰ und war somit alkoholbedingt absolut fahruntüchtig.

Durch das Führen des Fahrzeugs müsste eine konkrete Gefährdung eines der in § 315c I genannten Rechtsgüter bestanden haben, wobei die Gefährdung einer fremden Sache von bedeutendem Wert in Betracht kommt. Der Porsche des P ist eine für S fremde Sache, deren Verkehrswert weit über der maßgeblichen Grenze liegt, selbst wenn man diese deutlich über 1.000 € ansiedelt. Mit dem Zusammenstoß hat sogar schon ein schädigendes Ereignis stattgefunden, der Porsche war als fremde Sache von bedeutendem Wert konkret gefährdet.

S müsste vorsätzlich gehandelt haben. Vorsatz ist Wissen und Wollen der Tatbestandsverwirklichung. S war sich der alkoholbedingten Fahruntüchtigkeit bewusst und hat damit auch den Umstand gekannt, aus dem sich die Gefahr für den Porsche unmittelbar ergab. Er hat eine solche Gefährdung billigend in Kauf genommen und handelte insoweit mit Eventualvorsatz. Damit handelte S bezüglich der gesamten Tatbestandsverwirklichung vorsätzlich.

II. Die Tat geschah rechtswidrig.

III. S handelte schuldhaft.

IV. Er hat sich durch die Autofahrt im alkoholisierten Zustand gemäß § 315c I Nr. 1a) strafbar gemacht.

- Strafbarkeit des S gemäß § 316 I

Gegenüber § 315c I Nr. 1a) ist § 316 ausdrücklich subsidiär.

- Strafbarkeit des S gemäß § 164 I

Möglicherweise hat sich S dadurch, dass er gegenüber den Polizeibeamten seine Ehefrau als Fahrerin benannt hat, gemäß § 164 I strafbar gemacht.

I. Er könnte E einer rechtswidrigen Tat im Sinne des § 11 I Nr. 5 verdächtigt haben.

Dies wäre aber nur der Fall, wenn E mit dem von S behaupteten Verhalten einen Straftatbestand erfüllt hätte. S hat E gerade deshalb als Fahrerin ausgegeben, weil sie nicht alkoholisiert war. Ihr ist damit keine nach §§ 315c I Nr. 1a), 316 mit Strafe bedrohte Trunkenheitsfahrt unterstellt worden. Die behauptete Unfallverursachung wäre eine nur fahrlässige Sachbeschädigung gewesen, die von § 303 I nicht erfasst wird und straflos ist. Mit dem von S unterstellten Verhalten hätte E somit keinen Straftatbestand erfüllt. Folglich hat er E nicht einer rechtswidrigen Tat verdächtigt.

II. Eine Bestrafung des S gemäß § 164 I scheidet aus.

- Strafbarkeit des S gemäß § 145d II Nr. 1

Im Hinblick auf die Äußerung gegenüber den Polizisten kommt aber weiter eine Bestrafung des S gemäß § 145d II Nr. 1 in Betracht.

I. Es müsste dazu eine Täuschung über den Beteiligten an einer rechtswidrigen Tat vorliegen. S selbst hat durch sein Verhalten mit § 315c I Nr. 1 tatsächlich eine rechtswidrige Tat im maßgeblichen Sinne des § 11 I Nr. 5 begangen. Wäre aber entsprechend der Behauptung die nüchterne E gefahren, so hätte – wie gezeigt – keine Straftat vorgelegen.

Damit hat S durch seine Äußerung das Vorliegen einer rechtswidrigen Tat schlechthin geleugnet. Es wird unterstellt, es sei nie zu einer rechtswidrigen Tat gekommen. Bei einer solchen Schilderung eines nicht strafbaren Verhaltens besteht keine Gefahr, dass die Ermittlungsbehörden auf eine falsche

Fährte gelockt werden. Von einer Täuschung über den Beteiligten an einer rechtswidrigen Tat kann daher begrifflich wie auch vom Zweck des § 145d her keine Rede sein. S hat nicht im Sinne des § 145d II Nr. 1 zu täuschen gesucht.

II. Er hat sich nicht gemäß § 145d II Nr. 1 strafbar gemacht.

- Strafbarkeit des S gemäß § 153 I

Schließlich ist wegen der Äußerung gegenüber den Polizeibeamten an eine Strafbarkeit des S gemäß § 153 I zu denken.

I. Die Polizei ist jedoch nach § 161a I 3 StPO nicht zur eidlichen Vernehmung befugt, sie ist insoweit keine zuständige Stelle.

II. Eine Strafbarkeit des S gemäß § 153 I scheidet damit schon im Ansatz aus.

Fazit

1. Der Fall gibt eine ziemlich häufige Klausurkonstellation wieder. Auf Streitfragen kam es bei der Lösung nicht an. Im Zentrum stand vielmehr die Erkenntnis, dass S seiner Ehefrau ***kein strafbares Verhalten unterstellt*** hat.

2. Nach Fall 43 dürfte die Prüfung des ***§ 315c I Nr. 1*** keine größeren Probleme bereitet haben. Der Unterschied zur dortigen Prüfung bestand eigentlich nur darin, dass hier eine Sache von bedeutendem Wert gefährdet wurde. ***§ 316*** kann wie gesehen kurz erwähnt werden, eine gutachterliche Prüfung ist aber wegen der ausdrücklichen Subsidiarität Zeitverschwendung (vgl. Fall 43, Fazit 5.).

3. Im Ausgangsfall hat ***§ 142*** keine Rolle gespielt, S hat keine der dort aufgestellten Pflichten verletzt. Im Gegensatz dazu sind die Prüfungsfälle aber häufig so gestrickt, dass sich der Täter aus dem Staub macht. Meist hat sich dann ein aufmerksamer Mensch das Kennzeichen des Autos notiert und die Polizei informiert. Zur Rede gestellt behauptet der Täter, ein anderer sei gefahren. In einer solchen Konstellation ist § 142 natürlich anhand der Umstände des Einzelfalls (feststellungsbereite Personen, Schadenshöhe, örtliche Umstände etc.) genau zu untersuchen (siehe näher Fall 44, Fazit 4. und 5.).

4. Bei der Prüfung des ***§ 164 I*** durftet ihr nicht vorschnell davon ausgehen, dass S sein eigenes Verhalten der Ehefrau in die Schuhe schieben wollte. Der kleine aber entscheidende Unterschied bestand darin, dass E im Gegensatz zu S nicht betrunken war und ihr das auch nicht unterstellt wurde. Damit lag in der Behauptung des S auch keine falsche Verdächtigung.

5. Auch ***§ 145d II Nr. 1*** scheiterte an diesem Gesichtspunkt. Ihr durftet euch nicht davon irritieren lassen, dass S ja tatsächlich eine rechtswidrige Tat begangen hatte. Die Täuschung setzt voraus, dass die Person, auf die der Verdacht vom

wahren Täter einer Straftat abgelenkt wird, sich durch eben diese Tat strafbar gemacht hätte. Genau daran fehlte es aber.

6. Auf die Prüfung des ***§ 153 I*** hätte man wegen des eindeutigen Ergebnisses auch verzichten können (siehe Fall 28, Fazit 2.).

7. Die ***Strafbarkeit der E*** war nicht zu prüfen. Spielen wir die Prüfung trotzdem einmal gedanklich durch: Bezüglich § 145d II Nr. 1 und § 153 I gilt das zu S Gesagte entsprechend. Hinsichtlich einer (versuchten) Strafvereitelung kommt ihr das Angehörigenprivileg des § 258 VI i.V.m. § 11 I Nr. 1a) zugute (lesen!). E hat sich also nicht strafbar gemacht.

Eine Originalklausur

Vor allem zu Beginn des Studiums fehlt das Gespür dafür, was in Klausuren erwartet wird. Verständlicherweise fühlen sich viele Kandidatinnen und Kandidaten ins kalte Wasser geworfen. Damit ihr Umfang und Schwierigkeitsgrad einer Arbeit im Groben abschätzen könnt, bringen wir an dieser Stelle eine Originalklausur in der gewohnten Art und Weise.

Die Arbeit lief im Rahmen einer Übung an der Uni Köln, als Bearbeitungszeit standen drei Stunden zur Verfügung.

Der Sachverhalt ist zumindest auf den ersten Blick überdurchschnittlich kompliziert und umfangreich. Umso wichtiger ist die genaue Differenzierung danach, welche Person in welchem Handlungsabschnitt wie gehandelt hat. Die rechtliche Lösung des Falls sollte nach vollständiger Erfassung des Sachverhalts relativ (!) leicht fallen. Die Rechtsprobleme wurden damals durchweg in der Vorlesung besprochen, sie sollten den Bearbeiterinnen und Bearbeitern nicht unbekannt gewesen sein. Wer das Buch bis hierhin konsequent durchgearbeitet hat, ist natürlich ebenfalls gut vorbereitet. Jedenfalls macht die Angelegenheit nur dann wirklich Sinn, wenn ihr zunächst eine eigenständige Lösung erarbeitet. Das kann nicht oft genug betont werden!

Nun aber endlich der ersehnte Sachverhalt:

Fall 49

In der Firma Friede und Eierkuchen (F & E) hat die dort beschäftigte Sekretärin Klauer (K) verschiedenen Kolleginnen größere Geldbeträge aus den Handtaschen gestohlen. Die Diebstähle führen zu polizeilichen Ermittlungen, die zunächst nichts erbringen.

Die bei F & E angestellte Sachbearbeiterin Anschwarz (A) weiß zwar auch nicht, wer der Dieb ist, möchte aber der mit ihr verfeindeten K schaden. Sie schreibt deshalb einen Brief an die Polizei, in dem es unter anderem (wahrheitswidrig) heißt: „Ich habe Frau Klauer zweimal dabei beobachtet, wie sie sich an den Handtaschen von Kolleginnen zu schaffen gemacht hat." Von diesem Brief fertigt A für ihre Unterlagen eine Fotokopie an, die sie aber nicht unterschreibt. Das Original des Briefes unterzeichnet A und schickt es an die Polizei.

Als K wenig später auf der Suche nach neuer Beute durch die Büros streift, findet sie die Fotokopie des Briefes, die A achtlos auf ihrem Schreibtisch liegen gelassen hat. K glaubt, dies sei das von A noch nicht abgesandte Original. Sie spannt den Bogen in die Schreibmaschine, löscht mit Korrekturband den Namen „Klauer" und setzt dafür „Lämmle" (so heißt eine weitere Mitarbeiterin von F & E) ein. Dann ahmt K auf dem Blatt geschickt die Unterschrift „Anschwarz" nach und sendet es an die Polizei.

Die Polizei hält beide Schreiben für echt und verdächtigt aufgrund des seltsamen Anzeigeverhaltens die A selbst als Täterin der Diebstähle. In dem gegen A eingeleiteten Strafverfahren kommt es schließlich zur Anberaumung eines Termins zur Hauptverhandlung. A nimmt sich als Verteidiger Rechtsanwalt R, der von ihrer Unschuld hinsichtlich der Diebstähle überzeugt ist. Da R dennoch eine Verurteilung seiner Mandantin befürchtet, bittet er ohne Wissen der A die K, als Zeugin im Strafverfahren die Schuld an den Diebstählen auf sich zu nehmen. (R glaubt allerdings nicht, dass K wirklich die Täterin ist.) K weist dieses Ansinnen empört zurück.

In der Hauptverhandlung wird K (ohne Belehrung nach § 55 StPO) uneidlich als Zeugin vernommen. K behauptet, sie habe mit den Diebstählen nichts zu tun und wisse auch sonst nichts über die angeklagten Vorfälle. A wird schließlich vom Vorwurf des Diebstahls freigesprochen.

Wie haben sich A, K und R strafbar gemacht ?

(Die Strafbarkeit hinsichtlich der Diebstähle ist nicht zu prüfen, ebenso wenig eine Strafbarkeit nach §§ 185–200, § 239 und § 263 StGB.)

Lösungsskizze Fall 49

A. Erster Handlungsabschnitt: Schreiben des Briefs durch A

- Strafbarkeit der A gemäß § 164 I ?

I. Tatbestand

1. Objektiver Tatbestand

a. falsche Verdächtigung eines anderen ?

HIER (–) → die Verdächtigung muss objektiv unwahr sein; die Behauptung der A ist unwahr, sie hat aber mit K zufällig die wirklich Schuldige verdächtigt; das reicht für eine „falsche Verdächtigung" nicht aus; sie setzt die Unschuld des Verdächtigten voraus (a.A. gut vertretbar)

***b. also: objektiver Tatbestand* (–)**

***2. <u>also</u>: Tatbestand* (–)**

II. Ergebnis:

Strafbarkeit der A gemäß § 164 I (–)

- Strafbarkeit der A gemäß § 145d II Nr. 1 ?

I. Tatbestand

1. Objektiver Tatbestand

a. Täuschung über den Beteiligten an einer rechtswidrigen Tat ?

HIER (–) → K war objektiv Beteiligte; der Verdacht muss aber einen tatsächlich Unbeteiligten treffen (hier allgemeine Auffassung) *b. <u>also</u>: objektiver Tatbestand* (–)

2. <u>also</u>: Tatbestand (–)

II. Ergebnis:
Strafbarkeit der A gemäß § 145d II Nr. 1 (–)

B. Zweiter Handlungsabschnitt: Unterschreiben der Briefkopie durch K

- Strafbarkeit der K gemäß § 267 I Var. 1 ?

I. Tatbestand

1. Objektiver Tatbestand

a. Urkunde ?
= verkörperte Gedankenerklärung, die zum Beweis im Rechtsverkehr geeignet und bestimmt ist und ihren Aussteller erkennen lässt

HIER (+) → durch die „originale" Unterschrift entsteht der Eindruck, das Blatt sei von A ausgestellt; die bloße Kopie (nach h.M. bekanntlich keine Urkunde) war nur „Rohmaterial"

b. unecht
= tatsächlicher und erkennbarer Aussteller sind nicht identisch

HIER (+) → erkennbare Ausstellerin ist A; in Wirklichkeit wollte sie die entsprechende Erklärung (Verdächtigung der L) nie abgeben; tatsächliche Ausstellerin ist damit K

c. Herstellen ? (+)

d. <u>also</u>: objektiver Tatbestand (+)

2. Subjektiver Tatbestand

a. Vorsatz ? (+)

b. Absicht der Täuschung im Rechtsverkehr ? (+)

c. <u>also</u>: subjektiver Tatbestand (+)

3. <u>also</u>: Tatbestand (+)

II. Rechtswidrigkeit (+)

III. Schuld (+)

IV. Ergebnis:
Strafbarkeit der K gemäß § 267 I Var. 1 (+)

- Strafbarkeit der K gemäß § 267 I Var. 3 ?

Gebrauchen nach § 267 I Var. 3 hat gegenüber § 267 I Var. 1 keine eigenständige rechtliche Bedeutung

- Strafbarkeit der K gemäß § 164 I ?

I. Tatbestand

1. Objektiver Tatbestand

a. falsche Verdächtigung eines anderen ?

HIER (+) → K hat die objektiv unschuldige L verdächtigt; die späteren Schlüsse der Polizei aus dieser Falschverdächtigung spielen für § 164 I keine Rolle

b. (hier) einer rechtswidrigen Tat i.S.d. § 11 I Nr. 5 ? **(+)**

c. (hier) bei einer Behörde ? **(+)**

d. <u>also</u>: objektiver Tatbestand **(+)**

2. Subjektiver Tatbestand

a. Vorsatz ? **(+)**

b. wider besseres Wissen ? **(+)**

c. Absicht, (hier) ein behördliches Verfahren gegen den anderen (hier) herbeizuführen ?

HIER (+) → Absicht ist nicht auf zielgerichtetes Wollen beschränkt; direkter Vorsatz genügt (allgemeine Auffassung); K wollte den Verdacht von sich abwenden, hielt dabei aber Ermittlungen gegen L für sicher

d. <u>also</u>: subjektiver Tatbestand **(+)**

3. <u>also</u>: Tatbestand **(+)**

II. Rechtswidrigkeit **(+)**

III. Schuld **(+)**

IV. Ergebnis:
Strafbarkeit der K gemäß § 164 I (+)

- Strafbarkeit der K gemäß § 145d II Nr. 1 ?

§ 145d II Nr. 1 tritt hinter § 164 I als ausdrücklich subsidiär zurück

C. Dritter Handlungsabschnitt: Geschehen im Zusammenhang mit dem Prozess gegen A

- Strafbarkeit der K gemäß § 153 I ?

I. Tatbestand

1. Objektiver Tatbestand

***a. zuständige Stelle ?* (+)**

***b. als Zeuge oder Sachverständiger ?* (+)**

c. falsche Aussage ?

HIER (+) → es handelt sich um eine Aussage i.S.d. § 153 I; K hätte u.U. nach § 55 II StPO über das Auskunftsverweigerungsrecht (§ 55 I StPO) belehrt werden müssen; Verfahrensverstöße sind aber jedenfalls dann für §§ 153 ff unerheblich, wenn die Aussage prozessual verwertbar bleibt; das ist bei einem Verstoß gegen § 55 II StPO der Fall; § 55 StPO soll nur den Zeugen schützen, der Rechtskreis des Angeklagten wird durch einen Verstoß nicht betroffen (a.A. vertretbar; dann aber trotz Verwertungsverbots nach h.M. §§ 153 ff anwendbar); die Aussage war auch falsch

***d. <u>also</u>: objektiver Tatbestand* (+)**

2. Subjektiver Tatbestand

***- Vorsatz ?* (+)**

***3. <u>also</u>: Tatbestand* (+)**

***II. Rechtswidrigkeit* (+)**

III. Schuld

HIER (+) → keine Entschuldigung nach § 35 I 1; selbst wenn Gefahr für Freiheit (drohende Freiheitsstrafe) vorgelegen haben sollte, ist die Entschuldigung für K als Täterin der Diebstähle nach § 35 I 2 ausgeschlossen

IV. Möglichkeit der Milderung oder des Absehens von Strafe nach § 157 I

HIER (+) → K hat die Unwahrheit gesagt, um die Gefahr einer Bestrafung von sich selbst abzuwenden

V. Ergebnis:

Strafbarkeit der K gemäß § 153 I (+); aber Möglichkeit der Strafmilderung oder des Absehens von Strafe nach § 157 I

- Strafbarkeit des R gemäß §§ 153 I, 26 ?

I. Tatbestand

1. Objektiver Tatbestand

a. vorsätzliche rechtswidrige Haupttat ? (+) → *s.o.*

b. Bestimmen zur Tat ?
= Hervorrufen des Tatentschlusses

HIER (–) → R hat K zwar zu einer Falschaussage aufgefordert, sie hat aber nicht in seinem Sinne ausgesagt; den Tatentschluss zur tatsächlichen Falschaussage hat R nicht hervorgerufen; seine Bestimmungshandlung war dafür nicht kausal

c. also: objektiver Tatbestand (–)

2. also: Tatbestand (–)

II. Ergebnis:
Strafbarkeit des R gemäß §§ 153 I, 26 (–)

- Strafbarkeit des R gemäß §§ 159, 30 I 1 Var. 1, 153 ?

(- Vorprüfung)

1. Nichtvollendung der Tat (hier der Anstiftung!) ? (+) → *s.o.*

2. Strafbarkeit des Versuchs ? (+) → *§§ 159, 30 I 1 Var. 1*

I. Tatbestand

1. Subjektiver Tatbestand = Tatentschluss (+)

2. Objektiver Tatbestand = unmittelbares Ansetzen (+)

3. also: Tatbestand (+)

II. Rechtswidrigkeit (+)

III. Schuld (+)

IV. Ergebnis:
Strafbarkeit des R gemäß §§ 159, 30 I 1 Var. 1, 153 (+)

D. Gesamtergebnis und Konkurrenzen

Strafbarkeit der A (–);
Strafbarkeit der K gemäß § 267 I Var. 1 und 3, § 164 I und § 153 I (+); § 153 I steht zu den beiden anderen Taten – die zueinander in Idealkonkurrenz stehen, § 52 – in Realkonkurrenz, § 53;
Strafbarkeit des R gemäß §§ 159, 30 1 I Var. 1, 153 (+)

Formulierungsvorschlag Fall 49

A. Erster Handlungsabschnitt: Schreiben des Briefs durch A

- Strafbarkeit der A gemäß § 164 I

A könnte sich durch das Schreiben und Absenden des Briefs an die Polizei gemäß § 164 I strafbar gemacht haben.

I. Dazu müsste sie in dem Brief einen anderen falsch verdächtigt haben. Sie hat die Kollegin K konkret verdächtigt. Diese Verdächtigung muss weiter objektiv unwahr sein. Die in dem Brief verkörperte Aussage ist objektiv unwahr, die damit unterstellten Taten hat K aber tatsächlich begangen. Somit ist zu untersuchen, ob die Verdächtigung auch dann falsch ist, wenn mit einer falschen Behauptung – sei es auch nur zufällig – der Richtige getroffen wird.

Für § 164 II ergibt sich eine solche Interpretation zwanglos aus dem Wortlaut der Vorschrift. Wegen der Gleichwertigkeit der Tatbestände liegt es nahe, diesen Schluss auch für § 164 I zu ziehen. Die Rechtspflege ist dann zu Unrecht in Anspruch genommen, wenn sie falschen Beweismitteln nachgeht. Schließlich hat auch der Schuldige im Rechtsstaat einen Anspruch darauf, von Verfolgung aufgrund falschen Beweismaterials verschont zu bleiben. Damit können beide allgemein anerkannten Rechtsgüter des § 164 auch dann tangiert werden, wenn der tatsächlich Schuldige verdächtigt wird.

Ungeachtet dessen drängen sich mit Blick auf das Analogieverbot aus Art. 103 II GG Bedenken auf, ob allein die falsche Behauptung oder die sonstige Schaffung einer unzutreffenden Beweislage den Tatbestand des § 164 I erfüllen kann. Der Begriff „falsche Verdächtigung“ taucht unmittelbar nur als Überschrift der Vorschrift auf. Das Erfordernis objektiver Unwahrheit der Verdächtigung drückt sich aber in der Formulierung „... wider besseres Wissen einer rechtswidrigen Tat verdächtigt ...“ aus. Das Gesetz knüpft also ausdrücklich an die rechtswidrige Tat, nicht an die Verdächtigung als solche an. Folglich muss zwingend auch beim Merkmal „falsch“ auf die Tat abgestellt werden. Der Täter muss objektiv den Unschuldigen verdächtigen. Ließe man die bloße Schaffung unrichtiger Verdachtsmomente genügen, so müsste man auch denjenigen nach § 164 I bestrafen, dem die Täterschaft des Verdächtigten klar bewusst ist. Das aber lässt sich nicht mehr mit dem möglichen Wortsinn des § 164 I vereinbaren.

Demgegenüber hat das Bestreben nach einheitlicher Auslegung der Absätze des § 164 ebenso zurückzustehen wie die Argumentation aus dem Sinn und Zweck der Norm. Diese Aspekte zu berücksichtigen, ist allein Aufgabe des Gesetzgebers. Angesichts des Analogieverbots genügt damit die falsche Behauptung nicht, wenn – wie hier – der Schuldige getroffen wird.

Die Verdächtigung der K war damit nicht objektiv unwahr. A hat K mithin nicht falsch verdächtigt.

II. Sie hat sich durch das Schreiben und Absenden des Briefs nicht gemäß § 164 I strafbar gemacht.

- Strafbarkeit der A gemäß § 145d II Nr. 1

Wegen desselben Verhaltens kommt weiter eine Bestrafung der A gemäß § 145d II Nr. 1 in Betracht.

I. Der Brief könnte eine Täuschung über den Beteiligten an einer rechtswidrigen Tat beinhalten. Nach allgemeiner Auffassung muss der Verdacht auf einen tatsächlich Unbeteiligten gelenkt werden. K war aber nicht unbeteiligt, im Gegenteil hatte sie die Diebstähle begangen. Damit hat A nicht im Sinne des § 145d II Nr. 1 zu täuschen gesucht.

II. Auch eine Bestrafung der A aus § 145d II Nr. 1 scheidet aus.

B. Zweiter Handlungsabschnitt: Unterschreiben der Briefkopie durch K

- Strafbarkeit der K gemäß § 267 I Var. 1

Durch das Manipulieren und Unterschreiben der Briefkopie hat sich K möglicherweise gemäß § 267 I Var. 1 strafbar gemacht.

I. Zunächst müsste es sich bei dem Endprodukt um eine Urkunde handeln. Urkunde ist jede verkörperte Gedankenerklärung, die zum Beweis geeignet und bestimmt ist und ihren Aussteller erkennen lässt. Das fertige Blatt als Ergebnis der Manipulation erweckt durch die originalgetreue Unterschrift den Eindruck, als sei es von A so hergerichtet worden. Es verkörpert damit – im Gegensatz zu der als „Rohmaterial" dienenden Fotokopie – selbst eine Erklärung. Diese Erklärung, nämlich die Verdächtigung der L, ist zum Beweis geeignet und bestimmt. Auch wird durch die Unterschrift mit „Anschwarz" eine bestimmte Person als Ausstellerin erkennbar. Das schließlich von K an die Polizei geschickte Blatt ist somit eine Urkunde.

Diese Urkunde müsste unecht sein. Dazu dürften tatsächlicher und erkennbarer Aussteller nicht identisch sein. A wollte L nie verdächtigen, tatsächliche Ausstellerin der Erklärung ist also K. Als erkennbare Ausstellerin geht dagegen A aus der Urkunde hervor. Die Urkunde ist angesichts dieser Identitätstäuschung unecht.

K hat die unechte Urkunde schließlich auch durch ihre Manipulationen und die Unterschrift hergestellt.

Sie handelte dabei vorsätzlich und zur Täuschung im Rechtsverkehr.

II. Die Tat geschah rechtswidrig.

III. K handelte schuldhaft.

IV. Somit hat sie sich durch das Manipulieren und Unterschreiben der Briefkopie gemäß § 267 I Var. 1 strafbar gemacht.

- Strafbarkeit der K gemäß § 267 I Var. 3

K hat zusätzlich durch das Weiterleiten des Schriftstücks an die Polizei eine unechte Urkunde gebraucht und damit § 267 I Var. 3 erfüllt. Das Gebrauchen hat allerdings gegenüber § 267 I Var. 1 keine eigenständige rechtliche Bedeutung.

- Strafbarkeit der K gemäß § 164 I

Durch das Senden des Blattes an die Polizei könnte K weiter § 164 I verwirklicht haben.

I. Sie müsste einen anderen falsch verdächtigt haben. Darunter ist das Unterbreiten entsprechenden Tatsachenmaterials zu verstehen, auf den Eintritt gewünschter Rückschlüsse der Polizei kommt es nicht an. K hat mit dem Versenden des Blattes den Diebstahlsverdacht gegenüber der objektiv unschuldigen L geäußert. Demnach hat sie ungeachtet abweichender Schlussfolgerungen der Polizeibeamten einen anderen falsch verdächtigt.

Gegenstand der Verdächtigung waren rechtswidrige Taten im Sinne des § 11 I Nr. 5, Adressat war mit der Polizei eine Behörde.

K handelte vorsätzlich und wider besseres Wissen.

Sie müsste weiter die Absicht gehabt haben, ein behördliches Verfahren gegen L herbeizuführen. In erster Linie wollte K den Verdacht von sich selbst ablenken. Im Sinne eines effektiven Schutzes der Rechtspflege ist Absicht nach allgemeiner Auffassung nicht im technischen Sinne zielgerichteten Wollens zu verstehen. Es genügt vielmehr direkter Vorsatz jeder Art, also auch sicheres Wissen. K ging in Unkenntnis des Vorgeschehens fest von zu erwartenden Ermittlungen gegen L aus, handelte also insoweit zumindest wissentlich und damit in der erforderlichen Absicht.

II. Die Tat geschah rechtswidrig.

III. K handelte schuldhaft.

IV. Sie ist wegen der Weiterleitung des Blattes an die Polizei gemäß § 164 I zu bestrafen.

- Strafbarkeit der K gemäß § 145d II Nr. 1

§ 145d II Nr. 1 tritt als ausdrücklich subsidiär hinter § 164 I zurück.

C. Dritter Handlungsabschnitt: Geschehen im Zusammenhang mit dem Prozess gegen A

- Strafbarkeit der K gemäß § 153 I

K könnte sich durch ihre Behauptung im Strafprozess gemäß § 153 I strafbar gemacht haben.

I. Dazu müsste diese Behauptung eine falsche Aussage sein. K hat sich als Zeugin vor Gericht geäußert, ohne nach § 55 StPO belehrt worden zu sein. Eine Belehrung über das Auskunftsverweigerungsrecht hätte möglicherweise nach § 55 II StPO erfolgen müssen. Für eine konkrete Belehrungspflicht spricht, dass K immerhin ursprünglich in polizeilichen Verdacht geraten war. Fraglich ist, ob trotz eines möglichen Verfahrensfehlers eine Aussage im Sinne des § 153 I vorliegt. Verfahrensverstöße sind jedenfalls dann für §§ 153 ff unerheblich, wenn die Aussage prozessual verwertbar bleibt. § 55 StPO dient nicht dem Interesse des Angeklagten, die Norm soll vielmehr ausschließlich den Zeugen schützen. Daher ist durch die ohne erforderliche Belehrung nach § 55 II StPO erfolgte Aussage der Rechtskreis des Angeklagten nicht berührt. Eine solche Aussage bleibt folglich prozessual verwertbar. Ein etwaiger Verstoß gegen § 55 II StPO ist damit für § 153 I unerheblich. Die Behauptung der K ist eine Aussage im Sinne des § 153 I. Diese Aussage ist objektiv wie auch aus der Sicht der K falsch.

K hat vorsätzlich als Zeugin vor Gericht falsch ausgesagt.

II. Die Tat geschah rechtswidrig.

III. K müsste zudem schuldhaft gehandelt haben. Zu denken ist an eine Entschuldigung nach § 35 I 1. Es könnte allenfalls eine Gefahr für die Freiheit der K vorgelegen haben. Aller Erfahrung nach droht einem Dieb in der Praxis lediglich Geldstrafe. Selbst wenn man aber von einer drohenden Freiheitsstrafe ausgeht, dürfte § 35 I 1 nicht nach § 35 I 2 ausgeschlossen sein. Als Täterin der Diebstähle hatte K eine etwaige Gefahr selbst verursacht und musste sie deshalb im Sinne des § 35 I 2 hinnehmen. Damit ist eine Entschuldigung nach § 35 I 1 jedenfalls nach § 35 I 2 ausgeschlossen.

K handelte somit schuldhaft.

IV. Gleichwohl könnte ihr die besondere Strafmilderung des § 157 I zugutekommen. K hat die Unwahrheit gesagt, um die Gefahr einer Bestrafung von sich selbst abzuwenden. Damit hat sie unter den Voraussetzungen des § 157 I falsch ausgesagt.

V. K hat sich mithin durch ihre Behauptung im Strafprozess gemäß § 153 I strafbar gemacht. Das Gericht kann aber nach § 157 I die Strafe mildern oder ganz von Strafe absehen.

- Strafbarkeit des R gemäß §§ 153 I, 26

R könnte mit Blick auf die gegenüber K geäußerte Bitte wegen Anstiftung zur Falschaussage gemäß §§ 153 I, 26 zu bestrafen sein.

I. Die Falschaussage der K ist eine vorsätzliche rechtswidrige Haupttat. R müsste K zu dieser Tat bestimmt haben, also ihren Tatentschluss hervorgerufen haben. K hat indes nicht im Sinne des R ausgesagt. Die Einwirkung des R hat den Tatentschluss zur Aussage der K nicht hervorgerufen, die Bestimmungshandlung war nicht kausal für die Haupttat. R hat K nicht zur Falschaussage bestimmt.

II. Damit hat er sich nicht gemäß §§ 153 I, 26 strafbar gemacht.

- Strafbarkeit des R gemäß §§ 159, 30 I 1 Var. 1, 153

Möglicherweise hat er sich aber durch sein Ansinnen wegen versuchter Anstiftung zur Falschaussage gemäß §§ 159, 30 I 1 Var. 1, 153 strafbar gemacht.

Die Anstiftung ist nicht vollendet.

Die versuchte Anstiftung ist gemäß §§ 159, 30 I 1 Var. 1 strafbar.

I. R hatte den Willen, K zu einer vermeintlich falschen Aussage zu bestimmen, er hatte also den Tatentschluss gefasst.

Weiter hat er nach seiner Vorstellung unmittelbar zur Tatbestandsverwirklichung angesetzt.

II. Die Tat geschah rechtswidrig.

III. R handelte schließlich schuldhaft.

IV. Er hat sich durch sein Ansinnen wegen versuchter Anstiftung zur Falschaussage gemäß §§ 159, 30 I 1 Var. 1, 153 strafbar gemacht.

D. Gesamtergebnis und Konkurrenzen

A ist nicht zu bestrafen.

K hat sich gemäß § 267 I Var. 1, § 164 I und § 153 I strafbar gemacht. Die Urkundenfälschung steht zur falschen Verdächtigung in Idealkonkurrenz, § 52. Dazu steht die Falschaussage in Realkonkurrenz, § 53.

R hat sich wegen versuchter Anstiftung zur Falschaussage gemäß §§ 159, 30 I 1 Var. 1, 153 strafbar gemacht.

Fazit

1. Der Fall ist – wie eingangs angedeutet – nicht ganz einfach in den Griff zu bekommen, es sind aber auch schon deutlich heftigere Klausuren gestellt worden. Generell solltet ihr nicht verzagen, wenn euch der Klausurfall nicht auf den ersten Blick sympathisch erscheint, wenn euch das Aufgabenblatt förmlich zu erschlagen droht. Den anderen Prüflingen wird es erfahrungsgemäß ähnlich gehen. Und ***wenn die Sonne tief steht, werfen auch Zwerge lange Schatten***. Will sagen: Das Bewertungsspektrum wird dem Schwierigkeitsgrad der Arbeit in aller Regel angepasst, auch wenn gerüchteweise immer wieder Gegenteiliges ans Ohr des Studenten und der Studentin dringt.

2. Der Sachverhalt legt eine Einteilung in die aufgeführten ***Handlungsabschnitte*** nahe, aber auch eine Unterteilung nach Personen in der Reihenfolge A, K, R war ohne logische Brüche möglich.

3. Schwerpunkt des ersten Handlungsabschnitts war die bereits in Ziffer 4. des Fazits zu Fall 27 als klausurrelevant angesprochene Problematik.

   Wie ihr sicher schon lange bemerkt haben werdet, sind wir große Anhänger des ***Analogieverbot***s (Art. 103 II GG = § 1 StGB). Das ist eigentlich immer ein „Killerargument", vor allem wenn man dann noch auf die Möglichkeit des Gesetzgebers hinweist, eventuelle Ungereimtheiten auszubügeln. Oft wird das mit den lateinischen Phrasen „de lege lata" (nach geltendem Recht) und „de lege ferenda" (nach künftigem Recht) angereichert. Das kann man machen, muss man aber nicht.

   Wer sich für die von uns abgelehnte Meinung der h.L. entscheidet und das Merkmal „falsche Verdächtigung" bejaht, kommt ohne weitere Schwierigkeiten zur Bestrafung nach § 164 I. Dann ist natürlich bei § 145d II Nr. 1, wenn überhaupt, ein bloßer Hinweis auf die ausdrückliche Subsidiarität angesagt (vgl. schon Fall 27, Fazit 7.).

   Wir hingegen mussten nach Ablehnung des § 164 I kurz auf ***§ 145d II Nr. 1*** eingehen. Dort stellt sich das Problem nicht etwa parallel zu § 164 I. Das Verhalten der A erfüllt nach allgemeiner Ansicht nicht § 145d II Nr. 1. Einige Bearbeiter und Bearbeiterinnen sind mit § 164 II in die Prüfung eingestiegen, was nicht sonderlich nachvollziehbar war. Der speziellere § 164 I war einzig und allein einschlägig. Der Brief stellte eindeutig eine Verdächtigung dar, es lief ja sogar schon ein Ermittlungsverfahren.

4. Im zweiten Handlungsabschnitt musste man höllisch aufpassen. Der ***Oberklassiker „Fotokopie"*** war gerade ***nicht einschlägig***. Die Erörterung des Streits am Sachverhalt vorbei führt natürlich zu beachtlichen Abzügen, zumal man damit ja hier im Rahmen des ***§ 267 I Var. 1*** auf ein falsches Ergebnis zusteuert. Der Fall ist ein schönes Beispiel dafür, dass man der Versuchung widerstehen sollte, sich vorschnell auf ein bekanntes Problem zu stürzen. Konkret: Die Fotokopie ist und bleibt keine Urkunde (ganz h.M. / siehe im Einzelnen Fall 32), sie diente hier nur als „Rohmaterial". Durch die „originale" Unterschrift hat K dem Blatt sozusagen Urkundenqualität eingehaucht. Eine feine aber entscheidende Abweichung von der klassischen Konstellation.

Auf ***§ 267 I Var. 3*** sind wir nach Bejahung des § 267 I Var. 1 nur in der von uns favorisierten Kurzform eingegangen (siehe Fall 31, Fazit 3.).

An einer Strafbarkeit der K nach ***§ 164 I*** bestand im Ergebnis kein Zweifel. Viele Bearbeiterinnen und Bearbeiter haben sich von der Reaktion der Polizeibeamten auf die Falschverdächtigung irritieren lassen, die wie gesehen mit der Tatbestandserfüllung nichts mehr zu tun hat. Ein paar Worte waren – wie schon in Fall 27 – zur erforderlichen Absicht zu verlieren, auch an dieser Stelle konnte man § 164 I nur mit argen Klimmzügen kippen. Nach Bejahung des § 164 I ist der inzwischen bekannte Satz zur Subsidiarität des § 145d reine Formsache.

5. Mit dem dritten Handlungsabschnitt kamen auffallend viele Bearbeiterinnen und Bearbeiter nicht richtig klar. Das mag zum Teil an zunehmender Zeitnot gelegen haben (siehe dazu Seiten 16, 17 oben).

Bei ***§ 153 I*** ging es gleich munter los. Das Problem ***„Verfahrensfehler“*** (siehe schon Fall 25, Fazit 5.) wird auch in Kommentaren und Lehrbüchern oft im freien Raum oder unter „Anwendbarkeit des § 153 I“ diskutiert. Stringenter ist es, das konkrete Merkmal „Aussage“ als Aufhänger heranzuziehen.

Hier tauchte eine nicht ganz seltene Aufbauschwierigkeit auf. Genau genommen handelt es sich nämlich um zwei Detailprobleme, die verschachtelt zu prüfen sind. Noch einmal zum Mitschreiben: Gedanklicher ***Ansatzpunkt*** ist, dass das Gericht K möglicherweise nach ***§ 55 II StPO*** hätte belehren müssen. Diese ***Belehrungspflicht*** besteht nicht gegenüber jedem Zeugen. Sie entsteht erst, wenn der Richter Grund zu der Annahme hat, der Zeuge könne sich einer Gefahr der Strafverfolgung aussetzen. Dazu gibt der Sachverhalt nicht viel her. Eine Belehrungspflicht nach § 55 II StPO konnte man wegen des Vorgeschehens annehmen, man konnte das Ergebnis aber auch getrost offenlassen. In beiden Fällen geht es wie folgt weiter:

> Liegt trotz (möglichen) Verfahrensverstoßes (hier § 55 II StPO) eine Aussage i.S.d. § 153 I vor (das ist das Ausgangsproblem)?
>
> Ja, wenn die Aussage prozessual verwertbar ist (allgemeine Auffassung / streitig nur bei Unverwertbarkeit).
>
> Ist die Aussage im Falle einer (möglichen) Missachtung des § 55 II StPO prozessual verwertbar (das ist das Folgeproblem)?
>
> Ja, weil § 55 StPO nur den Zeugen schützen soll und den Rechtskreis des Angeklagten nicht tangiert (streitig; a.A. vertretbar).

Somit ist die Ausgangsfrage positiv beantwortet. Der im Zusammenhang mit dem Ausgangsproblem bekannte ***Streit*** wird ***nur relevant, wenn*** die ***Aussage unverwertbar*** ist. Nur wer (vertretbar) zu diesem Ergebnis kommt, darf und muss sich damit auseinandersetzen, ob auch unverwertbare Aussagen von §§ 153 ff erfasst sind, was wiederum von der h.M. bejaht wird.

Macht euch keine falschen Vorstellungen von den Klausurerwartungen: Wer das Ausgangsproblem erkannt und halbwegs herausgearbeitet hatte, konnte schon mächtig Pluspunkte einheimsen. Detailkenntnisse im Prozessrecht werden im Studium nicht vorausgesetzt.

Oft wurde auf der ***Rechtswidrigkeitsebene*** § 34 geprüft. Dagegen ist bei zügiger Ablehnung des rechtfertigenden Notstands nichts zu sagen. Die Interessenabwägung (vgl. Die Fälle – Strafrecht AT, Fall 11, Fazit 6.) fällt so eindeutig zuungunsten der K aus, dass eine Rechtfertigung genau betrachtet eher fernliegend ist.

Deutlich sinnvoller war es, sich mit ein paar Worten ***§ 35 I 1*** zu widmen. Den entschuldigenden Notstand (vgl. Die Fälle – Strafrecht AT, Fall 21) konnte man handfest mit Hilfe von § 35 I 2 ablehnen. Natürlich war es auch möglich – wenn auch etwas spekulativ – bereits § 35 I 1 in Ermangelung einer Gefahr für die Freiheit zu verneinen.

In jedem Fall sollte der unproblematisch erfüllte ***§ 157 I*** gesehen werden. Fehler konnte man hier eigentlich nur bei der systematischen Einordnung machen. Ungeachtet der vielleicht etwas verwirrenden Überschrift ist die Norm natürlich weder Rechtfertigungs- noch Entschuldigungsgrund. Es handelt sich vielmehr um einen besonderen ***Strafmilderungs- bzw. Strafabsehungsgrund***, der folgerichtig unter „IV. Besonderheiten“ nach der Schuld zu prüfen ist (vgl. auch Seite 24).

6. Bei R gab es dann eigentlich nicht mehr viel zu deuteln. Ein Großteil der Bearbeiter und Bearbeiterinnen hat sich beim Stichwort ***„Zeugenbeeinflussung durch einen Rechtsanwalt“*** auf § 258 I besonnen. Das ist an sich ein guter Gedanke, der hier jedoch schnell wieder verworfen werden konnte. Vollendete Strafvereitelung scheiterte daran, dass A tatsächlich unschuldig war. Ein untauglicher Versuch liegt ebenfalls nicht vor, weil R von der Unschuld der A überzeugt war. Darauf weist der Sachverhalt ausdrücklich hin. Je nach Geschmack kann man das in der Fall-Lösung kurz feststellen, eine längere Prüfung ist aber sicher nicht angebracht.

Bei der Anstiftung solltet ihr nach gründlicher Erfassung des Sachverhalts nicht ins Schleudern gekommen sein.

Nach Ablehnung der §§ 153 I, 26 ist der Weg für § 159 frei. Wir haben dessen Charakter als Verweisungsvorschrift durch Mitzitieren von § 30 I 1 Var. 1 und § 153 Rechnung getragen. Das ist aber eher Geschmacksache.

7. So, ihr seid erlöst. Nachdem ihr alle Fälle dieses Buchs erarbeitet habt, dürft ihr euch zur Abrundung mit der Rubrik „Alles, nur das nicht – Vermeidbare Sünden ...“ beschäftigen (Seiten 275 ff). Es hilft.

Und zusammenfassende Aufbauschemata findet ihr ab Seite 280.

Wir wünschen euch viel Erfolg ...

Alles, nur das nicht ...

Vermeidbare Sünden in Klausuren und Hausarbeiten

Unabhängig vom Einzelfall treten erfahrungsgemäß in Klausuren und Hausarbeiten bestimmte Fehler immer wieder auf.

Während bei der „Einführung in die Fallbearbeitungstechnik" noch einiges in den Bereich „Geschmacksache" fiel, handelt es sich hier um eindeutige Verstöße gegen die Vorstellungen der Aufgabenstellerin oder des Aufgabenstellers, die es strikt zu vermeiden gilt. Häufig ist in diesem Zusammenhang von „schier unausrottbaren Fehlern" der Bearbeiter und Bearbeiterinnen die Rede. Wir wollen mit den folgenden Hinweisen zur „Ausrottung" beitragen.

Soweit die jeweiligen Punkte bereits bei der „Einführung in die Fallbearbeitungstechnik" besprochen wurden, wird auf die dortigen Einzelheiten verwiesen.

Unzureichende Schwerpunktsetzung

Der Gesamteindruck einer Prüfungsarbeit wird oft durch eine mehr oder weniger gleichförmige Fall-Lösung getrübt.

Völlig unproblematische Prüfungspunkte wirken zu zäh, während auf der anderen Seite die eigentlichen Probleme des Falls viel zu kurz kommen. Zeigt ***Mut zur klaren Schwerpunktsetzung***, das zeugt von Sicherheit!

Dazu gehört natürlich auch die richtige Zeiteinteilung, sonst wird die Arbeit gegen Ende immer dünner.

→ siehe näher Seiten 16 bis 20

Unnötige Wiedergabe des Gesetzestextes oder des Sachverhalts

Beispiel (Gesetzestext / hier § 32): „Wer eine Tat begeht, die durch Notwehr geboten ist, handelt nicht rechtswidrig. Notwehr ist die Verteidigung, die erforderlich ist, um einen gegenwärtigen rechtswidrigen Angriff von sich oder einem anderen abzuwenden."

→ siehe auch Seiten 21 unten bis 22 oben

Beispiel (Sachverhalt): „Laut Sachverhalt ist O auf T mit gezücktem Messer zugelaufen, woraufhin T seine Pistole gezogen hat und drei Schüsse auf O abgegeben hat."

Beides ist ***völlig überflüssig*** und damit streng genommen falsch. Außerdem besteht die Neigung, durch die bloße Wiedergabe des Sachverhalts die erforderliche Subsumtion zu „ersetzen“.

Die Tatbestandsmerkmale des § 32 ergeben sich zwanglos aus der Prüfung.

Beispiel: „Es müsste ein Angriff vorliegen. Angriff ist ...“

Die entsprechenden Tatsachen gehören in den jeweiligen Subsumtionsschritt. Auch dabei sollte die wörtliche Wiedergabe des Sachverhalts nach Möglichkeit vermieden werden. Oft bietet es sich an, die entsprechende Sachverhaltspassage mit Blick auf die Definition des jeweils geprüften Merkmals sinngemäß zusammenzufassen. Beispiel (Subsumtionsschritt / „Angriff“): „Von O drohte angesichts des gezogenen Messers eine Verletzung der körperlichen Unversehrtheit des T.“

Übrigens solltet ihr euch auch die Phrase „im vorliegenden Fall“ verkneifen, das provoziert die Randbemerkung „wo sonst?“

Die Sachverhaltsquetsche / in dubio pro reo

Akzeptiert den Sachverhalt so wie er ist!

Auf der Suche nach Problemen wird der Text oft so lange zurechtgebogen, bis der erlernte Streit relevant wird. Etwas seltener kommt es vor, dass der Sachverhalt gezielt an einem Problem „vorbeigequetscht“ wird, weil der Bearbeiter oder die Bearbeitende der Erörterung aus dem Weg gehen will. Beides ärgert – wie ihr euch denken könnt – den Korrektor und die Korrektorin!

Nicht weniger unangebracht ist die Anwendung des Grundsatzes „in dubio pro reo“ (im Zweifel für den Angeklagten). Wenn der Sachverhalt bestimmte Tatbestandsvoraussetzungen nicht eindeutig hergibt, ist eine möglichst ***lebensnahe Auslegung*** angesagt! Darin besteht nicht selten ein beachtlicher Teil der Klausurleistung. Der prozessuale Grundsatz „in dubio pro reo“ findet nur Anwendung, wenn sich in der Praxis der Sachverhalt nicht sicher ermitteln lässt. Bis zum ersten Examen einschließlich habt ihr es aber mit einem feststehenden Sachverhalt zu tun! Für „in dubio pro reo“ ist demnach nur Raum, wenn ausdrücklich im Aufgabentext steht, dass sich bestimmte Umstände nicht aufklären lassen. In diesen extrem seltenen Ausnahmefällen geht es meist um die Blutalkoholkonzentration des Täters.

Merkt euch im Grundsatz: Finger weg von „in dubio pro reo“!

Der Ich-Stil

Der Ich-Stil („Meiner Meinung nach ist es sachgerecht ...“) ist im Gutachten verfehlt, er gilt als ***unsachlich***. Man kann sich berechtigt fragen, ob es nicht ehrlicher wäre, die Ich-Form zu benutzen. Solche Gedanken sind aber müßig, der Ich-Stil wird nun einmal nicht akzeptiert.

Unsinniger Konjunktiv

Immer wieder liest man Sätze wie „Möglicherweise könnte sich A gemäß § XY strafbar gemacht haben“ oder „Weiter könnte eine Strafbarkeit gemäß § YZ in Betracht kommen.“ Das ist doppelt gemoppelt! In „Möglicherweise“ oder „in Betracht kommen“ kommt der Gutachtenstil ja bereits zum Ausdruck. Deshalb muss es heißen: „Möglicherweise hat ...“ oder „A könnte sich ...“ oder „Weiter kommt ... in Betracht.“

In diesem Zusammenhang ist eine weitere ungenaue Formulierung regelmäßig am Ende der Prüfung zu finden: „Eine Strafbarkeit des T gemäß § XY kommt daher nicht in Betracht.“ Auch das ist Blödsinn! Wenn die Strafbarkeit nicht in Betracht gekommen wäre, hättet ihr sie nicht geprüft. Ihr könnt allenfalls schreiben: „Eine Strafbarkeit des T gemäß § XY scheidet daher aus.“

Das alles mag euch vielleicht kleinkariert vorkommen. Bedenkt aber, dass ***unpräzise Formulierungen*** der oben geschilderten Art aus Sicht der Korrektorin und des Korrektors ein ***Hinweis auf unbedachten und rein schematisch angewandten Gutachtenstil*** sind.

Überflüssige Füllwörter

Bemüht euch um einen stringenten und sachlichen Stil. Tendenziell neigen die Bearbeiter und Bearbeiterinnen zu einer übertriebenen Anzahl von Füllwörtern.

Evidenzappelle (also Hinweise auf die Eindeutigkeit des Ergebnisses) wie ***„zweifellos“***, ***„unzweifelhaft“*** wirken nur scheinbar überzeugend. Wenn etwas tatsächlich „unzweifelhaft“ ist, wird das durch eine kurze sachliche Feststellung des Merkmals voll und ganz deutlich. Wenn es aber in Wirklichkeit doch zweifelhaft ist, ist das Füllwort schlicht falsch.

Für den Korrektor und die Korrektorin sind Zusätze der Marke ***„ohne Zweifel“*** ein untrügliches Zeichen fehlender Sicherheit. Das gilt noch stärker für das Wörtchen ***„wohl“***, das sich immer wieder erstaunlicher Beliebtheit erfreut. Beispiel: „T handelte damit wohl in der Absicht rechtswidriger Zueignung.“ Der alten Binsenweisheit zahlloser Repetitorien ist nichts hinzuzufügen: Wer „wohl“ sagt, dem ist unwohl!

Schlichte Berufung auf die herrschende Meinung

Oftmals „begründen“ die Bearbeiterinnen und Bearbeiter eine bestimmte Auffassung mit dem bloßen Hinweis auf die herrschende Meinung. Das ist falsch!

Wer „(ganz) herrschende Meinung“ schreibt, muss sich mit jeweiligen Gegenmeinungen auseinandersetzen. Meist handelt es sich im Einzelfall um eine absolut geläufige Definition, das Stichwort „h.M.“ kann also getrost weggelassen werden. Gerade im Strafrecht gibt es fast immer mehr oder weniger beachtliche Mindermeinungen. Wer deren Existenz in der Formulierung berücksichtigen will, kann von „allgemeiner Auffassung“ sprechen. Auch das solltet ihr aber nicht übertreiben! Wenn es sich um eine wirklich fallrelevante Streitfrage handelt, muss man sowieso auf alle nennenswerten Meinungen eingehen. Dabei kommt es auf deren Überzeugungskraft an, nicht auf die Anzahl ihrer Vertreter und Vertreterinnen. Abgesehen davon bietet sich fast immer eine vom Fall ausgehende Problementwicklung an (siehe Seiten 27 bis 29).

Quintessenz: Der Begriff „herrschende Meinung" ist in der Darstellung nie wirklich erforderlich, sollte also jedenfalls mit Bedacht gewählt werden.

Tathandlung nicht im Obersatz benannt

Beispiel: „T könnte sich gemäß § 242 I strafbar gemacht haben." Hier wird nicht deutlich, durch welche Handlung sich T strafbar gemacht haben könnte.

→ siehe Seite 21

Rechtstechnische Begriffe in Abschnittsüberschriften und Obersätzen

Beispiel: „Die ***Wegnahme*** des Autos" taucht als Überschrift oder „T könnte sich durch die ***Körperverletzung*** gemäß § 223 I strafbar gemacht haben." als Obersatz auf.

Ob eine Wegnahme oder eine Körperverletzung vorliegt, soll ja gerade erst geprüft werden.

→ siehe Seite 21

Problemdiskussion ohne Fallbezug

Oft werden langwierig Meinungen diskutiert, ohne dass zuvor durch Subsumtion klargemacht wird, ob und warum es überhaupt auf eine Entscheidung ankommt. Das ist besonders ärgerlich, wenn die diskutierten Ansichten im zu prüfenden Fall zum selben Ergebnis führen. Dann ist die Streitargumentation nämlich überflüssig.

→ siehe Seiten 27 bis 29

Infragestellen eines bereits festgestellten Ergebnisses

Beispiel: „T handelte vorsätzlich. Etwas anderes könnte sich jedoch aus § 16 I 1 ergeben."

Richtig muss es natürlich heißen: „T müsste vorsätzlich gehandelt haben. Möglicherweise befand er sich in einem Tatbestandsirrtum."

Dieser Hinweis wirkt vermutlich besonders banal. In der Hitze des Gefechts schleicht sich aber auch der soeben beschriebene Fehler immer wieder ein.

Fehlerhafte Zitate in Hausarbeiten

Bei den Fußnoten in Hausarbeiten treten zwei Mängel immer wieder auf:

Die Fußnote bezieht sich oft fälschlicherweise direkt auf den Sachverhalt: „Somit handelte T in der Absicht rechtswidriger Bereicherung. → Fußnote: so auch BGHSt ...“

Obwohl klar ist, was der Bearbeiter oder die Bearbeiterin meint, darf so nicht zitiert werden. Der BGH hat den als Aufgabentext vorliegenden Fall nicht entschieden, es handelt sich bei der Entscheidung allenfalls um einen vergleichbaren Fall! Der mit einer Fußnote belegte Satz muss also abstrakt sein. Ein Beispiel aus der Prüfung eines fremdnützigen Betrugs (vgl. Die Fälle – Strafrecht BT 2, Fall 42): „Es genügt, dass der Täter die Bereicherung als notwendiges Zwischenziel erstrebt. → Fußnote: BGHSt ... Die Bereicherung des D war zwingende Voraussetzung für die letztlich angestrebte Eigenbereicherung. Die Drittbereicherung war damit ein notwendiges Zwischenziel. T handelte in der Absicht der rechtswidrigen Bereicherung des D.“

Auf der Suche nach der geeigneten Zitiermöglichkeit eines bestimmten Werkes wird oft eine ***Aussage per Fußnote belegt, die sich unmittelbar aus dem Gesetz ergibt:*** „Nach Abs. 1 ist der Versuch bei Verbrechen stets strafbar. → Fußnote: vgl. Fischer, StGB, § 23 Rn 2“. Der Gesetzeswortlaut spricht für sich. Fundstellen werden erst interessant, wenn man mit dem Gesetz allein nicht mehr weiterkommt.

Aufbauschemata

Tötungsdelikte

- § 212 I Totschlag

I. Tatbestand

1. Objektiver Tatbestand

a. ein anderer Mensch ?

b. Töten ?

2. Subjektiver Tatbestand

- Vorsatz ?

II. Rechtswidrigkeit

III. Schuld

IV. Ergebnis

- §§ 212 I, 211 Mord

I. Tatbestand

1. Tatbestand § 212 I

a. Objektiver Tatbestand

aa. ein anderer Mensch ?

bb. Töten ?

b. Subjektiver Tatbestand

- Vorsatz ?

2. Tatbestand § 211 II

a. Objektiver Tatbestand / Mordmerkmale der 2. Gruppe

aa. heimtückisch, § 211 II Var. 5 ?

bb. grausam, § 211 II Var. 6 ?

cc. mit gemeingefährlichen Mitteln, § 211 II Var. 7 ?

b. Subjektiver Tatbestand

aa. Vorsatz ?

bb. Mordmerkmale der 1. und 3. Gruppe

(1) aus Mordlust, § 211 II Var. 1 ?

(2) zur Befriedigung des Geschlechtstriebs, § 211 II Var. 2 ?

(3) aus Habgier, § 211 II Var. 3 ?

(4) aus sonstigen niedrigen Beweggründen, § 211 II Var. 4 ?

(5) um eine andere Straftat zu ermöglichen, § 211 II Var. 8 ?

(6) um eine andere Straftat zu verdecken, § 211 II Var. 9 ?

II. Rechtswidrigkeit

III. Schuld

IV. Ergebnis

- §§ 212 I, 216 I Tötung auf Verlangen

I. Tatbestand

1. Tatbestand § 212 I

a. Objektiver Tatbestand

aa. ein anderer Mensch ?

bb. Töten ?

b. Subjektiver Tatbestand

- Vorsatz ?

2. Tatbestand § 216 I

a. Objektiver Tatbestand

aa. ausdrückliches und ernstliches Verlangen des Getöteten ?

bb. dadurch verursachte Bestimmung des Täters zur Tat ?

b. Subjektiver Tatbestand

- Vorsatz ?

II. Rechtswidrigkeit

III. Schuld

IV. Ergebnis

- §§ 212 I, 213 Minder schwerer Fall des Totschlags

I. Tatbestand

1. Objektiver Tatbestand

a. ein anderer Mensch ?

b. Töten ?

2. Subjektiver Tatbestand

- Vorsatz ?

II. Rechtswidrigkeit

III. Schuld

IV. Strafzumessungsvorschrift § 213 (hier Var. 1; vgl. Fall 9 Fazit 2. und 3.)

1. Misshandlung oder schwere Beleidigung durch den (später) Getöteten ?

2. gegenüber dem Täter oder einem Angehörigen ?

3. ohne eigene Schuld ?

4. durch die Misshandlung oder die schwere Beleidigung zum Zorn gereizt ?

5. dadurch auf der Stelle zur Tat hingerissen ?

V. Ergebnis

Körperverletzungsdelikte

- § 223 I Körperverletzung

I. Tatbestand

1. Objektiver Tatbestand

a. eine andere Person ?

b. Gesundheitsschädigung, § 223 I Var. 2 ?

c. körperliche Misshandlung, § 223 I Var. 1 ?

2. Subjektiver Tatbestand

- Vorsatz ?

II. Rechtswidrigkeit

III. Schuld

IV. Ergebnis / Strafantrag gemäß § 230 I 1

- §§ 223 I, 224 I Gefährliche Körperverletzung

I. Tatbestand

1. Tatbestand § 223 I

a. Objektiver Tatbestand

aa. eine andere Person ?

bb. Gesundheitsschädigung, § 223 I Var. 2 ?

cc. körperliche Misshandlung, § 223 I Var. 1 ?

b. Subjektiver Tatbestand

- Vorsatz ?

2. Tatbestand § 224 I

a. Objektiver Tatbestand

aa. durch Beibringung von Gift oder anderen gesundheitsschädlichen Stoffen, § 224 I Nr. 1 ?

bb. mittels einer Waffe oder eines anderen gefährlichen Werkzeugs, § 224 I Nr. 2 ?

cc. mittels eines hinterlistigen Überfalls, § 224 I Nr. 3 ?

dd. mit einem anderen Beteiligten gemeinschaftlich, § 224 I Nr. 4 ?

ee. mittels einer das Leben gefährdenden Behandlung, § 224 I Nr. 5 ?

b. Subjektiver Tatbestand

- Vorsatz ?

II. Rechtswidrigkeit

III. Schuld

IV. Ergebnis

- §§ 223 I, 226 I Schwere Körperverletzung

I. Tatbestand

1. Tatbestand § 223 I

a. Objektiver Tatbestand

aa. eine andere Person ?

bb. Gesundheitsschädigung, § 223 I Var. 2 ?

cc. körperliche Misshandlung, § 223 I Var. 1 ?

b. Subjektiver Tatbestand

- Vorsatz ?

2. Tatbestand § 226 I

a. Objektiver Tatbestand / Folge der Körperverletzung

aa. Verlust des Sehvermögens, des Gehörs, des Sprechvermögens oder der Fortpflanzungsfähigkeit, § 226 I Nr. 1 ?

bb. Verlust oder dauernde Gebrauchsunfähigkeit eines wichtigen Körperglieds, § 226 I Nr. 2 ?

cc. dauernde Entstellung in erheblicher Weise oder Verfallen in Siechtum, Lähmung oder geistige Krankheit oder Behinderung, § 226 I Nr. 3 ?

b. Subjektiver Tatbestand

- wenigstens Fahrlässigkeit, § 18 ? (Fahrlässigkeit oder Eventualvorsatz; bei direktem Vorsatz § 226 II)

II. Rechtswidrigkeit

III. Schuld

IV. Ergebnis

- §§ 223 I, 226 I, II Schwere Körperverletzung

I. Tatbestand

1. Tatbestand § 223 I

a. Objektiver Tatbestand

aa. eine andere Person ?

bb. Gesundheitsschädigung, § 223 I Var. 2 ?

cc. körperliche Misshandlung, § 223 I Var. 1 ?

b. Subjektiver Tatbestand

- Vorsatz ?

2. Tatbestand § 226 I

a. Objektiver Tatbestand / Folge der Körperverletzung

aa. Verlust des Sehvermögens, des Gehörs, des Sprechvermögens oder der Fortpflanzungsfähigkeit, § 226 I Nr. 1 ?

bb. Verlust oder dauernde Gebrauchsunfähigkeit eines wichtigen Körperglieds, § 226 I Nr. 2 ?

cc. dauernde Entstellung in erheblicher Weise oder Verfallen in Siechtum, Lähmung oder geistige Krankheit oder Behinderung, § 226 I Nr. 3 ?

b. Subjektiver Tatbestand

- Wissen oder Absicht, § 226 II ? (direkter Vorsatz)

II. Rechtswidrigkeit

III. Schuld

IV. Ergebnis

- §§ 223 I, 227 I Körperverletzung mit Todesfolge

I. Tatbestand

1. Tatbestand § 223 I

a. Objektiver Tatbestand

aa. eine andere Person ?

bb. Gesundheitsschädigung, § 223 I Var. 2 ?

cc. körperliche Misshandlung, § 223 I Var. 1 ?

b. Subjektiver Tatbestand

- Vorsatz ?

2. Tatbestand § 227 I

a. Objektiver Tatbestand

- Tod der verletzten Person als Folge der Körperverletzung ?

b. Subjektiver Tatbestand

- wenigstens Fahrlässigkeit (§ 18) ?

II. Rechtswidrigkeit

III. Schuld

IV. Ergebnis

Delikte gegen die persönliche Freiheit

- § 239 I Freiheitsberaubung

I. Tatbestand

1. Objektiver Tatbestand

- Freiheitsberaubung ?

2. Subjektiver Tatbestand

- Vorsatz ?

II. Rechtswidrigkeit

III. Schuld

IV. Ergebnis

- § 240 Nötigung

I. Tatbestand

1. Objektiver Tatbestand

a. Gewalt oder Drohung mit einem empfindlichen Übel ?

b. (darauf kausal beruhendes) Verhalten des Opfers ?

2. Subjektiver Tatbestand

- Vorsatz ?

II. Rechtswidrigkeit

- § 240 II ?

III. Schuld

IV. Ergebnis

Beleidigungsdelikte

- § 185 Beleidigung

I. Tatbestand

1. Objektiver Tatbestand

- Beleidigung ?

2. Subjektiver Tatbestand

- Vorsatz ?

II. Rechtswidrigkeit

III. Schuld

IV. Ergebnis / Strafantrag gemäß § 194 I 1

- § 187 Verleumdung

I. Tatbestand

1. Objektiver Tatbestand

a. Behauptung oder Verbreitung einer unwahren Tatsache in Beziehung auf einen anderen ?

b. geeignet, einen anderen verächtlich zu machen oder in der öffentlichen Meinung herabzuwürdigen oder dessen Kredit zu gefährden ?

2. Subjektiver Tatbestand

a. Vorsatz ?

b. wider besseres Wissen ?

II. Rechtswidrigkeit

III. Schuld

IV. Ergebnis / Strafantrag gemäß § 194 I 1

Hausfriedensbruch

- § 123 I Var. 1 Hausfriedensbruch

I. Tatbestand

1. Objektiver Tatbestand

a. geschützte Örtlichkeit ?

- Wohnung ?

- Geschäftsräume ?

- befriedetes Besitztum ?

- abgeschlossene Räume, die zum öffentlichen Dienst oder Verkehr bestimmt sind ?

b. Eindringen ?

2. Subjektiver Tatbestand

- Vorsatz ?

II. Rechtswidrigkeit

III. Schuld

IV. Ergebnis / Strafantrag gemäß § 123 II

- § 123 I Var. 2 Hausfriedensbruch

I. Tatbestand

1. Objektiver Tatbestand

a. geschützte Örtlichkeit ?

- Wohnung ?

- Geschäftsräume ?

- befriedetes Besitztum ?

- abgeschlossene Räume, die zum öffentlichen Dienst oder Verkehr bestimmt sind ?

b. Nichtentfernen trotz entsprechender Aufforderung ?

c. Möglichkeit und Zumutbarkeit des Entfernens ?

2. Subjektiver Tatbestand

- Vorsatz ?

II. Rechtswidrigkeit

III. Schuld

IV. Ergebnis / Strafantrag gemäß § 123 II

Delikte gegen die Rechtspflege

- § 153 I Falsche uneidliche Aussage

I. Tatbestand

1. Objektiver Tatbestand

a. zuständige Stelle ?

b. als Zeuge oder Sachverständiger ?

c. falsche Aussage ?

2. Subjektiver Tatbestand

- Vorsatz ?

II. Rechtswidrigkeit

III. Schuld

IV. Ergebnis

- § 154 I Meineid

I. Tatbestand

1. Objektiver Tatbestand

a. zuständige Stelle ?

b. falsches Schwören ?

2. Subjektiver Tatbestand

- Vorsatz ?

II. Rechtswidrigkeit

III. Schuld

IV. Ergebnis

- § 164 I Falsche Verdächtigung

I. Tatbestand

1. Objektiver Tatbestand

a. falsche Verdächtigung eines anderen ?

b. einer rechtswidrigen Tat i.S.d. § 11 I Nr. 5 oder der Verletzung einer Dienstpflicht ?

c. bei einer Behörde oder bei einer zur Entgegennahme von Anzeigen zuständigen Stelle oder öffentlich ?

2. Subjektiver Tatbestand

a. Vorsatz ?

b. wider besseres Wissen ?

c. Absicht, ein behördliches Verfahren oder andere behördliche Maßnahmen gegen den anderen herbeizuführen oder fortdauern zu lassen ?

II. Rechtswidrigkeit

III. Schuld

IV. Ergebnis

- § 257 I Begünstigung

I. Tatbestand

1. Objektiver Tatbestand

a. rechtswidrige Vortat eines anderen ?

b. Hilfe leisten ?

2. Subjektiver Tatbestand

a. Vorsatz ?

b. Absicht, die Vorteile der Vortat zu sichern ?

II. Rechtswidrigkeit

III. Schuld

IV. Ergebnis

- § 258 I Strafvereitelung

I. Tatbestand

1. Objektiver Tatbestand

a. rechtswidrige Vortat eines anderen ?

b. Vereitelung der Verhängung einer Strafe oder der Anordnung einer Maßnahme (§ 11 I Nr. 8) ?

2. Subjektiver Tatbestand

a. Vorsatz ?

b. Absicht oder Wissen bezüglich der Vereitelung ?

II. Rechtswidrigkeit

III. Schuld

IV. Ergebnis

Urkundendelikte

- § 267 I Var. 1 Urkundenfälschung

I. Tatbestand

1. Objektiver Tatbestand

a. Urkunde ?

b. unecht ?

c. Herstellen ?

2. Subjektiver Tatbestand

a. Vorsatz ?

b. Absicht der Täuschung im Rechtsverkehr ?

II. Rechtswidrigkeit

III. Schuld

IV. Ergebnis

- § 267 I Var. 2 Urkundenfälschung

I. Tatbestand

1. Objektiver Tatbestand

a. Urkunde ?

b. (ursprünglich) echt ?

c. Verfälschen ?

2. Subjektiver Tatbestand

a. Vorsatz ?

b. Absicht der Täuschung im Rechtsverkehr ?

II. Rechtswidrigkeit

III. Schuld

IV. Ergebnis

- § 267 I Var. 3 Urkundenfälschung

I. Tatbestand

1. Objektiver Tatbestand

a. Urkunde ?

b. unecht oder verfälscht ?

c. Gebrauchen ?

2. Subjektiver Tatbestand

a. Vorsatz ?

b. Absicht der Täuschung im Rechtsverkehr ?

II. Rechtswidrigkeit

III. Schuld

IV. Ergebnis

- § 274 I Nr. 1 Urkundenunterdrückung

I. Tatbestand

1. Objektiver Tatbestand

a. Urkunde oder technische Aufzeichnung ?

b. die dem Täter nicht oder nicht ausschließlich gehört ?

c. Vernichten, Beschädigen oder Unterdrücken ?

2. Subjektiver Tatbestand

a. Vorsatz ?

b. Absicht, einem anderen Nachteil zuzufügen ?

II. Rechtswidrigkeit

III. Schuld

IV. Ergebnis

- § 271 I Mittelbare Falschbeurkundung

I. Tatbestand

1. Objektiver Tatbestand

a. etwas Unwahres ?

b. in öffentlichen Urkunden, Büchern, Dateien oder Registern beurkundet oder gespeichert ?

c. Bewirken ?

2. Subjektiver Tatbestand

- Vorsatz ?

II. Rechtswidrigkeit

III. Schuld

IV. Ergebnis

Brandstiftungsdelikte

- § 306 I Brandstiftung

I. Tatbestand

1. Objektiver Tatbestand

a. nach § 306 I Nr. 1 bis 6 geschütztes Tatobjekt ?

b. aus Sicht des Täters fremd ?

c. Inbrandsetzen oder Zerstörung durch Brandlegung ?

2. Subjektiver Tatbestand

- Vorsatz ?

II. Rechtswidrigkeit

III. Schuld

IV. Ergebnis

- § 306a I Schwere Brandstiftung

I. Tatbestand

1. Objektiver Tatbestand

a. eine der in § 306a I Nr. 1 bis 3 genannten Räumlichkeiten ?

b. Inbrandsetzen oder Zerstörung durch Brandlegung ?

2. Subjektiver Tatbestand

- Vorsatz ?

II. Rechtswidrigkeit

III. Schuld

IV. Ergebnis

- § 306a II Schwere Brandstiftung

I. Tatbestand

1. Objektiver Tatbestand

a. nach § 306 I Nr. 1 bis 6 geschütztes Tatobjekt ?

b. Inbrandsetzen oder Zerstörung durch Brandlegung ?

c. dadurch verursachte Gefahr einer Gesundheitsschädigung für einen anderen Menschen ?

2. Subjektiver Tatbestand

- Vorsatz ?

II. Rechtswidrigkeit

III. Schuld

IV. Ergebnis

- §§ 306 I, 306b I Besonders schwere Brandstiftung

I. Tatbestand

1. Tatbestand § 306 I

a. Objektiver Tatbestand

aa. nach § 306 I Nr. 1 bis 6 geschütztes Tatobjekt ?

bb. aus Sicht des Täters fremd ?

cc. Inbrandsetzen oder Zerstörung durch Brandlegung ?

b. Subjektiver Tatbestand

- Vorsatz ?

2. Tatbestand § 306b I

a. Objektiver Tatbestand / Folge der Brandstiftung i.S.d. § 306 I

aa. schwere Gesundheitsschädigung eines anderen Menschen ?

bb. Gesundheitsschädigung einer großen Zahl von Menschen ?

b. Subjektiver Tatbestand

- wenigstens Fahrlässigkeit, § 18 ?

II. Rechtswidrigkeit

III. Schuld

IV. Ergebnis

- §§ 306a I, 306b I Besonders schwere Brandstiftung

I. Tatbestand

1. Tatbestand § 306 I a

a. Objektiver Tatbestand

aa. eine der in § 306a I Nr. 1 bis 3 genannten Räumlichkeiten ?

bb. Inbrandsetzen oder Zerstörung durch Brandlegung ?

b. Subjektiver Tatbestand

- Vorsatz ?

2. Tatbestand § 306b I

a. Objektiver Tatbestand / Folge der Brandstiftung i.S.d. § 306 I

aa. schwere Gesundheitsschädigung eines anderen Menschen ?

bb. Gesundheitsschädigung einer großen Zahl von Menschen ?

b. Subjektiver Tatbestand

- wenigstens Fahrlässigkeit, § 18 ?

II. Rechtswidrigkeit

III. Schuld

IV. Ergebnis

- §§ 306a I, 306b II Besonders schwere Brandstiftung

I. Tatbestand

1. Tatbestand § 306 I a

a. Objektiver Tatbestand

aa. eine der in § 306a I Nr. 1 bis 3 genannten Räumlichkeiten ?

bb. Inbrandsetzen oder Zerstörung durch Brandlegung ?

b. Subjektiver Tatbestand

- Vorsatz ?

2. Tatbestand § 306b II

a. Objektiver Tatbestand (nur bei Nr. 1 und Nr. 3)

aa. konkrete Todesgefahr für einen anderen Menschen, Nr. 1 ?

bb. Löschen des Brandes verhindert oder erschwert, Nr. 3 ?

b. Subjektiver Tatbestand

aa. Vorsatz (bei Nr. 1 und Nr. 3) ?

bb. Absicht, eine andere Straftat zu ermöglichen oder zu verdecken, Nr. 2 ?

II. Rechtswidrigkeit

III. Schuld

IV. Ergebnis

Verkehrsdelikte

- § 315c I Nr. 1a) Gefährdung des Straßenverkehrs

I. Tatbestand

1. Objektiver Tatbestand

a. Führen eines Fahrzeugs im Straßenverkehr ?

b. Fahruntüchtigkeit infolge des Genusses alkoholischer Getränke oder anderer berauschender Mittel ?

c. konkrete Gefährdung von Leib oder Leben eines anderen Menschen oder einer Sache von bedeutendem Wert ?

2. Subjektiver Tatbestand

- Vorsatz ?

II. Rechtswidrigkeit

III. Schuld

IV. Ergebnis

- § 316 I Trunkenheit im Verkehr

I. Tatbestand

1. Objektiver Tatbestand

a. Führen eines Fahrzeugs im Verkehr ?

b. Fahruntüchtigkeit infolge des Genusses alkoholischer Getränke oder anderer berauschender Mittel ?

2. Subjektiver Tatbestand

- Vorsatz ?

II. Rechtswidrigkeit

III. Schuld

IV. Ergebnis

- § 142 I Unerlaubtes Entfernen vom Unfallort

I. Tatbestand

1. Objektiver Tatbestand

a. Unfall im Straßenverkehr ?

b. Unfallbeteiligter nach § 142 V ?

c. Sich-Entfernen vom Unfallort unter Missachtung der Pflichten aus § 142 I Nr. 1 oder 2 ?

2. Subjektiver Tatbestand

- Vorsatz ?

II. Rechtswidrigkeit

III. Schuld

IV. Ergebnis

Gesetzesverzeichnis

Das Verzeichnis bezieht sich auf Fallziffern.
Hervorhebungen weisen auf Fundstellen im jeweiligen Prüfungsobersatz hin !!!

BGB

BVerfGG

FeV

GG

StGB

Das Verzeichnis bezieht sich auf Fallziffern.
Hervorhebungen weisen auf Fundstellen im jeweiligen Prüfungsobersatz hin !!!

StPO

StVG

Gesetzesverzeichnis

Das Verzeichnis bezieht sich auf <u>Fallziffern</u>.
Hervorhebungen weisen auf Fundstellen im jeweiligen Prüfungsobersatz hin !!!

StVZO

VwVfG

ZPO

Das Verzeichnis bezieht sich auf die jeweiligen Seitenzahlen !!!

A

B

Sachverzeichnis

Das Verzeichnis bezieht sich auf die jeweiligen Seitenzahlen !!!

C

D

E

Das Verzeichnis bezieht sich auf die jeweiligen Seitenzahlen !!!

F

G

Sachverzeichnis

Das Verzeichnis bezieht sich auf die jeweiligen <u>Seitenzahlen</u> !!!

H

I

J

K

Das Verzeichnis bezieht sich auf die jeweiligen <u>Seitenzahlen</u> !!!

Sachverzeichnis

Das Verzeichnis bezieht sich auf die jeweiligen Seitenzahlen !!!

P

R

S

Das Verzeichnis bezieht sich auf die jeweiligen Seitenzahlen !!!

T

U

Sachverzeichnis

Das Verzeichnis bezieht sich auf die jeweiligen <u>Seitenzahlen</u> !!!

V

W

Z

Das Verzeichnis bezieht sich auf die jeweiligen Seitenzahlen !!!

Bisher im Fall-Fallag erschienen:

Rumpf-Rometsch
Die Fälle
BGB AT
Allgemeiner Teil

Rumpf-Rometsch
Die Fälle
BGB Schuldrecht AT
Unmöglichkeit, Verzug, Pflichtverletzung vor/im Vertrag

Rumpf-Rometsch
Die Fälle
BGB Schuldrecht BT 1
Mängel im Kaufrecht und in anderen Rechtsbereichen

Rumpf-Rometsch / Dräger
Die Fälle
BGB Schuldrecht BT 2
GoA, Deliktsrecht und Bereicherungsrecht

Rumpf-Rometsch / Dräger
Die Fälle
BGB Sachenrecht 1
Mobiliarsachenrecht Grundlagen

Rumpf-Rometsch
Die Fälle
BGB Sachenrecht 2
Immobiliarsachenrecht Grundlagen

und für Referendarinnen und Referendare ...

Dräger / Rumpf-Rometsch
Das Urteil
in Zivilsachen
Urteilstechnik und Urteilsstil
Arbeit am Sachverhalt
Übungen
Verständnisfragen
Rubrum, Tenor, Tatbestand, Entscheidungsgründe

Dräger / Rumpf-Rometsch
Das Recht
Ein Basisbuch
Arbeitstechnik, Sprache, Grundbegriffe, Fallbeispiele
Gratis-Download!!!
unter www.fall-fallag.de

Dräger / Rumpf-Rometsch
Die Fälle
Strafrecht AT
Allgemeiner Teil

Dräger / Rumpf-Rometsch
Die Fälle
Strafrecht BT 1
Nichtvermögensdelikte

Dräger / Rumpf-Rometsch
Die Fälle
Strafrecht BT 2
Vermögensdelikte

Rumpf-Rometsch u.a
Die Fälle
Verwaltungsrecht
Klagearten und Allgemeines Verwaltungsrecht

Rumpf-Rometsch
Die Fälle
Grundrechte
Verfassungsbeschwerde und mehr

Dräger / Rumpf-Rometsch
Die Fälle
Staatsrecht
Verfahren vor dem Bundesverfassungsgericht und Staatsorganisationsrecht

Infos zu den aktuell lieferbaren Titeln findet ihr hier ...

www.fall-fallag.de